Verbum ☦ TEATRO

DRAMATURGAS LATINOAMERICANAS
CONTEMPORÁNEAS

ELBA ANDRADE

THE CITADEL
THE MILITARY COLLEGE OF SOUTH CAROLINA

HILDE F. CRAMSIE

MT. SAN ANTONIO COLLEGE

Dramaturgas
latinoamericanas
contemporáneas

(Antología crítica)

EDITORIAL Verbum

A Aura López, mi madre,
mujer prisionera
de su herencia
social.
A Aydée Fichman, mi hermana,
quien superó el inmenso peso
de esa herencia.

H.F.C.

A Antonia, Beatriz
y Violeta Andrade,
por mantener
a través de la vida
y sus reveses
la fortaleza
y dignidad de su género.

E.A.

© Elba Andrade e Hilde F. Cramsie, 1991
© Editorial Verbum, S.L., 1991
Eguilaz 6, 2.º Dcha. 28010 Madrid
Apartado Postal 10084, 28080 Madrid
Teléfono: 446 88 41
Telefax: 594 45 59
I.S.B.N.: 84-7962-014-5
Depósito Legal: M-44.009-1991
Diseño de cubierta: Pérez Fabo
Motivo de cubierta: fragmento de *Retrato de*
Sor Juana Inés de la Cruz, anónimo
Fotocomposición Fermar, S.A.
Printed in Spain/Impreso en España por
Talleres Gráficos Peñalara (Fuenlabrada)

ÍNDICE

PRÓLOGO

UNA ANTOLOGÍA COMO DEBE SER

Hace más de veinte años, en los comienzos de los estudios de la literatura de la mujer en el espacio latinoamericano y español, se tendía a aceptar que la tarea del discurso crítico feminista era descubrir el corpus silenciado de textos escritos por mujeres. Se postulaba que sólo una vez que se conociesen los textos sería posible configurar una historia de la literatura de la mujer, establecer los cánones estéticos que los fundaban, y precisar la función de la mujer dentro de las producciones latinoamericanas. Una de las discusiones recurrentes de la época, las que aún siguen en un plano menor, era la especificidad del discurso femenino y su plasmación en valores estéticos comparables con los discursos literarios de los hombres. En la actualidad, varios de los problemas críticos de hace veinte años han sido superados o abandonados. Numerosas investigaciones, tanto teóricas como prácticas, han permitido ampliar el corpus en lo que se refiere a poetas y novelistas. Nuevas teorías o interpretaciones de la posición de la mujer en la sociedad occidental y sus productos culturales -bajo el rótulo general de feminismo- y la emergencia de teorías que enfatizan la significación de los discursos marginales o minoritarios dentro de la cultura de occidente, han proporcionado nuevos instrumentos para la lectura de los textos de estos subsistemas culturales.

Menciono esta breve historia porque, varios de los logros de los discursos feministas minoritarios no han tenido las mismas consecuencias para los discursos teatrales producidos por las mujeres. En la reescritura de la historia del teatro latinoamericano, la participación de la mujer aún sigue siendo desconocida. En los pocos casos que se hace la historia del teatro como espectáculo dirigido a públicos, la función de la mujer, en el mejor de los casos, parece haber sido reducida a la de actrices del siglo XVIII, tales como los de Cotarelo y Mori sobre La Tirana y María Ladvenant y referencias a algunas del siglo XX, especialmente por su relación con "grandes dramaturgos," como es el caso de Margarita Xirgú y Federico García Lorca. En cuanto a América Latina, no hay registro de las grandes actrices, ni del pasado ni del presente. En general, hay pocas referencias a otras importantes funciones del proceso teatral en el cual han intervenido mujeres con mucha frecuencia, tales como la dirección escénica, la escenografía teatral, los componentes musicales de textos representados. Las mujeres han sido incluidas en el silencio casi absoluto sobre estos aspectos del fenómeno teatral como espectáculo.

El discurso dramático o teatral de la mujer en América Latina aún sigue siendo silenciado. En este plano, estamos en una situación semejante a la poesía lírica o la *novela hace veinte años. Se supone la existencia de numerosos textos escritos por mujeres que deben ser descubiertos. En el caso del teatro, este descubrimiento se hace aún más difícil ya que en muchas ocasiones textos dirigidos a ser representados no fueron publicados. Por lo tanto, su acceso está condicionado a hallazgos en bibliotecas públicas o privadas, o a breves referencias en periódicos.*

Una de las primeras tareas de la crítica del teatro de la mujer en América Latina es descubrir la existencia de mujeres escribiendo teatro. Como las profesoras Andrade y Cramsie indican en su Introducción, son pocas las dramaturgas latinoamericanas incluidas en las historias o identificadas como tales. Por lo tanto, uno de los primeros problemas por resolver es hacer accesibles los textos a los potenciales directores teatrales, los críticos de teatro y, en general, a los investigadores del teatro.

Aun cuando un buen número de críticos y aún dramaturgas rechazan la especificidad del discurso teatral de la mujer, consideramos que parte de las investigaciones debe centrarse en la especificidad de los sistemas de exclusión e inclusión. Es decir, en vez de explicar la exclusión como prejuicio del discurso patriarcal —respuesta general— creemos que se hace necesario examinar causas históricas y estéticas más precisas y específicas en cada caso, causas que podrán provenir tanto de los prejuicios del discurso patriarcal como de los códigos utilizados —estéticos e ideológicos— con que fueron producidos o se enjuician los textos o las funciones de los textos producidos por mujeres en ciertos momentos históricos. Por ejemplo, hay quienes han señalado que durante el siglo XIX en América Latina se dio mucho un discurso dramático para ser leído en reuniones familiares y que este discurso fue producido predominantemente por mujeres. ¿Se dio este fenómeno en todos los países latinoamericanos? ¿Estuvo esta práctica limitada a las familias de clase alta? El examen de los movimientos socialistas o anarquistas de fines del siglo XIX y comienzos del XX muestra una gran participación de la mujer obrera en el movimiento social? ¿Cuál fue la contribución de la mujer obrera en el movimiento social? ¿Cuál fue la contribución de la mujer obrera en la divulgación de la ideología socialista o anarquista? ¿De qué modo se plasma esta contribución en el teatro anarquista, por ejemplo?

La Antología preparada por las profesoras Elba Andrade e Hilde Cramsie cumple con varios rasgos indispensables en el proceso de investigación que conducirán a una mejor comprensión del fenómeno de la mujer en el teatro latinoamericano. Incluye textos, algunos inéditos, una investigación seria sobre cada una de las autoras incluidas, una propuesta de interpretación del texto seleccionado, bibliografía teórica —del teatro y de la literatura de la mujer— y, tal vez, la apertura más significativa, un cuestionario sobre problemas teóricos y prácticos de la escritura de la mujer en el teatro. Las respuestas a este tipo de cuestionarios y las declaraciones de las autoras en entrevistas o declaraciones permitirán, finalmente, proponer las coordenadas del discurso teatral de la mujer y precisar sus semejanzas o diferencias con respecto a los discursos teatrales del sistema patriarcal en América Latina.

Felicitaciones a las profesoras Andrade y Cramsie por cuanto esta Antología *bien puede constituirse en un modelo de investigación para entender los discursos culturales de la mujer en América Latina.*

JUAN VILLEGAS
University of California, Irvine

AGRADECIMIENTOS

Las autoras deseamos agradecer la cooperación brindada por varias personas que hicieron posible la realización de este libro.

En primer lugar, damos las gracias a las dramaturgas por concedernos su permiso de incluir sus obras en esta antología, y muy especialmente, por su interés y tiempo en contestar nuestras preguntas presentadas en el cuestionario. Gracias a Isidora Aguirre, Fanny Buitrago, Griselda Gambaro, Luisa Josefina Hernández, Ana Istarú y Teresa Marichal. En el caso de Gloria Parrado, ya fallecida, nuestras gracias a Eduardo López Morales por concedernos el permiso de impresión de *La brújula* y el Prólogo escrito por David Camps, ''Decirte quiero'', que precede dicha obra.

Debemos también agradecer el apoyo económico recibido de la Citadel Development Foundation y su confianza depositada en el proyecto cuando se hallaba todavía en su etapa preliminar.

Asimismo, deseamos agradecer a Pío E. Serrano —editor y amigo— por trabajar con nosotras con un entusiasmo que no se limitó a su responsabilidad editorial. Sus correcciones estilísticas y tipográficas, sus sugerencias referentes al formato del libro, y su interés en colaborar como él mismo nos lo dijo, en forma ''activa'', excedieron la ayuda esperada por nosotras.

Gracias a nuestro amigo Juan Villegas, profesor y guía académico durante nuestros años de estudiantes graduadas, y constante promotor de la investigación literaria en todos sus niveles.

Y finalmente, nuestra gratitud a nuestros esposos e hijos por su paciencia y estímulo que contribuyeron en gran medida a la finalización de nuestro proyecto.

LAS AUTORAS
1991

ESTUDIO PRELIMINAR

En las últimas décadas el discurso crítico ha revalorado la literatura femenina a través de una serie de estudios que abordan su análisis desde diferentes perspectivas teóricas. Entre éstas cabe mencionar, por ejemplo, el surgimiento de la teoría feminista que al utilizar los aportes del post-estructuralismo, el sicoanálisis lacaniano o la semiótica, ha enfatizado la importancia de de-construir el tradicional sistema sígnico de representación de la mujer dentro del orden patriarcal. De este modo se ha insistido en revelar el ancestral estereotipo femenino en las obras de ficción escritas por el hombre, al mismo tiempo que se ha desarrollado el interés por analizar la elaboración textual de la producción literaria femenina articulada bajo los cánones estéticos masculinos.[1] Estas aproximaciones teóricas han generado un creciente interés entre los críticos por analizar la literatura escrita por mujeres, lo que confirma tanto su importancia como la necesidad del estudio y divulgación de sus textos.

La presente antología pretende cumplir en parte con estas preocupaciones del discurso crítico al divulgar ciertas obras junto a los planteamientos que las autoras escogidas sustentan; opiniones que van desde la función del teatro en general hasta la denominada especificidad de lo femenino en la obra dramática. Las piezas teatrales que conforman este texto son portadoras de una amplia gama temático-formal y de una multiplicidad de "voces" ideológicas hoy presentes en el teatro escrito por mujeres latinoamericanas. Esto último nos parece interesante ya que en el plano de las instancias del discurso femenino éste ofrece al lector una diversidad que es resultado —entre otros factores— tanto de las inquietudes personales como de la particular posición y práctica social de las autoras seleccionadas. Como objetivamente las dramaturgas incorporadas en esta antología constituyen la expresión de un amplio sector humano-cultural, cuya sensibilidad comunicativa y singular

---

[1] Varios investigadores establecen como punto de partida de estos estudios el interés despertado por el trabajo teórico de Kate Millet titulado *Sexual Politics* (New York: Doubleday, 1970).

perspectiva tiene algo que decir con respecto a una experiencia que les es propia, consideramos importante el difundir sus prácticas y experiencias dramático-teatrales con el propósito de que sean examinadas por el discurso crítico en su especificidad y/o evolución.

Al revisarse los estudios antológicos sobre el teatro en Latinoamérica sorprende verificar la escasez o inexistencia de nombres femeninos. La tendencia predominante ha sido más bien la de seleccionar figuras individuales masculinas.[2] La recurrencia a antologar determinados nombres nos ha llevado a preguntarnos: ¿Es qué no existen autoras de teatro en América Latina? y si existen ¿son sus producciones "inferiores" a las escritas por los hombres de teatro? o ¿son las exigencias de una crítica interesada en validar determinados cánones las que han marginado este discurso reproduciéndose prejuicios supraindividuales e inconscientes sobre esta dramaturgia?

Si bien no hay una respuesta única para explicar tal olvido parece que esta omisión se debiera en parte a la actitud de los críticos que han demostrado un criterio similar al valorar otros discursos femeninos. Por ejemplo, cuando se trata del discurso lírico de la mujer, género tradicionalmente preferido por ésta por sobre la expresión dramática, Juan Villegas expresa una opinión que bien puede aplicarse al teatro por su coincidencia en cuanto a la actitud crítica:

> Su ausencia es considerada por muchos como natural. Su ausencia corresponde, según estos críticos, a su falta de valor estético. Los valores estéticos con que se juzga a las obras literarias en la tradición literaria dominante en Occidente se sustenta en las obras consideradas "maestras" escritas por hombres dentro de una tradición cultural. Este discurso crítico hegemónico desvaloriza los discursos marginales, aquellos no producidos dentro de su código estético y cultural. De este modo, el críti-

[2] La antología de Carlos Solórzano titulada *Teatro latinoamericano contemporáneo* (México: Fondo de Cultura Económica, 1964) no incluye a ninguna mujer en sus dos volúmenes. Asimismo es notable la casi total ausencia de nombres femeninos en la serie antológica más reciente publicada por Girol, la cual sólo presenta a Griselda Gambaro dentro de la serie de teatro continental. Véase Frank Dauster, Leon Lyday & George Woodyard (eds) *9 Dramaturgos Hispanoamericanos: Antología del teatro hispanoamericano del Siglo XX*. (Ottawa: Girol, 1979). Durante el proceso de impresión de la presente antología, se publicó *Voces en escena: Antología de dramaturgas latinoamericanas*, compilada por Nora Eidelberg y María Mercedes Jaramillo. (Medellín: Universidad de Antioquía, 1991). Dicha antología presenta obras de Albalucía Angel y Patricia Ariza (Colombia); Lucía Fox y Sara Joffré (Perú); Matilde Elena López (El Salvador); Margarita Rivera (Estados Unidos); Susana Torres Molina (Argentina); y Teresa Valenzuela (México).

co es portador de una serie de prejuicios, conscientes o inconscientes, que le impiden valorar adecuadamente el discurso lírico femenino. (18)[3]

Esta ausencia, válida también para las autoras teatrales, indicaría que estamos frente a una actitud tradicional dentro de la crítica especializada que ha desvalorizado sistemáticamente la producción femenina. Sin duda pesa sobre esta actitud el marco referencial de la marginalidad de la mujer, situación que genera muchas veces juicios de valor a un nivel subliminal, estado desde el cual se reproduce la percepción o imagen asignada al sexo femenino en el orden patriarcal. En efecto este sistema excluyente que durante siglos relegó a la mujer a la esfera doméstica desalentó muy especialmente la escritura teatral por las características específicas del género que aspira, en última instancia, a ser representado. Superar el confinamiento doméstico cotidiano para exponer públicamente "sentimientos", vale decir, preocupaciones ideológicas (de allí el anonimato o la autocensura), discutir con empresarios, dirigir y/o asistir a representaciones y ensayos ha sido, en algunos momentos históricos, si no tarea imposible por lo menos una empresa nada fácil de lograr dadas las condiciones que dificultaron la llegada de la mujer a la literatura. Es sabido que la marginalidad social y cultural de la mujer impidió, o por lo menos, no estimuló —salvo excepciones— su participación en el arte de la escritura, por lo tanto la conquista de este derecho se logró gracias al quebrantamiento de muchos prejuicios. Uno de los más conocidos fue el de convencer a la sociedad de la época que el escribir no era un acto masculino. De allí —se ha observado— que las mujeres hayan comenzado privilegiando determinadas formas de expresión como la epístola, el poema o el diario íntimo, fenómeno que entendemos como resultado de su peculiar situación dentro del conglomerado social y no como una disposición "biológica" natural para escribir con mayor o menor soltura determinados géneros. Serían, por tanto, razones históricas y culturales las que han provocado la "invisibilidad" de la mujer en la arena teatral estimulando, en cambio, su predilección por la poesía o la novela. Al ser marginada del espacio público —dominio masculino— y confinada al espacio doméstico, la mujer desarrolló cierto tipo de experiencias que fueron básicamente relaciones personales entre familiares y amigos. Este hecho no estimuló ni la retórica ni la oratoria que fueron expresiones

---

[3] Juan Villegas en *Antología de la nueva poesía chilena* (Santiago: Editorial La Noria, 1985).

o estilos propios de la función pública en la cual descollaba el hombre, sino la oralidad. Por tal razón, como apunta Sue-Ellen Case algunas mujeres "have developed a different tradition of dialogue from that of men. These women have excelled in the personal forms of dialogue: letters, in the sphere of written communication, and conversation, in that of oral." (46)[4]

Este hecho objetivo ha sido, no obstante, oscurecido por la arraigada creencia de que el teatro es un género apto para el hombre por requerir una gran dosis de disciplina, racionalidad y análisis de conflictos sociales. La "innata" habilidad oral de la mujer servía para escribir historias, contar cuentos junto al fuego o escribir poemas en los cuales se vertiera la "sensibilidad" femenina; en cambio, el "talento" masculino encontraba su justa medida en el teatro. Tales apreciaciones de tanto ser repetidas han terminado por perpetuar estereotipos que no han ayudado a la comprensión de esta situación. Por ello la ausencia de mujeres dramaturgas no puede entenderse completamente, sino se toma en cuenta como un elemento importante la especificidad del género dramático que trajo un sinnúmero de dificultades a las potenciales autoras cuya marginalidad las obligaba incluso a permanecer relegadas como espectadoras en el mundo teatral. Esto fue una práctica común en España en los siglos XVI y XVII donde el sexo femenino era segregado del masculino en un espacio limitado que se conoce con el nombre de la cazuela.[5]

Junto a la serie de factores histórico-sociales objetivos que explicarían la escasez o ausencia de mujeres de teatro, existen otros que coadyuvaron también a desalentar la producción teatral femenina y su relación con el mundo del espectáculo. Patricia O'Connor en su estudio subraya lo siguiente:

> Además de las limitaciones educativas, culturales, arquitectónicas, burocráticas y económicas, varios factores psicológicos y prácticos han desanimado a las dramaturgas. Conscientes de que el teatro se ha considerado poblado de individuos inestables, inmorales y de poca categoría social, las mujeres burguesas (única fuente, repetimos, de posibles dramaturgas) han evitado contactos que pudieran perjudicar su buen nombre — tan íntimamente relacionado con la percepción de su valor como mujeres— por injusto que fuera el juicio.[6]

---

[4] Sue-Ellen Case en *Feminism and Theatre* (New York: Methuen, 1988).

[5] Véase el excelente estudio introductorio de Patricia O'Connor en *Dramaturgas españolas de hoy* (Madrid: Fundamentos, 1988): 9-55.

[6] Ibid. 18.

Tomando en cuenta éstas y otras consideraciones se comprende que la historia del teatro universal y del hispánico en particular, no haya sido pródiga en nombres femeninos al carecer la mujer de una tradición teatral que la orientara y/o estimulara a superar los límites de su marginalidad. A pesar de ello desde la Edad Media es posible encontrar mujeres que, desarrollando determinadas estrategias para escribir, se han destacado en la práctica teatral. Cabe mencionar que en este aspecto muchas autoras de teatro lograron este merecido reconocimiento porque fueron ayudadas por su posición de clase, belleza, contactos sociales, o porque no transgredieron los códigos estéticos universalmente aceptados dentro del sistema establecido. Este hecho confirma la hipótesis que el discurso crítico ha valorizado el discurso literario de la mujer coincidente con los valores socio-culturales y estéticos del orden masculino.

La existencia de ciertos nombres femeninos dentro de la dramaturgia de Occidente demuestra, como ya señalábamos, que el género fue cultivado desde el medioevo. En este período destaca Hrotsvit von Gandersheim, la primera escritora conocida de textos teatrales bajo el Sacro Imperio Romano Germánico. El interés de von Gandershein se centró en cambiar el tradicional papel asignado a las mujeres durante la antigüedad por los valores positivos de la mujer cristiana. Según Case ''Hrotsvit places her heroines in the classical context of objectification, use and violence, but offers them an alternative context for their choices. Chastity is portrayed as a declaration of independence from prescribed marriages, attempted rape and all acts of male aggression which ignore women's consent.'' (32)[7] Esta particularidad otorga a su teatro una singular importancia ya que la coloca como pionera dentro de una línea teatral femenina que de haberse documentado habría podido servir a otras mujeres para desarrollar ciertas perspectivas teatrales en años posteriores.

En el siglo XVII en Inglaterra dos mujeres, Aphra Behn y Susanna Centelivre, escriben obras dramáticas. Behn hizo del teatro su fuente de recursos económicos convirtiéndose, por tal razón, en el blanco de las críticas masculinas a las cuales contestó en sus escritos, ya sea prólogos, cartas o epílogos. Más prolífica que Behn fue, sin embargo, Centelivre que tiene el mérito de haber introducido una nueva imagen de la mujer en el teatro lo que se debió básicamente a su propia experiencia de mujer independiente que vivió fuera del orden social de su tiempo. Ambas mujeres, a pesar de las diferencias temáticas de sus pie-

---

[7] Case en *Feminism and Theatre*.

zas, y por razones financieras y estéticas, cultivaron las formas tradicionales de la expresión dramática explotando todas las posibilidades a su alcance para el diálogo y la narrativa femeninas. Igualmente la norteamericana Mercy Warren, que comenzó a escribir teatro en apoyo a los revolucionarios en 1773, es una figura importante, pero su nombre no aparece en las antologías dramáticas estadounidenses.[8]

En Latinoamérica, la crítica ha reconocido el nombre de Sor Juana Inés de la Cruz, mujer de extraordinario talento cuya figura ha inspirado múltiples estudios biográficos y literarios desde diferentes perspectivas críticas. [9] Su vida, escindida entre la religión y las ideas que avizoran el Racionalismo —aún sin conocerlo—, se refleja en su producción literaria permeada por ese dilema que intentó dirimir al tomar el velo religioso para poder dedicarse por completo a la actividad intelectual; pasión que probablemente·la llevó al claustro y no un amor frustrado como se ha mantenido. Será esta opción por el saber la que ella defenderá con vehemencia en su "Carta Atenagórica. Respuesta a Sor Filotea de la Cruz" en la cual refuta, haciendo uso de una original estrategia discursiva, los ataques del obispo de Puebla que la amonesta por su dedicación al estudio de temas profanos. Luego de su brillante respuesta, Sor Juana acata la orden superior, dispersa su biblioteca, cesa en sus estudios y regresa a ocupar "el lugar" asignado después de haber transgredido el orden masculino. Es obvio que su decisión tuvo que ver, como bien señala Octavio Paz, al explicar este cambio o "caída final", principalmente con su condición femenina. Al respecto el escritor mexicano enfatiza que su condición de mujer:

fue lo realmente decisivo: si hubiera sido hombre no la hubieran atormentado los celosos príncipes de la Iglesia. La incompatibilidad entre las letras sagradas y las profanas recubría otra, más profunda: la contradicción entre las letras y el ser mujer. Por eso, al final, la Sor Juana poetisa no se convierte en una teóloga o doctora de la Iglesia sino en una penitente que "entierra con su nombre, su entendimiento. (607-608)[10]

Aunque Sor Juana por sobre todo fue poeta, sus incursiones en el gé-

---

[8] Ibid. 36-37.

[9] Sobre Sor Juana Inés de la Cruz véase de Dorothy Schons *Some Bibliographical Notes on Sor Juana Inés de la Cruz* (Austin: University of Texas bulletin, 1925), Ludwig Pfandl *Sor Juana Inés de la Cruz, la décima Musa de México. Su vida, su poesía, su psique.* (México: UNAM, 1963), Stephanie Merrim (ed) *Feminist Perspectives on Sor Juana Inés de la Cruz* (Michigan: Wayne State University Press, 1991).

[10] Octavio Paz, *Sor Juana Inés de la Cruz o las trampas de la fe* (Barcelona: Seix Barral, 1982).

nero teatral profano y sagrado nos han dejado un valioso conjunto de piezas dramáticas: dos comedias, tres autos sacramentales y varias loas y sainetes. Su obra dramático-teatral si bien confirma valores sociales epocales a la par que reproduce la estética calderoniana es por la calidad y originalidad de algunas de sus piezas, especialmente sus loas en las cuales introduce al indígena, la pionera del teatro escrito por mujeres en nuestro continente.

Otro nombre que figura en los volúmenes antológicos y que se asocia con la dramaturgia femenina latinoamericana es el de la cubana Gertrudis Gómez de Avellaneda cuyo talento como autora dramática la llevó a escribir más de veinte piezas teatrales. El discurso crítico hegemónico ha valorado sin reservas su producción literaria resaltando como nota curiosa la opinión que en una ocasión Manuel Bretón sostuviera refiriéndose a su obra: ''Es mucho hombre esta mujer'', con lo cual elogiaba su escritura, pero al mismo tiempo implícitamente reconocía la ''invasión'' de un campo privativo masculino. Junto a Gómez de Avellaneda es posible reconocer la presencia esporádica de varias figuras femeninas antes de 1900 en Latinoamérica, pero será en este siglo cuando un número creciente de mujeres, superando prejuicios y barreras, se conviertan en autoras de teatro. La aparición tardía de estas voces dramáticas en Latinoamérica es, sin duda, un fenómeno cultural relacionado con la conquista de los derechos civiles femeninos: el derecho a elegir y a ser elegida y el libre acceso a la educación superior o universitaria. Esta situación contribuyó a otorgar a la mujer una mayor libertad e independencia como sujeto dentro del sistema patriarcal, al mismo tiempo que estimuló su conciencia como ser social y creativo.

Concretamente son las dramaturgas de la denominada Generación de 1957, que agrupa a los nacidos entre 1920 a 1934, la que aparece mencionada por vez primera en estudios teatrales. Nos referimos a los nombres de Isidora Aguirre, Griselda Gambaro, Elena Garro y Luisa Josefina Hernández.[11] Sin embargo junto a ellas han co-existido, durantes esos años o los posteriores, muchas otras que han combinado la actividad teatral con diversas formas de vida literaria o intelectual contribuyendo a la evolución de la dramaturgia en sus respectivos países. Varias han estrenado con éxito y/o han visto en algunos casos sus obras publicadas. Allí están como vía de ejemplo: María Asunción Requena, Myrna Casas, Maruxa Vilalta, Fanny Buitrago, Diana Rasnovich, Lu-

---

[11] Hemos seguido el esquema generacional propuesto por Cedomil Goic en *Historia de la novela hispanoamericana* (Chile: Ediciones Universitarias de Valparaíso, 1972): 245-273.

cía Fox, Gabriela Roepke, Teresa Parrado, Elisa Lerner, María Cristina Verrié, Zora Moreno, Gilda Hernández, Yúlky Cary, Lira Campoamor, Teresa Marichal, Dinka de Villarroel, Ana Istarú, Aleyda Morales, Roma Mattieu, Mariela Romero, Maité Vera, Josefina Plá, Sara Joffré, Hebe Uhart y tantas otras a las cuales habría que nombrar o considerar en un estudio antológico o monográfico. En lo que respecta a esta antología no están representadas todas las que son, ya que el proceso de elegir implica necesariamente usar criterios subjetivos inherentes a toda selección. No obstante, estamos seguras que son todas las que están: hay autoras de teatro consagradas por el discurso crítico hegemónico y otras que recién comienzan o nunca han figurado en estudio antológico alguno. De este modo hemos querido aunar en un sólo haz una producción teatral femenina diversa cuyas múltiples voces estéticas, formales e ideológicas ayuden al lector a configurar su existencia junto a las características específicas de la misma.

Al referirnos a la especificidad del discurso teatral femenino entramos sin duda a un terreno controversial por la disparidad de opiniones respecto al tema. Mencionábamos que en las últimas décadas la revalorización de la producción literaria de la mujer ha traído consigo una proliferación de estudios especializados que plantean, entre otros problemas de índole teórico, la diferencia de escritura existente entre los géneros sexuales. A partir de esta afirmación se han construido teorías que plantean que la escritura de la mujer, tanto por su condición biológica como por el papel que le ha tocado desempeñar dentro del orden patriarcal, posee una especificidad manifestada tanto en modelos textuales como en la visión de mundo.[12] Las feministas francesas han visto, por ejemplo, la escritura femenina como un conjunto de prácticas que transgreden, subvierten o contradicen el orden masculino.[13] Estos planteamientos enfatizan la existencia de una voz específicamente femenina vertida a través de una temática, estilo, lenguaje, visión

---

[12] Entre los múltiples estudios sobre el tema puede consultarse Ruth Borker and Nelly Furman (eds) *Women and Language in Literature and Society* (New York: Praeger Publishers, 1980), Casey Miller and Kate Swift, *Words and Women* (New York: Doubleday, 1976), Josephine Donovan (ed) *Feminist Literary Criticism: Exploration in Theory.* (Lexington: University Press of Kentucky, 1975), Mary Jacobus (ed) *Women Writing and Writing about Women* (New York: Barnes and Nobles Books, 1979), Gabriela Mora and Karen S. Vsan Hooft (eds) *Theory and Practice of Feminist Literary* (Ipsilanti, Michigan: Eastern Michigan University Press, 1982), Janet Todd, *Gender and Literary Voice* (New York: Holmes and Meir Publishers, 1980).

[13] Véase Marks, Elaine, and de Courtivron, Isabelle (eds), *New French Feminism* (New York: Schocken, 1981).

de mundo y un concepto del tiempo cíclico opuesto al histórico como elementos caracterizadores del discurso literario femenino.[14]

Este fenómeno que prácticamente no ha sido estudiado por el discurso crítico teatral latinoamericano —a diferencia de la novela sobre la cual existen numerosos estudios que dan cuenta del problema— ha levantado polémicas en ciertos sectores literarios que expresan su disconformidad con los planteamientos en los cuales se delimitan las "huellas" de la constitución biológica o corporal en la escritura.[15]

Teniendo en cuenta estas opiniones divergentes sería interesante analizar, por ejemplo, la representación e imagen de la mujer en ciertas obras tales como *La malasangre, Madre mía que estás en la tierra* o *Retablo de Yumbel.* Asimismo, destacar las nuevas preocupaciones temáticas dentro de la tradición dramática femenina latinoamericana, observables en las obras de Gambaro e Istarú, reveladoras de las contradicciones en las cuales se asienta el mito del macho y sus consecuencias dentro del orden falogocéntrico. O inquirir tal vez en la incorporación de nuevos elementos que rechazan la subordinación y el silencio a cambio de una nueva imagen "transgresora" del orden.[16] Una característica común observable en todas las piezas dramáticas seleccionadas es la presencia del referente histórico sobre el cual se funda el texto dramático-teatral. Vale decir se perciben preocupaciones de índole socio-político, ya sea para plantear situaciones como la violencia (machista o política) en *El hombre de paja, Retablo* o *La malasangre;* la transformación de los valores nacionales en *Vlad;* la alienación en *Danza del urogallo múltiple* y el cambio social en *La brújula.* Si bien *Madre mía que estás en la tierra* alude principalmente a una temática femenina, que la aleja de una connotación política inmediata, su marco referencial es también el contexto socio-

---

[14] Este concepto del tiempo masculino opuesto al femenino ha sido examinado por Julia Kristeva en su artículo "Les Temps des femmes" 33/34 *Cahiers de recherche de sciences des texts et documents.* 5, Hiver (1979): 5-9.

[15] Véase Angeles Maeso en "Notas para una revisión de lo femenino en literatura" en *Literatura chilena: Creación y crítica* 47/50 (1989): 10. Maeso al referirse a ciertos supuestos teóricos que postulan la mencionada diferenciación textual señala: "De la impresión de que las cosas se han hecho más o menos así: se coge una mujer, o la mujer, cuerpo biológico, se le observan sus órganos y sus órganos en la historia y se dice: útero, conclusión : mayor necesidad que en el hombre de vuelta al útero materno porque se trata de una vuelta hacia lo mismo; parto, conclusión: mayor escándalo ante la muerte porque ella es la portadora de la vida; menstruación, conclusión: imposición para sentir el tiempo cíclicamente."

[16] En oposición a esta imagen, véase de Catherine M. Boyle "The woman who knows Latin...": the portrayal of women in Chilean Theatre, Redmond James (ed) en *Women in Theatre* (Cambridge UP, 1989): 139-153.

económico latinoamericano. Estos ejes se expresan a través de ciertos motivos que dan cuenta del enjuiciamiento de valores, la protesta e insatisfacción frente a un sistema establecido. Pensando en estas características comunes sería importante examinar también si las estructuras lingüísticas crean nuevos valores femeninos opuestos a los masculinos en su interpretación de los hechos o, si por el contrario, ellas reproducen los patrones culturales acuñados dentro del orden masculino. Estos y muchos otros aspectos pueden ser estudiados para delimitar los rasgos de la existencia o supuesta existencia de la especificidad de la escritura femenina en las piezas incluidas. Como señalábamos al comienzo, no es nuestro propósito en esta ocasión analizar el alcance y contenido del fenómeno mencionado, sino difundir el discurso de las dramaturgas sobre éste y otros temas. Ello lo hacemos con la esperanza de que sirva para promover el interés por este teatro y se desarrollen estudios especializados en el futuro. Los investigadores de la narrativa y de la poesía de nuestro continente ya han iniciado esta tarea y entregado valiosos y significativos aportes en tal sentido. Hacer lo mismo con el género dramático femenino constituye un deber intelectual y un desafío.

Los estudios siguientes están ordenados alfabéticamente y ofrecen consideraciones generales que pueden orientar la lectura de las piezas dramáticas, al mismo tiempo que aportan información básica sobre las dramaturgas que integran la antología. Por tal razón estamos conscientes que este texto es sólo un paso hacia la amplitud de una tarea que está aún por realizarse. Si bien nos acercamos a ciertos aspectos que consideramos importantes en los ensayos siguientes, éstos son limitados, ya que se proponen como una posible lectura frente a la pluralidad de lecturas que ofrece un texto literario.

Isidora Aguirre (Chile)

Explicar en un párrafo la importancia de Isidora Aguirre como figura importante en la historia de la dramaturgia hispanoamericana contemporánea es tarea por demás difícil. Nacida en Santiago de Chile en 1919 inició su carrera literaria muy joven, y desde entonces nos ha ido dejando por herencia todo un legado de excelentes obras teatrales, sin ignorar sus recientes novelas *Doy por vivido todo lo soñado* y *Carta a Roque Dalton*.[1]

La dramaturgia de Aguirre es difícil de clasificar. Se inicia con comedias ligeras de tema intranscendente. De todas ellas *La pérgola de las flores*, comedia musical estrenada en 1959 es la más notable. Aguirre, al lindar sus 40 años de edad, y cuando *La pérgola...* le otorga el beneplácito de la crítica y se la reconoce como dramaturga de importancia en Chile, cambia de rumbo a su teatro. Su temática adquiere un tono serio y cuestionador de la realidad circundante, y del momento sociohistórico en el ahí y ahora de su patria. Antes de la caída de Salvador Allende, su preocupación es la justicia social, entendiendo lo "social" como la lucha económica entre explotadores y explotados. Los personajes burgueses satirizados en sus obras anteriores son reemplazados por los trabajadores "de cuello azul." Tal es el caso de *Los papeleros* (pb.1964; pr.1965) en donde los personajes, recogedores de basura, son los marginados y explotados por el sistema vigente.[2] Su denuncia dra-

---

[1] Usando cierto criterio discriminativo se dará la lista de obras de Isidora Aguirre a partir de 1964, dándose en lo posible, primero su fecha de estreno y luego su fecha de publicación: *Los papeleros* (1965, 1964); *La dama del canasto* (1965); *Maggy ante el espejo* (1968); *Los que van quedando en el camino* (1969, 1970); *Quién tuvo la culpa de la muerte de la María González* (1970); *Los cabezones de la Feria* (1972); *En aquellos locos años veinte* (1974); *Lautaro* (1982); *El amor a la africana* (1986); *Federico hermano* (1986), *Retablo de Yumbel* (1986); *Diálogos de fin de siglo* (1989);*Los libertadores: Bolívar y Miranda* (n/a); *Mi primo Federico* (n/a); *Manuel Rodríguez* (n/a) *La señora y el gásfiter* (n/a) y sus novelas *Doy por vivido lo soñado* (1987) y *Carta a Roque Dalton* (1990). Para información cronológica de la obra de Aguirre véase Elba Andrade, "Isidora Aguirre," en *Critical Survey of Drama,* Foreign Language Series, 1 Salem Press (1986):31-38.

[2] Véase el estudio de Juan Villegas, "Los marginados como personajes: Teatro chileno de la década de los sesenta," *Latin American Theatre Review* 19/2 Spring (1986):85-93.

mática al binomio "opresores-oprimidos", pan diario de los países del Tercer Mundo, no cae en la trampa del maniqueísmo. El distanciamiento brechtiano que permea la obra no permite que el espectador sienta empatía por los papeleros. Al final queda pensando cómo se podría solucionar el conflicto ya que deliberadamente la obra con su final abierto, no ofrece ninguna solución.

Después de la caída de Salvador Allende y con el entronizamiento de la dictadura del General Augusto Pinochet, el teatro de Aguirre adquiere otra dimensión social: la política. Su voz dramática se une a la de muchos otros sobresalientes escritores latinoamericanos para denunciar el abuso de regímenes autoritarios, la violación de los derechos humanos, el encarcelamiento, la tortura y la desaparición de miles de seres, algunos encontrados en sus tumbas improvisadas, otros nunca recuperados. Dentro de este nuevo rumbo dramático se debe mencionar a *Lautaro* (1982), obra continuadora de su temática de protesta social basada en las fuerzas antinómicas "opresores-oprimidos". la cual ya sutilmente y con técnica alegórica apunta a la problemática de Chile bajo la dictadura.[3]

La obra presentada en esta antología y ganadora del premio Casa de las Américas, *Retablo de Yumbel*,[4] es una protesta directa a la realidad política de Chile a mediados de los años 80. Tal como dice Aguirre en su entrevista llevada a cabo con las autoras, la obra "fue escrita a pedido, sobre los "desaparecidos de la zona Concepción" por el grupo de teatro El Rostro de esa ciudad."[5] Con la misma intensidad y rigurosidad demostrada en la investigación hecha para escribir *Lautaro* o *Los que van quedando en el camino*, Aguirre estudia a fondo la realidad histórica de los 19 desaparecidos de Yumbel, continúa con el estudio de la realidad histórica de su patria y, traspasando las fronteras de Chile, se adentra

---

[3] En *Lautaro* (Santiago, Chile: Editorial Nascimiento, 1982), Aguirre dramatiza el conflicto de los indios mapuches en su valerosa lucha contra la invasión de los conquistadores españoles encabezados por Valdivia. Este conflicto entre colonizadores y colonizados se extiende de 1536 a 1655. Dos siglos más tarde (1883) los mapuches se vieron sometidos a la paulatina expropiación de sus tierras, y hoy en día siguen en pleito por conservarlas. Aguirre escribió esta obra a pedido de un amigo mapuche para apoyarles en su lucha de hoy. Véase el artículo de Patricia González "Isidora Aguirre y la reconstrucción de la historia en *Lautaro.*" *Latin American Theatre Review* 19/1 Fall (1985):13-18

[4] Isidora Aguirre, *Retablo de Yumbel* (Concepción, Chile: LAR, Literatura Americana Reunida, 1987). Todas las referencias a la obra se basarán en esta edición.

[5] En entrevista escrita con las autoras de esta antología, febrero de 1988.

en el macrocosmos de la tortura extendida en varios países de la América Latina.[6]

Para que la obra no fuese por lo tétrico de su temática una pieza totalmente "negra", Aguirre encuentra su elemento esperanzador en la historia de San Sebastián, el santo patrono de Yumbel. Los martirios y circunstancias paralelas entre la vida del santo y las de los desaparecidos, dan según la autora, magia y colorido a la obra.[7] Es nuestra opinión que el gran acierto de la dramaturga chilena al escribir esta obra reside en conjugar a diferentes niveles de la realidad un metateatro extendido, el cual, en su pluralidad de niveles históricos y ficticios, confluye a un conflicto único que transgrede el tiempo lineal histórico para trastocarlo en circular, mítico y no por ello menos crudo y doloroso, universalizando el eje estructurante del abuso del poder con sus raíces *ab initio*.

El *Retablo*... también se puede considerar como pieza de docuteatro[8] con cuatro versiones históricas de la realidad fidedignas al documento y a la investigación: 1) la histórico-religiosa del martirio de San Sebastián en el siglo III a manos del emperador Diocleciano, 2) la histórico-religiosa de la estatua de San Sebastián basada en la tradición oral. Relata cómo un Coronel español en su derrota durante las lu-

---

[6] Veáse Enrique Sandoval, "Teatro latinoamericano: cuatro dramaturgas y una escenógrafa," Literatura chilena: *Creación y crítica* 47/50 (1989):173-175. Sandoval cita el siguiente texto que precede a la obra y que no aparece en nuestra antología: "En el año 1979 aparecieron en un lugar clandestino del pueblo sureño de Yumbel los restos de 19 dirigentes, los que figuraban en la lista de detenidos-desaparecidos, fusilados —como se comprobó en el juicio—, tres días después del golpe militar de 1973, durante un traslado del lugar de detención (Laja y San Rosendo, vecino de Yumbel) al cuartel de la ciudad de Los Ángeles. Quedó establecida la identidad de cada una de las víctimas, así como la de sus hechores, pero tal como ocurriera con los enterrados en las minas de Lonquén, los victimarios quedaron impunes y, antes de ser declarados culpables, se acogieron a la ley de amnistía, dictada en 1978 por el gobierno con efectos retroactivos. Otro tanto ocurrió con 18 dirigentes campesinos que aparecieron en la vecina localidad de Mulchén." Los nombres de los desaparecidos cantados por las madres al final de la obra, aparecen anotados en *¿Dónde están?* de la Vicaría de la Solidaridad en Chile, en 7 volúmenes, y los cuales dan las fichas de los desaparecidos entre 1973 y 1979.

[7] Véase la respuesta a la pregunta 10 en la entrevista con las autoras que precede la obra. Ibid.

[8] Peter Weiss es quien establece el manifiesto del teatro documento al escribir sus "Catorce tesis" en el prólogo a su obra *Discursos sobre Vietnam*. El manifiesto aparece publicado en *Índice* 238 (1968):26-30, traducido por Rafael Hernández y bajo el título "Catorce tesis a propósito del teatro documental."

chas de la independencia en el siglo XIX entierra la estatua del santo en
la arena. Los habitantes de Yumbel la encuentran y lo nombran patrono
de su comunidad, 3) la histórico-política de los diecinueve chilenos asesinados en Yumbel en septiembre de 1973, y 4) la realidad vivida por los actores que representan el retablo, y la de los familiares de los desaparecidos.

Tal como lo dice la misma Aguirre y lo atestiguan teatrólogos estudiosos de su teatro, la dramaturga chilena al escribir sus dramas históricos, tales como *Lautaro, Retablo...* o su más reciente pieza *Los libertadores: Bolívar y Miranda,* los fundamenta en una investigación de los hechos
reales en extremo rigurosa y que no se limita al documento escrito. Aguirre personalmente entrevista, convive y toma notas directas ya sea de
los mapuches, de los obreros o de los familiares de los desaparecidos.
En el caso del *Retablo...* la historia de la argentina Magdalena (53-55), el
monólogo de la Madre 1 (Parte 2, Cuadro VIII, 64 —trozo de un poema de José Manuel Parada asesinado en marzo del 85—, y los testimonios
intermitentes de las Madres en la totalidad de la obra (e.g.: 44-47), son
adaptaciones artísticas de las muchas entrevistas que Aguirre sostuvo con
los familiares de los desaparecidos y asesinados políticos durante esa era.

En la construcción de la obra, además del fuerte matiz del docu-
drama, Aguirre recurre también a elementos estructurantes del teatro
del Siglo de Oro basados en El *Arte Nuevo de hacer comedias* de Lope de
Vega. Mezcla la prosa con el verso, reservando las décimas en versos
octasílabos para los narradores populares —lo que nos recuerda los can-
tares de ciego españoles— y la prosa para los serios parlamentos de los
romanos, representados por Alejandro, Marta, Eduardo, Magdalena y
Actor 1. La prosa también se usa en diálogos que hablan de sus vidas
fuera del escenario, transportándonos a su presente y pasado históricos. Otras dimensiones de la obra presentan elementos del teatro clási-
co griego con la introducción del coro y elementos brechtianos al crear
la presencia de tres narradores. A los elementos ya mencionados se agregan la polifonía sígnica que combina efectos especiales de luz y sombra; la música barroca de Bach mezclada con las décimas al estilo del
folklore chileno; la polca de Bohemia en conjunción con la cueca popular andina; y finalmente los tres escenarios: el retablo, el taller de los
actores y la plaza del pueblo. Todos estos elementos confluyen a signos
icónicos expresados indicial y/o simbólicamente con la función primordial de contextualizar el discurso dramático, solucionando los posibles
problemas relacionados con la multiplicidad de espacios y tiempos en
la obra y evitando consecuentemente la confusión del espectador.[9]

---

[9] Véase Fernando de Toro, "La semiosis Teatral," *Gestos* 2/4 (1987):47-64.

En el *Retablo...*, los cuatro planos espaciales y temporales: 1) el histórico de San Sebastián, 2) el de los actores en su vida real presente, 3) el de los actores al rememorar un pasado cercano, década de tortura, persecución y muerte y 4) el de los habitantes de Yumbel con las cuatro Madres en primer plano, logran crear una red entre acontecimientos separados por diecisiete siglos, estableciéndose la red polisémica de una realidad circular en la cual la justicia en todos sus niveles no existió en el ayer y no existe en el ahora:

> CHINCHINERO.— Es una representación
>   que narra el martirio cruel
>   de Sebastián el doncel:
> MADRE 2.— ¡Es verdad, y no es ficción!
> MADRE 3.— ¡Hay abuso y no hay sanción!
> CHINCHINERO.— Se notará en la ocasión
>   que este mundo sigue igual:
> JULIANA.— Tranquilo está el criminal.
> MADRE 2.— Y el inocente en prisión.
> LAS TRES.— ¡Hay abuso y no hay sanción! (15)

En el cuadro final de la obra "Sebastián el doncel" se multiplicará por 19 devolviendo la identidad y dignidad a los desaparecidos:

> LAS MADRES Y JULIANA.— [...]—No los llamen "los diecinueve de Yumbel"
> —Los catorce de Lonquén
> —Los 18 de Mulchén
> —No pueden ser sólo un número... una cifra (...)
> —Queremos sentirlos presentes...
> —Hablar de sus dolores y de sus alegrías
> —Sus esperanzas también...

San Sebastián es el ícono indicial y simbólico de los acontecimientos del presente que van del 73, muerte de los 19 jóvenes; al 75, muerte de Federico, hermano de Alejandro y novio de Marta; al 79, asesinato de los 14 jóvenes de Lonquén; al 80, idea de Marta de escribir la obra y representarla en la Plaza para la fiesta de San Sebastián; al 86, fecha de estreno del *Retablo...* La redundancia del signo teatral es, como dice Fernando de Toro, un "bombardeo de significantes que apuntan a un sólo significado sobre el cual se vuelve de una manera recurrente."[10] Esta redundancia siempre gira alrededor de la temática de la injusticia

---

[10] Ibid. 49-50.

política y sus atroces consecuencias. Otro ejemplo de redundancia sígnica intencional, ya señalada por Sandoval y Dolz-Blackburn[11] aparece al inicio de la Parte 2, Cuadro VI. El Chinchinero relata a Alejandro como cien años atrás, la estatua del Santo de Yumbel fue robada
de la iglesia y enterrada en la arena. Juliana recuenta el hecho en las
décimas chilenas. Alejandro responde que es extraña la coincidencia
que la estatua de San Sebastián en Yumbel sea enterrada dos veces en
el siglo XIX cuando al San Sebastián romano después de su martirio
le sucede algo similar, y finalmente lo encuentran para darle sepultura
cristiana, a lo cual Juliana responde:

> —Y también a los 19 dirigentes que detuvieron en Laja y San Rosendo.
> Dos veces los entierran y desentierran. (44).

El Chinchinero narra en prosa, contrapunteando las décimas de
Juliana, los escabrosos pormenores de su asesinato e improvisada sepultura. (44-45) Tres realidades históricas acaecidas en tres siglos diferentes confluyen para trasmitir un mensaje positivo de redención:

> MADRE 1.— Seis años. Sin señales ni cruces.
> MADRE 2.— Seis años en los que tuvimos esperanza.
> MADRE 3.— Fue doloroso hallarlos en esas condiciones pero pudimos
> darles sepultura cristiana. (45)

Cosa similar ocurre cuando los iconos verbales reforzados por los
visuales describen en detalle la tortura paralela de San Sebastián y de
los 19 desaparecidos, a la cual se aúnan la relación de la tortura de Magdalena, el asesinato de su amado y la desaparición de Federico.

Tampoco se puede pasar por alto, que en el *Retablo*... como en muchas otras obras de Aguirre, la mujer desempeña un rol activo y belige-
rante, tal como Laurencia lo desempeñara en la *Fuenteovejuna* de Lope:
"¡Ah, mujeres de la villa!/ ¡Acudid, porque se cobre/ vuestro honor,
acudid todas!."[12] El rol agresivo de la mujer en su defensa al "honor"
en la comedia del Siglo de Oro trasmuta su cariz en la dramaturgia
de Aguirre. En *Los papeleros*, la mujer consciente de la importancia de
su función social se constituye en la líder de estos movimientos. Romilia, despertando de su apatía al ver la condición en que regresa su hijo

---

[11]   Véase el ya citado estudio de Sandoval y el estudio de Inés Dolz-Blackburn,
"La verdad tratada en forma dramática: *El Retablo de Yumbel* de Isidora Aguirre,"
Explicación de textos literarios 13-2 Número ordinario (1989-90):87-97.

[12]   Lope de Vega, *Fuenteovejuna* (Madrid: Editorial Ebro, 1972) 86.

abandonado, sale de su sopor y al afirmar que los problemas sociales
que los deshumanizan residen en la ausencia de una cohesión colectiva, exclama:

> ¿Quiénes marcharon a la cabeza cuando los pobladores del Zanjón se
> tomaron los terrenos de la Feria? Las mujeres, ya no corren los tiempos
> en que el hombre era rey. Ahora nosotras nos hemos ganado el derecho
> a hablar ¡igual que él! (272)[13]

En su obra *Los que van quedando en el camino*, Lorenza Uribe es la protagonista. Es otra de las obras históricas de Aguirre basándose en la
revuelta de los campesinos de Ranquil en 1934. Muchos de los campesinos que se negaron al mandato del gobierno de cederle sus tierras murieron a manos de la policía. Lorenza, similar a Romilia, se caracteriza
por su coraje y sintetiza la voz de los campesinos quienes mueren defendiendo su dignidad y sus derechos. En *Lautaro*, la india mapuche Gua-
colda y la española Doña Sol desempeñan roles importantes como na-
rradoras alternantes de la batalla de Tucapel en la cual Valdivia es
derrotado. En el *Retablo...* las mujeres representan los papeles más importantes, y el Coro formado por las Madres, o sus parlamentos individuales de mujeres como madres o amantes, son las que crean la atmósfera de la tortura concretizada en el escenario en todo su horror. Las
mujeres son también las que restablecen la armonía en esos mundos
caóticos trayendo un mensaje de redención y esperanza hacia el futuro
y simultáneamente presentando una amenaza implícita a los abusado-
res del poder. El trozo del poema de José Manuel Parada leído por la
Madre 1 refuerza este deseo colectivo de no dejarse doblegar ante el
miedo impuesto por el sistema opresor: "Madre, piensa que un pueblo
no se acaba, que un río no termina, que tú seguirás creyendo y construyendo, junto con las gentes sencillas, con tus manos, con tu futuro
¡si te puedo dejar dignidad para siempre!" 64
El hecho de que en la dramaturgia de Aguirre la mujer desempe-
ñe roles principales, serios y transmisores de una ideología andrógina
en lo referente a los problemas sociales que la preocupan en toda su
gama que abarca de lo familiar, a lo económico, a lo político, no es hecho fortuito. Según sus palabras, "En general el lenguaje de la mujer
es más cercano a la realidad, y a la vez busca la poesía y la magia..."
para luego asertar la importancia de escribir teatro: "La función del

---

[13] Isidora Aguirre, *Los papeleros* en *El teatro actual hispanoamericano*, ed. Carlos Solórzano (México: Ediciones de Andrea, 1972).

teatro... es la que le dieron los primeros teatristas griegos: crónica, historia, historia ejemplarizadora, difusión de la cultura. Luego para mí es válida cada una de las teorías aquí enunciadas, un arma política, un juego serio, un vehículo de denuncia de la injusticia...''[14]

Para concluir se debe mencionar que el teatro de Aguirre ha sido representado en América y Europa y que muchas de sus obras han recibido prestigiosos premios teatrales a nivel nacional e internacional.

Fanny Buitrago (Colombia)

El teatro en Colombia es un género relegado a un tercer plano en la historia de su literatura, dominada por sus destacados novelistas y poetas. Es cierto que los nombres de Enrique Buenaventura, Santiago García, Carlos José Reyes, Jairo Aníbal *et al.*, han traspasado las fronteras nacionales y adquirido fama internacional. También es innegable que los festivales de teatro nacionales —el de Manizales muy en particular— e internacionales, y que las puestas en escena de grupos como el TEC de Cali, La Candelaria y La Mama de Bogotá, el Nuevo Teatro y la Corporación Colombiana de Teatro, entre otros, dieron relieve internacional a la dramaturgia colombiana con sus producciones colectivas.[1]

El caso de la barranquillera Fanny Buitrago no es excepción a esta regla. Su producción literaria se centra en la narrativa con novelas destacadas como *Bahía Sonora* o *Los Pañamanes*; o por sus colecciones de cuentos infantiles. En ambas ramas de la narrativa Buitrago ha sido recipiente de premios nacionales e internacionales.[2] En contraste con la lista respetable de obras en el género narrativo, su producción dramática es escasa: *El hombre de paja* (1964)[3] y *El día de la boda* (Inédita).

¿Por qué entonces reconocer a Buitrago como "dramaturga latinoamericana contemporánea''? Pensamos que en el panorama teatral

---

[14] En entrevista con las autoras introductoria a *Retablo de Yumbel*.

[1] Véase Hilde Cramsie, reseña a *Teatro, teoría y práctica* por Gilberto Martínez. *Gestos* 4/7 (1987):133-135.

[2] Obra de Fanny Buitrago: Novelas: *El hostigante verano de los dioses* (1977); *Reposo en Altair* (1970); *Bahía Sonora* (1975); *Los Pañamanes* (1979); *Los amores de Afrodita* (1983). En sus colecciones de cuentos y cuentos infantiles: *La otra gente* (1973); "Pasajeros de la noche," y "La princesa Chibcha." (1974); *La casa del abuelo* (1979); *Camino de los buhos* (1983); "*Tiquete a la pasión*." (1984); *Cartas del palomar* (1988); ¡*Líbranos de todo mal!* (Bogotá: Carlos Valencia Editores, 1989); sus novelas y cuentos infantiles han ganado respetables premios nacionales e internacionales.

[3] (Bogotá: Espiral, 1964).

colombiano dominado por el teatro colectivo, *El hombre de paja* se escapa
del ámbito del Nuevo Teatro por ser una obra escrita por autor individual, y por ofrecer valores técnicos y temáticos que son dignos de hacerse conocer no sólo en los círculos académicos sino también entre los
lectores/espectadores aficionados al teatro latinoamericano.

Al ponernos en contacto con Fanny Buitrago y al invitarla a participar en este proyecto, Buitrago se negó firmemente a dar permiso de
incluir su obra en una antología crítica femenina. Las razones dadas,
según sus palabras, es que a ella "no le interesa ser parte de un ghetto
femenino."[4] Para Buitrago "la literatura es buena o mala; no femenina, ni masculina," título de su ensayo biográfico/teórico que reempla-
za en este libro las respuestas al cuestionario enviado a las autoras incluidas en esta antología. Esta posición rebelde a toda categorización
y de por sí respetable, armoniza con los postulados expuestos por otras
escritoras reacias a aceptar el denominado "feminismo," particularmente
en lo que se refiere a la literatura.

En *El hombre de paja* confluyen pluralidad de elementos: realismo
mágico y realidad; ficción y factualidad histórica; lirismo y farsa. Todos ellos son conducentes a la mostración de planteamientos sociales
denunciatorios en toda su complejidad de niveles que van de lo puramente intelectual a lo dolorosamente humano. En la "Introducción"
a la obra, Buitrago rehuyendo la técnica del narrador brechtiano, sugiere que el telón de fondo histórico de la obra se imprima en los programas de la audiencia. En tal "Introducción" realidad y ficción se
amalgaman. En un intento de separar esta antinomia, es indispensable
hacer referencia al contexto histórico colombiano en su etapa conocida
como "la época de la violencia." En 1948 el candidato populista Jorge
Eliécer Gaitán, el más dado a subir a la presidencia de la República,
fue asesinado en Bogotá. Con la muerte del líder liberal, primer candidato procedente del pueblo en oposición a los tradicionales consagra-
dos por su ancestro social, económico y político, se desata en Colombia
la lucha más sangrienta entre conservadores y liberales. La cifra dada
por Buitrago —190,000 personas mueren entre 1948 y 1964— es ade-
cuada para la fecha en que la dramaturga escribe su obra, pero hoy
en día bastante cándida con respecto a la realidad. Cientos de miles
de colombianos, 90% de ellos campesinos, mueren cruelmente torturados en esta etapa truculenta de Colombia.[5]

---

[4]   En carta a Hilde Cramsie, junio 19 de 1988.

[5]   Véase el libro de Arturo Atape, *El bogotazo: Memorias del olvido* (Cuba: Casa
de las Américas, 1983).

También, dadas las circunstancias de que Buitrago sólo nos concede la publicación de partes selectas de su obra, nos vemos en la necesidad de explicar al lector su estructuración externa, y de hacer un breve sumario de la acción dramática. *El hombre de paja* se divide en los tres actos tradicionales. El primero cuenta con tres cuadros; el segundo con cuatro cuadros; y el tercero con tres cuadros. El espacio dramático es el pueblecillo de Opalo. La acción dramática transcurre en 1967, es decir, tres años en el futuro real de la autora. El tiempo dramático es lineal, y los cambios visuales de luz son signos temporales indicativos de que escasos días transcurren entre el inicio de la acción y su desenlace. Todos los personajes reales, con excepción de Jafet —escritor capitalino refinado y sofisticado— son aldeanos o campesinos. Indices auditivos representan a muchos de estos seres protagónicos fuera del escenario. Curiosamente, Opalo, a pesar de ser un pueblo miserable, cuenta con dos pastores: uno católico y otro protestante. Los personajes irreales son la Niña-Muerte y el Extraño. Se debe recordar al lector, que en la "Introducción" se dice:

> 1842— Fundación del pueblo de Opalo por un grupo de colonos no identificados.
> 1917— El mulato Isaías Guerrero planta un árbol en terreno despoblado. (7)

Alrededor de ese árbol se construye la plaza principal del pueblo, y el árbol es el eje estructurante de la acción dramática. A este índice simbólico visual se ligan otros: la figura del espantapájaros colgada del árbol, la figura de la Niña-Muerte personificada en una Mendiga de unos once años y acurrucada cerca del árbol, y la figura protagónica del Extraño. Estos cuatro iconos simbólicos operan armónica y connotativamente, creando una atmósfera de misterio y magia que contrasta con el realismo de los sujetos protagónicos en la escena. Al nivel semántico los iconos simbólicos presentan un desafío al lector/espectador en toda su pluralidad significativa.[6]

En el Acto Primero, Primer Cuadro, se establece la situación dramática.[7] Dice el Médico a Jafet:

> El incendio del pueblo vecino es un hecho y un hecho atroz. Sabes de
> sobra que la gente de las veredas se está marchando a la ciudad. Las co-

---

[6] Véase Fernando de Toro, "La semiosis teatral," *Gestos* 2/4 (1987):59-60

[7] Véase Juan Villegas, *Interpretación y análisis del texto dramático* (Otawa: Girol, 1982) 29.

sechas de este año serán nulas... y ahora, ese espantapájaros. Ahorcado
(14)... Cuando la tropa llegó, era muy tarde. Encontraron cadáveres y
cenizas... Es una historia de años... que tú has mirado indiferente desde
la página roja de los periódicos... (16)

En esta situación inicial, la violencia política, la pobreza extrema
de los campesinos y la indiferencia de la clase privilegiada ante tal estado socio-político muestran una realidad degradada a la cual se aúna
el misterio y la superstición. La Niña-Mendiga/Niña-Muerte y el Extraño vestido exactamente igual al espantapájaros colgado del árbol son
figuras premonitorias de un futuro catastrófico. El temor de los habitantes de Opalo es profundo y constante, temor que se va convirtiendo
en envidia, resentimiento y luego odio, hacia el Extraño real/irreal y
el otro extraño personificado en Jafet.

El escritor bogotano con su manera sofisticada, sus vestimentas lu-
josas, sus manos finas y sin callos, y su actitud fría y olímpica ante el
sufrimiento que le rodea, es más intruso que el Otro, el espantapájaros,
alter-ego colectivo de todos los sacrificados en la violencia. Jafet es entonces símbolo de la superestructura originadora de la violencia y ajena a sus consecuencias; y el Extraño es símbolo de la violencia misma
sufrida por la infraestructura. A ambos se les odia y se les teme. Agre-
dirlos sería acarrear más violencia.

El vacío presentado por la omisión del Acto segundo de la obra
se resume a continuación. ''Las tres mujeres más importantes del pueblo'', Bella (esposa del médico), Berta Tirado (amante de Jafet y quien
lo mantiene económicamente), y la Maestra, están enamoradas de Jafet. En el orden presentado son iconos simbólicos objetivos de la belleza y sensualidad, de la riqueza y vulgaridad, y de la amenazada fuerza
de la educación. Bella, quien ha desaparecido desde el inicio del Primer Cuadro en el Acto Primero, regresa al pueblo e incrimina falsamente al Extraño de haberla violado en los matorrales de las afueras
del pueblo. El pueblo airado quiere linchar al Extraño. Jafet, contradi-
ciendo su inercia característica, sale en su defensa y logra que el pueblo lo deje marchar en paz. Jafet acude al Alcalde del pueblo para pedirle que descuelguen al hombre de paja del árbol de la plaza, pero el
Alcalde, al igual que muchos de los otros habitantes de Opalo, ha re-
nunciado a su puesto y se está preparando a marchar. Dice el Alcalde:

Lo siento, socio. Sería aceptar el reto. Lo colocaron ahí como advertencia. Si nos arriesgamos a quitarlo... quizá no ocurra nada. Pero podemos
tener más ahorcados que árboles en Opalo... Sea buen muchacho, hijo,
y échese a correr. Después de todo, un cobarde vivo es más útil que un

valentón muerto... Pronto vendrán ellos... Ansiosos de matar y de hacerse matar: Rondan por ahí. Siempre rostros y nombres distintos. Son nadie, todos y cualquiera. (48)

El Párroco sigue la pauta del Alcalde. Su respuesta a Jafet es:

Sólo la infinita misericordia de Dios puede salvarnos. Respetemos su divina voluntad. ...Moriremos todos si no somos conscientes. Ese ahorcado es un símbolo. Un aviso del cielo para que expiemos nuestras culpas.
(50-51) [*El párroco procede a quitarse la sotana. Bajo ella tiene un traje civil*] ...No
me llevo nada. No dejo nada...(53)

El Pastor protestante, mientras tanto, en estado casi alucinatorio,
predica la llegada del Apocalipsis; y un éxodo general se pone en marcha. Los habitantes de Opalo reúnen sus escasas pertenencias y con esperanza vana tratan de buscar refugio y seguridad en otro sitio. Con
la deserción del Alcalde y del Párroco que se unen a las filas de los emi-
grantes, Jafet confiesa que comienza a tener miedo. Con una navaja
trata de cortar la cuerda que sostiene al espantapájaros pero el Extraño
irrumpe en la escena y le advierte que no lo haga. Jafet, sordo a todo
consejo, da un navajazo y el muñeco cae del árbol.

Al comienzo del Acto Tercero Jafet despierta de su sopor social,
abre por vez primera los ojos a la realidad que le rodea y de la inercia
pasa a la acción. Este rito de pasaje de morir renacer le devuelve su
capacidad de escribir y febrilmente se dedica a esta tarea. A partir de
este punto, el desarrollo de la acción dramática, sustentada sobre principios realistas con tonalidades de magia y misterio, vertiginosamente
vira hacia lo super-real: las voces de los vivos se unen a las voces de
los muertos abarcando toda la pluralidad icónica simbólica.

La síntesis de lo trágico y de lo irrisorio, de lo racional y de lo irracional, y de lo real a lo mágico o real-maravilloso es conducente a que
el mensaje de la obra, un documento denunciatorio a la indiferencia
de una nación ante el sufrimiento de sus ciudadanos menos privilegia-
dos, se exprese con una intensidad mayor que si se hubiera limitado
a una técnica realista, o si se hubiera ceñido a los postulados del docu-
drama. La violencia aparece investida de un carácter institucional que
permea el diario vivir de estos sujetos protágonicos, y los cuales se sorprenden cuando un hecho inesperado los conduce a la autoconciencia
de la situación en la cual están sumergidos. Esto no significa que la violencia y la opresión se olviden. El fenómeno consiste en que la violencia se ha integrado a la vida en forma tan constante que se ha convertido en condición natural del quehacer vital. En las obras de estricto

carácter "social" los personajes se dividen nítidamente en el binomio "explotadores-explotados", y el determinismo de los segundos o su idealismo rebelde obligan al lector/espectador a una toma de partido. En la obra de Buitrago los personajes permanecen al borde de una ideología explícita. El enemigo no es nadie, son todos, son el Otro, son ellos mismos y esta ambigüedad, mucho más sutil, conduce al lector/espectador al cuestionamiento de sus propios valores en relación con el mundo que habita. En su conjunto global la pluralidad sígnica dramática presenta una realidad histórica en donde los códigos sociales, políticos y económicos fusionan el devenir histórico en un bloque momificado porque lo que sucede en el ahora de la obra ya pasó ayer y se repetirá mañana. Ese mañana lo trata de nuevo Buitrago en su colección de cuentos *¡Líbranos de todo mal!* recientemente publicada.[8]

Antonin Artaud en su "Primer Manifesto" del Teatro de la Crueldad dice: "We cannot go on prostituting the idea of theater whose only value is in its excruciating, magical relation to reality and danger." (89)[9] Estas palabras son adecuadas para describir algunas de las técnicas que aparecen en la obra de Buitrago, teniendo en cuenta que *El hombre de paja* no es una obra de teatro ciento por ciento fiel a los postulados del Teatro de la Crueldad. Irónicamente sus elementos artaudianos, apoyados en el simbolismo y su relación mágica del peligro con la realidad, son en sí elementos constitutivos de la mágica realidad colombiana como hecho vital y que se ha planteado en su literatura como el denominado "realismo mágico" que alcanza su clímax con los *Cien años de soledad* de García Márquez. Irónicamente los elementos artaudianos de la obra conducen al distanciamiento brechtiano pues el lector/espectador se ve en la necesidad de presenciar su devenir diario bajo una nueva luz. Como Jafet, sale de su solipsismo y los titulares de las páginas rojas de los periódicos dejan de ser cifras y relaciones circunstanciales de atropellos, asesinatos en masa, secuestros y demás atrocidades, para verse de pronto sumergido y parte integrante de esa realidad. Es decir, que tanto los personajes ficticios, como los reales —lector/espectador— viven situaciones anormales que se hacen normales por ser una constante de la vida diaria, así que ya nada puede sorprenderles a no ser la presencia inesperada de un espantapájaros puesta en el portal de sus propias casas, signo icónico plurisemántico.

Para Jafet su concientización social llega cuando ya no hay salida. La gente del pueblo sigilosamente vuelve a colocar el monigote de paja

---

[8] (Bogotá: Carlos Valencia Editores, 1989).

[9] *The Theatre and its Double* (New York: Grove Press, 1958).

en el árbol de la plaza de Opalo, y ese monigote resulta ser el cuerpo ahorcado de Jafet. El cuadro final es alucinante. La maestra, Bella, las dos Mujeres y el Extraño son los únicos personajes en escena, quienes miran indiferentes el cuerpo de Jafet como si nunca lo hubiesen conocido; o como si para ellos fuera invisible; o como si ellos también estuvieran muertos. Su conversación es normal, como si nada hubiera sucedido en Opalo. Y el cuadro termina con un estruendo infernal y la desaparición de Opalo del mapa colombiano.

Como toda obra de ficción, *El hombre de paja* se sustenta en una realidad específica que se refiere en particular a un período de la historia colombiana. Sin embargo su mensaje se universaliza gracias a su dimensión simbólica. Los signos indexicales que enclavan la obra en un contexto geográfico/histórico determinado sirven de apoyo a los índices simbólicos, los cuales a su vez funcionan para poder interpretar en forma más profunda esa realidad concreta que se desea denunciar o transformar.[10]

En el microcosmos de la obra la multiplicidad de símbolos apuntan a "una muerte anunciada" y de por sí inevitable, la muerte de Jafet. En el tiempo histórico real de la obra, se plantea la denuncia al genocidio de los campesinos colombianos por intereses políticos de los líderes colombianos. Hoy en día el correlato se actualiza y simboliza la muerte como presencia constante en el vivir de todos los habitantes de Colombia, afectando a todos sus estratos sociales. En su dialéctica histórica Colombia ve en los años 60 el surgimiento de las guerrillas marxistas. Una década más tarde el afincamiento del cartel de la droga. El blanco de la violencia gira en revolución completa y los agresores del ayer son los agredidos de hoy, con la clase alta temiendo no sólo por el *status quo* sino también por sus vidas. Esta circunstancia no ampara la suerte del campesino y del obrero. Testigos ignorantes e inocentes siguen sufriendo los efectos de la violencia en sus diferentes fases. Saliendo del contexto específicamente colombiano, el símbolo de la violencia en *El hombre de paja* se universaliza y traspasando fronteras geográficas abarca el macrocosmos universal de nuestro muriente siglo caracterizado por el signo de la truculencia humana en lo social, político y económico.[11]

---

[10] Véase Fernando de Toro, *Semiótica del teatro: Del texto a la puesta en escena* (Buenos Aires: Editorial Galerna, 1987), y Keir Elam, *The Semiotics of the Theatre and Drama* (New York: Methuen, 1980).

[11] Durante el proceso de impresión de este libro, *Gestos* publicó la obra dramática de Buitrago: *Final del Ave María* (Año 6. N.º 12, noviembre 1991): 115-163.

Griselda Gambaro (Argentina)

Griselda Gambaro nacida en 1928 en el porteño barrio de La Boca, ocupa un destacado lugar dentro del contexto teatral argentino y latinoamericano contemporáneo. Vinculada tradicionalmente al teatro del absurdo y de la crueldad, su original dramaturgia rehúsa, sin embargo, ser encasillada en clasificaciones de este tipo.[1] Persectivas críticas recientes destacan este hecho al señalar que su producción dramática, si bien posee rasgos relacionados con tendencias extranjerizantes, se ancla firmemente en la tradición dramático-teatral argentina.[2] Una opinión similar sustenta también la autora al negar la corriente absurdista de su teatro y validar, como elemento fundamental de sus obras, el grotesco criollo.[3] Deudora del grotesco, especialmente de la línea que inaugurara Armando Discepolo y Francisco Defilipis Novoa, Gambaro ha escrito una serie de piezas que hoy son parte de la mejor dramaturgia argentina y continental. Entre ellas cabe mencionar *Los siameses* (1967), *El campo* (1968), *Nada que ver* (1972), *Sucede lo que pasa* (1976), *Decir sí* (1981), *La malasangre* (1982), *Real envido* (1983), *Del sol naciente* (1984), *Puesta en claro* (1986), *Antígona furiosa* (1986), y últimamente *Morgan*, obra escrita por encargo al otorgársele en 1988 el Premio Instituto Torcuato Di Tella-Teatro Municipal General San Martín por su connotada trayectoria dramático-teatral.

La malasangre, reproduce un complejo temático recurrente en la práctica literaria de Gambaro: el abuso del poder, la agresividad, el sometimiento, la crueldad, la delación. El tratamiento de estos temas confirma la carga ética que poseen sus obras al observarse en éstas una sistemática preocupación por el problema del poder y las formas más

---

[1] Entre los varios artículos que la vinculan al teatro del absurdo y de vanguardia europea y estadounidense veáse, por ejemplo; Tamara Holzapfel, "Griselda Gambaro,s Theatre of the Absurd", *Latin American Theatre Review*, 4/11 (1970): 5-11; Angela Blanco Amores de Pagella, "Manifestaciones del teatro del absurdo en Argentina", *Latin American Theatre Review*, 8/1 (1974) 21-24. "The Plays of Griselda Gambaro" Leon F. Lyday and George W. Woodyard, eds. *Dramatist in revolt: The New Latin American Theatre* (Austin: University of Texas Press, 1976): 95-104; Dick Gerdes, "Recent Argentine Vanguard Theatre: Gambaro,s *Información para extranjeros,*" *Latin American Theatre Review* 11/2 (1978): 11-16.

[2] Veáse el artículo de Ángel Giella "El victimario como víctima en *Los siameses* de Griselda Gambaro," *Gestos* 3 (Abril 1978): 77-86.

[3] Entrevistas a la autora por Miguel Ángel Giella, Peter Roster, Leandro Urbina en *Griselda Gambaro. Teatro: Nada que ver; Sucede lo que pasa* (Ottawa, Ontario: Girol, 1983): 7-37.

elementales de su ejercicio. Problema articulado dramáticamente en la relación protagónica dominador/dominado. Las relaciones de subordinación y dominio que se establecen entre los personajes gambarianos no se dan en forma aislada, sino insertas y/o relacionadas con la familia, el matrimonio, el ejército, la policía y aun el Estado. El ejercicio del poder es visto siempre en su dramaturgia como una concretización de prácticas sujetas a restricciones, prohibiciones, censuras y sanciones violentas que emanan tanto del poder institucionalizado como de las relaciones interpersonales cotidianas. En tal sentido el discurso dramático comporta una crítica de las relaciones, los mecanismos, las complicidades y el placer ambivalente del poder que se encuentra ampliamente ramificado en todo el conglomerado social. El tratamiento de este eje temático en Gambaro, por sus alcances éticos, posee una significativa connotación ya que indaga en la histórica convivencia del género humano.[4]

En sus primeras piezas, tales como *Las paredes, Los siameses* y *El campo,* los sujetos protagónicos cargan consigo todas las iniquidades del poder, en cambio, en sus últimas producciones se evidencia —especialmente en *La malasangre*— una dialectización de la relación binaria dominador/dominado que aparece como transgresión al poder absoluto.[5]

En *La malasangre* la acción dramática transurre dentro del espacio cerrado de una antigua casona señorial en donde el padre, hombre autoritario y sádico, ejerce su poder sobre el núcleo familiar formado por la madre, símbolo de la sumisión, y la hija. Esta última sufre una transformación en el transcurso de la pieza para terminar siendo "liberada" por el amor, único sentimiento que no se deja abatir por la demencial práctica del poder y que prolonga sus efectos más allá de la muerte del enamorado de Dolores, el preceptor jorobado. Concretamente en esta pieza la rebeldía liberadora se opone como fuerza antagónica al

---

[4] Sobre el tema del poder son particularmente interesantes los libros de Michael Foucault titulados *Microfísica del poder* (Madrid: La Piqueta, 1978) y *Un diálogo sobre el poder* (Madrid: Alianza, 1981). Véase también en relación con el tema los artículos que conforman el libro de Nora Mazziotti, ed. *Poder, deseo y marginalizaciín en el teatro de Griselda Gambaro,* (Buenos Aires: Punto Sur, 1988).

[5] Esta nueva tendencia o cambio es observable en sus piezas tituladas: *Real Envido, La malasangre* y *Del sol naciente* (Buenos Aires: Ediciones de la Flor, 1983) y en *Antígona furiosa, Gestos* 5 (abril 1988). En esta última obra es interesante señalar que Antígona desde la prisión desarrolla una amplia "libertad" verbal, libertad que se hará total cuando se da muerte por su propia mano cargada de furia como último recurso frente al poder absoluto que domina las acciones humanas. Para un análisis más reciente de la obra de Gambaro consúltese Diana Taylor, ed. *En busca de una imagen: Ensayos críticos sobre Griselda Gambaro y José Triana* (Ottawa, Ontario: Girol, 1989).

poder omnímodo. Así Gambaro —a través de una intencionada desespacialización— explicita su mensaje recurriendo a motivos, conflictos, situaciones y personajes que se identifican o relacionan con las prácticas autoritarias.

Es sabido que la interrelación dinámica que se produce entre texto y contexto, especialmente en aquellos períodos en donde se impone por la fuerza un estado de excepción, adquiere singular importancia por la estrecha vinculación establecida entre signo teatral y contorno social. En este sentido, *La malasangre* puede entenderse como la metaforización de la praxis opresiva de la Argentina de las últimas décadas refundida en texto teatral. Frente a esa instancia histórica coactiva, Gambaro recurrió al contexto de recepción, o como ella misma señala, "a la astucia del arte para decir su palabra, astucia en la que no está solo, sino acompañado por un contexto socio-político que también trabaja con la transgresión y amplía los límites en los que se mueve."[6]

El motivo del padre omnipotente, que recorre la pieza, porta una gama de significados polivalentes al desencadenar en el receptor imágenes teatrales descodificables que se interrelacionan con el nivel contextual. Así como el autoritarismo impone una axiología monolítica impidiendo la dialogización; el texto insiste en mostrar la irracional comunicación protagónica que tiene lugar en un espacio cerrado, a la vez que reitera sucesos y símbolos elucidadores del modelo político. De la misma manera, la temática recurrente del poder omnímodo, la crueldad y el subyugamiento contribuyen a decodificar el referente histórico y relacionar la realidad de la ficción con el horizonte que la inspira.

Construida ciñéndose a normas tradicionales, *La malasangre* pone de manifiesto la creatividad de la autora y su intención crítico-social. Este último aspecto se hace enfático tanto al considerar el nivel contextual como el textual, ya que este último revela problemas significativos que dicen de la relación con la situación de la mujer dentro del sistema patriarcal. Más allá de la anécdota —que refiere a Dolores y su subversión— el discurso dramático puede también ser entendido como denuncia universalizante del ejercicio del poder masculino y la consiguiente opresión femenina bajo los esquemas culturales machistas.

El eje dramático de la pieza se organiza en torno a Benigno, el padre, fuerza antagónica que dirige la vida femenina dentro de cánones asociados a una estructura de clase y de poder; y Dolores, la hija, cuyo acto de voluntad se opone a la realización de aquél. La confrontación de estas dos fuerzas opugnantes adquiere sentido en la medida que el

---

[6] Griselda Gambaro en entrevista escrita a las autoras de este estudio, 1988.

sentimiento amoroso y la búsqueda de la libertad articulan en la conciencia de Dolores la noción de identidad personal incompatible con
el esquema autoritario. Esa aspiración es confirmada en la frase que
ésta dirige a Rafael al señalarle su elección: "¡No me asusta ningún
maldito carro! ¡No sólo te elijo a vos, elijo cabezas sobre los hombros!"
(104).[7] Elegir cabezas sobre los hombros significa también definirse por
la vida y pronunciarse en contra de la cultura de la muerte. Es rechazar la demencial práctica del degüello y, al mismo tiempo, soñar con
un espacio feliz al otro lado del río que la protagonista define como el
lugar en "donde nos sirvan dos tazas de chocolate y podamos beberlas
juntos. Donde no griten melones y dejen cabezas. Donde mi padre no
exista. Donde por lo menos el nombre del odio sea odio." (96)

La tensión establecida dentro del espacio lárico genera una abierta contradicción con el orden familiar que frente a la transgresión femenina sólo tiene dos alternativas: modificarse o tornarse aún más represivo. Como la primera alternativa es imposible —dada las condiciones
que rodean a la pareja— la única solución que se perfila como posible
es la fuga. Pero como ésta trae el estigma sobre la familia, "mancha"
el buen nombre y es mal ejemplo social, la madre —que vela por la
articulación del sistema— traiciona a la hija para re-imponer el orden
falocéntrico subvertido.

Si bien Benigno ejerce el esquema de dominación/subordinación
más allá del espacio interior, como lo demuestra su actitud hacia los
hombres que esperan bajo el frío, es en la zona "sagrada" del hogar
donde se extrema y amplifica su dominio. Allí "él" determina la relación entre los sexos y el status femenino de acuerdo a los parámetros
machistas. Como padre, por ejemplo, elige al esposo de su hija degra-
dando el genuino sentimiento amoroso al imponer autoritariamente los
valores y prejuicios de su clase. Juan Pedro de los Campos Dorados,
el elegido, representa los valores cotizables dentro del orden familiar:
riqueza, apostura y alcurnia. Dolores, por su parte, actúa como medio
de intercambio dentro de las consideraciones utilitarias y pragmáticas
que originan su futuro matrimonio. Lúcidamente revela con tono irónico la mediatización imperante en la relación matrimonial al decirle
a su madre: "Papá tenía unos campos para vender, Juan Pedro unos
campos para comprar. Papá está bien relacionado y Juan Pedro está
mejor. Papá aprueba y Juan Pedro aplaude. Y los dos dicen que los inmundos, salvajes, asquerosos deben morir." (99)

---

[7] *La malasangre* (Buenos Aires: Ediciones de la Flor, 1983). Todas las citas del
texto corresponden a esta edición.

Como esposo, Benigno, estructura el papel sexual que debe desempeñar el cuerpo femenino reafirmando el estigma que define a éste dentro de dos extremos: lo sagrado y lo profano. Ello se manifiesta cuando ordena a su mujer cambiarse de vestido porque ''No sos una cualquiera'' (86) y en el diálogo siguiente que revela que las acciones más triviales de la esposa son censurables por la naturaleza ''contaminada'' de su cuerpo:

> PADRE.— ¡Sólo mi cara tenés que mirar puta!
> MADRE.— Te miro, ¡y no me insultes!
> PADRE.— *(Como si hubiera oído mal, se toca la oreja. Mira a su alrededor, divertido.)* ¿Qué? Yo dicto la ley. Y los halagos. Y los insultos. Dije lo que dije y lo puedo repetir. *(Muy bajo.)* Puta. (66)

Un control todavía alejado del anterior se observa en Juan Pedro al advertirle a Dolores que es superfluo que estudie porque después de todo ''ya sabe lo que una mujer debe saber y el resto... se lo enseñaré yo.'' (101). De este modo, por un lado, el poder masculino niega toda identidad personal mientras, por otro, exacerba el control sobre la sexualidad femenina, sometiendo cuerpo y mente a los parámetros dispuestos por el esquema cultural machista autoritario.

Cabe señalar que aunque el texto dramático devela las arbitrariedades del poder masculino, por el revés de la trama, señala también la complicidad de la figura femenina, en este caso, la madre que refuerza con sumisa actitud los valores patriarcales. De hecho, al afianzar y reproducir el mito del macho, la madre, no sólo se niega a sí misma sino también se fragmenta y excluye al tolerar pasivamente el uso y abuso del poder. El mundo que separa a ésta de Dolores se concretiza en una serie de opuestos tales como los de afirmación/negación, diferenciación/fragmentación, subversión/sumisión que simultáneamente invierten y reproducen los términos establecidos por el sistema. Esta pugna se sintetiza en la Escena VIII cuando Dolores al reprochar la conducta materna desgarra el velo que cubre el rostro conformista de la madre, vale decir, la máscara de su verdadera individualidad ''mutilada'' por el autoritarismo:

> DOLORES.— *(Incrédula.)* Nos denunciaste. Estuviste espiándonos y... nos denunciaste.
> MADRE.— No, Yo pensé que...
> DOLORES.— Si nunca pensaste nada. ''¿Cuándo'' empezaste a pensar? ¿Para qué?
> MADRE.— Pensé que era mejor.

DOLORES.— Oh, que algodón tenés adentro. Qué algodón sucio ... *(con odio frío y concentrado)* Envidiosa. Aceptaste todo desde el principio, envidiosa de que los otros vivan. No por cariño. Miedo. Tímida de todo. A mí me hiciste esto. Miedo de vivir hasta a través de mí. Humillada que ama su humillación. (106)

Si bien la tradicional relación binaria dominador/dominado de las piezas de Gambaro se modifica en *La malasangre*, al erigirse Dolores como fuerza antagónica frente al poder omnímodo, el orden subvertido no cambia sustancialmente. ¿Significa esto que estamos frente a una visión pesimista respecto a la praxis liberatoria de la mujer? Tal vez no. Dolores, aunque termina siendo neutralizada por un organizado sistema, ha logrado subvertir el orden al superar el temor que inspiran las prácticas del todopoderoso Padre-Estado. De allí que el desenlace revele solamente las dificultades inherentes a la ruptura del ideologema represivo de la cultura patriarcal en la conciencia femenina. Visto de esta manera la protagonista sólo puede darse como ser reprimido, pero no vencido y, por tanto, en lucha constante con el orden oficial autoritario.

Señalábamos que la realidad de la ficción en *La malasangre* es reconocible como propia por el receptor cuando éste descodifica las claves del discurso dramático-teatral. Este reconocimiento apela a la memoria colectiva del destinatario ya que como metáfora política acusa una referencialidad todavía omnipresente en América Latina.[8] En este sentido no podía Gambaro haber escogido mejor espacio dramático que el lárico para reflejar el cerrado mundo dictatorial ni mejores sujetos protagónicos que cargaran consigo toda la ignominia del poder. Por otro lado, la casa simboliza el *locus* femenino por excelencia el cual, irónicamente, aparece como mundo sin salida para la protagonista de la pieza.

En suma, *La malasangre* denuncia la praxis totalitaria instrumentalizando, a través del lenguaje dramático, una crítica del poder del Estado asesino y su dominio político. Pero también llama a subvertirlo, apelación que funciona, no olvidemos, como dualidad significativa por el contenido mismo del texto. Así lo pone de manifiesto Dolores —víctima de la violencia machista— cuando con furia exclama:

"En mí y conmigo, nadie ordena nada! ¡Ya no hay ningún más allá para tener miedo! ¡Ya no tengo miedo! ¡Soy libre!'' (109)

---

[8] Una de las preocupaciones de Gambaro es rescatar del olvido ciertos sucesos históricos a través de fábulas que reflejan situaciones creadas por el poder totalitario. En *Del sol naciente*, Suki la protagonista, señala por ejemplo: "Compartiré y entonces podrán morir en paz. La memoria es esto: un gran compartir.'' (162)

Luisa Josefina Hernández (México)

Nacida en México en 1928, Luisa Josefina Hernández se ha destacado en el mundo de las letras de su país como novelista y escritora
teatral. Como dramaturga se dio a conocer con *Aguardiente de caña,* obra
premiada en el Concurso de las Fiestas de la Primavera en 1951. Desde
esa fecha, sucesivas piezas se han incorporado a su cuantiosa producción teatral, actividad que ha combinado con la cátedra de Teoría y
Composición Dramática en la Universidad Autónoma de México, donde
sustituyera a su maestro Rodolfo Usigli. Entre sus obras teatrales —
que suman ya las cincuenta— están, como vía de ejemplo: *Afuera llueve*
(1952), *Botica modelo* (1953), *Los sordomudos* (1954), *Los frutos caídos* (1956),
Los huéspedes reales (1958), *Los duendes* (1960), *La hija del rey* (1965), *Popol
Vuh* (1966), *Danza del urogallo múltiple* (1971), *Pavana de Aranzazu* (1975), *Apos-
tasía* (1978), *Jerusalem/Damasco* (1985), *La calle de la gran ocasión* (1985), y
sus tres últimas piezas tituladas *El orden de los factores, Oriflama,* y *En una
noche como ésta,* publicadas en 1988 y que representan —según la autora—
''una muestra de su trabajo en los últimos 10 años.''[1]
La obra de Luisa Josefina Hernández si bien no se inscribe dentro
de un estilo determinado, hecho que ella misma declara diciendo: ''No
estoy comprometida con ningún estilo, porque resulta que el material
determina el estilo''[2], está influida por los cánones estéticos del realismo, tendencia que ha interpretado en un amplio sentido al cultivar va-
riedad de formas dramáticas en su larga trayectoria teatral. Una de estas influencias ha sido la ejercida por Bertolt Brecht y su teatro didáctico,
el cual Hernández ha incorporado durante su evolución dramática como
bien lo señala la crítica:

> Her early drama was realistic in form and relied heavily for character
> development upon psychological analysis, which was then capturing the
> interest of Mexican authors. In time, however, new needs and percep-
> tions required of her new forms of expression. In the ensuing years, she
> experimented successfully with farce, comedy, tragicomedy, and the theater
> of commitment. This individual development coincides closely with the

---

[1] Luisa Josefina Hernández, ''Estas tres obras'' en *Tramoya* 12/13 (1987): 5.
Este número dedicado a Hernández publica sus últimas piezas junto a una entrevista y comentarios sobre la autora. Puede consultarse también la información crítica que se encuentra en su obra *La calle de la gran ocasión* (México: Editores Mexicanos Unidos, 1985).
[2] Ibid. 41.

evolution of Mexican drama generally, form psychological realism to theater of cruelty and impact. (134)[3]

Danza del urogallo múltiple, pieza estrenada en 1971 en el Foro Isabelino
de la UNAM, posee las características del teatro más "tardío" de Hernández. Si bien el didacticismo de su mensaje, asociado a la serie de escenas sueltas que conforman su estructura externa, apunta al teatro brechtiano, llama la atención la preocupación por la forma o el estilo ritual de
la misma. Es este último elemento, al producirse su estreno, el que la crítica local enfatizó con gran entusiasmo definiendo esta pieza como "teatro
puro", "rito sabio", "juego escénico perfecto" y "experiencia ritual ilu-
minante."[4] Tales calificativos provenían pricipalmente del análisis del
montaje, actuación, estructura y efecto catársico sobre los espectadores
participantes. Los críticos señalaron, además que la obra marcaba una
etapa en la evolución del teatro mexicano, opinión mantenida también
por la autora al referirse a la dirección escénica y al estilo de actuación
de los actores.[5]

La mencionada pieza que recuerda los principios del director po-
laco Jerzy Grotowski por la simplicidad del decorado y el papel otorgado a los actores, comunica una experiencia religiosa que supone el cum-
plimiento de ciertas formas rituales o ceremoniales para entregar su
mensaje.[6] El complejo temático básico de corte realista se entrecruza
con elementos excepcionales que se encuentran también en otras piezas de la producción literaria de Hernández. Al respecto, al preguntár-
sele por la co-existencia en su obra de elementos "naturales" y "so-
brenaturales", la dramaturga mexicana declaraba que natural era casi
todo, incluso los milagros a los cuales consideraba como "la clave de
lo natural." Tales afirmaciones se basaban en sus concepciones religio-
sas, que señalaba diciendo: "...Soy una persona para quien todo em-

---

[3] Véase John K. Knowles, "The Laberynth of Form" en Dramatist in Revolt *The New Latin American Theater,* de Leon F. Lyday y George W. Woodyard eds.
(Austin: University of Texas, 1976).

[4] En *Teatro Mexicano 1971* (México: Aguilar, 1971): 229-231.

[5] Hernández en carta a las autoras fechada en septiembre de 1987 manifiesta su preferencia por la inclusión de esta obra en la antología señalando que "mi
interés viene de que la puesta en escena como tal marcó una época en la escenificación de las obras en México y le dio una personalidad al teatro universitario de
entonces. Además, las publicaciones no son sólo para especialistas sino también para
grupos de estudiantes y así resultan de mayor utilidad."

[6] Véase Jerzy Grotowski. *Hacia un teatro pobre* (México: Siglo Veintiuno Editores, 1970).

pieza y termina en Dios. Entonces se sabe que no tengo necesidad de tantas explicaciones. Puedo aceptar un hecho excepcional porque lo puedo referir a Dios con toda tranquilidad."[7] Esta convicción está presente en *Danza del urogallo* al yuxtaponerse sobre el mundo cotidiano real la posibilidad del milagro como salida a los conflictos humanos.

La pieza —que consta de un solo acto— está estructurada en varias secuencias dramáticas. Estas escenas que muestran un "acontecer" generan un relajamiento de la acción al omitirse la tradicional estructura clásica de presentación del conflicto, desarrollo y desenlace. La carencia de una línea argumental única no impide, sin embargo, que cada instancia posea una tensión y efecto dramático propios al integrarse armónicamente una serie de sistemas sígnicos teatrales: música, danza, gesto, expresión y movimiento escénico. Los signos kinésicos traducidos en actos solemnes y ligeros, ordenados y violentos, irregulares y rítmicos dotan a la pieza de una cualidad dinámica, al mismo tiempo que comunican emociones sin necesidad de la palabra en determinadas instancias de la misma. Un grupo humano de nueve personajes que conocemos bajo la denominación genérica de Hombre, Mujer, Mendiga, Madre, Muchacha y Muchacho pone en escena siete instancias dramáticas que atendiendo a su temática hemos nombrado:

1. La limosna
2. El velatorio
3. La resurección
4. El soñador.

5. La víctima
6. El juicio
7. El milagro

Cada una de estas fases presenta voluntades en conflicto que son resueltas con una respuesta asimilable a una noción de valor. Así, por ejemplo, frente a la actitud egocéntrica del egoísmo surge como antítesis el desprendimiento de la Mujer frente al dinero; el nacimiento del hijo ilegítimo como expresión del amor concupiscente encuentra su opuesto en el origen divino de toda criatura; la víctima se transforma en juez, reafirmando la existencia de una justicia suprema; la resurrección o nacimiento eterno se opone a la muerte, o sea, surge el milagro como expresión divina sobre la conciencia humana. La heterogeneidad temática de las secuencias y sus consiguientes alusiones simbólicas giraría en torno a la idea de que el mundo es un lugar imperfecto donde los hombres —por rechazar la comunicación con sus semejantes— su-

---

[7] Véase Michele Muncy, "Entrevista con Luisa Josefina Hernández", *Latin American Review* 9/2 (1976): 71.

fren la alienación. Esta situación encuentra su opuesto en una noción integradora subyacente que hemos identificado con el motivo básico cristiano del ágape.[8]

Esta concepción se vierte a través de las palabras de dos sujetos dramáticos: el Hombre y la Mujer que, a diferencia de los restantes protagonistas que cambian en cada secuencia (excluida la Mendiga), no sufren transformación durante el desarrollo de la acción. Desde el comienzo del Acto Único los protagonistas mencionados ocupan posiciones centrales, ya sea tocando instrumentos o asumiendo el papel de determinadas imágenes o personajes. Si bien no intervienen con frecuencia en el curso del diálogo, cuando lo hacen, sus comentarios tienen una particular relación con la cosmovisión que sustenta la pieza. A pesar de la brevedad de sus intervenciones es obvio que su presencia, ya sea física o espiritual, tiene una función tanto estructural como de mundo. Concretamente ellos portan el envío ideológico de la obra —explicitado tanto en las actitudes asumidas como en el lenguaje utilizado— que contrasta con las del grupo que indistintamente desarrolla una disposición conflictiva reflejada en riñas, insultos, violencia, sarcasmo y crueldad. Desde el punto de vista estructural su presencia pone en marcha la acción dramática y la finaliza, al mismo tiempo que permite la relación de las diferentes instancias temáticas.

El Hombre y la Mujer aparecen al comienzo de la primera secuencia expresando, al ritmo de un par de instrumentos musicales, ciertas ideas que más tarde se repetirán en el transcurso de la pieza: la noción de totalidad y de integración en una combinación que apunta a la unión ideal universal. Al cerrarse la pieza ellos entregan el mensaje que se relaciona —como mencionábamos anteriormente— con una concepción integradora del amor diametralmente opuesta al egoísmo del "yo" que usualmente permea las relaciones con el prójimo. Esta noción enfatizada en palabras como "Todos es uno", "Somos uno" o "Todos" comunican la esencia del mensaje cristiano de la identidad entre hermanos; idea que conlleva también al modelo de amor entre Padre e Hijo ya que ellos pueden llegar a ser uno. En las líneas siguientes se manifestaría la unidad y el carácter teocéntrico de la concepción del ágape cuando el Hombre señala:

---

[8] Es sabido que la idea del amor ocupa una posición central en el cristianismo. La noción de ágape —opuesta a la de eros— es un concepto fundamental de la doctrina cristiana en la cual el amor divino, el ágape de Dios, constituye el punto de partida que luego se prolonga en el amor del cristiano hacia el prójimo. Véase de Anders Nygren *Eros y ágape* (Barcelona: Sagitario, 1969).

HOMBRE.— Todos somos los padres,
Todos somos los hijos
el origen es uno,
el tiempo es uno sólo.
Yo nazco, crezco y engendro,
no importa el momento preciso.
No hay huérfanos,
no hay criatura sin padre.
El amor es un acto significativo
repetido en el tiempo,
y el tiempo es un conjunto de sucesos
sin otro orden
que la suma total.[9] (253)

En la secuencia 6 se introduce la imagen de la piedra que como elemento simbólico asume una significativa función al impulsar la unión entre los personajes. En efecto, la piedra, que según Juan Eduardo Çirlot representa la unidad y la fuerza y, por lo tanto, constituye "la primera solidificación del mundo creador, la escultura del movimiento esencial,"(362)[10] refuerza el motivo del ágape que simboliza la totalidad integradora. Este concepto armónico se opone a la noción de culpabilidad que caracteriza la concepción tradicional judea de pecador/culpable y justo/piadoso. Por tal razón en las líneas finales pronunciadas por el Hombre y la Mujer no hay llamado a la penitencia o castigo sino a la unión humana inspirada por el ágape. De este modo, este concepto del amor aparece como la solución o salida tanto para "justos" como "pecadores":

MADRE.— Somos horriblemente culpables. *(Los demás hacen lo mismo. Acarician los cuerpos, hasta reanimarlos.)*
MUCHACHA.— Somos culpables, el milagro es de Dios, y ahora entiendo que esa virgen, cuando dijo la palabra "todos", daba a entender que todos éramos culpables.
MUCHACHO II.— Es cierto.
HOMBRE.— *(Con voz estentórea.)* No es cierto *(En voz baja.)* Quiso decir algo muy diferente...
MENDIGA.— Demuéstralo *(Se colocan alrededor de la piedra en actitudes sencillas)*...
HOMBRE.— ...¿Somos capaces de vivir por los otros?

---

[9] *Danza del urogallo múltiple* en *Teatro mexicano* 1971 (México: Aguilar, 1971) 253. Todas las referencias siguientes corresponden a esta edición y aparecen dentro del texto.

[10] Juan Eduardo Cirlot, *Diccionario de símbolos* (Barcelona: Labor, 1978).

MADRE, MENDIGA y MUCHACHO I.— Lo somos.
MUJER.— ¿Entendemos la palabra eternidad?
HOMBRE I y II.— Entendemos...
HOMBRE.— ...La clave es el amor.
TODOS.— Es así.
MUJER.— El milagro es de todos. (262-263)

Resumiendo lo expuesto, *Danza del urogallo múltiple* comunica una experiencia religiosa como respuesta al problema del egoísmo e incomunicación humana. Esta salida entregada "didácticamente" en la escena final, al asumir los personajes una actitud renovadora de vida, se identifica con un ideario que remite tanto a la noción paulina como a las concepciones de San Juan sobre el amor al prójimo. Ritual y colectivamente los sujetos dramáticos viven su experiencia hasta percibir el sentido de la unidad integradora que los conducirá a una nueva convivencia. Este nuevo modo de vida producto del milagro no es la súbita aparición de lo "sobrenatural" sino el descubrimiento de la fuerza del amor divino en el hombre, la cual —parece decir Hernández— es la única fuente capaz de lograr una tarea de comunicación cristiana auténtica en el mundo de hoy.

Ana Istarú (Costa Rica)

La costarricense Ana Istarú, nacida en 1960 y bautizada Ana Soto Marín, es la escritora más joven del grupo seleccionado para esta antología. Istarú, en el panorama literario latinoamericano es poco conocida. En su país se destaca principalmente en el género lírico: *Palabra Nueva* (1975), *Poemas para un día cualquiera* (1976), *Poemas abiertos y otros amaneceres* (1980), y *La estación de fiebre* (1983). Su producción dramática es limitada, dos obras hasta el presente. Sin embargo, su positiva acogida por parte de la crítica nos hace pensar que existe en Istarú un gran potencial en este género y que sus obras futuras la colocarán a la par con la mejor dramaturgia hispanoamericana. Según sus propias palabras, el valor de su obra dramática "puede estribar básicamente en mostrar relaciones, mundo y psicología de los personajes femeninos, en su situación de sojuzgamiento."[1]

El vuelo de la grulla (1984) es la primera obra dramática de Istarú.[2] Es una pieza de un solo acto, en la cual los recursos sígnico-teatrales

---

[1] En entrevista escrita a las autoras en marzo de 1988.
[2] Ana Istarú, *El vuelo de la grulla* en *Revista Teatral Escena 11* (1984): 15-19.

interactúan para poner en evidencia una realidad social que prevalece en Latinoamérica en lo relacionado con el espacio que la mujer debe ocupar en la sociedad, ya sea como novia, esposa, madre, profesional. o artista.[3]

En *El vuelo...* se escenifica la vida conyugal de Esteban y María Luisa, quienes compartiendo el mismo código lingüístico no pueden comunicarse a nivel semántico por la dualidad que existe entre los significantes y los significados usados en su proceso de comunicación. El emisor, María Luisa, en un lenguaje aparentemente sencillo y coloquial, trata de trasmitir su mensaje de igualdad andrógina al receptor, Esteban. Para Esteban este mensaje es un jeroglífico indescifrable ya que en su sistema de valores, que es el imperante en su medio social, el concepto de "igualdad" entre hombre y mujer no tiene cabida porque no existe dentro del sistema del lenguaje patriarcal.[4]

---

[3] Bridget Aldaraga en su interesante ensayo "El ángel del hogar: The Cult of Domesticity in Ninteenth-Century Spain," dice:

"The lack of specificity in describing the social space allocated to women results in part from the fact that what is being described is the 'space' within the institution of the family. It is a metaphorical space which describes the role of women within a particular set of social relations rather than the physical occupation of the house, be it a mansion, a room... Thus we find, given the subjectivism inherent in the process of idealization, that the world of domesticity and the family can in turn be described as 'sweet slavery' or a 'vast theatre,' depending upon whether the author wishes to emphasize the inevitable submission of women to their social role or the influence which this role exerts upon society." En *Theory and Practice of Feminist Literary Criticism,* eds.Gabriela Mora / Karen S. Van Hoof (Ypsilanti, Michigan: Eastern Michigan University Press, 1982): 65.

Es interesante considerar que el ensayo de Aldaraga se centra en el tema que ella denomina "el ángel del hogar" en la narrativa española del siglo XIX español, y particularmente en sus etapas realista y naturalista. Sin embargo, el pasaje citado y el ensayo en su totalidad podrían trasladarse a la condición de la mujer hispánica en general en el momento actual. Y enfatizamos el término "en general," ya que hoy en día encontramos el caso de las minorías selectas femeninas quienes han alcanzado un estadio de liberación significativo dentro de la tan discutida y batallada liberación femenina.

[4] Helene Cixous en su artículo "Castration or Decapitation?" dice:

"You'll understand why I think that no political reflection can dispense with reflection on language, with work on language. For as soon as we exist, we are born into language and language speaks (to) us, dictates its laws, a law of death: it lays down its familiar model, lays down its conjugal model, and even at the moment of uttering a sentence, admitting a notion of 'being,' a question of being, an ontology, we are already seized by a certain kind of masculine desire, the desire that mobilizes philosophical discourse." Trans. Annette Kuhn, *Signs,* 7, I Autumn (1981): 60.

La segunda obra de Istarú, *Madre nuestra que estás en la tierra* (1990), es una pieza en tres actos.[5] El tiempo es el presente y los cuatro personajes son femeninos, abarcando cuatro generaciones: Eva, espíritu de la bisabuela a los 30 años y vestida a la moda de 1910, Amelia, la abuela de 65 años, Dora, la madre de unos 40 años, y Julia, la hija, de unos 14 años. En contraste con *El vuelo de la grulla* en donde la pugna lingüística conyugal no logra redimir a la mujer de su rol degradado, esta obra se concentra en el papel de la mujer en la sociedad hispana desde el punto de vista femenino, presentando una mayor complejidad sígnica y psicológica.[6]

Entre cada acto transcurre un lapso de cinco años que se cumple exactamente en la celebración de la Nochebuena, y es a través del proceso de desarrollo de Julia en sus años clave de 15, 20 y 25 años, que el espectador aprecia cómo los códigos sociales y la superestructura socioeconómica patriarcal condicionan y supeditan la vida de un ser humano, cerrándole puertas que le permitan desarrollar su potencial personal e intelectual. Sin embargo, la visión de mundo no es totalmente negativa, como es el caso de *El vuelo de la grulla*. Hay desgarro, hay confrontación, hay odio, pero finalmente se abre una pequeña apertura a la esperanza. Al finalizar la obra el espectador observa que Julia logra asumir la responsabilidad y las consecuencias de su estar en el mundo y sacudir el yugo maternal basado en el egoísmo, la amargura y los códigos sociales falocéntricos.

También se debe considerar que la técnica dramática de Istarú en

---

[5] Ana Istarú, *Madre nuestra que estás en la tierra.* Obra inédita hasta la presente edición.

[6] Véase Sue-Ellen Case, *Feminism and Theatre* (New York: Methuen, 1988) 82-85. Para Case, el feminismo "materialista" aserta que la clase social determina la situación del individuo en el sistema capitalista. La dinámica de la conciencia de clase es central en la formación de las instituciones económicas, sociales y culturales. El papel clave que la clase juega en la sociedad conlleva a la conclusión de que existen diferencias fundamentales entre las mujeres que pertenecen a la denominada "upper middle class" y las que se agrupan en "the working-class." Y el caso es, que las mujeres de la denominada "clase alta" explotan a las mujeres de "la clase trabajadora." En la esfera de producción laboral, la mujer que trabaja recibe por lo general un salario mucho más bajo que un hombre en la misma posición y se mantiene en un estado subordinado que no le permite movilidad vertical. En la esfera doméstica, la labor de madre y de ser responsable por los quehaceres domésticos no es trabajo que recibe un salario, y la mujer se encuentra supeditada a lo que el marido en buena gana le quiera dar, ya sea para los gastos de la casa o para ella misma. En lo referente a la obra de Istarú, la mujer es quien condicionada por su sistema social, trasmite el código de valores falocéntrico a la familia.

Madre nuestra... evade el esquematismo de su primera obra, para adentrarse en complejidades técnicas que enriquecen su mensaje. Los cambios temporales, los juegos de luz y sombra, la intromisión de un personaje ya muerto, la rememoración de un pasado lejano que sirve de trasfondo a la situación presente, y la transformación física y mental de Julia, liberan a la obra de un exagerado maniqueísmo feminista. La ausencia física de personajes masculinos en el escenario es otro elemento interesante de la obra, ya que la historia de estas vidas gira alrededor del hombre invisible pero omnipresente ya sea por las huellas que ha dejado en el pasado, o por la importancia que juega en el porvenir.

El lenguaje dramático excluye la dualidad del icono verbal con diálogos directos que no dan lugar a la ambiguedad semántica. La única excepción es el título de la obra: *Madre nuestra que estás en la tierra*, parodia a la generalmente conocida oración cristiana ''Padre nuestro que estás en los cielos.'' De las cuatro mujeres, tres son casadas y madres, y la experiencia vivida por cada una de ellas dentro del vínculo del matrimonio, es la herencia de Julia quien al llegar a sus 25 años de edad, pisa los linderos de la promiscuidad sexual.

En el primer acto se establecen tres niveles de la realidad que envuelven la vida de estas cuatro mujeres. Julia, la quinceañera del aquí y el ahora, desea avanzar en la vida y estudiar. A este deseo de autorealización se opone la voluntad de su madre. El diálogo que se desarrolla entre madre e hija hace una clara mostración de la personalidad de Dora, quien a sus cuarenta y tantos años, es el prototipo de la mujer educada en una sociedad patriarcal que dicta que las mujeres han nacido para casarse, así que el estudio no les es necesario para salir adelante en la vida. Domina a su hija en el vestir, en el actuar y hasta en el pensar. En la visión de mundo de Dora el aspecto físico mediocre de su hija la amarga, ya que le disminuye la oportunidad de un matrimonio lucrativo.

El segundo nivel de la realidad llega al espectador por los diálogos sostenidos entre la abuela y la nieta. En estas conversaciones se perfilan las vidas y personalidades de las generaciones femeninas anteriores. En contraste con su madre Eva, Amelia sucumbió al peso del sojuzgamiento masculino, pero en oposición a su hija Dora, nunca permitió que la amargura entrara a su vida y aceptó su condición resignadamente.

El tercer nivel de la realidad se manifiesta por la presencia de Eva, invisible para los personajes en la obra pero visible para el lector/espectador. Eva, representante de la primera generación de estas mujeres frustradas, es testigo mudo de lo que sucede en sus vidas y presencia la gradual degeneración de su estirpe. Fue para su época una mujer audaz,

viajada, leída y de intensa vida social y cultural. Su relativa libertad
lograda en 1910 se convierte en un proceso de retroceso que se va inten-
sificando de su hija, a su nieta y a su biznieta. Y a Eva, la bisabuela,
la conocemos a través de los recuerdos de su hija Amelia. Dice Keir Elam:

> If the most immediate function of dramatic language is the indexical
> creation of a dynamic context, it is clear that the utterances tied to the
> here-and-now must also come to fulfil a larger 'referential' role in carr-
> ying information concerning the dramatic world at large. The properties
> of that world, its individuals and events must emerge, in short, from the
> give-an-take of discourse...
>
> Reference, of course, is not limited to the current situation. In the course
> of an exchange (between the speaking 'I' and the addressed 'you' any
> number of external individuals in the dramatic 'there' and 'then' will
> be referred to, who may later become participants in speech events them-
> selves... It is the sum of the information carried by these intersubjective
> references which sets up, internally, a coherent macro-context or world.
> (148-49).[7]

Este aserto de Elam explica la técnica dramática y la importancia
del lenguaje referencial en *Madre nuestra...* Amelia, en diálogo con su
nieta, dice de sí misma:

> "¿Qué es lo que te trastorna? Ya uno viejo entiende que no vale la pena
> morirse por nada. *Fue lo primero que aprendí cuando me casé.* Me encantaba
> ir al cine. Bueno, era lo único que había, pero a Nacho, —que en paz
> descanse tu abuelito, pero *que carácter*— *se le ocurrió* que eso de ir al cine
> era una vagabundería y una gastadera de plata. Claro, él se quedaba dor-
> mido. Pero a mí me hacía una gran ilusión ver esas películas..." (2) (Las
> cursivas son nuestras)

Más adelante agrega:

> Volviendo a lo del cine, como Nacho *no me dejaba salir,* yo *sufría* mucho
> y *quería y quería* ir al cine. Y yo decía: Ay, Virgencita, quítame estas ga-
> nas, este pensamiento... *Ya nunca más volví a pensar.* (3) (Las cursivas son
> nuestras)

Las frases subrayadas en los parlamentos citados denotan la sumisión total de Amelia a su esposo, hasta el punto de que reniega a su
"querer" o voluntad, acepta su "sufrir" y no cuestiona su posición en
el mundo. Su frase más sugerente es: "Ya nunca más volví a pensar."

---

[7] Keir Elam, *The Semiotics of the Theatre and Drama* (New York: Methuen, 1980).

Este aserto es plurisemántico. ¿Dejó Amelia de pensar en ir al cine sólamente? ¿O dejó simplemente de pensar como sujeto para convertirse en un objeto del "otro", o sea de su esposo? De Eva, la bisabuela, dice Amelia:

> ...Es que *mamá era especial*. Era una mujer muy viajada... La familia (entonces) era muy pudiente... Todos mis tíos a estudiar a Europa... *Los tíos hombres, por supuesto*. Mamá, no. Además *antes las mujeres no estudiaban*...(2)
> (Las cursivas son nuestras)

Los fragmentos citados del diálogo de Amelia con su nieta dilucidan la visión de mundo prevalente en la época de Eva y de Amelia y son una reafirmación del sistema patriarcal vigente. La relativa liberación de Eva se logra por su carácter fuerte e independiente, pero se debe tener en cuenta que la lleva a cabo después de casada, tal como lo informa Amelia. Es decir, que la libertad de que gozó en su época la logró gracias a la mediatización del "otro", su esposo, un ser masculino. En estas frases de Amelia también llama la atención el aserto de que "Antes las mujeres no estudiaban," ya que implícitamente indican que en la época de Julia, las mujeres si estudian, pero que Dora se quedó encasillada en los códigos socio-culturales de su madre y abuela, negándole a su hija la oportunidad de "ser."

En el segundo acto la escena se repite ritualmente. Se hacen los mismos preparativos para la Nochebuena. Julia ya tiene veinte años. Dora insiste en que Julia, les presente a su amigo Erick, y que éste a su vez le presente a Julia su familia. Julia, esquiva, responde que no sabe si a ella le gusta el joven pretendiente. Dora airada responde: "¡Julia! ¡Tenés una suerte loca! Ojalá hubiera tenido yo un admirador así. ¿Qué te estás creyendo? ¿Qué sos Brigitte Bardot para despreciar a semejante pretendiente? Ni que te sobraran. *(Piensa.)* Yo no sé a quién saliste tan desgarbada. A las hermanas de tu papá." (20)

En el parlamento citado se pueden apreciar varias facetas del sistema de valores de Dora, quien en el transcurrir de la acción dramática mantiene su creencia que el matrimonio es la respuesta ideal a la disyuntiva de la mujer soltera. A esta faceta primaria se añaden sentimientos de celos y envidia hacia su hija, y desprecio hacia su esposo ya muerto, a quien culpa de su situación económica precaria. En esta ambivalencia Dora impone a su hija los sistemas del orden patriarcal, y simultáneamente los rechaza en su subconsciente, pues su mala suerte la atribuye a no haber encontrado al hombre ideal y no al hecho de que el matrimonio como escapismo para obtener la seguridad económica es un fracaso. Como dice Flowers: "Initially, the division of the one into two, the polarization, is imaged not as a Father-daughter conflict, but as a Mother-daughter opposition, for it is through the Mother that the voice of the Father is first heard." (22)[8] Esta es la situación de Dora. Una vez viuda perpetúa los patrones culturales patriarcales y con la ausencia de una figura masculina en el hogar, se hace la vocera de la voz del Padre.

Mientras transcurre esta escena, el espíritu de Eva, la bisabuela, presencia lo ocurrido. En este acto también nos enteramos de que Julia está estudiando un simple secretariado porque su madre no la dejó asistir a la universidad. Y al final del acto segundo también ocurre la muerte de Amelia. La anciana muere una muerte dulce que la transporta a los años dorados de su juventud. Eva, su madre, se le aparece y le dice: "Venga, nos vamos. Se nos va a hacer tarde."

La muerte de Amelia se sustenta en iconos verbales y visuales significativos. Su momento de "dejar de ser" ocurre en el pasado y no en su presente cronológico, en sus años dorados de juventud y soltería, antes de casarse con Nacho, cuando todavía no se había convertido en objeto y podía darse el lujo de reír, gozar y "pensar." Quien le devuelve la identidad perdida es su madre, poniendo de relieve la relación armónica entre Eva y su hija Amelia, en contraste con la conflictiva entre Dora y su hija Julia.

En el tercer acto la pugna soterrada entre Dora y Julia estalla. En este lapso de cinco años Julia se ha independizado parcialmente del dominio de Dora. Se descubre que el primer novio de Julia, a quien Dora hubiera querido por yerno por su prestigio social y dinero, sólo usó de la joven para explotarla sexualmente. Después, toda una lista de hombres pasan por la vida de Julia dejando su huella para bien o para mal. En un momento de la discusión Julia dice: "Tengo miedo. No sé quién soy. Ni qué quiero. Nunca supe. Me pasé la vida obedeciéndote, arrastrándome por tus caprichos." (34). Más adelante la joven reta a Dora: "¿Alguna caraja vez estuviste orgullosa o contenta de mí?... ¿Por qué no me quisiste?... ¿Porque soy fea?" (36) Las palabras de Julia son de importancia primordial en la obra pues en sus ritos de pasaje de los quince años (inocencia), a los veinte años (pérdida de la virginidad), y al momento presente de sus veinticinco años (promiscuidad sexual), descubre por vez primera que la prohibición de poder entrar y compartir

---

[8] Betty S.Flowers. "The 'I' in Adrienne Rich: Individualization and the Androgyne Archetype," *Theory and Practice of Feminist Literary Criticism,* eds. Gabriela Mora / Karen S.Van Hoof (Ypsilanti, Michigan: Eastern Michigan University Press, 1982).

la esfera del orden simbólico le negaron también su derecho de "ser."

La disputa entre madre e hija se acrecienta y las recriminaciones mutuas son amargas. Sin embargo, esta lucha verbal da por primera vez paso a la comunicación entre estas dos mujeres y permite la catarsis. Toda la hiel y rencor desbordados en palabras abren una ventana al entendimiento mutuo. Para Dora es demasiado tarde desandar todo el camino de su vida, pero para Julia hay una nueva esperanza: Buscarse a sí misma, saber quién es, y luchar por sus metas cualesquiera que estas sean. Primero debe obtener la convicción de que de objeto ha pasado a ser sujeto, y que para poder dar amor a los demás debe empezar por amarse y respetarse a sí misma. Al bajar el telón en ambas obras, el espectador capta y concientiza el mensaje directo y sencillo de las obras de Istarú. Es necesario universalizar los códigos lingüísticos y sociales entre las mujeres latinas, para que unidas en la lucha hablen un mismo idioma de igualdad y dignidad. La marginación femenina reafirmada por el lenguaje que se hereda cuando se nace, y esclaviza al individuo a sus normas predeterminadas debe combatirse. Por ello no sobra repetir las palabras ya citadas de Cixous: "You'll understand why I think that no political reflection can dispense with reflection on language, with work on language."

Teresa Marichal (Puerto Rico)

En el ámbito teatral latinoamericano la producción dramática de Teresa Marichal es poco conocida. Sin embargo, en su país de origen sus obras han sido representadas casi en su totalidad en la Universidad de Puerto Rico y otros centros educacionales y artístico-culturales de la isla. Nacida en Ponce (1956), la vida de Marichal ha estado ligada al teatro desde la infancia por razones de familia. Al descubrir su vocación dramática se dedica por completo a esta tarea combinándola con una serie de actividades relacionadas con el quehacer escénico: estudiante de escenografía en el Instituto de Teatro de Barcelona, miembro de la Compañía Nacional de Marionetas, libretista de televisión, actriz y productora de teatro de títeres y organizadora de talleres teatrales creativos.

Entre 1978 y 1986 escribe y representa la mayoría de sus piezas entre las cuales se destacan: *Pista de circo* (1980), *El Exterminador* (1980), *Amor de medianoche* (1983), *Divertimento Liviano,* (1983), *Dranky* (1984), *Paseo al atardecer* (1984), *Vlad* (1985), *Las horas de los dioses nocturnos,* obra seleccionada para el Primer Festival de Nuevos Dramaturgos en 1986, y *María*

Chuzema premiada como la mejor pieza de teatro infantil ese mismo año.[1]

En el contexto histórico-teatral de Puerto Rico a Marichal se la ha incluido en la denominada Nueva Dramaturgia. Roberto Ramos-Perea, al destacar la aparición y presencia de nuevas voces dramáticas en su país, la define como una "autora de imaginativa teatralidad... que ha preferido los recursos expresionistas, técnicas de comedia del arte, movimientos y gestos muy teatrales, para que su contenido adquiera la verdadera dimensión del teatro."[2]

Este comentario acerca de la "teatralidad" de su obra confirmaría la evolución sufrida por la dramaturgia puertorriqueña en la última década. En este aspecto el teatro de Marichal acusa variaciones importantes que dicen de una relación con el estilo, forma y contenido de sus piezas asimiladoras de las tendencias de la vanguardia. Llevando a la práctica este compromiso estético-formal, Marichal ha intentado "romper" la frontera entre campos artísticos diferentes utilizando elementos poéticos y visuales en determinados textos. Como autora teatral se ha sentido principalmente atraída por las fórmulas estéticas del surrealismo y dadaísmo en las cuales encuentra una fuente de vitalidad recreadora del mundo. Su temática, que se caracteriza por escribir sobre aspectos no desarrollados por generaciones precedentes, se modifica en ciertas piezas para revelar preocupaciones semejantes a las mantenidas por autores anteriores respecto a la denominada "puertorriqueñeidad."

Esta característica confirmaría la conjunción de elementos tradicionales e innovadores en la dramaturgia isleña, rasgo que también se advierte en la co-existencia de las diversas promociones teatrales de Puerto Rico en la actualidad.[3]

---

[1] Las fechas de la completa relación de las obras de Teresa Marichal no nos fue posible conseguirlas. Otros títulos que se suman a su producción dramática son: *El parque más grande de la ciudad, Yo, una prisionera de guerra, Casandra, Mermelada para todos* (pieza censurada), *Cortaron a Helena, Song Sang Doo* que recibió una mención en el Ateneo Puertorriqueño, *Xión o Canto a la Vida, TV* y *A Capella.* Para datos parciales de su actividad teatral, véase *Intermedio de Puerto Rico,* Año 2 vol. 1 (1986): 21-39 y Roberto Ramos-Perea, "Nueva Dramaturgia Puertorriqueña," *Latin American Theatre Review* 20/1 (1986): 61-70. Edgar Quilés Ferrer entrega fechas y lugares de representación de sus obras en su artículo "La actividad teatral de Puerto Rico en 1986: un despertar vigoroso" en *Diógenes* (1986): 139-154.

[2] Ramos-Perea. 69.

[3] Véase de Rosalina Perales *"Teatro de ficción o las nuevas corrientes del teatro puertorriqueño"* en *Reflexiones sobre teatro latinoamericano del siglo veinte.* Instituto Internacional de Teoría y Crítica del Teatro Latinoamericano. (Buenos Aires: Galerna, 1989) 73-82.

En la obra de Teresa Marichal se reconocen varias vertientes estéticas: las influencias de Alfred Jarry, el iconoclasta destructor de lo verosómil en el teatro, los manifiestos de Antonin Artaud y la delirante fantasía ''surrealista'' de Guillaume Apollinaire. Tomando determinados principios vindicados por estos autores, aunque no siempre lográndolo, Marichal aspira a que su obra entre en contacto directo con el público a través de una particular entrega dramática que ella define como un ''ritual de palabras y acciones donde yo presento lo que piensan, sienten y hacen unos seres que están limitados o liberados por unas experiencias.''[4] Para lograr tal propósito recurre al uso del mito y de la magia, al juego entre ser y parecer, al lenguaje del gesto y la palabra reproducidos ante un escenario no tradicional que ha abolido el decorado. Estos elementos son combinados en función del ritual; acto esencial para que la comunicación directa actor-público sea establecida y el espectador integrado al dinamismo del espectáculo ofrecido.

Vlad, escrita en 1985, sintetiza algunas de las influencias mencionadas y las preferencias estéticas de su autora. Estas últimas se reflejan una vez más en el uso del ritual que es el medio por el cual esta dramaturga aspira a una ''unión mística'' entre actor y espectador. Para llevar a cabo esta experiencia utiliza estructuras y técnicas dramáticas que seduzcan e impacten al oyente. Este marcado interés por el efecto teatral denota la influencia de uno de los principios de Artaud cuando señala la necesidad de usar nuevas formas en el espectáculo:

> Every spectacle will contain a physical and objective element, perceptible to all. Cries, groans, apparitions, surprises, theatricalities of all kinds, magic beauty of costumes taken from certain ritual models; resplendent lighting, incantational beauty of voices, the charms of harmony, rare notes of music, color of objects, physical rhythm of movements whose crescendo and decrescendo will accord exactly with the pulsation of movements familiar to everyone, concrete appearances of new and surprising objects, masks, effigies yards high, sudden changes of light, the physical action of light which arouses sensations of heat and cold, etc. (93-94)[5]

Estructuralmente *Vlad* carece de divisiones escénicas. Una sola representación, ''un solo acto,'' cuya temática queda subrayada en todas las instancias en que el personaje único yuxtapone su identidad, conforma el eje estructural de la pieza. Tres etapas marcan el cambio de identidad protagónica representadas sucesivamente por: Vlad, Lucre-

---

[4] Teresa Marichal en entrevista escrita a las autoras de este estudio, 1989.
[5] Antonin Artaud *The Theater and Its Double* (New York: Grove Press, 1958).

cia, Ícaro y Clocló en las cuales la ausencia de diálogo, la carencia de "intriga", el relajamiento de la acción, los conflictos secundarios y la creación escénica como realidad ajena al realismo, constituyen los elementos más característicos de la técnica y construcción dramática utilizada.

La pista de circo adquiere en la pieza una connotativa función al erigirse en espacio y motivo dominantes. Así lo establece Vlad desde el inicio de la acción cuando señala:

> Amo el circo. Nunca me separaré de él, ni él de mí. En el circo todo se puede transformar. *(Vlad agarra una máscara de pantera y se la coloca. Brinca como una fiera en cuatro patas y se coloca sobre un cajón de madera pintado de rojo. Hace gestos de pantera rabiosa. Ríe)* En el circo todo se transforma. Bienvenidos al circo. *(Coge una trompeza kazoo y comienza a marchar mientras toca una melodía de circo.)* Aquí nada es real. Todo es magia, sueño, engaño...[6]

Sobre este escenario teatral se desarrolla la transformación de Vlad quien ofrece una pluralidad de niveles de su personalidad en cada fase constitutiva de la acción. Ellas son precedidas por el uso de la máscara, el disfraz, la *mise en scene* y la acción interpretativa del protagonista; situación que se desarrolla ante los ojos del lector/espectador con el propósito de "desnudar" el mundo del teatro y la propia realidad:

> (Vlad se quita el sombrero, el traje, se arranca la barba. Viste de rojo. Tiene el pelo largo. Es Lucrecia. La luz disminuye.) (10)

El personaje junto con ser responsable de la unidad de la estructura dramática, porta una concepción engañosa del mundo entregando un planteamiento de sello universal relacionado con la no resolución del enigma entre ser y no ser. Con este recurso metadramático se intenta ir más allá de las apariencias transmitiendo el texto una realidad ambigua que apunta a problemas de identidad.[7] El uso de técnicas metadramáticas logra, además, crear extrañamiento en la audiencia al presentarse una cotidianidad alienante y alienada que el espectador logra

---

[6] Teresa Marichal. *Vlad*. Obra inédita hasta la presente edición. Todas las citas posteriores pertenecen al ejemplar mimeografiado desde el cual citamos por el número de página.

[7] Sobre la teoría del metadrama veáse el texto de Richard Hornby titulado *Drama, Metadrama, and Perception* (Toronto: Associated University Press, 1986) en donde distingue cinco variantes de metadrama. En *Vlad* tres de estos recursos son utilizados: la ceremonia dentro del teatro, el papel dentro del papel y la auto-referencia.

identificar con su mundo circundante. Es la imagen de la realidad como algo ilusorio o falso la que entrega el sujeto protagónico al negar al término de la pieza su identidad reforzando así una *imago mundi* incierta y equívoca:

> (*Ícaro recoge las cosas, se coloca el sombrero de Vlad, la varita, la capa y saluda. Comienza a salir, se vira al público y dice como un payaso:*)
> Pajarito, Pajarito
> pica, pica, pajarito,
> león pajarito,
> tiburón pajarito,
> ¿quién te dio tamaño pico?
> Y al fin y al cabo,
> ¿están seguros de que soy Ícaro
> y no Clocló...? (17)

En esta pieza la palabra ocupa en ciertas instancias un primer plano, rebasando el significante al significado y reiterando —diversa y contradictoriamente— la experiencia de la traición. Si bien el lenguaje re-crea un mundo irracional, por otro lado, trasluce valores y actitudes que permiten identificar el contexto histórico-ideológico sustentador del discurso. La ''islita del encanto'' es el blanco de la perplejidad y el ataque causado por una sociedad en constante cambio de valores. De ahí que se la defina como un espacio incomprensible en donde ''la gente está cada día más loca...'' (2)... ''donde la cobardía es la norma, donde los rebeldes son enclaustrados, excluidos o asesinados...'' (4), o como el país en donde ''todo se deforma, todo se vuelve una baba de la que no se sale nunca. El país de arena movediza, así le deberían decir a la islita del encanto'' (13), donde el engaño es ''parte de lo cotidiano, del encanto.'' (16)

Si bien la perspectiva universalista de la pieza, que se vincula con el tema de verdad/ficción e ilusión/realidad, ofrece sugerentes exégesis preferimos entender la pieza a la luz del horizonte histórico que la inspira. La lectura historizada de *Vlad* desde esta óptica revelaría una toma de posición frente al status *sui generis* de Puerto Rico. A partir de esta premisa se infiere que el discurso dramático cuestionaría el estado actual de la identidad cultural autóctona que corre el riesgo de transformarse en un *alter* del *ego* colonial. Así cobraría sentido la apelación final de Ícaro al referirse a la disolución o distorsión de la identidad nacional:

> Este es el ritual. Este será mi destino, volver a traer a la vida cada noche, en cada representación al GRAN VLAD; mago, alquimista, prestidigitador, alucinado infernal de toda esta locura, de este absurdo de ser lo que

no somos, de no saber lo que seremos jamás, confundiéndonos los unos
con los otros, representando día a día una falsa realidad en la que somos
espectadores pasivos... (16)

El interés temático de Marichal por la despersonalización del ser
isleño es parte de una antigua preocupación literaria en Puerto Rico.
Sin embargo, a diferencia de otros dramaturgos de su país que proclaman la búsqueda de la identidad en el regreso a la tierra o en la aceptación del legado autóctono, esta autora teatral opta por entregar una visión escéptica de su realidad para "despertar" la conciencia crítica del
ser nacional.[8] Esta posición coincide, en cierta forma, con el aserto del
vocero de la Nueva Dramaturgia, Ramos-Perea cuando señala que el
teatrista perteneciente a esta generación se distingue de las promociones anteriores porque no busca su identidad, sino la afirma denunciando los males que la amenazan y defendiendo los valores que le sobreviven.[9] En efecto, en el caso de *Vlad* el uso de recursos metadramáticos
está dirigido a denunciar la identidad agredida y el pacifismo espiritual de la transculturación. En esta elección no cabe el sentimentalismo o la emoción, por el contrario, hay pasión, burla y humor negro.
Tras la metateatralidad de su estructura y el "juego" inconsistente de
la producción de significados lo que el texto —sin ambages— comunica, es una legítima y sentida preocupación nacionalista.

Gloria Parrado (Cuba)

Las autoras teníamos gran interés en incluir en esta antología a
una dramaturga cubana. Se nos presentaron serias dificultades en nuestra
investigación dado el hecho que no existe una bibliografía sobre la dramaturgia femenina latinoamericana, muchísimo menos datos específicos en este campo con relación a Cuba. Contactos profesionales y personales nos proporcionaron algunos nombres y direcciones de teatristas
cubanos[1]. Gracias a la gentileza de Rosa Ileana Boudet recibimos varias obras de autoras cubanas, entre ellas seis escritas por Gloria Parrado.

---

[8] Véase Matías Montes Huidobro, *Persona, vida y máscara en el teatro puertorriqueño* (San Juan de Puerto Rico: Centro de Estudios Avanzados de Puerto Rico y del
Caribe, Ateneo Puertorriqueño, Universidad Interamericana, Tinglado Puertorriqueño, 1986). Este extenso estudio de 46 piezas analiza la producción dramática
de Puerto Rico desde los años 40 hasta nuestros días enfatizando, en determinados
capítulos, la temática de la crisis de identidad.

[9] Ramos-Perea. 66.

[1] Expresamos nuestros agradecimientos a nuestro buen amigo Alfonso Sastre, al periodista nicaragüense Carlos Rajo, y a los periodistas mexicanos Pedro Ar-

De todas las obras recibidas *Memorias de un proyecto* de Maité Vera fue tal vez la más interesante por abordar con certero criterio dramático el tema de la Revolución Cubana simultáneamente al tema de denuncia por el estado de inferiorización de la mujer en la nueva sociedad. Dicha situación era por demás entendible como consecuencia del rezago de una conciencia colectiva que todavía no se podía liberar de los patrones patriarcales establecidos *illo tempore* por la desposeída burguesía.[2] Sin embargo, nos decidimos por la obra de Parrado al leer el Prólogo a su *Teatro* escrito por David Camps, porque ejemplifica la lucha de la mujer latina por salir adelante en su espacio social opresivo, y por ser pionera en Cuba de este género literario relativamente hostil a la mujer hasta años después y cuya producción es mencionada someramente por los expertos en este campo, a no ser que se trate de las dramaturgas ya "consagradas" por la crítica. No es entonces inaudito que las mujeres escritoras —con contadas excepciones— por éstas y otras razones culturales y sociales ya mencionadas al comienzo de este estudio, hayan eludido este género, posición más obvia en la generación de Parrado que en la actual, cuando vemos surgir una vigorosa dramaturgia femenina de gran valor en todos los países de lengua española.[3]

Sabemos que Gloria Parrado murió en 1986.[4] También sabemos que nació en la ciudad de Camagüey en 1927. En la portada a su *Tríptico* (1984) y en el Prólogo a *La brújula* (1959), se nos informa que empezó a escribir en 1939 y que a partir de 1941 se dedicó al teatro como actriz, como dramaturga, crítica, y profesora de teatro. Las obras recibidas de Parrado son *Mil novecientos cinco, Bembeta y Santa Rita, Muerte en el muelle,*[5] *La paz en el sombrero, La brújula y El mago*[6]. *La paz en el sombrero* ob-

---

mendares, Rosanna Fuentes-Berain y Víctor Calderón. Estos periodistas estuvieron relacionados profesionalmente con nosotras por medio de un programa especial del cual participaron en la Universidad del Sur de California de 1987 a 1988.

[2] (La Habana: Instituto Cubano del Libro, 1976) Premio UNEAC de Teatro, 1975.

[3] Obtener el permiso de reimpresión fue otro problema, pero la suerte dio un giro a favor nuestro. El grupo de jóvenes periodistas hizo un viaje de estudios a Cuba en el verano del 88, y una joven periodista mexicana, Ana Luisa Anza, nos consiguió este permiso, gentilmente otorgado por Eduardo López Morales.

[4] El Prólogo dramatizado a *La brújula*, "Decirte quiero" de David Camps, fue escrito en 1981. Esta obra, incluida en el volumen *Teatro,* fue publicada en 1984. Hacia esa fecha Gloria Parrado era investigadora titular del Equipo de Investigación Teatral del Ministerio de Cultura Cubano. Los años de nacimiento y muerte los hemos sabido gracias al investigador cubano Carlos Espinosa desde Madrid.

[5] *Tríptico* (La Habana: Ediciones Unión, 1984).

[6] *Teatro* (La Habana: Editorial Letras Cubanas, 1984).

tuvo mención honorífica en el Premio Casa de las Américas en 1961, y traducida al inglés, francés y alemán, fue la primera obra cubana que compitió en el ITI de París.

De Parrado tampoco tenemos testimonio personal, así que en lugar del cuestionario enviado a las otras dramaturgas seleccionadas en este libro, presentamos el estudio y la crítica de su obra escrita en forma dramatizada por el cubano David Camps. En "Decirte quiero", el personaje "YO" —aparentemente Camps— habla con un "él". "YO" parece conocer a fondo la vida, obra y labor teatral de esta dramaturga cubana.[7]

En el teatro de Parrado, como es el caso de Aguirre, se aprecia la gran influencia de Brecht, con una temática que tiene como eje estructurante lo social, entendiendo lo social bajo la perspectiva de la ideología marxista. En sus obras anteriores a la Revolución del 59, problemas sicológicos y cierta dosis de filosofía existencialista se combinan con los problemas sociales que acosan a sus personajes. Tal sería el caso de *La espera* (1957) y *Juicio de Aníbal* (1958). Dichos elementos al permear esta etapa de su dramaturgia le confieren una atmósfera determinista, cargada de negativismo y desesperanza. Con el triunfo de la Revolución su teatro da un giro rotundo, impregnándose de una visión de mundo positiva hacia el futuro, corriendo el peligro de bordear en el maniqueísmo en sus postulados sociopolíticos. La técnica del extrañamiento brechtiano de la cual Parrado hace acopio en estas obras, y que es conducente a que sus sujetos protagónicos aparezcan grotescamente deformados, rescata esta producción dramática de la mediocridad característica de un gran número de obras escritas durante esta etapa del Realismo Socialista o Neorrealismo.[8]

El estadio sociopolítico de la revolución marxista triunfante e incipiente dicta en su fervor, directa o indirectamente, pautas artísticas que no admiten los claroscuros. Y al hablar anteriormente de la influencia

---

[7] Véase p.11 en "Decirte quiero." "ÉL" dice a "YO": "Según tengo entendido, conociste a Gloria Parrado hace unos veinte años." "YO" responde: "Veinticuatro, exactamente..."

[8] Véase Cedomil Goic, *Historia de la novela hispanoamericana* (Chile: Ediciones Universitarias de Valparaíso, 1972) 216. Aun cuando la obra de Goic se concentra en la narrativa, al referirse a la Generación de 1942 y a la cual pertenecen los escritores nacidos entre 1905 y 1919, dice: "En su período de gestación el Neorrealismo muestra con gran cohesión una concepción de la literatura como expresión social de clase... Lo más significativo se da en el plano de la representación literaria misma. Esta se orienta a una interpretación de la realidad desde un punto de vista marxista." A seguir Goic señala el peligro de caer en la novela panfletaria, concepto que aplicado al teatro, sería caer en el drama maniqueísta.

de Brecht en las obras de Parrado, no se puede ignorar la fuerte presencia de Piscator en esta dramaturgia porque se habla de un teatro que tiene como propósito la agitación social y el activismo político. Dice Piscator en su *Teatro político:*

> Las aspiraciones que han de animar la dirección del Teatro del Proletariado han de ser: simplificar la expresión y la construcción, procurar un efecto claro e inequívoco sobre el sentir del público obrero, subordinar todo propósito artístico al objetivo revolucionario, o sea: inculcar y propagar conscientemente el espíritu de la lucha de clases. (40)

Más adelante agrega:

> "Son demasiados los pensamientos revolucionarios que se estrujan en busca de la luz; el tiempo nos es demasiado precioso para aguardar a la última depuración." (94)[9]

No hacemos justicia a Piscator cuando nos referimos a estas citas sin considerar el contexto global de su obra. Sin embargo, lo que deseamos poner en claro, es que esta obra de Parrado sigue los cánones dictados por Piscator, y como teatro del proletariado es obviamente una obra de agitación social y de quehacer político.

Regresando específicamente a *La brújula*[10] la obra escogida para esta antología, vemos que junto a la sencillez de su trama y lo caricaturesco distanciador encarnado en los personajes que simbolizan el capitalismo —el Banquero, el Industrial, el Ganadero, el Alcalde y la Curia— se entrelaza en forma no usual el elemento poético que caracteriza a la protagonista, la Duquesa de la fe. No se puede evitar el hecho de encontrar una analogía entre la Duquesa de *La brújula* y la Peregrina de *La dama del alba* de Alejandro Casona.[11] Pero si en la obra de Casona el universo dramático creado se fundamenta en lo puramente poético sin interferencia de un mensaje ético o social,[12] en la obra de Parrado la figura política de la Duquesa está cargada de un mensaje simbólico-político. La Duquesa personifica la ideología marxista triunfante en Cuba, y quien en su eterno vagar por diferentes regiones geográficas logrará los cambios socio-económicos deseados universalmente y obtenidos en el espacio de la obra y en la Cuba pos-revolucionaria:

[9] Erwin Piscator, *Teatro político* (La Habana: Instituto Cubano del Libro, 1973).

[10] (La Habana, Cuba: Editorial Letras Cubanas, 1984) Todas las referencias a la obra remiten a esta edición.

[11] (Buenos Aires: Editorial Losada, 1976) 8a. ed.

[12] Véase Francisco Ruiz Ramón, *Historia del teatro español* v2 (Madrid: Alianza Editorial, 1971) 262-266.

Acción en cualquier época. Se desarrolla en el poblado de Guáimaro, pero puede ocurrir en cualquier lugar (27)

En un tercer plano aparecen los sujetos protagónicos que sufren los abusos del poder de los "explotadores": Rafael, Marianita, Con-.chita, el campesino, los obreros designados numéricamente 1 y 2, para culminar en el personaje colectivo del Pueblo. A diferencia de otras obras marxistas en donde las fuerzas antinómicas "opresores/oprimidos" se enfrentan en su pugna sin intermediarios ajenos a las fuerzas de injusticia/justicia; en la obra de Parrado los elementos del mal y del bien aparecen mediatizados por la presencia real-irreal de la Duquesa, protagonista alegórica que materializa los postulados de la ideología marxista.

La obra, dividida en once cuadros, se inicia con un extenso monólogo arcaico-político de la Duquesa. En dicho parlamento los iconos verbales y miméticos son prismas que se pluralizan en el espacio dramático, la realidad objetiva y la ideología política. Los sustantivos "senderos," "meta," "inclemencia," "cuerpo," "espíritu," "estrella," "sol," "camino," "rincón," "casa," "palacio," culminan con la "brújula," *leitmotiv* de la obra, e indicio de su visión de mundo y de su explícito sistema de valores.[13] A estos sustantivos se ligan verbos tales como "vagar," "desfallecer," "perder," "recorrer," "golpear," "soñar," "abandonar," "situar," etc. Tanto los primeros como los segundos en su funcionalidad y ambientización lírica crean el telón de fondo a la acción dramática. El espectador/ciudadano al presenciar el monólogo de la Duquesa y ser el receptor de los mencionados iconos verbales y miméticos recibe información que es vedada a los *dramatis personae* en la obra. Inicialmente, este espectador interpreta o ve a la Duquesa como a un ser estrafalario, vestida con gran lujo, pero con ropaje pasado de moda, ve su bolso de tela que cuelga de su brazo, y la observa buscando con apremio la brújula que se le ha extraviado:

No puedo saber hacia dónde me dirijo, he perdido mi brújula. *(Se sienta en el suelo. Mira al cielo.)* No puedo ver la estrella que conduce mis pasos con este sol tan brillante que me enceguece...(28)

El espectador, como más tarde lo harán los sujetos protagónicos, capta su mensaje literalmente guiándose por las palabras de este perso-

---

[13] Véase Juan Villegas, *La estructura mítica del héroe* (Barcelona: Editorial Planeta, 1978) 60-61.

naje agónico quien delira por regresar a su "palacio," es decir, un palacio material. Es con el transcurrir de la obra que el espectador/ciudadano comienza a descodificar los iconos, y a descubrir que la Duquesa como la Peregrina, es un personaje alegórico quien cambiará el destino de Guáimaro para siempre.

La transición de lo lírico al ámbito prosaico de lo campesino pueblerino se efectúa en forma brusca e inesperada. El encuentro de Rafael con la Duquesa pone en marcha la acción dramática que gira alrededor del "castillo" y de "la brújula" de la Duquesa. En la pluralidad sígnica de estos dos sustantivos, tanto los personajes explotadores como los explotados, en oposición al espectador distanciado, interpretan ambos vocablos en la denotación material que les conviene dada sus circunstancias, y dan por sentado que la protagonista es la mujer cuya gran fortuna los beneficiará por igual; los ricos haciéndose más ricos, los pobres logrando la oportunidad de trabajo, comida y educación que se les ha negado.

La Duquesa, en su caracterización, presenta una doble personalidad. En general, vive como en un mundo de ensueño que se interpreta —por los personajes dentro de su mundo dramático— como un estado amnésico y traumático causante de su extravío físico, lo que le impide recordar la región y lugar exacto de su palacio, y su propio nombre de pila. Sus respuestas a las preguntas de los habitantes del pueblo, ya sean los caciques o el proletariado, son semánticamente elusivas. Sin mentir conducen a la conclusión de que su fortuna es inmensa: "Me llaman Duquesa de la Fe," "es la primera vez que salgo de mi palacio," "¿Dinero? Supongo que mucho... sí, tengo muchísimo dinero," "...mi brújula pequeña, siempre indica mi casa; ahora la he perdido y no podré volver," "No sé de que habla; casi nunca lo entiendo," y así constantes instancias de un discurso ambivalente que al ser descodificado de acuerdo con los intereses particulares de los sujetos antinómicos, se ajustan a sus deseos individuales.

La ambigüedad discursiva de la Duquesa desaparece temporalmente en el Cuadro VII. Cuando los cambios sociales y económicos proceden a llevarse a cabo en el pueblo con los caciques sacando millones de sus bolsillos, esperando así redoblar sus inversiones, y el proletariado trabajando afanosamente construyendo cooperativas, viviendas, campos de labranza y demás; se ve que la Duquesa "se ha hecho cargo, prácticamente, de las actividades. Se la ve muy activa revisando cosas que le traen, planos, etcétera. La gente entra y sale. Han pasado unos meses." (60) Este Cuadro es el más breve de la obra y es en el cual se manifiesta la segunda personalidad de la Duquesa. Sus preguntas y respuestas son directas y conducentes al cambio económico que se está efectuando: "¿Cuántas familias hay en cada cooperativa?, ¿Cuántos hijos tienes?," y "*(Al Campesino que espera con unos planos)* Ya estoy con usted." Su vaguedad reincide cuando se le habla de la fiesta que el pueblo va a celebrar en su honor y en su inexplicada reticencia de acudir a la iglesia católica.

Al finalizar la obra y al descubrirse que la Duquesa no posee riquezas materiales, la justicia poética se transmuta en justicia social y la Duquesa emprende de nuevo su camino. A la pregunta de "¿A dónde va?", su respuesta es: "¿Yo? Aún no sé. *(Pausa)* Sólo sé que debo seguir... Tengo mi brújula... Ella siempre indica mi rumbo..." (72-73)

La brújula en contraste con *El robo del cochino* (1961) del cubano Abelardo Estorino,[14] quien hace la exposición histórica de la Cuba de 1958, previa a la Revolución, dramatizando restrospectivamente su realidad angustiante, o con *Por los caminos van los campesinos* (escrita a mediados de 1930) de Pablo Antonio Cuadra[15], quien ahonda en la intrahistoria devastadora de los campesinos nicaragüenses durante las guerras civiles de los años 20, presenta el triunfo jubilante del Pueblo y la derrota de los caciques de Guáimaro. Al grito del Industrial: "Hemos sido robados por esta gente en complicidad con esa mujer," y al lamento del Ganadero: "Me han quitado las tierras," el Pueblo responde:

> ¡Ustedes no tienen nada! ¡Las riquezas son nuestras que somos la mayoría! (72)

El orden inicial de la obra se trastorna y un nuevo orden se afinca. La humanización de la ideología marxista, además de su funcionalidad política cumple su fin de trasmitir un mensaje universal de justicia social, y en su tiempo, presenta al espectador la advertencia de que lo acontecido en Guáimaro se repetirá en muchos otros sitios del mundo con la brújula indicando siempre el camino.

---

[14] En *El teatro hispanoamericano contemporáneo*, ed. Carlos Solórzano. (México: Fondo de Cultura Económica, 1964): v2. Sobre esta etapa del teatro cubano véase también el estudio de Elías Miguel Muñoz, "Teatro Cubano de Transición (1958-1964): Piñera y Estorino," *LATR* 19/2 Spring (1986): 39-44.

[15] Ibid. *El teatro hispanoamericano contemporáneo*.

CUESTIONARIO PRESENTADO A LAS DRAMATURGAS

1. La existencia de una dramaturgia femenina en Latinoamérica es una realidad cultural. Sin embargo, los estudios sobre teatro latinoamericano demuestran su marginación o silenciamiento. ¿A qué factores atribuye usted esta escasa valoración por parte de la crítica?

2. Algunas escritoras se oponen a que su obra sea catalogada como literatura femenina, reaccionando contra ciertas posturas críticas o literarias que postulan la existencia de un discurso literario femenino diferente al masculino. ¿Cree usted o no en esa "dualidad" del lenguaje?

3. Si acepta la existencia de esta dualidad lingüística en el quehacer literario, ¿qué rasgos distintivos puede señalar en el teatro escrito por mujeres incluyendo el suyo? Es decir, ¿cree usted que el ser mujer ha condicionado la expresión de una temática, lenguaje, visión de mundo o sensibilidad particular que se ha permeado en su obra?

4. Para algunos teóricos y hombres de teatro el drama "es un arma política" [Boal], es "un juego serio" [Sastre], es "un medio de concientización social" [Piscator y Brecht], "es un vehículo para la denuncia de la injusticia social" [Weiss], o simplemente "la forma más perfecta de la evasión de la realidad" [Ortega y Gassett]. ¿En su opinión cuál es o debería ser la función del teatro en general, y del suyo en particular?

5. La peculiaridad del género dramático reside en su dicotomía texto-espectáculo que subordina al dramaturgo a una serie de factores externos que condicionan la escenificación de sus obras. ¿En qué medida el contexto político, social y económico de su país ha afectado la representación de su teatro?

6. Ya se comentó la interferencia de la contextualidad en la culminación de la obra como espectáculo. Sin embargo, hay otra clase de obstáculos que conducen a que el autor pierda el control de su obra. Factores técnicos de dirección y producción

crean una cadena de distorsiones entre lo que el dramaturgo pensó que era su texto y el resultado final en el escenario. ¿Interfiere usted en el montaje de sus obras para conservar su "pureza textual," o una vez que la entrega a producción no le afecta que su creación individual se preste a multiplicidad de "mutilaciones/interpretaciones"?

7. Al comienzo de la década de los 70 surge en Latinoamérica la denominada corriente del teatro colectivo. ¿Cuál es su opinión frente a esta "apropiación" por parte de directores, actores y público del producto dramático autoral? ¿Ha participado en esta experiencia no convencional donde se refundan las relaciones tradicionales autor-director-actor-público?

8. Hablando específicamente de su teatro ¿como podría definir su producción dramática, los cambios temático-formales que la caracterizan y el tipo de público para el cual usted escribe?

9. Ya que hemos tocado el tema de su evolución dramática ¿cuáles son los autores y las corrientes estéticas que más han influido en la concepción de sus obras?

10. Frente a la obra escogida para esta antología nos gustaría que nos comentara en qué contexto surgió, cuáles fueron sus motivaciones para escribirla y de qué manera marca un cambio en su dramaturgia. O es, por el contrario, una continuación de sus tendencias estético-ideológicas que caracterizan su creación literaria.

ISIDORA AGUIRRE

RESPUESTAS AL CUESTIONARIO

1. No conozco esta dramaturgia femenina a la que se refiere, o la conozco muy vagamente. Sin embargo he observado esa misma discriminación en algo que sí conozco por interesarme muy especialmente, el teatro popular en Latinoamérica y mi país. Me refiero al teatro para el pueblo, y realizado por campesinos, obreros, indígenas. Se hace una difusión a nivel elitista, o bien sólo hay escritos teóricos, numerosos, pero no se habla mucho de las realizaciones y textos (exceptuando revistas que atienden especialmente este tipo de teatro, como *Conjunto* y otras). Creo que la discriminación a lo popular y a la mujer tienen orígenes semejantes. Vivimos en una sociedad machista y clasista, en una época en que la mujer y también la clase popular van conquistando sus derechos tanto en lo social como en el arte. En cuanto a lo personal, no creo que se me haya discriminado por ser mujer, más bien por otros motivos, políticos en este último tiempo, pero sin que aquello me haya afectado realmente.

2. Creo que esa dualidad de lenguaje de hecho existe. Pero no siempre es posible detectarlo. Hay escritoras feministas que intencionalmente lo ponen de relieve. En mi caso, no me ha preocupado esta dualidad de lenguaje: me preocupa —en mi teatro— que cada personaje tenga un lenguaje definido, el hombre, la mujer, el marginado, el de clase social alta, etc. En cuanto a la temática, posiblemente tengamos las mujeres tendencia a la denuncia; y en la forma y contenidos, seamos más concretas y más positivas. Los hombres, me parece que en su "teatro negro," no dejan salida; un teatro que es menos optimista, que denuncia sin dejar esperanzas. Pero esto no lo he comprobado, ni jamás me he detenido a estudiarlo. Lo comento basándome en lo que he visto de teatro en Chile y en obras latinoamericanas modernas. Y comparándolo con mi teatro en su forma y contenido. Pienso que en la narrativa, donde hay un lenguaje más subjetivo, lo mismo que en la poesía, es posible constatar diferencias entre escritor y escritora. En general el lenguaje de la mujer es más cercano a la realidad y a la vez

71

busca la poesía y la magia. El discurso del hombre suele ser más abstracto, más especulativo. Tiende más a lo filosófico, a lo metafísico, a la sátira.

3. Creo que en la pregunta dos respondí en parte a esta pregunta.

Sí, desde luego. Pero tampoco estoy en condiciones de responder a esta pregunta, sino muy superficialmente. Sólo por lógica y algún conocimiento de literatura, respondo que es así. Puesto que en la vida en nuestra sociedad actual la mujer tiene roles definidos, por mucho que se libere de la sujeción del hombre, su rol de madre, parir los hijos y cuidarlos, la hace diferente. Su relación con el hijo, desde que nace, la sensibiliza a otros problemas que no son las preocupaciones principales del hombre. A esto hay que añadir la tradición de una sociedad patriarcal que la inhibe, de modo que en su liberación ha de partir de cero. Ha de vencer mayores prejuicios, por ejemplo, en comparación con la mujer de las razas sajonas o nórdicas donde hay un diferente modo de vida, una participación mayor de la mujer en la colectividad. Creo que esto influye bastante en su expresión temática cuando se enfrenta a una obra, y así mismo, afecta los contenidos y el lenguaje de dicha obra.

4. La función del teatro —a mi entender— es la que le dieron los primeros teatristas griegos: crónica, historia, historia ejemplarizadora, difusión de la cultura. Luego, para mí es válida cada una de las teorías aquí enunciadas: un arma política, un juego serio, un vehículo de denuncia de la injusticia, no sólo social. En cuanto a la forma de evasión de la realidad, no es la función que le adjudican sus autores —puede haber excepciones— pero en la comedia, sí, el teatro puede ser formativo, enseñar y a la vez entretener. Es más, para mí toda obra debe ser muy atractiva para que cumpla sus otras funciones. En mi obra existen algunas comedias de la primera época donde no hay "contenidos," sino reflejo humorístico de la realidad. Pero en *La Pérgola de las Flores,* que se suele catalogar como obra de evasión, hay si no un "mensaje," una clara preferencia de su autora por los personajes populares que están tratados en distinta forma, no en caricatura como la clase alta y los "políticos" de clase media. No fue buscado, pero sí lo han hecho notar varios críticos.

5. La pobreza del país, su actual crisis ha afectado muchísimo al teatro, y a sus autores. Los autores tienen, muchas veces, que impro-

visarse (creación colectiva) buscando el tema apropiado y el montaje con pocos medios. En mi caso he tenido épocas de suerte, si se puede decir, ya que me han encargado obras y he contado desde el inicio de la escritura con un gran elenco y una infraestructura apropiada, caso de *La Pérgola de las Flores*. Y actualmente, la obra que me fue encargada por el grupo Ictus. Pero aunque las condiciones son durísimas, se estrena constantemente en Santiago —y en algunas provincias— aún en condiciones precarias, y sin que quede ganancia para los autores y actores, o en muy pequeña medida, apenas para reponer el gasto. El problema de los teatros universitarios o subvencionados es otro, sobre el que no sabría opinar. Al contexto social y económico, se agrega ahora la censura y la autocensura; y, por otra parte, la necesidad urgente de denunciar, ha sido estímulo para la dramaturgia actual. Sabido es que cuando mejor florece el teatro es cuando hace una crítica de su medio social y político.

6. En este sentido mi experiencia ha sido más que positiva, salvo escasas excepciones. Por lo general trabajo en muy buena armonía con el director —si es una obra a pedido (caso *Pérgola*)— durante la escritura. Luego, durante el montaje, hay un trabajo previo con el director designado, y con el equipo de actores y técnicos. Más que ''la pureza textual'' que en los montajes de mis obras siempre se ha respetado, me preocupa que funcione ''teatralmente'' —es decir— realizo los cambios necesarios para que sea atractiva para el público, se hace el trabajo de pulido del lenguaje, etc. Esto, en los estrenos. Después quien monte la obra puede caer en errores. Muchas veces no tenemos ni siguiera la ocasión de ver esos montajes. Y me parece muy legítimo que nuevos directores experimenten con una obra ya estrenada, con la participación del autor.

7. Creo que es útil la creación colectiva en los grupos estudiantiles, en el aprendizaje, en el teatro obrero, popular, campesino, indigenista. Ha dado buenos resultados. Pero me atrevería a decir que siempre surge un autor, una cabeza, para estas creaciones colectivas. De otro modo no pasan de ser ejercicios teatrales. El por qué surgió esta corriente en nuestro país quedó en claro: porque proliferan los grupos y no encuentran obras adecuadas, obras que los interpreten, o que se refieran a problemas actuales, o que se dirijan a ciertos grupos de público, como sería la juventud, por ejemplo. También surge esta creación colectiva en los teatros de entretención, o evasión, por razones comerciales: espectáculos humorísticos, por ejemplo. No he participado

en esta experiencia de otro modo que como profesora de técnica dramática, con método de improvisaciones, donde ese tipo de creación colectiva es parte del método que empleo. No tengo mucha fe en el resultado de obras escritas en base a creación colectiva, a menos que sean dirigidas por un autor con conocimiento de la estructura y técnica teatral.

8. Empezando por lo primero, definir mi producción dramática es muy difícil tarea. Puedo decir que prima en las obras importantes el contenido, la denuncia de la injusticia, y el llamado a practicar los grandes valores por medio de la ejemplarización. En las comedias, prima el humor y la observación de costumbres. En cuanto a cambios, hay una natural evolución antes y después de conocer las teorías y teatro de Brecht. A partir de *Los Papeleros*, primera obra "brechtiana/chilena" por decirlo así, ya que se basa también en nuestro estilo de vodevil de barrio, en casi todas mis obras uso el género épico, antes y después de Brecht, por ser el que mejor sirve a la denuncia. Se presta también para mantener al público consciente de que es posible "cambiar el mundo," transformar la sociedad e inducir al hombre a mejorar. Hay comedias que fueron escritas anteriormente, y que se estrenan después de esos años (*Papeleros*, 1963) de modo que no tienen aquella característica. En cuanto a la audiencia, trato siempre de dirigirme a todo público. Pienso que el teatro de Shakespeare, a quien considero nuestro gran maestro, antes de Brecht, puede ser entendido tanto por un analfabeto que verá sólo lo anecdótico, como por un crítico exigente, que descubrirá la profundidad, la poesía, el lenguaje, etc. Esta sería la meta que me propongo, en general. Pero hay también obras que han sido escritas para un público popular. Lo mismo que hay obras para niños. El ideal, naturalmente, es escribir —exceptuando el público callejero, popular, infantil— para ese gran público, que incluye al de otros países, traducción también incluida. Es la meta fijada y que se cumple en mayor o menor medida.

9. Creo que está respondido, pero doy algunos datos más. En mi primer período, cuando más que usar el teatro como un vehículo de denuncia, o teatro formativo, trataba de recrear, de aprender la escritura teatral, mis maestros fueron Chekhov y Stanislavski; enseguida los norteamericanos —para aprender un teatro que reflejara nuestra realidad— Miller, y otros. Strindberg, fue importante. Luego empiezo a estudiar y traducir a Shakespeare; en los años 60, estudio exhaustivo de Brecht; luego, del teatro épico anterior a Brecht. Posteriormente, Grotowsky lo tomo como un aporte, lo mismo que Ionesco. Los clásicos es-

pañoles, Molière, y el teatro griego, estudio obligado por pedido de adaptaciones, para el teatro dirigido a estudiantes. Numerosas obras, adaptadas, me han servido de aprendizaje: *Fuenteovejuna, Lazarillo de Tormes, Mandrágora, Arlequín* (Goldoni) *Médico a Palos* (Molière) *Ricardo III* (Shakespeare), y otras adaptaciones (o también traducciones de obras clásicas y modernas). No puedo nombrar una corriente estética en particular, debido a lo antes anotado: no poseo los conocimientos necesarios sobre dramaturgia universal, clásica o moderna para clasificar mi producción, ni he tenido tiempo de estudiar otra cosa que no sea lo que, en cada obra, voy necesitando. En suma, puedo decir que el teatro épico y el realismo mágico son las características que suelen atribuir a mi teatro, lo mismo que la poesía en el lenguaje; y son también mis necesidades en lo formal o contenido.

10. No hay otros cambios que los que exigen su contenido. Cada obra, según su objetivo (denuncia en este caso), busca su forma. Para *Retablo de Yumbel* tuve que sortear grandes escollos; no podía ser una obra ''negra,'' ya que contaba algo en sí muy dramático, y también referente a entierros, muertos; por eso me esmeré en buscar elementos que le dieran un carácter esperanzador. Un teatro que pide justicia, que llama a reaprender los valores, y practicarlos, no es sino una continuación —quizá más en profundidad— de mis obras anteriores. Fue escrita a pedido, sobre ''desaparecidos de la zona'' Concepción por el grupo de teatro El Rostro de esa ciudad. Su escritura fue ardua. Requería una investigación a varios niveles: judicial, entrevista a parientes de los fusilados, conocimiento del tema tan vasto ''desaparecidos, torturas'' en varios países de América Latina, Derechos Humanos y otras instituciones. Para que la obra tuviera atractivo, busqué el paralelo con la vida del Santo de Yumbel, San Sebastián —ya que ahí fueron hallados los restos de 19 desaparecidos de la zona en septiembre del 73— lo que me permitió darle magia y colorido a la obra. También ahí necesité una investigación histórico-religiosa, que me ayudó a enriquecer la obra. Es a la vez un caso diferente de otras obras, pero quizá esté siempre en la misma línea; eso deben definirlo las críticas, los estudiosos, mejor que yo.

Retablo de Yumbel

Isidora Aguirre

A José Manuel Parada Maluenda
1985

La obra *Retablo de Yumbel* transcurre en la plaza del pueblo del mismo nombre, a comienzos del año 80, mes de enero, en vísperas de la fiesta de su patrono, San Sebastián.

PERSONAJES

ALEJANDRO: 35 años.
MARTA: 33 años, cuñada de Alejandro.
EDUARDO: 30 años, amigo de Alejandro y Marta.
MAGDALENA: 28 años, argentina, vestuarista.
ACTOR 1: 30 años.

(Los actores representan: Alejandro al emperador Diocleciano, y al Procónsul romano. Eduardo a Sebastián y al Trino. Marta, a Torcuato el centurión, y un jinete romano. Actor 1, a Galerio).

Personajes populares de la plaza:

JULIANA, 18 años, vende cirios en la plaza.
CHINCHINERO, su padre, un hombre orquesta de la plaza.
MUJER 1, del pueblo de Yumbel, que visita los presos.
MADRE 1, de la Agrupación de Detenidos-desaparecidos.
MADRE 2, (esposa o madre de los encontrados en Yumbel.)
MADRE 3, (como la Madre 2, de origen campesino, pariente de los que aparecieron en Yumbel.)

Otros personajes (doblados, o que se agregan): Un organillero, vendedor con carrito al final; Madre 4, que en la segunda parte representa Magdalena. Y los que se quieran agregar para las escenas de procesión, o finales de la fiesta con los peregrinos.
(La obra puede representarse, con los doblajes, con un mínimo de 9 actores: 4 actores y 5 actrices.)

76

ESCENARIO

La plaza donde hay una tarima sobre la que está colocado un retablo de tres arcos para los "Episodios" romanos. El taller donde están los actores cuando no actúan, se da aislando con la luz y con algunos elementos simples, mesa con espejo, escaños, perchas. Se necesitarán arpilleras o lienzos pintados con escenas del martirio de Sebastián, un estandarte con su imagen, banderas rojo y amarillo. Un caballito de trapo, gracioso, con paños y adornos romanos que Marta se ciñe a la cintura. Un ángel de trapo, volando, para un arco del retablo.

MÚSICA

Aparte de la música incidental, se recomienda para episodios romanos, la Gavota N.º 6, Suite inglesa de Bach en arreglo de Jaime Soto, director del Barroco Andino, que recuerda nuestro folclore nortino (bailes de la Tirana y de la Costa). Las décimas fueron compuestas al estilo del folclore chileno, y algunas son tomadas de las que están escritas en la Iglesia de Yumbel entre las imágenes que narran la vida y martirio de San Sebastián.

PRIMERA PARTE

(Música de introducción, orquestal, dramática. Se escucha una voz en oscuro:

"Preguntó Yahvé a Caín ¿dónde está tu hermano Abel? No lo sé, repuso este —¿acaso soy el guardián de mi hermano? Y dijo Yahvé a Caín: ¡La sangre de tu hermano está clamando a mí desde la tierra!")

CUADRO I

(La música se transforma en una animada danza folclórica (cueca) para la entrada de JULIANA que trae el estandarte o la bandera de San Sebastián y su padre, el CHINCHINERO, que toca sus instrumentos, ambos bailando. Luego se muestras las MADRES, como si salieran de la Iglesia. Dan una vuelta por la escena (plaza) las madres, siguiendo a JULIANA con el estandarte y al CHINCHINERO, que marca el ritmo en cuando cesa la danza. JULIANA dice las décimas:)

JULIANA.— A la plaza de Yumbel
a saludarte venimos
nuestro Sebastián querido
con un cirio y un clavel.
Es Sebastián un doncel

que cantan los peregrinos
y las tencas con sus trinos
con muy tierna devoción:
¡cumple entonces tu misión
dando favores divinos!

CORO.— ¡Concédenos tus favores, San Sebastián!

CHINCHINERO.— *(A público.)* Por si no lo saben, esta imagen del santo que se venera en la iglesia de Yumbel es muy antigua: con decir que la trajeron los conquistadores españoles. A ver, diga las décimas Juliana.

JULIANA.— A Chillán vino de España
la imagen que se venera
mas, sucedió de manera
que aquí en esta Iglesia anclara.
Dios permitió esta hazaña:
la llevaba un Coronel
cuando pasó por Yumbel
huyendo en tiempo de guerra
¡y aquí la enterró en la arena
y luego se olvidó de él!

CHINCHINERO.— Más tarde los de Yumbel
la santa imagen hallaron.
Cuando la arena escarbaron
vieron el santo doncel.
De Chillán claman por él
responden los de Yumbel:

JULIANA.— "No lo queremos perder,
y no habrá quién se lo lleve."

CHINCHINERO.— ¡Ni con dos pares de bueyes
lo pudieron remover!

MADRE 2.— ¡Cúmplenos las mandas, San Sebastián!

MADRE 3.— Sí, cúmplenos, santito milagroso...

CHINCHINERO.— *(A las MADRES.)* Cuidado: es milagroso pero muy ladino. Cumple si a él le cumplen. Pero si alguno se olvida de pagar su manda, él ¡va y le devuelve el mal! *(Da una vuelta alegremente. Tocando sus instrumentos, ve a los actores que avanzan por Platea, los designa a JULIANA.)* Los actores.

JULIANA.— *(Avanza hacia ellos y anuncia.)* ¡Llegan los actores! Van a ensayar aquí en la plaza. *(Va hacia ellos y los ayuda con algo de utilería que llevan ellos hacia el fondo, y mientras ALEJANDRO, MARTA, EDUARDO y MAGDALENA —ésta siempre con lentes oscuros— instalan un canasto con vestuario en un sector, "taller", regresa para anunciar al público, con bombo y platillo tocado por el CHINCHINERO:)* El día 20 de este mes de enero es la fiesta de nuestro patrono, San Sebastián. Los actores van a representar una obra llamada... *(Se desplaza, ella y CHINCHINERO.)*... *(Redobles.)* ¡Retablo de Yumbel!

(Han pasado a primer plano JULIANA y CHINCHINERO y las MADRES 2 y 3. La MADRE 1 se queda al fondo ayudando a MARTA, lo mismo que MAGDA-LENA, a ceñirse el caballito. Los otros actores preparan vestuario y utilería al fondo.)

CHINCHINERO.— Es una representación
que narra el martirio cruel
de Sebastián el doncel:
MADRE 2.— ¡Es verdad, y no es ficción!
MADRE 3.— ¡Hay abuso y no hay sanción!
CHINCHINERO.— Se notará en la ocasión
que este mundo sigue igual.
JULIANA.— Tranquilo está el criminal
MADRE 2.— Y el inocente en prisión
LAS TRES.— ¡Hay abuso y no hay sanción! *(Caja y platillos.)*

(Se congelan en su gesto, la luz pasa a sector delantero.)
(Música incidental breve.)

ALEJANDRO.— *(En sector delantero, como narrador.)* Verano del 80. La idea fue de Marta. La de escribir la obra y representarla en la Plaza para la fiesta de San Sebastián *(Pausa.)* Yo amaba a Marta. Pero ella seguía amando a su compañero, —mi hermano Federico—, caído en el año 75. Eduardo tomó el rol de Sebatián. Reclutamos otro actor en Yumbel. Y las señoras de... la "Agrupación de Familiares" nos enviaron a Magdalena, una joven argentina que ofició de vestuarista. *(Atrás, en penumbras están estos actores preparándose.) (Música de organillo.)* Nos prestaban un taller junto a la Iglesia. Estuvo siempre abierto, como invitando a los yumbelinos a participar. La gente que circulaba por la plaza —una plaza de campo con árboles frondosos y algarabía de pájaros— se veía alegre. Sin embargo no hacía mucho que la tierra de Yumbel se había abierto para entregar los restos de 19 fusilados, que figuraban, desde el golpe militar, en las listas de "detenidos-desaparecidos."

(Se retira tomando vestuario del canasto y entra en el retablo cubierto. La luz ahora ilumina el otro extremo delantero, donde la MADRE 1 relata:)

MADRE 1.— Diecinueve dirigentes fusilados sin culpa alguna —como se probó en el juicio— a pocos días del golpe militar, durante el traslado de Laja y San Rosendo al Cuartel de la ciudad de Los Angeles. A pesar de los recursos de amparo, los múltiples requerimientos y diligencias, del largo peregrinaje de madres y esposas no se logró establecer qué ocurrió con este grupo de detenidos cuyos datos se perdieron en la madrugada del 17 de septiembre de 1973. Quedó establecida —en el juicio— la identidad de cada una de las víctimas, así como la de sus hechores. Pero tal como sucedió en el caso de Lonquén, ese mismo año de 1979, los victimarios se acogieron a una ley de amnistía dictada poco antes por el gobierno de la Junta Militar. *(Se retira, la luz vuelve al centro, se animan los que estaban congelados.)*

(Música breve, el CHINCHINERO golpea tambor girando y recita:)

CHINCHINERO.— En la representación
que habla de San Sebastián
el que quiera ver, verá
lo que en Yumbel sucedió
cuando la tierra se abrió.
MADRE 2.— Persiguieron la inocencia
y esta tierra en su clemencia
quiso sacar del olvido
a nuestros seres queridos:
MADRE 3.— ¡El cielo dictó sentencia!

(CHINCHINERO da unos golpes, se retiran mientras se ve atrás al ACTOR 1:)

ACTOR 1.— Empieza el ensayo: primer episodio. ¡Apaguen! *(Queda la escena oscura)* ¡Música! *(Estalla la alegre Gavota, primeros compases, luego del pito y cajas, se mantiene oscuro.)*

EPISODIO 1 DEL RETABLO

(Luz brillante y cálida sobre el dorado Retablo, ahora sin cortina. Fijos como dos estampas, DIOCLECIANO, de pie y la mano en alto, SEBASTIÁN una rodilla en tierra ante él, con su coraza y casco de legionario; se busca la magia de la imaginería religiosa, vistosa, ingenua. Junto con volver la luz han entrado, girando, bailando al compás de la Gavota, CHINCHINERO, JULIANA con estandarte o bandera y MARTA como jinete romano con su caballito ceñido a la cintura y un antifaz. Cesa la música.)

JULIANA.— A Sebastián el legionario
lo llama el emperador
le concede su favor
al augusto Diocleciano.
Sebastián era cristiano
y la gente ya sabía
que en aquel tiempo había
una cruel persecución:
¡muerte era la ración
que los cristianos sufrían!

(Con un trozo de la Gavota se retiran, siempre con una pequeña coreografía. Al cesar la música, se animan los personajes del retablo, continuando el gesto que esbozaran en su quietud, SEBASTIÁN, rodilla en tierra, el emperador de pie al centro.)

DIOCLECIANO.— Te saludo legionario.

SEBASTIÁN.— ¡Sacratísimo! *(Se inclina.)*

DIOCLECIANO.— *(Deteniendo su gesto.)*
No es necesario que dobles la rodilla
ni que beses la orla de mi manto.

    SEBASTIÁN.— *(Se alza.)* Señor, los cielos te concedan larga vida.

DIOCLECIANO.— *(Ríe.)* Así sea. Mientras más alto te encumbras.
más peligra tu existencia. Y el poder,
Sebastián, que por la violencia se alcanza
por la violencia se suele perder...
Pero ¡basta! hoy el Imperio está en paz.
Que el fasto de palacio no te deslumbre:
comparte esta noche la cena conmigo.

SEBASTIÁN.— *(Retrocede algo.)* Señor, no soy tu igual...

DIOCLECIANO.— *(Indicando.)* ¿Mi santuario te intimida?
Como botín de guerra traemos cautivos
exóticos dioses de los pueblos vencidos.

SEBASTIÁN.— ¿No honra el emperador los dioses de Roma?

DIOCLECIANO.— Dan poco consuelo y ninguna esperanza.
Disfruta el placer que te venga en suerte
pues nada hay del otro lado de la muerte.
"El Augusto" te invita: bebe en su copa.

SEBASTIÁN.— Perdona si me muestro simple y frugal. *(Gesto de rechazo.)*

DIOCLECIANO.— ¡Cuidado! Te comportas como un cristiano:
temen al placer, huyen de la riqueza.
pues "antes ha de entrar —lo reza su doctrina—
un camello por el ojo de una aguja
que un hombre rico en el reino de los cielos."
Di: ¿qué sucede al entrar en aquel reino?

SEBASTIÁN.— Al fin de los tiempos, hemos de ser juzgados.

DIOCLECIANO.— *(Sonríe.)* Juzgados ¿por quién?

SEBASTIÁN.— Por el dios de los cristianos.

DIOCLECIANO.— Dicen que es severo, que inspira temor...

SEBASTIÁN.— Pero envió a Jesucristo, su hijo, a este mundo
para enseñarle a los hombres el amor.

DIOCLECIANO.— *(Ladino.)* El amor... ¿y tú me amas, Sebastián?

SEBASTIÁN.— Sí señor: a tí y a todos los que te sirven.

DIOCLECIANO.— Pues yo sin ser cristiano siento amor por tí que me sirves.

SEBASTIÁN.— *(Indicando afuera.)* ¿Y por él, tu esclavo?

DIOCLECIANO.— No, por cierto. ¿Soy por ello un hombre cruel?

SEBASTIÁN.— *(Tímidamente.)* El que es servido ignora los padecimientos
de aquellos que, por obligación, lo sirven.

DIOCLECIANO.— *(Exclama.)* ¿Y yo? ¿Acaso no os estoy siempre sirviendo?
"Obligado", Sebastián, hice la guerra.
Vencí, con "padecimiento" en las fronteras
y hube de enderezar lo que en este Imperio
hallé torcido. Terminé con la anarquía,
"obligado", construí palacios y ciudades.
¡Qué puede reprocharme el dios de los cristianos!
¿O me ha de condenar por vivir en la holgura?

SEBASTIÁN.— Sacratísimo...

DIOCLECIANO.— ¡Di!

SEBASTIÁN.— Tus joyas, tu diadema...
las llevas cada día sin preguntarte
cuánto dolor le ha de costar cada gema
al miserable esclavo que te las procura.
Y en tu manto bordado, en tus telas finas
¡cuánto desvelo! Y para el rico botín
que has traído de las guerras ¡cuánta sangre!
¡Cuánto castigo y látigo en la espalda
para poner en tu dedo... una esmeralda!

DIOCLECIANO.— ¡Basta! *(Burlón.)* Ahora en todo lo que me rodea.
sólo me haces ver el afán, la fatiga.
Eres valiente, Sebastián, al recordarme
que aquellos que sirven jamás son servidos
(Llamando.) ¡Esclavo! Cena conmigo. *(Pausa.)* ¡Te lo ordeno! No, te lo
suplico. *(Pausa, Indica:)* Ya lo ves: ha huído.

SEBASTIÁN.— Por tal sacrilegio, teme perder la vida.

DIOCLECIANO.— Así es. ¿Y qué pretendes con tu discurso?
¿Quieres que Diocleciano firme un edicto
que ordene a los ríos cambiar su curso,
que al león vuelva manso y feroz al cordero,
que yo mismo guise para mi cocinero?

SEBASTIÁN.— No, señor. Pero puedes firmar un edicto que libre al cristiano
de ser perseguido.

DIOCLECIANO.— *(Serio.)* Lo que un edicto dice ¡otro no desdice!
Pero si tienes un amigo condenado,
le daré el perdón ¡si es que pruebas su inocencia!

SEBASTIÁN.— ¡De inocentes tus cárceles están llenas!
Hablo, señor, de justicia, no de clemencia.

DIOCLECIANO.— Despacio, Sebastián: —hay en tu voz soberbia.
Delegué este asunto en mi César Galerio.

SEBASTIÁN.— Galerio es injusto y cruel con los cristianos.

DIOCLECIANO.— Y ellos ¿no son rebeldes, no son impíos?
Las enseñanzas del que nombran "Jesús"

han puesto en peligro la paz del Imperio.
¡Y basta! *(Melancólico.)* Hablar de los cristianos me irrita.
Sebastián ¿Sabes que tengo yo una hija
que hace en secreto la señal de la cruz?
Y Galerio es de temer.
SEBASTIÁN.— Señor ¡Tu palabra es ley!
DIOCLECIANO.— No puedo quitarle el poder que le he dado.
(Pausa.) Sebastián ¡aléjate de los cristianos
y a mí, acércate! Y dame tus cuidados,
pues entre todos te distingo, y hoy te nombro
de mi Guardia Pretoriana ¡el capitán!

(Un silencio.)

SEBASTIÁN.—*(Retrocede.)* Señor, mejor te sirvo como legionario
DIOCLECIANO.— Te quiero aquí, en palacio, siempre conmigo.
Con discursos querías cuidar de mi alma:
cuida, entonces, el cuerpo donde mi alma habita.
SEBASTIÁN.— Pero yo, señor...
DIOCLECIANO.— ¡No! No acepto tu rechazo:
Ven. Dobla la rodilla *(Él tarda en hacerlo.)* Haz lo que te digo.

(Sebastián obedece, y Diocleciano toca su hombro.)

Más que capitán de mi Guardia de Honor
te he de nombrar, Sebastián... ¡mi más fiel amigo!

(La luz baja quedando un instante las figuras inmóviles como al inicio de este episodio, como si regresaran a la fijeza de la estampa, breve música de separación.)

CUADRO II

(De la penumbra sube, con una luz íntima, la luz en zona taller, donde los actores dejaron el canasto. Alejandro quitándose peluca y manto va hacia allá. Están ya Marta y Magdalena, con sus lentes oscuros, disponiendo el vestuario. Al ver acercarse a Alejandro, Magdalena se retira, se desplaza en silencio. Marta hojea un libro.)

ALEJANDRO.—   *(Por ella, a Marta.)* ¿Sigue muda? *(Marta asiente.)* ¿Qué
tienes ahí? *(Indica el libro que Marta le tiende, tomándolo, lee en el
lomo.)* Historia Romana...
MARTA.— Te marqué algo sobre Diocleciano. *(Se sienta a coser su túnica o accesorio.)*
ALEJANDRO.— *(Leyendo.)* "Instaura una férrea burocracia miliar, empren-

de reformas para palear la crisis económica... *(Salta algo.)* De la junta de cuatro, dos Augustos y dos Césares, que debían sucederlos, Diocleciano conserva el poder absoluto. *(Pausa.)* Manda sin límites ni restricciones." *(Marta está concentrada en su labor.)* Marta ¿Oíste eso?

MARTA.— Sí, Alejandro. *(Parece ausente.)* ¡Es verdad que Diocleciano tenía una hija cristiana?

MARTA.— Tal vez por eso Sebastián esperaba convertirlo al cristianismo.

ALEJANDRO.— Pero el César Galerio se lo impedía. *(Lee.)* Según Gringberg: "La medida que adopta Galerio es una medida fría y metódicamente calculada para exterminar a los cristianos. *(Marta está absorta, dejando de coser.)* Porque habían llegado a formar una potencia dentro del Estado." *(Mirando a Marta.)* Marta, no estás escuchando.

MARTA.— Sí, Alejandro. *(Le sonríe con dulzura.)*

ALEJANDRO.— *(Con sencillez.)* Te amo. *(Ella lo mira fijo.)* ¿Te recuerdo a Federico, verdad?

MARTA.— Te pareces mucho a tu hermano.

ALEJANDRO.— *(Molesto.)* Pero no soy él. *(Arregla vestuario para próxima escena en que será procónsul, mientras dice:)* Marta, miras sin ver, escuchas sin oír, como si no fueras real del todo.

MARTA.— Entonces estamos igual: los dos amamos a un ser que apenas existe.

ALEJANDRO.— ¿Mi hermano apenas existe? Federico existe muchísimo más que yo.

MARTA.— *(Sonríe, nostálgica.)* Decía: "el que da su vida por un ideal nada más se ausenta."

ALEJANDRO.— El ni siquiera se ausentó. Tienes el don de revivir el pasado como si lo recuperaras para el presente. De pronto, algo te hace partir hacia algún punto del recuerdo, y te vas... con él, supongo. Tu compañero era un ser excepcional, pero ya no está con nosotros. *(Ella lo mira.)* Bueno, quiero decir, aunque figure en esas listas de "detenidos-desaparecidos", sabemos que no va a regresar. *(Ella calla.)* ¿Lo sabes, no? *(Ella asiente.)* Entonces, es tiempo de pensar... en rehacer tu vida. Ojalá lo hicieras, porque... *(Calla.)*

MARTA.— ¿Por qué?

ALEJANDRO.— Porque te amo.

MARTA.— *(Algo ausente.)* Sí. Ya me lo has dicho. *(Le sonríe.)* Lo siento, Alejandro.

ALEJANDRO.— "Lo siento Alejandro." *(Retoma su lectura, molesto. Lee.)* "En el año 313, el César Galerio cae atacado por una terrible dolencia. Temiendo que sea un castigo del dios de los cristianos, firma la paz con ellos. Se les ve entonces salir, de cárceles y catacumbas, como un ejército de fantasmas. Cobran fuerzas y entonan sus himnos... parecen nimbados de luz..." *(Deja el libro.)* *(Soñador.)* Nuestro Sebastián no alcanzó a ver realizada su esperanza.

MARTA.— Tampoco Federico. *(Pausa.)* No es justo. Su fe era tan linda.

ALEJANDRO.— No estés triste. *(Se miran, él toca su mano, luego ambos se ocupan del vestuario.)* Marta ¿qué te hizo unirte a nosotros?

MARTA.— *(Tarda algo en responder.)* Mis razones son... muy simples.

ALEJANDRO.— Dilas.

MARTA.— No soporto ver niños mendigando.

ALEJANDRO.— Vale. La verdad es que siempre estamos barajando conceptos, enredados en consignas... y a menudo se olvida uno de lo esencial *(Pausa.)* "Niños mendigando" ¿Por qué no? La injusticia tiene muchos nombres. ¿Sabías que en el Caribe hay niños de 12 años que toman el fusil? El del padre caído en la lucha. Es su derecho de seguir con vida, supongo. *(Pausa.)* "Nunca más niños mendigando, nunca más niños con fusil."

MARTA.— *(Con voz queda.)* "Nunca más tortura."

ALEJANDRO.— Cuando estuvimos en prisión, Federico me dijo: "Lo que te angustia, más que el dolor físico, es... la crueldad de tus torturadores."

MARTA.— ¿Hasta cuándo, Alejandro? La muerte, la persecución...

ALEJANDRO.— ¿Quién puede saberlo? *(Animándola con voz alegre mientras se arreglan.)* Marta: no sabemos nada del futuro. Podría ser la bomba: un estallido ¡y se acabó! *(Sonríe.)* Pero ¡también podría ser... lo contrario!

MARTA.— ¿Y qué es lo contrario?

ALEJANDRO.— Bueno, los hombres siempre han creído en los grandes valores ¿o no?

MARTA.— *(Ajustándose el caballo de trapo.)* Supongo que sí.

ALEJANDRO.— Entonces ¡no es imposible que un día decidan... practicarlos! O podríamos contar con una esperanza de galaxias, como decía Federico. Vendrán viajeros de otros mundos a devolvernos la cordura. Soñemos, Marta. ¿Quién dice que nuestros hijos no empezarán a entrenarse, carreras matinales en los parques, ejercicios diarios para ser los mejores? ¡En un gran campeonato! *(Mira a Marta que tiene puesto el caballito y le tiende las cadenas de utilería que hay en el canasto, mientras se las pone le dice, con el mismo tono sencillo de sus "te amo":)* Marta, me casaría contigo, aun sabiendo que sólo puedes amar a Federico... *(Marta se vuelve iniciando un gesto de protesta, Alejandro agrega, sonriendo con picardía.)* Para cuidarte ¿entiendes?

(Ambos pasan a la tarima donde está el Retablo, llevando sus antifaces. Baja la luz hasta lo oscuro, mientras estallan los compases de la Gavota.)
(Luz brillante sobre el Retablo.)

EPISODIO 2 DEL RETABLO

(Sobre la tarima están el PROCÓNSUL, ALEJANDRO, de blanco y con antifaz, y MARTA, como TORCUATO, túnica corta, cadenas, antifaz, como si es-

*tuviera colgando en la tortura. ACTOR 1 ha fijado un telón con instrumen-
tos de tortura a un costado. El PROCÓNSUL tiene un pergamino.)*

*(Al volver la luz entra JULIANA con el estandarte y el HOMBRE-ORQUESTA.
Ejecutan breve coreografía y luego JULIANA recita:)*

JULIANA.— Por edicto, Diocleciano
   manda a Torcuato, hombre santo,
   en juicio de horror y espanto
   torturar por los romanos.
   Con suplicios refinados
   a este noble centurión
   le sangran el corazón
   y el cuerpo le descuartizan:
   ¡Cruelmente lo martirizan
   por la fe en su religión!

(Se retiran, girando. Los del Retablo cobran vida.)

PROCÓNSUL.— Siendo el 8 antes de las calendas de abril, en este limpísi-
   mo tribunal se presenta ante mí, Procónsul de Roma, un centurión acu-
   sado de cometer estos actos castigados por la Ley. ¡Nómbrate!
TORCUATO.— Cristiano.
PROCÓNSUL.— ¡Palabra impía! Dí tu nombre.
TORCUATO.— Cristiano.
PROCÓNSUL.— Dale en la boca para que no responda una cosa por otra.
   (Símbolo de tortura.)
TORCUATO.— Cristiano es el nombre que tengo por mío. Mas, mis padres
   me llamaron Torcuato.
PROCÓNSUL.— Se lee en estos escritos que te fueron requisados: *(Lee en
   un pergamino.)* "Los príncipes de los sacerdotes reunidos en Concilio
   dijeron: "¿Qué haremos con este hombre Jesús? Hace muchos prodi-
   gios. Si lo dejamos que siga predicando su doctrina, todo el pueblo
   creerá en él..." *(A Torcuato.)* ¿Ignoras que se castiga con la muerte al
   que oculta estos escritos? Dice el edicto imperial: "Se prohiben las
   asambleas secretas de los cristianos y la posesión de escritos que se
   refieran a su impía doctrina." ¿Conocías el edicto?
TORCUATO.— Lo conocía.
PROCÓNSUL.— ¡Rompiste las insignias militares y arrojaste las armas!
TORCUATO.— Mi doctrina dice "no matarás."
PROCÓNSUL.— Tu crimen es de alta traición. Ese Jesús es un rebelde que
   pretendía levantar a los judíos contra los romanos: tu deber era entregar estos escritos para ser quemados.
TORCUATO.— ¡Antes quemadme a mí!

PROCÓNSUL.— ¡Tortúralo! *(Montaje en sonido, y símbolo de tortura.)* Basta. ¿A quién leías estos escritos?

TORCUATO.— A mis hermanos en la fe cristiana.

PROCÓNSUL.— Entrega a tus hermnos y quedarás libre.

TORCUÁTO.— ¡No soy delator!

PROCÓNSUL.— Pónlo en el potro de los tormentos ¡hasta que confiese todos sus nombres! *(Símbolo de tortura.)* ¡Está bien! Torcuato, te conmino a sacrificar ante el altar de Júpiter como lo hacen los emperadores, a quienes debes honra y obediencia.

TORCUATO.— Se equivocan los emperadores.

PROCÓNSUL.— ¡Quémale pies y manos por blasfemo!

TORCUATO.— ¿Por qué me torturas de ese modo? ¡Sólo alabo al Dios verdadero!

PROCÓNSUL.— ¡Vierte sal en sus heridas por decir "dios" y no "dioses"! Torcuato, aún sabiendo que seguirán atormentándote ¿persistes en lo dicho?

TORCUATO.— Persisto.

PROCÓNSUL.— Insensato, loco cristiano ¿acaso amas la muerte?

TORCUATO.— Amo la vida, pero no temo morir.

PROCÓNSUL.— *(Grita hacia el verdugo.)* ¡Raspa sus costillas con conchas afiladas, que arda su cuerpo, pero que no muera...! *(Mientras se continúa con el símbolo de tortura.)* ¡Haré que te consumas lentamente antes de ordenar que te degüellen! Y esperes la gloria póstuma, pues no voy a permitir que vengan esas mujerzuelas a cubrirte con bálsamos y ungüentos para darte honrosa sepultura. Veré que tus restos sean arrojados donde no puedan hallarlos, lo mismo que todos los de esos malditos cristianos. ¡Devuélvelo al calabozo!

(Oscuro. Breve música cerrando la escena.)
(La luz pasa ahora a un sector delantero, que representa una esquina de la plaza, con sol, luz de día. Esta ahí la actriz que interpreta a MADRE 2 y se acerca la MADRE 3. (Ahora se designan como MUJER 1 y 2, sus ropas son diferentes. MUJER 1 cruza la escena y se acerca a MUJER 2, mirando como si aguardara el autobús.)

CUADRO III

MUJER 1.— *(Se sienta sobre un atado que lleva, y dice a MUJER 2 que se sienta en el suelo, con su canasto de ventas.)* Le llevaba alimento y ropa a los presos de la cárcel de Concepción, pero ¡me devolví con todo!

MUJER 2.— ¿Y por qué?

MUJER 1.— Me corrió el guardia González, "por hablar tanta lesera", dijo.

MUJER 2.— Vaya. ¿Y qué fue lo que le habló usted?

MUJER 1.— Le pregunté cómo podía trabajar en esas casas donde mortifican a los jóvenes inocentes. Y él dijo: "No son inocentes. Y aunque el trabajo es feo, alguien tiene que hacerlo."

MUJER 2.— ¿Y usted qué le dijo?

MUJER 1.— "Si es tan feo, búsquese otro." Y él: ¿Con esta desocupación? Además, siendo uniformado, a mis hijos no les va a faltar." Y yo le pregunto: "¿Y si le agarran a un chiquillo y se lo matan de hambre, qué hace usted?."

MUJER 2.— ¿Y él?

MUJER 1.— "Lo mato —dijo, así con estas palabras— aunque me fusilen después." "¿Ve? —le digo yo— ¡ésa es la diferencia! Usted se aflige no más por sus hijos. Y ellos, lo que tienen detenidos, esos se afligen por todos los hijos, por los hijos de todos." "¿Le parece?" me dice, como burlándose. Y yo: "¿No sabe que esos jóvenes están dando la pelea para que cada niño tenga pan y escuela? Y zapatos. Porque los zapatos son importantes para los niños." Eso le dije.

MUJER 2.— ¿Y él?

MUJER 1.— "Usted habla puro de los niños —me dijo—, cuando esta guerra es entre gente mayor. Los niños no tienen que ver."

MUJER 2.— Miren ¡ahora sí!

MUJER 1.— "Tienen que ver —le dije—, porque todos empiezan la vida siendo niños. Y no es bueno empezarla hambriento y descalzo, durmiendo en los portales y aspirando neoprén." *(Mirando.)* Ahí llega el bus... *(Se levanta.)* A ver si ahora me dejan entrar. *(Sale seguida de MUJER 2.)*

(Oscuro, compases de la Gavota que anuncia un episodio del Retablo). (Luz sobre Retablo: en un arco está TORCUATO en prisión, encadenado; en un extremo, colgando de arriba, un ángel de trapo o dorado, volando. Entra el CHINCHINERO y JULIANA con el estandarte, ejecutan su breve coreografía.)

CUADRO IV

JULIANA.— Sebastián, alma piadosa
sufría al ver torturados
a tantos de sus hermanos.
en los negros calabozos...

(Entra ALEJANDRO y la detiene con el gesto.)

ALEJANDRO.— Espera, falta Eduardo. *(JULIANA se retira y se cruza con EDUARDO que viene entrando, trae en la mano su casco y el libreto.) (MARTA baja de la tarima.)*

EDUARDO.— *(Muy alterado, lee en el libreto.)* "Entrega a tus hermanos y serás libre." Marta, Alejandro ¡yo jamás nombré a Federico! Aunque

me preguntaban por él todo el tiempo! Entregué unas direcciones falsas. *(Se deja caer deprimido en el borde de la tarima.)* Y luego... una
verdadera, según lo convenido.

MARTA.— Eduardo ¿de qué estás hablando? *(Se le acerca, cariñosa.)*

EDUARDO.— De torturas. Puedes resistir la picana eléctrica, los golpes, los
simulacros de fusilamiento, pero ¡la asfixia, no! *(Agresivo, golpea el libreto.)* Alejandro, cuando escribiste la obra, ¡olvidaste la asfixia, en la
escena de la tortura!

ALEJANDRO.— *(Lo calma con el gesto.)* Tranquilo, Eduardo.

MARTA.— ¡Nunca nadie ha dicho que tú lo entregaras!

EDUARDO.— *(Sin oír.)* No debo estar aquí representando ese rol de macanudo... Federico lo hubiera hecho con más convicción: ¡él jamás abrió
la boca!

ALEJANDRO.— Escucha...

EDUARDO.— ¡Y no me digan que no tuve culpa!

MARTA.— Pero ¿culpa de qué?

EDUARDO.— *(Exitado, sin escuchar.)* *(Por el libreto.)* Y hay aquí otro parlamento de Sebastián, sobre los que reniegan de su fe. *(Lee.)* "Maldicen
su flaqueza y nunca logran hallar la paz." *(A ALEJANDRO.)* ¿Pensaste en
mí, Alejandro? *(Le vuelve la espalda, avergonzado).*

ALEJANDRO.— Eduardo: eso fue escrito en el siglo tres.

(Un silencio.)
(ALEJANDRO y MARTA observan a EDUARDO que parece confundido.)

EDUARDO.— *(Vacila, luego se anima.)* Está bien. No se preocupen. Sigamos con el ensayo. *(Calla.)* Adelante con mi rol... de fantástico.*(Va a
subir a la tarima, MARTA lo detiene.)*

MARTA.— No. Eduardo, todo ese tiempo en que estuviste en el exilio has
estado atormentándote sin motivo. *(Pausa.)* El convenio era esperar
dos días. Antes de hablar.

EDUARDO.— *(Cortando.)* ¡Esperé menos que eso!

MARTA.— Bueno, esperar lo que se pudiera. Es lo mismo.

EDUARDO.— ¡Cómo va a ser lo mismo!

MARTA.— Dijimos que era imposible juzgar lo que alguien puede o no soportar en la tortura. Nadie tiene derecho a juzgar su conducta.

EDUARDO.— Salvo el torturado. El sí tiene derecho.

ALEJANDRO.— Basta, Eduardo: nada tuviste que ver en lo de mi hermano. Cayó por una delación. *(Eduardo lo mira dudoso)* *(A MARTA:)* Se niega a creerlo. Me pide pruebas, pero no hay pruebas.

EDUARDO.— Entonces, ¿quien tuvo la culpa?

MARTA.— *(Se interpone entre los dos.)* ¡Yo lo sé!

EDUARDO.— *(Indicando a Marta.)* Lo dice para devolverme la paz.

ALEJANDRO.— *(A Marta.)* ¿Qué quieres decir con eso de que "sabes quién
tuvo la culpa"?

MARTA.— ¡Están ahí culpándose y disculpándose! ¿No se acuerdan entonces que los únicos culpables son "los otros"? ¡Los que torturan y matan!, *(Pausa.)* "Culpables son los que persiguen como si fuera el peor de los delitos, el deseo de los hombres de vivir con justicia y dignidad." *(Mostrando el libreto que tiene EDUARDO en sus manos.)* ¿No es eso lo que escribiste aquí, Alejandro? *(A EDUARDO.)* Son las palabras del tribuno.

(Un silencio.)
(EDUARDO cambiando de actitud abraza a MARTA, se le acerca cariñoso ALE-JANDRO. Guardan silencio unos instantes.)

EDUARDO.— *(A Marta.)* Vamos, "Torcuato" ponte las cadenas. *(Él mismo la ayuda, ALEJANDRO sale.)* ¿Dónde se fue Juliana? *(JULIANA asoma, esta vez con el caballito de trapo ceñido a su cintura y con el estandarte.)* Vuelve a empezar la escena de la prisión. *(Lo dice mientras él y MAR-TA toman sus posiciones en la tarima.)*

(Oscuro.)
(Música breve de la Gavota. Luz sobre JULIANA)

EPISODIO 3 DEL RETABLO

(Breve coreografía de JULIANA y CHINCHINERO. Cesa la música.)

JULIANA.— Sebastián, alma piadosa
sufría al ver torturados
a tantos de sus hermanos
en los negros calabozos.
En secreto y cauteloso
burlando a los carceleros
visitaba prisioneros
aliviando ese dolor:
¡Da consuelo y oración
amor santo y verdadero!

(Salen y se animan en el Retablo, TORCUATO prisionero y SEBASTIÁN.)

TORCUATO.— ¡Un capitán de la Guardia del Emperador! ¿Qué quieres?
SEBASTIÁN.— Confortarte, hermano.
TORCUATO.— ¿Hermano?
SEBASTIÁN.— Sólo visto el traje guerrero para auxiliar a los cristianos. Fuiste valeroso, Centurión.
TORCUATO.— ¡Hay luz en tu rostro!
SEBASTIÁN.— ¡Es tu alma la que alumbra este lugar tenebroso!

TORCUATO.— Ay ¿qué será de mí!

SEBASTIÁN.— Mañana el Procónsul volverá a interrogarte.

TORCUATO.— ¡No lo voy a resistir! ¿Cuál es tu nombre?

SEBASTIÁN.— Sebastián.

TORCUATO.— Sebastián, hermano guerrero, ya que ciñes la espada ¡hazme morir!

SEBASTIÁN.— Vine a darte vida, no a quitártela.

TORCUATO.— Perderás la tuya si te sorprenden en el calabozo...

SEBASTIÁN.— Dí conmigo las Escrituras: "Tu corazón no se turbe ni se acobarde, pues no os dejaré huérfanos..."

TORCUATO.— "Porque ninguno tiene más gran amor que éste, que es el de poner la vida para sus hermanos." ¡Ya no siento el peso de mis cadenas! Tu fuerza da fortaleza.

SEBASTIÁN.— Repite conmigo: "Si a mí me han perseguido, os perseguirán a vosotros."

TORCUATO.— "Os perseguirán a vosotros."

SEBASTIÁN.— "Pero si mi palabra han guardado, también guardarán la vuestra".

(Música breve, luz pasa delante de la tarima, sale SEBASTIÁN.)
(MARTA, quitándose antifaz y cadenas se arrodilla, sentada en sus talones, en parte delantera, luz sobre ella)

CUADRO V

MARTA.— *(Con recogimiento, sacando de sus ropas una carta doblada.)* "Si mi palabra han guardado, también guardarán la vuestra"... Tus palabras, Federico. *(Abre la carta, lee:)* "Marta, mi dulce amor, no estés triste. No me recuerdes en la sangre y en el dolor. ¡Puede haber tanta luz entre los muros de un calabozo! Aunque convives con la muerte, aprendes a amar la vida! *(Deja la carta, murmura:)* Pasada la medianoche pienso en ti, Federico. Pero no es sólo eso "pensar". Voy recogiendo los hilos de tu recuerdo... y entonces estás ahí, tu presencia imaginada vuelve a ejercer sobre mí el mismo ascendiente. Como si nunca te hubieras muerto. Quizá por que es ilusorio ¡es tan fuerte el lazo que a ti me ata! *(Pausa, retoma la lectura de la carta:)* "Aunque convives con la muerte aprendes a amar la vida. Las palabras van pasando de boca en boca, de celda en celda. Y se escapan luego, endilgándose por aquellos largos y secretos caminos que las llevan hasta los nuestros. Nada se pierde. Ni los grandes gestos, ni los pequeños sacrificios. Y ahora déjame decirte que pasé bien la prueba. Hablo de aquél túnel tenebroso... Marta, logré sobrevivir. Si a este vegetar puedes darle un nombre. Y lo que estoy ahora dictando llegará hasta ti... algun día." *(Levanta la vista y le habla a la presencia de Federico:)* No, no te has muerto. Supongo que caminas por algún país lejano, inalcanzable. O quizás estés tan cerca que podría tocarte con las manos. *(Se queda quieta, entra atrás ALEJANDRO , ella lo percibe sin volverse. Reanuda la lectura de la carta:)* "Crucé hasta el último umbral y no se abrieron mis labios. ¿Sabes por qué? Porque la única palabra que quería decir, que hubiera querido quitarles ¡no estaba en mi memoria!" *(Se quiebra, queda encogida arrodillada en el suelo, ALEJANDRO tras ella, se inclina para tomar la carta.)*

ALEJANDRO.— *(Leyendo la carta.)* "Porque cuando te hunden cuchillos hasta los centros, cuando no eres más que llaga y desgarradura, entonces, buscas desesperadamente una palabra... una sola que contenga la razón de tu lucha... del porqué logras resistir. Ha de ser una palabra simple, pero violenta; más fuerte que el odio, veloz como el rayo que sin herir te ilumina. Recta como la hoja de una espada, capaz de terminar con toda la crueldad del mundo. Existe ¿verdad? ¡Búscala para mí, compañera! Ha de estar escrita en las galaxias, desde dónde nos han de estar mirando a los terrícolas con infinita compasión." *(Le entrega la carta a MARTA.)*

MARTA.— *(Levantándose.)* Siempre estaba hablando de las galaxias.

ALEJANDRO.— *(Le sonríe.)* Por ahí ha de andar ¿no crees?

ALEJANDRO.— ¿La conoces?

MARTA.— No.

ALEJANDRO.— *(Pausa, mientras se coloca la peluca y manto.)* Sí. La conoces. *(Con cariño, acercándose.)* La palabra es "Amor".

MARTA.— ¿Cómo lo sabes?

ALEJANDRO.— Porque es lo único que NO tenían esos hombres que lo estaban torturando. *(Se quedan un instante detenidos en su actitud, mirándose mientras baja la luz hasta oscuro.)*

(Estallan los compases de la Gavota.)

EPISODIO 4 DEL RETABLO

(Al volver la luz, entra JULIANA y con el caballito que antes usó MARTA, girando y bailando, seguida del CHINCHINERO. Al terminar la breve coreografía y cesar la música, JULIANA recita:)

JULIANA.— En tiempos de Diocleciano
he aquí que, sin mesura,
a los que en su fe perduran
persigue un César romano.
En defensa de los cristianos.
piedad clama un Tribuno
¡no le escucha ninguno!
ni se apiadan de su suerte.
¡Por clamar contra la muerte
pierde la vida el Tribuno!

(Sale JULIANA, se animan en el Retablo: DIOCLECIANO, al centro, a un costado, ACTOR 1, con antifaz, como GALERIO, al otro el TRIBUNO SEBASTIÁN, con antifaz y otro atuendo.)

DIOCLECIANO.— Habéis venido el uno para acusar,
   el otro a defender a los cristianos:
   por ser más alto en rango, habla, Galerio.
GALERIO.— Señor, las acciones de esta secta son tales
   ¡que están llamando al pueblo a la anarquía!
   Predican que todos los hombres son iguales
   que la riqueza es vicio y la pobreza, virtud,
   condenan por injusta, la esclavitud.
   Se trata, en suma, de un enemigo interno
   solapado y manso, pero más peligroso
   que los bárbaros que combaten en la frontera:
   invaden las Galias, Cartago, Oriente,
   en Roma han minado el suelo que pisas
   ¡como los topos cavan sus catacumbas!
   ¡Apunta al corazón mismo de su secta
   o pronto un cristiano regirá el Imperio!
   Ya los hay entre los nobles y patricios
   y murmuran que los hay en tu palacio...
DIOCLECIANO.— Galerio ¡habla con tino y despacio!
   No cometas error si a alguien acusas.
GALERIO.— Los dioses me libren de ser un delator.
   Mas, si hay alguien que de tu confianza abusa,
   cuídate de él, mi señor...

(Un silencio.)

DIOCLECIANO.— Habla, Tribuno.
TRIBUNO.— Quiero recordarte, Sacratísimo,
   que en tiempos de Nerón, el pueblo romano
   clamaba a voces "los cristianos a las fieras,"
   se mataba entonces sin juicio ni sanción
   para divertir al pueblo con su sangre.
   ¿Y por qué se les persigue y condena?
   Sólo porque se niegan a rendir culto
   a unos dioses en los que ya nadie cree,
   dioses que entre ellos se devoran, guerrean,
   y se matan por la belleza de una reina.
   Señor, la fuerza moral de los cristianos
   no es para el pueblo romano un perjuicio,
   más que un mal ¡es un bien que lo beneficia!
GALERIO.— *(Burlón.)* ¿A qué llamas, Tribuno, "fuerza moral"?

TRIBUNO.— Recuerda que antaño en la arena del circo
las fieras salvajes al ver a los cristianos
se quedaban quietas, sin hacerles daño.
GALERIO.— *(Acusándolo.)* ¡Tú los admiras!
TRIBUNO.— ¿He de morir por eso?
GALERIO.— No sin antes ser juzgado: a un cristiano no se le condena sin
juicio.
TRIBUNO.— ¡Protesto!
No se le interroga debidamente.
ni se les juzga en lugares de justicia.
A ellos la ley de Roma no se aplica
en igual forma que a los delincuentes.
GALERIO.— Porque un ladrón y hasta un criminal
comparado al cristiano ¡es más inocente!
¡Intentaron quemar el palacio imperial
y profanar el templo de la diosa Juno!
TRIBUNO.— ¡Calumnia! ¡Culpable es quien manda a sus esclavos
a cometer en sombras tales delitos
para alzar al pueblo contra los cristianos!
DIOCLECIANO.— ¿Puedes probarlo, Tribuno?
TRIBUNO.— No, señor:
de quienes tan alto se hallan situados
¿hay alguien que pueda probar sus acciones?
Y de haberlos —digo, con vuestro perdón—
¡Siempre hay alguién más alto para encubrirlo!
GALERIO.— ¡A mí y a ti nos insulta, Diocleciano!

(DIOCLECIANO los mira a ambos, indeciso, deseando proteger al TRIBUNO.)

TRIBUNO.— Ni calumnias ni falsas acusaciones
justifican la violencia del castigo:
¿Podrían ellos oponer resistencia
ante el poderío de tus legiones?
Cuando regía el Emperador Adriano
diez mil inocentes fueron masacrados
¡su único delito era su doctrina!
¿Decir cristianos es decir "criminales"?
Y ahora ante ti yo acuso a Galerio
de haber hecho incendiar el templo de Juno
¡para inculpar a los seguidores de Cristo!
DIOCLECIANO.— *(Autoritario, seco.)* Responde, Galerio.
GALERIO.— Aun si así fuera
la desobediencia a tus edictos
es motivo suficiente de condena.
¡Debes pues dictar sentencias más estrictas
y juzgar al Tribuno por lo que aquí ha dicho!

DIOCLECIANO.— Eso pide Galerio. ¿Qué pides, Tribuno?
En breves palabras procura decirlo.
TRIBUNO.— En breves palabras, señor ¡no más muertes,
no más persecuciones, no más torturas!
el anhelo de justicia, y de vivir
más dignamente. Y ahora, permitid
que al retirarme te insista en la clemencia!

(Al decirlo, hace un gesto para retirarse.)

GALERIO.— ¡No lo dejes ir! Se delata: ¡es un cristiano! Guardias ¡a él! *(Hacia afuera.)* ¡Prendédle antes que huya!

(Retrocede para salir tras el TRIBUNO, DIOCLECIANO lo detiene:)

DIOCLECIANO.— Aguarda: ¿de quién dices que en el palacio me debo cuidar?
GALERIO.— *(Desafiante.)* ¡De quién a ti te cuida!

(Se congela la acción. Música breve. Oscuro.)

INTERMEDIO

SEGUNDA PARTE

(Al volver la luz después del intermedio, todos los actores están en escena, arreglando el Retablo para los episodios en que se mostrarán lienzos, o arreglando velas en flores de papel. Los hombres, CHINCHINERO y ALEJANDRO, EDUARDO, trabajan en el Retablo. JULIANA está con su canasto para vender flores y cirios; MAGDALENA, siempre con sus lentes oscuros, se ocupa en un rincón de una prenda del vestuario. En el centro, o separadas de los otros grupos, las tres MADRES trabajan en una arpillería. El ACTOR 1 puede estar tocando el organillo. MARTA arregla su caballito de trapo, cerca de MAGDALENA.)

CUADRO VI

CHINCHINERO.— *(A ALEJANDRO.)* ¿Sabía usted que al santito que se venera aquí en Yumbel por poco lo queman? Lo quisieron profanar. Hace ya treinta años de eso.
ALEJANDRO.— ¿Cómo fue eso?
CHINCHINERO.— Dicen que unos jóvenes "perversos", enojados por tanta devoción que le tenían al santo, se lo robaron de la iglesia y... usted conoce las décimas, Juliana. Dígalas, pues.
JULIANA.— *(Sube a la tarima y recita con gracia.)*

Unos jóvenes malvados
le robaron del altar
buscan, buscan, sin hallar
la estatua, desesperados...
Y ahí en la arena enterrada
un pastorcito la halló:
en vano esa gente intentó
en un jolgorio quemarla:
¡era tan antiguo el santo
que la madera no ardió!

(El CHINCHINERO subraya con sus golpes en la caja y platillos.)

ALEJANDRO.— ¿Así es que al San Sebastián de Yumbel lo entierran, lo desentierran, y en el siglo pasado, otra vez lo entierran en la arena y lo
vuelven a desenterrar? Es extraño: porque allá en Roma, a San Sebastián después de su martirio lo ocultan y lo encuentran para darle sepultura cristiana.
JULIANA.— Y también a los 19 dirigentes que detuvieron en Laja y San
Rosendo. Dos veces los entierran y desentierran.

(Las tres MADRES al oír esto último han vuelto la cabeza hacia ellos.)

CHINCHINERO.— Sí, pues. Primero los sepultaron en el bosque de pinos,
donde los fusilaron... también en un jolgorio ¿no ve que hallaron botellas vacías de licor enterradas, ahí mismo? *(Las MADRES hacen un movimiento como acusando el golpe y siguen trabajando* Es que era en
víspera de las fiestas patrias, en septiembre. Pero a los pocos días unos
perros se pusieron a escarbar y tuvieron que sacarlos de ahí. De noche los fueron a tirar al cementerio, aquí en Yumbel. *(Saliendo con ALE-
JANDRO y JULIANA.)* Y ahí quedaron, seis años. Sin señales ni cruces.

*(Luz sobre las MADRES, que hablan serenamente, como acostumbran
mientras bordan la arpillera. Luego de un silencio, retoman la última frase.)*

MADRE 1.— Seis años. Sin señales ni cruces.
MADRE 2.— Seis años en los que tuvimos alguna esperanza.
MADRE 3.— Fue doloroso hallarlos en esas condiciones, pero pudimos dar-
le sepultura cristiana.
MADRE 2.— Esa fue una conformidad.

(Breves notas de un cello, o contrabajo, de separación.)
(MARTA y MAGDALENA en segundo plano escuchan inmóviles.)

MADRE 3.— Muchos familiares no encuentran todavía los suyos y siguen
con la esperanza de hallarlos vivos.

MADRE 1.— "Vivos los llevaron, vivos los queremos" es la consigna en otros países.

MADRE 2.— ¿Otros países?

MADRE 1.— Hay desapariciones en Argentina, Uruguay, Bolivia, Salvador, Guatemala, Colombia... y tantos países de América Latina.

MADRE 3.— Dicen que las madres de la Plaza de Mayo, en Argentina, escriben sus nombres en los carteles, y siguen con esperanza de encontrarlos...

(Música incidental breve.)

MADRE 2.— Yo pido justicia porque hemos vivido engañadas durante seis años por la mentira de que aquí no había muerto nadie.

MADRE 3.— Yo pienso tan limpiamente que ruego a Dios por los hijos de los que dispararon... para que esos niños no tengan que sufrir por las culpas de sus padres.

MADRE 2.— Cuando ví que mi esposo no llegaba lo busqué en la Tenencia. Ahí recién vine a enterarme que era dirigente y daba la pelea en el Sindicato.

MADRE 3.— Yo también fui a la Tenencia, pero al segundo día ya no estaba ahí. Allá fui. En el Cuartel me lo negaron: "Vea, señora, su nombre no está en la lista de detenidos". "Busquen bien, tiene que estar," les dije. "Señora, váyase," me contestó uno medio enojado. Total, ¡me metieron guapo para que me corriera!

MADRE 2.— También tuve que ir a los Angeles. Y de los Angeles fui a Concepción. Anduve por Talcahuano, por todas partes anduve.

MADRE 3.— Presenté Recurso de Amparo, cosas legales, hice todo lo que me aconsejaron. ¡Seis años buscándolo!

MADRE 2.— ¡Seis años que de ellos no supimos!

(Música, siguen trabajando en silencio.)

MADRE 2.— Ya sabía entre mí que estaba muerto porque lo veía en sueños. "Para qué me busca tan lejos si estoy aquí," me decía. *(Pausa.)* Cuando lo sepultaron volví a soñar con él: me ponía su manita en la cara y me decía: "¡Cuídame a mis hijos!" Desperté llorando. Y le grité: "Aquí están todos tus hijos..."

MADRE 3.— A mí no me costó reconocerlo: "Mire con calmita", me dijo el doctor: ¡Cuando voy viendo su placa dental! No, no me costó reconocerlo.

MADRE 2.— Yo asistí a los tribunales, estuve en los careos ¡fue tremendo! Esos mismos que delante de nosotros los habían ido a detener, negaron todo. ¡Así, todo!

MADRE 3.— Total, andaban tranquilos: de antemano sabían que los iban a amnistiar.

MADRE 2.— Pero fue un consuelo oir al fin la verdad, ahí, públicamente, en los Tribunales de Justicia.

(Música breve de separación. Las tres MADRES se retiran con la arpillera, entra ACTOR 1 que viene a colocar el ángel dorado para la escena siguiente (cárcel de SEBASTIÁN). Hace una seña a MAGDALENA que está a punto de retirarse:)

ACTOR 1.— Magdalena ¿me puedes ayudar con esto? *(Indica el ángel o cuerda donde lo debe colgar para subirlo.)*
MAGDALENA.— Sí, por supuesto. *(Ayuda a ACTOR 1).*
ACTOR 1.— ¿Tienes algún problema con la vista?

(Un silencio. Lo mira indecisa, por fin responde con voz entera:)

MAGDALENA.— "Allá" nos tenían siempre con una venda negra en los ojos. *(Ante la mirada del ACTOR 1.)* En el campo de prisioneros.

(Ha entrado MARTA. Va hacia el canasto a buscar el caballo de trapo, MAG-DALENA va hacia ella y luego mientras charlan la ayuda a ponérselo.)

ACTOR 1.— ¿Piensas mucho en esos días?
MAGDALENA.— Me parece que todavía sigo en esa oscuridad.
MARTA.— Las señoras de la Agrupación me dijeron que tenías un hijo.
MAGDALENA.— Sí. Lo dejé en Concepción con sus abuelos. *(Ellos la miran con extrañeza.)* Mis padres son chilenos.
MARTA.— Magdalena, desde que estás trabajando con nosotros, es la primera vez que aludes a tu prisión.
ACTOR 1.— *(Acercándose.)* Y te haría bien hablar, ¿no crees?
MAGDALENA.— Hablar... *(Se detiene con su gesto, pensativa.)*
ACTOR 1.— Del golpe militar en la Argentina.
MAGDALENA.— *(Como si no le concerniera, voz casi impersonal.)* Marzo del 76. Notamos un cambio de valores. Total. Y muy evidente. Oías siempre las mismas frases en la radio y la televisión: "La seguridad de la nación, el orden de la nación. Estamos aquí para salvar a los argentinos..." Repetidas hastá la majadería *(Pausa.)* No pensé que nos ocurriría algo, había... esa inocencia en los medios de comunicación... *(Los mira a ellos.)* Y tú deseas creer lo que dicen. Aunque estés viendo los operativos, los crímenes, la impunidad... *(Se interrumpe porque se muestra JULIANA con la bandera.)*
JULIANA.— Vamos a empezar. *(A MARTA.)* Quinto episodio.

(MAGDALENA se retira, ACTOR 1 termina de fijar el ángel en el Retablo. Entra el CHINCHINERO. Luz baja hasta semi penumbra, y vemos esta vez como DIOCLECIANO y SEBASTIÁN se colocan en la tarima. Gavota.)

EPISODIO 5 DEL RETABLO: "PRISIÓN DE SEBASTIÁN"

(Luz fuerte, con tonos dramáticos sobre el Retablo: SEBASTIÁN con túni-
ca, encadenado, DIOCLECIANO sin sus galas, lo visita el ángel.)
(Con breve coreografía, se mueven JULIANA, MARTA con caballo, CHINCHI-
NERO. Cesa la música, se inmovilizan. JULIANA recita las décimas:)

JULIANA.— Sebastián encadenado
acusado de traición
es llevado a la prisión
y a muerte condenado
Lo visita Diocleciano
y le ruega con fervor
que reniegue de su dios
por ganar su libertad:
"¡Si te matan, Sebastián
para mí será el dolor!"

(Sale JULIANA y acompañantes. Se animan los personajes en el Retablo

DIOCLECIANO.— ¡Al capitán de mi guardia
lo acusan de traición!
¿Qué delito ha cometido?
SEBASTIÁN.— ¿No juzgan crimen mayor
el crimen de ser cristiano?
DIOCLECIANO.— ¡Visitas los calabozos
y alientas a tus hermanos
a renegar de los dioses!
SEBASTIÁN.— ¿No has venido tú a pedirme
que reniegue de mi Dios!
DIOCLECIANO.— Dolido y entre sombras
me allego a ti como un ladrón...
SEBASTIÁN.— Tú ordenaste mis cadenas.
¿Qué quiere el emperador?
DIOCLECIANO.— ¡Oir la verdad de tus labios!
SEBASTIÁN.— Lo que oíste ¡es así!
DIOCLECIANO.— Eras tú mi predilecto,
como a un hijo te escogí...
SEBASTIÁN.— Sabías que era cristiano
con deberes que cumplir.
DIOCLECIANO.— ¡El capitán de mi Guardia
sólo a mí debe servir!
SEBASTIÁN.— No sirvo yo al que me envía
mis hermanos a morir.

DIOCLECIANO.— Te concedí mis favores
y el más grande: ¡mi amistad!
SEBASTIÁN.— Sigo siendo tu deudor
por lo mucho que me has dado.
DIOCLECIANO.— *(Rogando.)* No has de ofender a tu Dios.
fingiendo sacrificar
a nuestros dioses romanos...
¡Hazlo por mí, Sebastián!
Muchos que así lo hicieron
ganaron su libertad.
SEBASTIÁN.— Y hoy su flaqueza maldicen
no logran hallar la paz.
¡Deja ya de perseguirlos!
DIOCLECIANO.— Sebastián, vano es tu empeño:
Galerio se alzará en armas.
SEBASTIÁN.— ¿No eres tu el Augusto y "Dueño"?
¿Manda el César más que tú?
¡La paz desea tu pueblo
no es vida la que le das
sembrando el campo de muerte!
No en el odio, en el amor
hallarás paz verdadera:
manda pues en tus edictos
¡"Sí" a la vida, "No" a la muerte!
DIOCLECIANO.— *(Con enojo.)* ¡Nuestra ley es nuestra ley!
¡No sé yo de otra mejor!
Roma debe su grandeza
al valor de sus legiones,
no a la paz, sino a la guerra
¡y a su código de honor!
SEBASTIÁN.— Hay quién no precisa espada
ni alardes de valor,
para que las multitudes
le aclamaran su señor:
vino a enseñar el camino
el de nuestra salvación.
DIOCLECIANO.— Si me hablas de tu maestro
—aquel que llaman Jesús—
¡nadie lo pudo salvar
de morir en la tortura!
SEBASTIÁN.— Su palabra sigue viva,
nos llega en ella la luz:
sus seguidores predican
la justicia, la virtud...
DIOCLECIANO.— *(Agobiado.)* ¿Qué podría hacer contigo?

SEBASTIÁN.— *(Irónico.)* Hazme morir en la cruz
¡así salvas al Imperio!
DIOCLECIANO.— Ay, testarudo ¡te burlas!
SEBASTIÁN.— ¿No enviaste ya tus arqueros
para quitarme la vida?
DIOCLECIANO.— ¡Si te mando asaetear
me han de doler tus heridas!
¡Y para ordenar tu muerte
ninguna razón tendría!
SEBASTIÁN.— Yo sé que por mis creencias
me van a quitar la vida,
tú, mi verdugo ¡ignoras
por qué razón me la quitas!
DIOCLECIANO.—. *(Herido.)* ¡Por llamarme tu verdugo
da tu causa por perdida!
SEBASTIÁN.— Ganada para los cielos
que mi Dios vela por mí:
El que habla por mi boca
te aventaja en poderío.
DIOCLECIANO.— ¡Ya firmaste tu sentencia!
Y a ese Dios lo desafío,
cuando sufras el martirio,
¡a salvarte de morir!
¡Venid por él, mis flecheros!
¡A él, mis guardias, venid!
Dad muerte al Capitán
que cuidados me debía...
¡Que cuide él mejor de ti!

(Oscuro.)
(Al volver la luz, puede haber música breve de separación, vemos a MAG-
DALENA, con sus anteojos oscuros. Donde antes la vimos, sentada inmó-
vil en un escaño, dará su testimonio con voz impersonal.)

CUADRO VII

MAGDALENA.— "Me detuvieron en Buenos Aires, en abril de 1977. Tenía
un embarazo de dos meses. El mismo día detuvieron a mi compañero,
en la vía pública. Me sacaron con violencia de mi casa y me arrojaron
al piso de uno de los automóviles que realizaban un "operativo". En
el campo de prisioneros, que llamaban "El Chupadero", me bajaron —
siempre a los gritos y a los golpes— y me obligaron a correr en todas
direcciones, con la vista vendada, haciendo que me estrellara con las
paredes y tropezara con los detenidos que estaban en el suelo. Durante cinco días estuve atada a mi compañero; todos esos días le aplica-

ban a él la picana eléctrica. *(Pausa.)* No sé cuantas veces fui vejada...
y violada."[1]

(Puede haber música breve de separación antes y después del testimonio.)
(Ahora se irá desarrollando, mientras la luz sobre el Retablo muestra a
JULIANA que recita, alternando con el testimonio de Magdalena, la histo-
ria del martirio del santo. En el retablo dos madres cuelgan una arpillera
que ilustra las décimas: "A un árbol es atado".

JULIANA.— Conmovido y con dolor
    da la orden Diocleciano
    que a un árbol sea atado
    quién fue su guardia de honor.

(Compases de música:)

MAGDALENA.— "Al año trasladaron a mi compañero. Trasladado era sinó-
nimo de muerte, era ser conducido a un pozo de cal y dispararle ráfa-
gas que lo hacían caer dentro. Lo trasladaron junto con otros 16 prisioneros que hasta hoy figuran en la lista de detenidos-desaparecidos".

(Compases de música, cae el segundo telón(arpillera bordada o tela pin-
tada que representa, pintura ingenua, los flecheros.)

JULIANA.— Y ordena el emperador
    que vayan siete flecheros
    los más fieros y certeros
    para quitarle la vida...

(Compases de música:)

MAGDALENA.— "Poco después de mi liberación nació mi hijo. Pronto tendré que explicarle que secuestraron a su padre en su país, su patria,
por el solo delito de luchar por una vida más justa".

(Compases de música:)

JULIANA.— ¡En lugar de siete heridas
    le encienden siete luceros!

(En el arco central han puesto un telón con la imagen de San SEBASTIÁN
flechado con siete orificios, que al decir sus versos JULIANA, semejan siete

---

[1] Fragmentos tomados del testimonio escrito de una mujer argentina.

luceros, con luces encendidas atrás, o si se quiere, con las madres que
pasan en sus cirios tras la arpillera o telón.)
(Compases de música:)

MAGDALENA.— "Entrar a una cárcel clandestina es encontrarse súbitamen-
te despojado de todo sistema defensivo. Es ser arrojado al fondo de
un abismo. Pero sufrir la agonía de esperar día a día la muerte cuesta
menos ¡SÍ SABEMOS CON CERTEZA CUÁLES SON NUESTRAS ES-
PERANZAS!

(Las madres se han acercado a Magdalena, que en este último parlamen-
to se ha quitado sus lentes oscuros, y le pasan un velo, como el que ellas
mismas llevan. Salen las madres con Magdalena.)

EPISODIO 6 DEL RETABLO

(Esta vez, sin transición se pasa al último Episodio Romano. Los persona-
jes, DIOCLECIANO y SEBASTIÁN: están ya en escena, sobre el Retablo (don-
de quedan tendidas las arpilleras). DIOCLECIANO.— está con un manto púr-
pura y diadema, SEBASTIÁN cubierto de una túnica o capa con una
capucha, como los hábitos de monje. La escena tiene lugar en las escale-
ras de palacio. SEBASTIÁN estará sentado al borde de la tarima y DIOCLE-
CIANO entra y sube hacia el Retablo.) (La salida de MAGDALENA es simul-
tánea con la acción):

JULIANA.— *(Que ha permanecido sobre el retablo, baja para recitar*
décimas:)
Y tendido en aquel huerto
le dejaron malherido
con siete flechas prendido
y dándolo por muerto.
Cuando se van los arqueros
llegan dos santas cristianas
y sus heridas le sanan
¡Sebastián vuelve a la vida!
Y su promesa no olvida
de rogar por sus hermanos.

(Sale JULIANA

DIOCLECIANO.— *(Cuando SEBASTIÁN alza su capucha.)* ¡Sebastián... orde-
né tu muerte!
SEBASTIÁN.— Y a mi Dios desafiaste a que me conservara la vida.
DIOCLECIANO.— ¿Qué brujería hiciste? ¡Convertiste con tus prédicas a mis
arqueros en cobardes! ¡Pagarán por su desobediencia!

SEBASTIÁN.— Ellos cumplieron: Mira mis cicatrices.

(Abre algo su capa.)

DIOCLECIANO.— ¡Por todos los dioses! ¿Quién pudo curar así incurables heridas?

SEBASTIÁN.— Dos santas mujeres que me hallaron en el huerto. No culpes a tus flecheros: me dejaron ahí por muerto.

DIOCLECIANO.— Si tanto poder tiene para salvarte de morir ¿por qué no me convierte en esclavo vil, o en piadoso cristiano, y te ahorra así tantos afanes?

SEBASTIÁN.— Verás la luz, sólo si tú quieres verla: libre es la voluntad del hombre.

DIOCLECIANO.— No la tuya que vienes a mí "mandado"... por tu Dios.

SEBASTIÁN.— Su siervo soy, pero escogí libremente a quién servir. La fe en sus creencias no esclaviza al hombre. También tú, Diocleciano, eres libre para ordenar que los cristianos mueran ¡o para ordenar que vivan!

DIOCLECIANO.— *(Le devuelve la espalda.)* ¡Basta! No quiero oir más. *(Pausa.)* ¿Por qué sigues atormentándome? ¿A qué viniste a palacio?

SEBASTIÁN.— ¡A interceder por mis hermanos! Y porque quiero tu salvación.

DIOCLECIANO.— ¿Por qué?

SEBASTIÁN.— Por el amor que te tengo.

DIOCLECIANO.— *(Dolido.)* Y yo... por el amor que te dí y que tú me dabas ¿debo firmar dos veces tu sentencia de muerte? *(Se miran en silencio.)* ¿Volverá tu Dios a salvarte?

SEBASTIÁN.— No tendré una nueva ocasión para hablarte. *(Pausa.)* Da tu perdón, Diocleciano, acaba esta injusta querella. O tu fin será muy duro.

DIOCLECIANO.— *(Reacciona, irónico.)* ¿Sabes predecir el futuro? Puedes leer en las estrellas como son los agoreros que rondan el palacio. *(Sonríe.)* ¿Que ves en mi porvenir?

SEBASTIÁN.— *(Serio.)* Aflicción. Te traicionará tu César Galerio. En cuanto renuncies al mando.

DIOCLECIANO.— Será mi sucesor. ¿Para qué mancharse con sangre mía?

SEBASTIÁN.— Derramará sangre tuya, pero no manará de tu cuerpo.

DIOCLECIANO.— ¿De mi linaje? *(SEBASTIÁN asiente.) (Afligido.)* ¡Mi hija! *(Reacciona.)* No. No tengo por qué creer en tus predicciones.

SEBASTIÁN.— Antes de morir, verás derrumbarse lo que tanto trabajo te costó construir.

DIOCLECIANO.— *(Incrédulo.)* ¿Mi hermosa ciudad de Nicomedia?

SEBASTIÁN.— El Imperio.

DIOCLECIANO.— *(Estalla.)* ¡Mientes! Lo que hice perdurará en la memoria de los hombres. Reconocerán los méritos, cantarán mi gloria.

SEBASTIÁN.— Maldecirán tu nombre por perseguidor de cristianos.

DIOCLECIANO.— ¡No quedará uno solo de ellos sobre la faz de la tierra para hacerlo!

SEBASTIÁN.— *(Como iluminado, mirando ante sí.)* Habrá miles y miles...
Saldrán de las cárceles, de la oscuridad de las minas y catacumbas,
vacilantes, enflaquecidos, pálidos como un ejército fantasmal. Pero van
cobrando fuerzas, entonan sus himnos, reconstruyen sus templos, llevan la "Buena Nueva" hasta el último rincón de la tierra...

(Se oye una clarinada.)

DIOCLECIANO.— ¡Huye, Sebatián! Se acerca Galerio. ¡Entra al palacio y arreglaré tu fuga!

SEBASTIÁN.— Si huyo dirás: era un cobarde, no tuvo fuerza de mantener
sus convicciones. Si muero, quizá recuerdes mis palabras, quizá la semilla dé su fruto.

DIOCLECIANO.— *(Lo urge.)* ¡Huye! ¡Quiero salvarte!

SEBASTIÁN.— ¿Y quién salvará a los que mueren por tus edictos?

DIOCLECIANO.— *(Oyendo otra clarinada.)* ¡De prisa! ¡Sólo tú me importas,
porque más que un hijo te considero!

SEBASTIÁN.— Dices "sólo mi hijo me importa" y no te avergüenzas. A los
que injustamente persigues ¡todos los hijos! —los hijos de todos! les
importan. *(Se vuelve, ocultando su rostro porque ha entrado GALERIO.)*

GALERIO.— Te saludo, Diocleciano. ¿Quién se atreve a importunarte en
la escalera de tu palacio?

DIOCLECIANO.— *(Disimulando su temor.)* Un agorero que lee el futuro.

GALERIO.— ¿Qué te ha predicho?

DIOCLECIANO.— *(Vacila, luego, con tono agresivo.)* Que mi César Galerio,
en cuanto me suceda en el trono, derramará sangre de los míos.

GALERIO.— ¡Vaya! ¿Y a mí que mentiras me anuncias? ¡Habla!

SEBASTIÁN.— *(Se descubre, GALERIO lo mira extrañado.)* Caerás víctima de
un mal que te hará maldecir la vida por tus dolores. Entonces firmarás
la paz con los cristianos.

GALERIO.— ¡Eres tú el que va a morir, capitán traicionero, maldiciendo la
vida por tus dolores! *(A Diocleciano.)* ¡Ordenaste su muerte!

DIOCLECIANO.— Mis arqueros atravesaron su cuerpo, pero ¡se cerraron sus
heridas!

GALERIO.— ¡Cristiano y brujo... a la hoguera! No. Tu dios podría salvarte
del fuego. Haré que te mutilen a garrotazos y que luego te degüellen
¡a ver si tu dios junta lo que yo separo! Tus restos serán arrojados a
la cloaca de Roma, donde nadie te halle para rendirle homenaje de
mártir. ¡Prendedlo! ¡Te condeno, Sebastián, al eterno olvido!

*(Música breve subraya sus palabras mientras entra JULIANA con el estan-
darte de SEBASTIÁN y ellos se retiran.)*

CUADRO VIII

(Las tres MADRES, a la que se agrega MAGDALENA, (Madre 4) con velos ne-gros transparentes sobre el rostro, actúan ahora como un coro popular, mientras JULIANA en la tarima continúa con las décimas que rematan la historia de San SEBASTIÁN en Roma:)

JULIANA.— Y su espada desenfunda
    Galerio encolerizado
    "¡Degolladlo y arrojadlo
    A una cloaca inmundal!"
MADRE 1.— Extraña cosa, siempre lo mismo.
MADRE 4.— ¿Cómo el hombre puede hacerle eso al hombre?
CORO.— ¡Siempre lo mismo!
MADRE 2.— La carne adherida al trapo.
MADRE 3.— Los alambres en los huesos.
MADRE 1.— En un horno de cal.
MADRE 2.— En la tierra, clandestina.
MADRE 4.— En la escoria, donde el que tuvo un nombre, lo pierde.
MADRE 1.— Y sus huesos se calcinan.
MADRE 4.— En un pozo.
MADRE 1.— Baja usted por los siglos y están martirizando a los cristia-nos y ocultando sus despojos!
CORO.— ¡Extraña cosa, siempre lo mismo!

(Compases de música.)

JULIANA.— *(Con estandarte.)*
    "¡Ven que la orden se cumpla!
    Y la orden fue cumplida:
    ya sangra por mil heridas
    está nimbado de luz.
    Con la señal de la cruz
    ¡el santo entregó la vida!"

(Compases de música.)

MADRE 2.— Es duro para una madre tener un hijo desaparecido.
MADRE 1.— ¡Más duro es hallarlo y saber cómo perdió la vida!
MADRE 3.— ¡Mejor no lo hubieran hallado!
MADRE 1.— *(Avanzando algo, mas en evidencia.)* ¡No! Ahora nada es me-jor, todo es peor: saber o no saber de un desaparecido, hallarlo muer-to ¡y ver cómo lo han dejado!

(MADRE 1 se dobla con su dolor, las otras recitan como en un cánon.)

MADRE 2, 3 y 4.— Tenía los pies... las manos... la garganta... los pies, las manos, las gargantas, los órganos vitales, los pies, las manos... mutilado, mutilado, mutilado...
MADRE 1.— ¡Degollado!

(Un breve estallido en montaje sonido. Un silencio.)

JULIANA.— "Llevan sus restos sagrados
hasta un desagüe escondido
pensando que en el olvido
quedarían sepultados."
MADRE 4.— ¡No podemos olvidar!
CORO.— ¡No debemos olvidar!
MADRE 4.— Los horrores con el transcribir del tiempo podrían parecernos menos horribles.
MADRE 2.— Podríamos acostumbrarnos al gesto de tomar en nuestras manos un trozo de mandíbula y decir: "Sí, es él, mi hijo era bondadoso".
MADRE 3.— O al ver salir de la tierra un cráneo agujereado, murmurar: "Mi hijo nunca le hizo daño a nadie".
MADRE 2.— O al reconocer en un andrajo algo que le tejimos con muestras manos junto al fuego mientras se doraba el pan, digamos: "Mi esposo era tranquilo, siempre cumplió en el trabajo..."
MADRE 1.— *(Se quita el velo y se sitúa ya en un extremo antes de hablar.)* Hijo con tu muerte ¡yo perdí la vida! No permitas que lo ocurrido caiga en el silencio, caiga en el olvido...

(Un silencio.)

JULIANA.— "Sus restos han ocultado
pero vano es el afán
él dio aviso a una Santa
de su entierro clandestino:
CORO.— ¡Hoy saben los peregrinos
donde yace Sebastián!"

(Ahora las MADRES, siguiendo a JULIANA con el estandarte, se desplazan en círculo, MADRE 1 se queda en su sitio, dirán turnándose los parlamentos:)

LAS MADRES Y
JULIANA.— —No queremos la venganza, pero tampoco el olvido.
—No los llamen "los diecinueve de Yumbel".
—Los catorce de Lonquén.
—Los 18 de Mulchén.
—No pueden ser sólo un número... una cifra.
—Detrás de la cifra no cabe más que el nombre, y no hay lugar para el hombre.

—Y para el dolor de quienes los amaron.

—Queremos sentirlos presentes.

—Llamarlo por el nombre con que lo saludábamos cada día.

—Hablar de cómo era, qué decía.

—Hablar de sus dolores, sus alegrías.

—Sus esperanzas también...

MADRE 1.— Hijo, desde que volví a la vida ¡no hay un día en que no sienta tu presencia y oiga el sonido de tu voz!

JULIANA.— "Que triste celebridad
la que tuvo Diocleciano
perseguidor de cristianos
¡lo predijo Sebastián!
Decía en su ancianidad:
"mi imperio se derrumbó
y mi gloria se extinguió"
y al decirlo lloraba
"¡Ay!, Sebastián —le clamaba—
¡Sólo tú me diste amor!"

(Compases de música, luz sobre MADRE 1)

MADRE 1.— Hijo ¿dónde te llevaron? ¿Qué hicieron contigo? *(Pausa.)* "Esta oscuro, madre; abro y cierro los ojos y está oscuro. Tengo las manos atadas, el cuerpo doblado y hace frío." *(Pausa.)* Hijo, nunca dejaremos de buscarlos, aunque siempre den las mismas respuestas, véase a fojas 2, el trámite lentísimo, hay que hacer algunas consultas, no está detenido, no se sabe, no ha lugar... El 'Habeas Corpus" ¡no salva a nadie del martirio! *(Pausa.)* "Madre, piensa que un pueblo no se acaba, que un río no se termina, que tú seguirás creyendo y construyendo, junto con las gentes sencillas, con tus manos, con futuro ¡si te puedo dejar dignidad para siempre!" *(Pausa.)* Hijo, quieren romperte la muerte... Y los jueces escribirán tranquilos "agréguense al expediente, tramítes, archívese... ¡olvídese! "Por que para algunos lo importante son las instancias cumplidas... que se agoten los recursos legales, ¡aunque la vida se agote mucho antes! *(Pausa.)* "Madre, siento deseos de morir a cada instante, mi victoria no es otra que la del silencio, el desmayo, el segundo en que puedo descansar, la idea fija de no hablar, y decirte que soy el mismo de antes. Porque después de todo, tenemos la sangre limitada, un corazón que se cansa, la falta de aire, mucha sed y más hambre... ¡Pero no dejes, mujer, que nos maten el alma antes de tiempo!"[2]

---

[2] El monólogo de la Madre 1 construído sobre un trozo del poema que José Manuel Parada, asesinado, —uno de los tres profesionales que apareció degollado en marzo del 85—, escribiera a raíz de la detención y desaparición del padre de su esposa, Fernando Ortiz, en 1976.

(Música incidental).
(Las otras MADRES y los ACTORES, CHINCHINERO y JULIANA se desplazan aho-ra y la MADRE 1 se une a ellos, en una procesión. ALEJANDRO y MARTA les ofrecen unas velas dentro de claveles rojos de papel que parecen peque-ños farolitos chinescos y también les dan un papel donde están los nom-bres que dirán luego de los 19 dirigentes hallados en el cementerio de Yumbel.)

MADRE 2.— No permitas, Sebastián, que olvidemos a los ausentes.
VOCES.— No lo permitas.
MADRE 3.— La vida tiene tantísimos afanes y somos tan propensos al olvido.
MADRE 4.— Si olvidamos el pasado ¡estaremos condenados a repetirlo!
VOCES.— No lo permitas, Sebastián.
MADRE 1.— Nunca más... nunca más...

(La procesión puede bajar a la sala y volver a subir, precedida por JULIA-NA que lleva el estandarte y todos van nombrando a los muertos, en una voz, y responden en coro la letanía, llevando el papel en una mano y un cirio dentro de un clavel en la otra:)

UNO.— Juan Acuña
CORO.— Ruega por él
UNO.— Luis Araneda
CORO.— Te lo recomendamos, Sebastián
UNO.— Manuel Becerra
CORO.— Cuídalo, Santo Doncel
UNO.— Rubén, Campos, Dagoberto Garfias
CORO.— Ruega por sus almas
UNO.— Juan Jara, Fernando Grandón
CORO.— Llévales nuestro amor
UNO.— Jorge Lamaña, Heraldo Muñoz, Federido Riquelme
CORO.— Te lo encomendamos, Sebastián
UNO.— Oscar Sanhueza, Luis Ulloa, Raúl Urra
CORO.— Cuídalos en el Santo Reino
UNO.— Juan Villarroel, Jorge Zorrilla, Eduardo Gutiérrez
CORO.— Cuídalos, Santo Doncel
UNO.— Mario Jara, Alfonso Macaya, Wilson Muñoz
CORO.— Llévales nuestro amor
JULIANA.— Desde tu santuario de Yumbel ¡protégenos para que podamos construir una patria libre, donde reine la justicia!
MADRE 2 y 3.— ¡Dános esa esperanza, Santito milagroso!

(Estalla un compás de polca, puede ser el ACTOR que toca un organillo callejero, y que acompaña el CHINCHINERO.)

JULIANA.— ¡Hoy es la fiesta de San Sebastián!
TODOS.—¡Albricias le damos al santo!
CHINCHINERO.— ¡Ya llegan los peregrinos!

*(De modo sorpresivo, se forma un espectáculo popular en la plaza, con
la pasada de una pareja (actores) con máscara graciosa bailando la polca,
y luego unos pasos de cueca, cruzando el escenario; o bien lo hará alguien manejando marionetas populares; puede entrar un ACTOR en zan-
cos, usar muñecos de papel que representen a DIOCLECIANO y SEBASTIAN,
globos, el vendedor con carrito, etc.)*
*(Las MADRES que se han quitado el velo y dejado los cirios, se unen a la
fiesta de los peregrinos).*

CORO.— ¡Hasta el pueblo de Yumbel
    a saludarte venimos
    nuestro Sebastián querido
    con un verso y un clavel!
VARIOS.— ¡Viva el Santo! ¡No olvides a tus peregrinos!

*(Algunos llevan banderas con los colores del Santo, amarillo y rojo, y lue-
go de unas vueltas que da el CHINCHINERO, tocando caja y platillos, JULIA-
NA sube a la tarima y anuncia:)*

JULIANA.— ¡Atención! *(Redoble de caja.)* Hoy, 20 de Enero, fiesta de nues-
    tro patrono San Sebastián, los actores acaban de representar para us-
    tedes la obra que cuenta su vida y su martirio, llamada... *(Redoble caja
    y platillo.)*
TODOS.— ¡Retablo de Yumbel!

Música para la canción final (marcha) en una línea, frente al público.

Hoy te invocan en Yumbel
tu santuario es ya famoso
te dan culto fervoroso
peregrinos en tropel.
Antes en Roma y después
el que baila y el cantor
dice alegre y con fervor:
¡Entre la tierra y el cielo
la injusticia es un flagelo
y su remedio el amor!

(Repiten, avanzando.)

¡Entre la tierra y el cielo
la injusticia es un flagelo
y su remedio el amor!

FIN

FANNY BUITRAGO

(Ensayo en respuesta al cuestionario)

LA LITERATURA ES BUENA O MALA; NO FEMENINA NI MASCULINA

En mi niñez tuve acceso a distintas bibliotecas. Ya fuesen los libros de mi abuelo, mis padres, tíos o vecinos, siempre estuve rodeada de excitantes y maravillosas ediciones. A excepción del colegio, regentado por monjas, no sufrí demasiadas prohibiciones en materia de lecturas.

La biblioteca de mi abuelo Tomás González era como una cueva de Alí Babá, donde se arrumaban periódicos viejos y revistas *Billiken, Leoplán, Bohemia,* amarillentas por el tiempo. En los altos estantes se alineaban volúmenes empastados y con cantos dorados.

Cuando hube agotado los cuentos de hadas, con recargadas ilustraciones —donde príncipes, princesas, fregonas y pastores, vestían como en tiempos de Luis XIV, Luis XVI y María Antonieta— comencé a leer al azar. Aún necesitaba el apoyo del dibujo para expoliar la imaginación. Por ello, la lectura de *Don Quijote* tuvo un carácter especial. Además del texto explorado con avidez y comprendido vagamente, las viñetas donde Don Quijote aparecía con angelitos tras su espalda o un querubín lloraba (él y su sombra) junto a las armas destrozadas del héroe; o Don Quijote derrotado y tendido al pie del caballo clamando, "¿Dónde estás señora mía? ¿Que no te duele mi mal" deslumbraban mi imaginación. Y sucedía lo mismo con las revistas que tenían dibujos y fotografías.

Leoplán traía en cada número una novela completa. *Para Ti* una sección llamada: "Cartas que se extraviaron" y un rincón de poesía. Entre las novelas recuerdo el impacto que me causaron *Horizontes Perdidos, Don Segundo Sombra, El país de los Ciegos,* y *Facundo. Bohemia* publicaba relatos. *Billiken* las historietas de Ocalito y Tumbita, y Pelopincho y Cachirula, a todo color.

Mis hermanos y yo sentíamos fascinación por *Las Mil y Una Noches* en una edición de Sopena, abreviada para niños, que tenía en la portada rojo-sepia a una odalisca sentada sobre la media luna. Competíamos por inventar historias en donde abundaban túneles secretos y ciudades subterráneas, árboles cuajados de gemas preciosas, alfombras voladoras, caballos alados, los inevitables príncipes, califas, effendis y princesas. Sin desdeñar la descripción de dulces exóticos. Cuando se es niña las golosinas forman parte importante de la vida.

No sé en cuanto tiempo salté de los arrumbes de revistas a las estanterías. Tres o cuatro vacaciones, quizá. ¿Seis? Lo ignoro. Entre los nueve y doce años mis viajes a través de la lectura fueron más y más atrevidos. Los autores no importaban, tampoco el prólogo, solamente los protagonistas de los libros y sus hazañas. Ante mis ojos desfilaban mundos insólitos, estremecedoras aventuras, relaciones insospechadas. Amé a David Copperfield, a la pequeña Dorrit, a Mr. Picwick, Oliver Twist; y detesté a Uriah Heep y a Fagin. Doña Bárbara, Otelo, Ariel, Efraim y María, Orlando y Angélica, Rolando, Dulcamara, Antinea; Athos, Porthos, Aramis y Dartagnan, Papá Goriot, Eugenia Grandet y el Capitán Nemo, me eran tan familiares como Ulises y el Caballo de Troya, Dorian Gray, Otelo, San Brandán o el ahijado de la muerte. El encuentro con Aliocha y Dimitri Karamazov marcó mi entrada al bachillerato. Sin embargo, apenas si intuía quién era Dostoievski. Imagino que mi intención era leer todos los libros al alcance. Las secciones *El libro de las narraciones interesantes* y *Libros Célebres* de El Tesoro de la Juventud, me dilataron el afán de saber. Sus resúmenes eran como guías del viajero que conducían a nuevas y emocionantes lecturas.

De mis atracones de libros tengo vivas ciertas impresiones; impresiones de lectora bisoña, sin conciencia del mundo, pero susceptible a la maravilla. La piel de zapa encogiéndose lentamente a cada deseo. El final de *Nuestra Señora de París* más impresionante que la fealdad de Quasimodo o la belleza de Esmeralda, cuando el capitán Febo "se casó" y en el matrimonio va su castigo. Ayesha (Ella) la inmortal, envejeciendo hasta convertirse en cenizas al bañarse por segunda vez en el fuego de la eterna juventud, mientras intenta impresionar a un hombre que ama. Los amores de Margarita y Fausto, de Catalina y Heathcliff de Arturo Cova y Alicia, Cortés y La Malinche, París y Helena, Ulises y Penélope. Las desdichas en *El holandés errante*, Cándido, Genoveva de Bravante, Atahualpa, Siervo Joya.

De la biblioteca de mi abuelo —dispersa, quien sabe por qué azares— mi tía Mercedes De la Hoz aún conserva una vitrina cerrada, en donde guarda libros leídos en vísperas de mi adolescencia. *El País del Delfín Verde, Las Masacres de París* y *Los hermosos barrios*.

Luego llegaría el momento de asociar cada libro con su autor. Reconocer estilos, unir nombres con nacionalidades, idiomas, territorios míticos o verdaderos. Todavía suelo confundirme; equivocarme al adjudicar títulos, aunque recuerde bastante bien los textos. Pero, el placer de encontrar a viejos amigos en los procesos de reconocimiento y contemplarlos como a escritores famosos, compensa todos los errores: James Hilton, Wells, Ricardo Güiraldes, Dickens, Ariosto, Rómulo Gallegos, Shakespeare, Pierre Loti, Luis Aragón, Haggard, José Eustacio Rivera.

Tardaría en asociar a *Orgullo y Prejuicio* con Jane Austin; *La Isla de los Pingüinos* con Anatole France; advertir que la hija de Agamenón y Clitemnestra inspiró a Eurípides, Teresa de la Parra, Racine, Goethe. Solamente al leer la introducción de *En la línea de sombra* descubriría que Lord Jim también pertenecía a Joseph Conrad. Y cuando leí *El hombre de la esquina rosada* en una selección de Novaro (México), entre un relato de Ellery Queen y otro de Agatha Christie, ignoraba que Borges era Borges. El que Selma Lagerloff hubiese escrito *La Saga de Gosta Berling* me bastaba. Fue una sorpresa, más tarde, encontrarla a ella y a Gabriela Mistral en la lista de premios Nobel.

Con la literatura sucede lo mismo que con la música. "Siempre es mejor el verso aquél que no podemos recordar," dice la canción. Durante un tiempo estuve a la búsqueda de *El mundo de las sirenas* o *En el mundo de las sirenas* un libro que —seguramente— pertenece al género de aventuras. Ahora desistí. Mejor conservarlo intacto en mis diez años. Porque, en mi traicionera memoria, *El País de los Ciegos* había adquirido diálogos y situaciones diferentes a las escritas por Wells, con más romance y truculencia. Buenreve; de *El hijo de Nostradamus*, era de una belleza fantástica que Dumas nunca confirió a su personaje. *La segunda esposa* es una historia romántica que recuerdo en vivos colores, y espero no tropezar. ¿Cursi? ¿Magnífica? Su autora, Eugenia Marllit, no figura en ningún diccionario.

He aprendido —a tiempo— que ciertos libros están mejor archivados en la memoria. Y quizá, los poemas de Rosario Sansores ni siquiera existan.

Esas primeras lecturas, caóticas y sin las imágenes de sus autores, me convirtieron en viajera de un territorio fastuoso, donde todavía coexisten lugares como Shan-Gri-La, Troya y Shambala. Están las islas del Cisne, la tierra de El Dorado y el país del Preste Juan; la fuente de la eterna juventud, Liliputh, Utopía, La Atlántida, el Continente de Mu, Irán de las Columnas.

Como ya dije, los prólogos no contaban entonces. De crítica literaria lo ignoraba todo. Tampoco conocía las clasificaciones literarias.

He leído muchísimo desde entonces y me falta muchísimo por leer.

Pero, nunca he podido olvidar ese ¡Abrete Sésamo! de aquellas primeras incursiones al universo de la literatura. Leer. Leer y releer. Era lo
único que importaba. Me daba lo mismo si el autor era hombre, mujer, homúnculo, duende o ánima. Leía con el mismo afán a la Baronesa
de Orczy y a Hugo West, a Vicky Baum o a Emilio Salgari, a Julio
Verne o Wenceslao Fernández Florez, a Emilio Zola o Katherine Ann
Porter. Seguramente no comprendía ni la mitad de lo leído, pero eso
tampoco importaba.

Leer era lo mejor del mundo. Seguro. Por lo tanto, escribir tenía
que ser lo mismo. Quizá mejor. Así, mientras atesoraba historias de
otros, me fui convirtiendo en escritora. Naturalmente. Nunca me plan-
teé la idea de "si otros pueden, ¿por qué no yo?" No. Fui escritora desde que tuve uso de razón. Quise ser otras cosas, por supuesto. Siempre
y cuando, esas otras actividades me permitiesen escribir. Jamás tuve
dudas al abandonar empresas que restaban tiempo a mi tarea: contar
historias.

Narrar es mi oficio. Así de simple. Y el tiempo me ha confirmado
lo que estaba marcado en mi subconsciente desde que me asomé a los
cuentos de Constacio Vigil y leí *La hormiguita viajera,* o *Las memorias de
Mamá Blanca* de Teresa de la Parra: La literatura no es femenina, ni masculina, sino buena o mala. Y mi intención, al realizar un trabajo creativo con la palabra, va más allá del placer que me procura escribir. Tiene una relación estrecha con esos territorios míticos explorados en la
infancia. Una relación concreta con la libertad y la posibilidad de encontrar caminos y mares más amplios. Al leer, al escribir, nos nacen
alas, y podemos transitar por el tiempo y el espacio, de la mano de personas, animales y plantas, me atrevería a decir que, tras la huella de
seres invisibles aún no imaginados por el hombre.

La literatura no es únicamente un oficio, sino la libertad para re-
crearlo y moverse por el mundo. En esta época de vallas, muros divi-
sorios, campos de concentración, campos de refugiados, donde la guerra y la violencia son una amenaza constante, la literatura es uno de
los baluartes de la independencia. Y aunque respeto profundamente el
deseo de muchísimas trabajadoras de la palabra, empeñadas en resal-
tar el trabajo femenino en el campo literario, siento una profunda resistencia a que mi labor creativa se aísle en un territorio amurallado.
Nunca me han gustado los espacios limitados. Ni los orfanatos, ni los
ancianatos, ni los internados, ni los pájaros en jaulas, ni los peces en
acuarios, ni las tortugas o los perros en apartamentos. Ni siquiera me
convencen los zoológicos. Si los animales pudiesen opinar elegirían ex-
tinguirse a vivir en cautiverio.

Admiro y respeto a las mujeres que luchan por sus derechos, y reconozco el profundo sufrimiento, y la valentía, que han demandado la conquistas femeninas: el voto, la educación, la igualdad de oportunidades, el derecho a disponer del propio cuerpo. Batallas, evidentemente, no ganadas en totalidad. Aún falta mucho por hacer. Pero, no creo que las mujeres culminen todos sus ideales felizmente si se aíslan en cotos cerrados para enaltecer sus logros.

Existe ya suficiente literatura feminista. No es mi intención extenderme en el tema. Sigue interesándome la narrativa prioritariamente, como también sus creadores, ya sean hombres o mujeres. ¿Quién escribió *El Lazarillo de Tormes*? ¿Fray Juan de Ortega, Juan de Valdés, Sebastián de Orozco o Diego Hurtado de Mendoza? ¿Por qué no una monja enclaustrada, o una Dama de alta alcurnia? Acaso les importa a los lectores de Kren Blixen descubrirla firmando sus cuentos con el seudónimo de Isaak Denisen?

Ahora, que muchas etapas han sido superadas, ciertas mujeres pensantes parecen complacerse con dar marcha atrás. Ya no hablan de igualdad con el hombre. Abogan por el separatismo. Y en más de un campo. Fenómeno que ahora prolifera en al ámbito literario. La moda impone editoriales que solo editan mujeres, congresos de escritoras, selecciones de poetisas y cuentistas. Eventos que, lejos de situar a la mujer en contexto universal, la colocan al margen. Prácticamente señalándola como a un creador de segunda, que necesita ampararse bajo el ala de esa gran mamá-gallina que es la feminidad para ser alguien. De la fuerza en donde primitivamente estaba apoyada ¡el varón! ha corrido a buscar otra fuerza, ¡las mujeres agrupadas!

En literatura, el afán femenino de agrupación, lejos de universalizar la creatividad parece arrinconarla. Basta mirar las colecciones de Autores Clásicos o Grandes Autores lanzadas por prestigiosas editoriales. Con excepción de escritores ya fallecidas, como las Bronte, Virginia Woolf, Jane Austin, Carson Mac Cullers, a las escritoras se les publica en otros contextos. La regla para triunfar es ''ser la reina del crimen'' como Agatha Christie, P.D. James, Patricia Highsmith. Y en ese campo ¡ra! ¡ra! ¡aplausos!

El otro camino, anotado antes, son los Círculos femeninos. Pero, ¿vale la pena ese camino? Mi meta como escritora no es inscribirme en carreras de obstáculos. Si lo pienso detenidamente, sólo deseo vivir el tiempo suficiente para contar todas las historias que deseo contar. En dicho tiempo, espero que mi trabajo literario no se quede tras una valla, ni se me considere una autora cuya narrativa deba permanecer en un círculo de mujeres. Trabajo con la misma pasión los personajes masculinos, los personajes femeninos, los niños, y si vamos a ello, las voces, los árboles, los ríos y las piedras.

Mientras escribo, veo con pavor cómo los espacios se van cerrando. En Colombia, donde nunca hubo distingos entre autores, ya comienzan a presentarse ciclos que incluyen únicamente literatura femenina. Mientras, en los acontecimientos verdaderamente importantes, se deja a un lado a la escritora. No porque fuese la intención inicial de sus colegas, No. Muchas narradores y poetas lo han propiciado con sus intenciones de "rescatar, o aislar, la obra escrita por mujeres."

En los momentos que vivimos, cuando gran parte de Colombia y América Latina se desangran en luchas odiosas, es de vital importancia que la mujer se encuentre presente en todos los ámbitos. Al lado del hombre, del niño, del anciano, del oprimido. Hombro a hombro. Presente y con una voz integrada, para que las relaciones sean más reales y afectivas, y no terminemos viviendo en un mundo donde la familia sólo admite padres e hijos (excluyendo abuelos, tíos, primos, el ahijado y los amigos) y donde se vive en ciudadelas, en edificios vallados, con guardias armados a la entrada y casetas de vigilancia en cada barrio, como ya sucede en Bogotá.

Al negarme a participar en proyectos que solamente admiten a autoras, coarto momentáneamente "las posibilidades difusorias" de mi obra, como dirían los publicistas. Lo sé.

Pero, soy fiel al derecho que me asiste de luchar por una total libertad de expresión, y hacer posible que la obra literaria de las mujeres sea, un día, editada sin ninguna restricción. También aceptada ampliamente por el público y la crítica, sin paternalismos, sin prevenciones, sin benevolencia. Ya sea para recibir el rechazo o el aplauso, y con los mismos derechos que asisten a todos los creadores en el mundo.

El hombre de paja

Fanny Buitrago

A los extraños:
Aquellos que llegan y pasan y se marchan,
sin que conozcamos sus nombres ni sus vidas.

INTRODUCCIÓN

(Esta introducción, al ser representada la obra, será impresa en los programas para el público)

1842—Fundación del pueblo de Opalo por un grupo de colonos no identificados.

1917—El mulato Isaías Guerrero planta un árbol en terreno despoblado.

1922-42—Florecimiento de Opalo: Construcción de la iglesia, la alcaldía, la escuela pública, y un ramal que une al pueblo con la carretera principal.

1930—Conatos de violencia política se extienden por todo el país.

1940—Berta Tirado compra la casa más grande de Opalo. La convierte en café-hotel para viajantes.

1948—Un líder político de gran importancia es asesinado en la capital. Se desata la violencia.

1954—Una misión protestante se establece en Opalo. Simultáneamente, el reverendo José Eustacio Agudelo es nombrado párroco titular del pueblo.

1955—Mueren asesinados 150 campesinos en el curso del año. La gente de provincias comienza a desplazarse hacia las ciudades.

1961—Jafet Salcedo publica, con resonante éxito su primer libro. La crítica capitalina le depara excelente acogida.

1963—Según las estadísticas, cerca de 190.000 personas han sido víctimas de la violencia, desde sus orígenes hasta el presente año.

1964-66—El gobierno extermina, uno por uno, a los principales jefes violentos. La pacificación es inminente.

1967—Desconocidos incendian el pueblo vecino: Los chicos de Opalo descubren a un espantapájaros colgando del único árbol de la plaza.

119

PERSONAJES

JAFET: escritor de 35 a 40 años.
LA NIÑA-MUERTE: mendiga de unos 12 años.
EL PASTOR PROTESTANTE.
EXTRAÑO.
BELLA TIRADO: dueña del hotel-café.
PÁRROCO: 60 años.
MAESTRA: 30 años.
MÉDICO: edad indefinida.
"BELLA": esposa del anterior.
TOMÁS: campesino.
VIRGILIO: campesino.
MUJER 1.ª
MUJER 2.ª
SOMBRAS

(Lugar. El pueblo de Opalo. Acción: En 1967. Izquierda y Derecha las del
público.)
(La acción transcurre en la plaza principal de Opalo: un sitio empolvado,
añoso, sucio. Casas de madera, con barandas, pintadas de cal. El Hotel-
café con un aviso burdo en letras rojas, y mesas de metal afuera. La alcal-
día tachonada con carteles políticos, de diversas épocas y partidos. La
iglesia católica, muy sobria, con una cruz en la puerta. Un camellón al fondo
de la plaza: a un lado, un árbol viejo y sin especie definida. Dos rústicos
blancos de madera, a derecha e izquierda del árbol.)

ACTO PRIMERO

PRIMER CUADRO

(Al levantarse el telón la escena está en penumbra. La luz ilumina el hotel-
café, débilmente. JAFET duerme, con la cabeza oculta entre los brazos, en
una de las mesas. A su lado hay una libreta de apuntes, algunos papeles
y un botellón para agua: JAFET es un hombre alto, un tanto enjuto, co-
menzando a encanecer. Viste camisa de seda, pantalones oscuros y za-
patos de gamuza. Su elegancia natural es alto sofisticada, debe contras-
tar fuertemente con el ambiente que le rodea. Al pie del camellón se
acurruca la niña, (no se distingue bien). Del árbol, pende la figura de un
espantapájaros. Lo han vestido con calzones de dril, camisa a cuadros y
sombrero astroso. Sus manos y pies son de paja seca: La sombra que
proyecta se extiende por toda la escena como la de un ahorcado.
El MÉDICO entra por el lateral izquierdo, seguido de TOMÁS y VIRGILIO.
Lleva una linterna de mano: de apariencia descuidada, calvo, con estóma-
go abultado. Los campesinos con ropa de trabajo. Portan fusiles de estilo

antiguo. El MÉDICO comienza a escudriñar con la linterna, alumbrando los techos, los paredes, los carteles, etc., hasta llegar a JAFET.)

JAFET.— Jafet... Jafet... *(Jafet se queja en sueños.)* Despierta... *(Para sí.)* Está dopado de nuevo. Despierta...

TOMÁS.— ¡Qué vida la suya! ¿A quién se le ocurre dormir en un momento como éste? ¿No temerá por su cuello?

VIRGILIO.— Al patrón sólo le interesa fumar, y beber. *(Más bajo, al otro.)* Toma pastas para el dolor de cabeza; pero no le duele la cabeza.

TOMÁS.— No se preocupa por más. Hasta su cuello debe tenerle sin cuidado.

MÉDICO.— ¡Jafet...! *(lo zarandea casi con violencia.)* ¡Despierta!

JAFET.— *(Todavía en sueños.)* ¿Sí?

MÉDICO.— Eres un irresponsable. Prometiste vigilar toda la noche. En lugar de hacerlo duermes como un ente.

JAFET.— ¿...Estaba dormido... dices? *(Hace un esfuerzo por despertar del todo. Se alisa el cabello. Bosteza ostensiblemente.)*

MÉDICO.— *(Bajo pero con energía.)* Abusas, Jafet. Ningún organismo resiste. ¿Para qué el botellón? No estaba aquí antes.

JAFET.— Sed.

MÉDICO.— Es tu asunto. Soy tu médico, no tu ama de cría. Además prometiste...

JAFET.— Sí, sí... ya lo sé. Prometí vigilar. *(A todos.)* Me parece que nos molestamos por nada. Estuve toda la noche como un sonámbulo. Todo está en completa calma. *(Compungido falsamente.)* Me dormí. Lo siento...

MÉDICO.— Esta calma es falsa. ¿No te das cuenta del peligro que corriste? Dormido y solo en medio de la plaza. Está chiflado. *(Nervioso, levanta la linterna e ilumina con ella el árbol y el espantapájaros.)*

VIRGILIO.— ¡Quién quiera que haya colgado ese muñeco es un malnacido!

(JAFET busca en sus bolsillos. Saca una especie de cigarrillo muy delgado, como de hechura casera. Lo prende. Aspira con deleite. Guarda los fósforos.)

MÉDICO.— Es demasiado temprano para que comiences con esa porquería. Aún no amaneció. Tu sabes que la ley está contra eso. *(Preocupado.)* Pero me desvío... Lo importante, ahora, fue lo que viste. ¿Está seguro que no ocurrió nada?

JAFET.— No ocurrió nada y cualquier hora es buena cuando me apetece fumar. *(Irónico.)* Es altamente constructivo.

MÉDICO.— Contamos con tu ayuda. Por una vez, pórtate como el hombre inteligente y racional que eres.

JAFET.— ¿Soy eso? *(Bota la colilla diminuta.)* El sorprendido seré yo si me cuentas cuando me torné así.

MÉDICO.— La situación puede ser más grave de lo que parece. No es cosa de juego.

JAFET.— *(Fastidiado.)* Hago lo que puedo. Pasé la noche al raso, a riesgo de pescar un resfriado. ¿A qué tanto alboroto?

MÉDICO.— El incendio del pueblo vecino es un hecho y un hecho atroz. Sabes de sobra que la gente de las veredas se está marchando a la ciudad. Las cosechas de este año serán nulas... y ahora, ese espantapájaros. Ahorcado.

VIRGILIO.— *(Con miedo.)* Es un reto. Harán lo mismo con los hombres de Opalo.

(JAFET se levanta con displicencia y sale a la plaza.)

JAFET.— Demos un vistazo..., si ello sirve de algo.

TOMÁS.— No es que hagamos bulla, patrón; hay pocas armas en Opalo y el miedo se riega como pólvora.

MÉDICO.— *(Aparte, a JAFET, y perdiendo de pronto la seguridad que ostenta. Habla bajo.)*... Hay algo más. "Bella" se ha ido.

JAFET.— No es la primera vez.

MÉDICO.— Shh... No quiero ser el hazmerreír de ellos *(susurrante.)* Lloró todo el día de ayer. Su costurera murió en la tragedia. Dijo que se iría. La he buscado por todo el pueblo pero no logro dar con ella.

JAFET.— Volverá.

MÉDICO.— Estoy muy nervioso. Dicen que los campos están plagados de hombres armados. Tropa o no tropa; son hombres, y "Bella" es demasiado confiada.

JAFET.— ¡Pamplinas! "Bella" sabe cuidarse bien.

(Los dos campesinos susurran asustados. JAFET lo advierte.)

JAFET.— Estén tranquilos. El ejército nos protegerá.

TOMÁS.— No, patrón. Ni un milagro nos haría estar tranquilos. *(Con ira.)* ¡Puedo morir como un hombre, peleando! Pero tengo mujer encinta y un hijo de teta todavía. ¿Qué harían ellos?... ¡Si llego a agarrar al castrado que colgó ese espantajo...!

VIRGILIO.— No perdamos tiempo. Si buscamos con calma, daremos con el culpable...

JAFET.— Estamos arando en el mar. *(Se dirige al árbol.)* Sólo hay un remedio: Descolgar este monigote. *(Hace balancear al espantapájaros.)*

MÉDICO.— *(Histérico.)* ¡Apártate, Jafet! ¡No toques a ese engendro del demonio!

TOMÁS.— *(Gritando.)* ¿Es qué quieres que lo maten?

JAFET.— *(Saca una navaja.)* Tonterías. *(Hace ademán de cortar la cuerda.)*

MÉDICO.— ¡Noo!

(TOMÁS se acerca agilmente a JAFET y le apunta con su fusil.)

TOMÁS.— Dispense, patrón. Dispararé si da un paso hacia él.

JAFET.— *(Filosóficamente. Cerrando la navaja.)* Si les parece hermoso el espectáculo lo dejaremos ahí. Adorna la plaza.

(TOMÁS baja el fusil. JAFET guarda la navaja.)

TOMÁS.— No irá el patrón a...

JAFET.— *(Seco.)* No. Juro que no los comprendo. Esto no pasa de ser un juego de chiquillos, al que damos importancia excesiva.

MÉDICO.— Tú eres quien se porta como un niño: El pueblo vecino ya no existe. Ni sus hombres, ni sus mujeres...

VIRGILIO.— *(Con pavor.)* Hasta los perros murieron.

MÉDICO.— Cuando la tropa llegó, era muy tarde. Encontraron cadáveres y cenizas. Estuve allí para auxiliar a los heridos..., pero no había heridos. Sólo un hedor insoportable. Es una historia de años, con muchas víctimas, que tú has mirado indiferente desde la página roja de los periódicos, pero que forma parte de nuestro haber cotidiano.

JAFET.— Muy bien. Que el espantajo quede ahí. *(Burlón.)* Adorna la plaza.

MÉDICO.— Sucedería algo terrible si lo descolgásemos. Te lo aseguro.

(En ese momento, la niña (en quien nadie ha reparado) se mueve un poco.)

MÉDICO.— *(Sobresaltado.)* ¿Quién anda por ahí? *(Se acerca al árbol.)* ¿Quién? *(JAFET se acerca también.)*

JAFET.— *(Examinando a la niña inmóvil.)* Es una niña mendiga. Déjala tranquila.

MÉDICO.— No la vi antes... ¿y si tuviese algo que ver? No podemos fiarnos de nadie.

JAFET.— ¿Qué daño haría? Ninguno. *(Desviando la atención del otro.)* Además, comienza a amanecer.

(Luz tenue se extiende por toda la escena.)

TOMÁS.— Doctor...

MÉDICO.— Ah, ustedes... Los olvidé por unos instantes. Es justo que descansemos ahora. Continuaremos la búsqueda más tarde.

VIRGILIO.— No fuimos por los lados del cementerio. Hay mucha maleza en ese lugar. La suficiente para ocultar a un ejército entero.

MÉDICO.— Vayan sin mí. Ya nos veremos.

VIRGILIO.— *(Saliendo.)* Permiso, patrones.

MÉDICO.— Hasta mañana y gracias.

JAFET.— Mañana es hoy.

(VIRGILIO y TOMÁS salen por el mismo lateral por donde entraran.)

JAFET.— *(Sentándose en uno de los bancos.)*... Es una comedia digna del teatro Colón de nuestra Atenas Sudamericana. Ja... Un pueblo entero consternado a causa de un espantapájaros. *(Risita burlona.)* Me serviría de tema para un cuento. Ridículo. Absolutamente ridículo.

MÉDICO.— No es tan sencillo, escritor.

JAFET.— *(Agresivo.)* ¡No me llames así! Sabes que detesto que me digan lo que no soy.

MÉDICO.— Excusa... *(Obviando el incidente.)* He vivido en estos alrededores por años, y conocí más muertos que vivos. ¡Es la verdad...! Hay que encontrar a "Bella" *(Febril.)* Es necesario encontrarla. No descansaré hasta...

JAFET.— *(Irritado.)* En este año "Bella" te abandonó una docena de veces...; cuando regresa la recibes en el acto. Y ahora te comportas como una vieja beata, llena de sustos y aprehensiones. ¿En dónde están tus cojones? Ah... Necesito un trago.

MÉDICO.— ¿Beber? ¿Es que no puedo situarte alguna vez en la realidad?

JAFET.— Me duele la cabeza. Debo tomar algo o reventaré. *(Se palpa los bolsillos superiores.)* Creí que tenía algo aquí. *(Nervioso.)*... Con un mejoral sería suficiente. Dos, quizá.

(El MÉDICO, con decisión, va hacia el café. Se acerca a la mesa que ocupaba JAFET y toma la garrafa del agua. La acerca a su nariz.)

MÉDICO.— Puede parecer agua por la envoltura. Es whisky. *(Riega su contenido en el piso.)*... Necesitamos de ti, Jafet; de nuevo alguien desató el terror y la violencia. Tú no sabes de eso. ¿Cómo vas a saberlo? Estabas en la ciudad, con tus amigos los intelectuales, hostigándote de cultura y conversaciones filosóficas. Mientras nosotros vivíamos una era de zozobra y agotamiento..., los hombres cebados son peor que las hienas.

JAFET.— Háblale a "Bella" en ese tono, no lo desperdicies en mí. *(Malhumorado.)* Regaste mi whisky y me duele la cabeza. *(Levantándose.)*... Dudo que me cures con tratamientos tan déspotas. No entiendo. Ni siquiera quiero entender... si me dieras un sedante para este maldito dolor...

(El extraño entra por el foro silenciosamente. Se advierte, a rompe, que sus ropas son exactamente igual a las del espantapájaros. Es un hombre sin edad, que, puede aparecer, alternativamente, joven o viejo. Se ve muy agotado. Va descalzo. Se detiene, mira con desconfianza al espantapájaros, luego a la niña.)

EXTRAÑO.— Buen día.

(JAFET y el MÉDICO le miran sin responder.)

EXTRAÑO.— Vengo del pueblo vecino... *(Al oir esto, el MÉDICO se aparta.)*, me conocían mucho por aquí... *(Con esfuerzo.)* Tengo hambre. Hace dos días que no pruebo bocado.

JAFET.— *(Brindándole uno de sus delgados cigarrillos.)* ¿Quieres fumar?

MÉDICO.— No le des nada. *(Al hombre.)* No nos gustan los extraños.

JAFET.— Fume. Le hará bien.

EXTRAÑO.— No deseo fumar.

(JAFET estruja el cigarrillo y riega la picadura. El MÉDICO, repentinamente, señala al muñeco colgado.)

MÉDICO.— *(Gritando.)* ¡Mira... Jafet...! ¡Mira! Visten igual. *(Halando a JA-FET hacia el árbol.)* Es mal augurio. Míralo con tus propios ojos.

JAFET.— *(Al extraño.)* ¿Qué significa ésto? Usted... el espantapájaros.

EXTRAÑO.— Estoy cansado.

MÉDICO.— Váyase inmediatamente. Si no lo hace, comenzaré a dar voces y lo echaremos a palos del pueblo. No queremos visitantes de su clase.

EXTRAÑO.— Tengo hambre.

MÉDICO.— No le daremos ni una miga de pan. Nadie se atreverá a ello. *(Agitadísimo.)* ¡Váyase!

JAFET.— Calmate: ¿recuerdas a esos vendedores ambulantes del invierno pasado? Negociaban en serie, mudas de ropa imperfecta, por un precio ínfimo; he visto esas camisas a cuadros en todos los tenderetes del mercado. Resuelto el misterio.

MÉDICO.— No pienso calmarme. ¿Crees que me voy a cruzar de brazos a esperar que nos ahorquen a todos? Me gusta la vida y quiero vivirla.

JAFET.— *(Abarcando la escena con la mirada.)* ¿Y a ésto le llamas vida?

EXTRAÑO.— Mi pueblo ha desaparecido. En cambio, hay un gran manchón, calcinado y maloliente. No tengo casa. No tengo mujer. ¿Hacia dónde puedo ir?

JAFET.— Es mejor que se marche. La gente de Opalo está presa del miedo. Llegarán a los extremos si lo identifican con él... *(Señala al espantapájaros.)* Cualquier desconocido se convierte en un enemigo. Se teme a los ruidos, a las voces, al aire en sí. Me gustaría hacer algo por usted... quizá, algún dinero...

MÉDICO.— Cuando antes se largue, mejor. Y ojalá cargue con esa sucia niña mendiga. No la necesitamos para nada.

EXTRAÑO.— *(Acercándose al espantapájaros.)* ¿Lo ven? Así estoy yo. Completamente muerto. *(JAFET y el MÉDICO le escuchan hipnotizados.)* Muerto. Aunque mis pies avancen y la tierra se torne cálida bajo ellos. Ya no soy nadie. *(Amargo.)* Perdí mi nombre. Mi religión. Mi raza... Y todavía tengo brazos y piernas que se mueven. Y ojos que se llenan

de polvo. Y un miembro para hacer el amor. Sin embargo, he muerto
ya. Hace mucho.

*(El EXTRAÑO va saliendo por el lateral derecho, como un sonámbulo. El
MÉDICO, reponiéndose, le grita:)*

MÉDICO.— ¿Y esa niña? Llévela con usted..., no es de este sitio. ¡Llévela!

VOZ-EXTRAÑO.— *(Entre bastidores.)* ¿Es que aún existen los niños?

JAFET.— *(Atontado.)* ¿No quiere usted dinero? *(Va maquinalmente hacia
las mesas del hotel-café. Está perdiendo la paciencia.)* Hermoso lugar
de paz y tranquilidad, en donde Jafet Salcedo iba a escribir en paz...
¡Mierda! Era mejor alcoholizarme en Bogotá, y soportar a esa mujer
idiota que me tocó en suerte. Me daban menos dolores de cabeza. *(Levanta los papeles, la libreta de notas, el botellón. Empuja la puerta de
entrada del hotel-café.)* Parecemos integrantes de un carnaval de sombras... Es como si de repente, el mundo hubiese cesado de girar, y, en
un instante, nuestros pensamientos, anhelos y deseos, dependieran
exclusivamente de un ahorcado de paja.

MÉDICO.— Es así..., no conoces estos pueblos: sus habitantes están ale-
targados de dolor, miedo y violencia pasadas. Despiertan de mal modo.
Son demasiado débiles para luchar abiertamente contra una amenaza
distante aún, y demasiado soberbios para aceptar que esa actitud los
llevará a una derrota. Optarán por el término medio y estaremos perdidos. Son unos cobardes.

JAFET.— *(Interesándose.)* Conozco esas virtudes adversas que nos lleva-
rán al desastre. Son seres religiosos, sumisos, crédulos. Actúan sobre
la base de temor y fe... Espíritus agobiados de religión, hambre y política. Será muy difícil para esos cerebros castrados que logren liberar-
se... Médico... ¿cree usted que de los miserables y de los hambrientos
es el reino de los cielos?

MÉDICO.— Jafet, le aconsejo que deje el pueblo. Cuanto antes mejor.

JAFET.— Le enviaré antes la cuenta de mi whisky. *(Se calla un momento. Carraspea.)* Tú. El primero de los cobardes. *(Entra en el hotel-café.)*

(Cae la luz.)

SEGUNDO CUADRO

*(Luz en toda escena. Una de las ventanas del hotel-café (muy visible al
público) está abierta de par en par. Dentro, JAFET teclea nerviosamente,
en una vieja máquina de escribir. Se ve la silla, una mesa, papeles, etc.
El "Tap-tap-rringgg" debe retumbar molestamente en el silencio. Se no-
tan sus evidentes esfuerzos por no mirar afuera: en la plaza, la NIÑA esta
acurrucada al pie del árbol. A la luz, es una criatura delgada, descalza, de*

lindo rostro, con el cabello reventado por el sol y el viento. Viste un cami-
són miserable. Se sujeta las rodillas con las manos, y mira al frente, con
expresión estática, vacía.)

JAFET.— ¡Maldita sea! *(Deja de teclear bruscamente. Se levanta. Rueda*
la mesa con estrépito. Arranca el papel del rodillo y lo estruja. Cierra
la ventana tirando el postigo con rabia.)

(El PASTOR protestante entra por el lateral izquierdo. Es un anciano enclen-
que. Con barba de varios días, pequeño y pálido. Viste un antiguo
sobretodo-negro-verdoso con remiendos. Va tocado con un ridículo som-
brero de ala, negro también. Usa lentes de aro, con vidrios remendados
con esparadrapo. Arrastra los pies —sus zapatos llevan sueltos los cor-
dones y los pisa al caminar— y lee con atención la biblia. Se pasea, des-
pacio, de lateral a lateral.)

JAFET.— *(Leyendo.)* "Oh, Jehová, señor nuestro. Cuán grande es tu nombre en toda la tierra, que has puesto tu gloria sobre los cielos".

(JAFET sale del hotel-café. Mira angustiado a su alrededor. Busca un ci-
garrillo. Sus manos tiemblan tanto que no puede prenderlo. Con impo-
tencia lo vuelve a guardar.)

JAFET.— *(Acercándose a la NIÑA.)* Vete a casa. No debes estar aquí. No
es para niños.

NIÑA.— *(Sin mirarlo.)* No es un muerto como todos los muertos.

(Su voz debe ser clara y segura como la de una persona mayor.)

JAFET.— Es un espantapájaros. Convéncete. Tócalo.

NIÑA.— Está muerto. Lo sé.

JAFET.— Tu madre debe estar inquieta. Te hace daño estar a la intempe-
rie tanto tiempo. Enfermarás... *(Para sí.)* Hace dos días que la veo en
la misma posición. Es inhumano permitirlo.

NIÑA.— No hay nadie inquieto por mí. Los muertos jamás se inquietan.
Los muertos no sufren. Los muertos no ríen siquiera.

JAFET.— Yo estoy inquieto... *(Muy nervioso.)* Todos estamos preocupados.

NIÑA.— Tú no eres nadie. Nadie.

PASTOR.— *(Que continúa paseándose.)* "¿Por qué se amotinan las gentes y los pueblos piensan en vanidad?" *(Se detiene. Examina el grupo,*
como si lo viera por primera vez. Alarga la mano hacia el espantapája-
ros. La retira balbuceante.) Por un momento pensé que... era una persona. ¿Le vio usted antes, escritor?

JAFET.— Desde el primer día. Lo encontraron los chicos cuando iban a
la escuela.

PASTOR.— *(Confuso.)* Tropecé con su réplica en el camino. Parecía un hombre cansado y solo. Me pidió una moneda. No tenía ninguna. Hace rato que no tengo una moneda.

JAFET.— *(Para sí.)* Un hombre vestido como un espantapájaros...

PASTOR.— *(Pensativo.)* Se acerca al principio del último final. Mi biblia lo dice..., ya se manifiestan los indicios. *(Bruscamente.)* ¿Quién es ese hombre que encontré en el camino?

NIÑA.— Él.

JAFET.— Un extraño. Nadie quiere saber quien es ni de dónde viene... Quizá le vimos en el café, o en la calle, o en la iglesia. El pueblo lo desconoce ahora. *(Duramente.)* La manera de morir no cambia la vida de un hombre, no; pero envilece o purifica su recuerdo.

PASTOR.— *(Exclamando.)* ¡Está vivo! El hecho de que ese espantapájaros vista como él, no quiere decir que... *(Pensativo y cortando.)*..., al final moriremos todos. Lo presiento.

JAFET.— Si..., está vivo. Mas no logro captar bien la idea. Cuando miro hacia acá, tengo la espantosa sensación que es un hombre el que cuelga. Un ahorcado. Me repito una y otra vez: "Ese que ves ahí Jafet, es un espantapájaros"... Pero mi obsesión subsiste.

PASTOR.— ¿Y la niña? ¿De dónde salió esta niña tan vieja? Conocí a gente que amaba, y a gente que sufría. Jamás a nadie tan agotado como ella.

JAFET.— Es la primera vez que alguien me produce una sensación tan extraña. Me siento responsable de ella. *(Preocupado.)* Es preciso apartarla de aquí. Los ánimos están excitados que... Serían capaces de... ¡No! ¡Imposible!

PASTOR.— *(Asustado.)* ¿Y si ese extraño estuviese muerto? Los espíritus se levantan a veces, y recogen sus pisadas. *(Alucinado.)* El espantapájaros sólo ha tomado su lugar. *(Con pavor.)* Ví dos pájaros oscuros revoloteando. Huelen la carroña. *(Espanta a las aves imaginarias.)* ¡Fueraa...! ¡Fueraa! *(JAFET, sugestionado, mira a su vez al cielo.)*

JAFET.— *(Reponiéndose.)* Está peor cada vez. Si está situación se prolonga el reverendo enloquecerá completamente, y nosotros con él... Hay que encontrar una salida.

PASTOR.— *(Con temor.)* Oraría por él, pero no debo; se me prohibió que lo hiciera. La gente dice que estoy loco. *(Hace bocina con las manos.)* Cuando paso, los chiquillos gritan "Locooo... Locooooo". Mi oración no debe ser buena. *(Intrigado.)* ¿Sabe Dios que ésto sucede? ¿Por qué no está aquí, con nosotros, empapándose de ésto?

JAFET.— Lo ignoro. Es más, me aterraría que Dios existiese realmente. Sería injusto: siempre asediado por un millón de pedigüeños, de millones de credos diferentes, pidiendo millones de cosas imposibles. Devotos que no creen en él, ni le han visto nunca, y a quienes es indiferente que exista o no. Dios no debe existir. ¡Vaya un compromiso!

PASTOR.— Los injustos, los malignos, los poderosos, los débiles...; ellos son hechura de Dios. También las piedras y los peces y los árboles. Y aquellos que incendiaron mi iglesia... Oraré de todas maneras...

(El rostro del PASTOR se va dulcificando. Como un niño, se acerca a JA-FET, y le dice:)

PASTOR.— Yo tenía una iglesia pequeñita, con bancas de cedro y techo rojo. Podía predicar y hablar con Dios. *(Muy suave.)* Le daba gracias por el pan, y por el sol, y por la lluvia. Era hermoso... *(Desalentado.)* El se tornó sordo de repente; de mi iglesia sólo quedan escombros. *(Resignado.)* Deben ser demasiado los pedigüeños y él no logra complacer a todos... Soy un pecador. No tuve moneda para dar a ese extraño. ¿Existirá alguien que me perdone, escritor?
JAFET.— *(Para sí y con fastidio.)* Escritor... Bah! ¿es que nadie sabe decir otra cosa?

(El PASTOR torna a pasearse, leyendo su biblia. JAFET le mira con tristeza. En tanto, la maestra entra por el camellón, seguida de la MUJER 1.ª y la MUJER 2.ª: Es una mujer estirada, adusta, con una lejana belleza. Viste con sobriedad exagerada. De maneras suaves, y un poco retenidas, parece fastidiada de rozarse con otras. La MUJER 1.ª usa unos tenis muy rotos, con los dedos afuera, no tiene dientes. La MUJER 2.ª está visiblemente embarazada, es flaca y encorvada. Ambas visten ropa pueblerina.)

JAFET.— *(Sintiéndose observado por las mujeres.)* Reverendo..., vuelva usted, reverendo...!
MUJER 1.ª— *(Persignándose.)* ¡Santa María! El reverendo es el otro, el señor cura.

(La MUJER 1.ª y la MUJER 2.ª se apartan ostensiblemente al paso del PAS-TOR. La maestra lo saluda con sequedad.)

MAESTRA.— Buenos día, reverendo.
PASTOR.— *(Hablando solo sin interrumpir su paseo.)* No debo orar en voz alta. Se lo prometí a ese obispo de manto rojo con bordes dorados. Le juré a la iglesia cristiana. Sin duda, ese día, Dios deseaba prescindir de mí. *(Va saliendo de la escena por el lateral derecho.)* ¿Cómo sabe Dios que es lo justo o lo injusto? *(Sale.)*
VOZ-PASTOR.— *(Entre bastidores.)* "Oh Jehová, cuánto se han multiplicado mis enemigos, muchos se levantan contra mí. Muchos dicen de mi vida: No hay para él salud en Dios".
MUJER 1.ª— ...En el árbol... ¡Mira! Es igual a... a...
MUJER 2.ª— *(Cortando.)* Te rogué que no le dieras de comer. Puede salirnos caro.

MUJER 1.ª— Lo eché en cuanto masticó el último bocado. Sé lo que es tener hambre. *(Intenta avanzar hacia el árbol. La otra la hala.)*
MUJER 2.ª— Quedémonos aquí. ¡Si la maestra nos necesita, nos llamará!
MAESTRA.— Recibí tu recado, Jafet. Me fue imposible venir ayer.
JAFET.— Se trata de una criatura. *(Muestra desasosegado a la niña.)*... una niña mendiga. Cree que el espantapájaros es un muerto.

(La MAESTRA mira estupefacta, alternativamente, a la niña y al espanta-
pájaros.)

MAESTRA.— ¿Qué quieres decir?
JAFET.— Lo sabes muy bien. El pueblo entero lo sabe.
MAESTRA.— No sé nada. *(Intenta apartarse. JAFET la retiene por un brazo.)*
JAFET.— Tienes que ayudarme.
MAESTRA.— ¿Qué puedo hacer yo?

(La MUJER 1.ª y la MUJER 2.ª se acercan, acuciadas por la conversación.
JAFET presiona con más fuerza el brazo de la MAESTRA.)

JAFET.— Te creí humana.
MAESTRA.— Suelta.

(La suelta. Ella hace una mueca de dolor. Se acaricia la carne lastimada.)

MUJER 1.ª— Se llama Jafet Salcedo. Usa camisas de seda; seda de la me-jor. Yo lavo su ropa y nunca toqué nada tan suave.
MUJER 2.ª— Ví sus manos. Son hermosas y fuertes. Seguro que no tra-bajó un sólo día en su vida. *(Se mira sus manos ásperas y sucias.)*
MUJER 1.ª— Trabajar... ¡ja...! Eso se queda para nosotras. Necesita de todo su tiempo para beber el whisky de Berta Tirado.
MAESTRA.— Shh... Dejen de cuchichear.

(Las mujeres retroceden. JAFET y la MAESTRA dialogan bajo.)

MUJER 1.ª— ¡Mira los aires de esa!
MUJER 2.ª— No debimos venir. ¿Qué nos importa este lío? Si quiere que alguien se encargue de esa niña... quien mejor que él. Valiente gracia. Nosotras comemos mierda, y el haragañea de la mañana a la noche. Todo el mundo sabe que Berta Tirado lo mantiene. *(Escupe.)* Esto es lo que hago con él...
MUJER 1.ª— ...Y ella también lo mantendría... *(Maliciosa.)* si pudiera. Pero la miel no se hizo para la boca del asno.
MUJER 2.ª— *(Cortando.)* si el asno no tiene tanta plata como Berta Tirado.

(Las mujeres ríen a carcajadas. La MAESTRA se vuelve, irritada, intentan-
do descubrir de qué se ríen.)

MAESTRA.— Les ruego que hablen bajo.

MUJER 1.ª— *(Entre dientes.)* Hablaré como se me antoje.

JAFET.— Quiero una respuesta concreta.

MAESTRA.— Ustedes los intelectuales componen el mundo con palabras... yo no puedo arreglar nada. Apenas soy una maestra normalista. Comprendo que lo ocurrido en el pueblo vecino te haya alterado los nervios. ¿Qué tiene esa chiquilla que ver contigo? ¿Es tu hija acaso?

JAFET.— *(Defraudado.)* Pensé que tu..., bueno..., podrías...

MAESTRA.— *(Cortando.)* Hoy no conseguí dar clases. Los chicos están insoportables... *(Como fastidiada.)* Algunas familias están marchándose. Venden sus casas por cualquier bicoca, y a veces las abandonan sin más. Sino tuviésemos una guarnición a dos kilómetros de Opalo, y un alcalde competente, no se como me sentiría... *(Anhelante.)* Haré cualquier cosa por ti. Pero llevarme a esa niña... no;... es peligroso... *(En un arranque, zarandeando a la niña.)* ¡Levántate! ¿De dónde sales? Di algo...

(La NIÑA la mira friamente, sin inmutarse. La maestra, histérica, la zarandea sin compasión.)

MAESTRA.— No puedes estar aquí repatingada todo el tiempo. Levántate.

JAFET.— *(La aparta con firmeza.)* No la toques. Ella es asunto mío.

MAESTRA.— *(Agitada.)* Hay que hacerla hablar. Es preciso saber que hay en el fondo de esto.

MUJER 1ª.— *(Muy bajo.)* Estiércol. Eso es lo que hay.

JAFET.— Es mejor que te vayas.

MAESTRA.— *(Con firmeza.)* Estás drogado de nuevo.

JAFET.— *(Irónico.)* No estuve consciente ni un solo día, desde que tengo uso de razón.

MAESTRA.— Sé el modo de hacerla hablar.

MUJER 1ª.— No dirá nada así la maten.

MUJER 2ª.— Tampoco yo hablaría.

JAFET.— *(Muy inquieto.)* Necesito algo que me calme. Es lo único que sé.

MAESTRA.— Soy una cretina... *(Alterada.)* Un perrito faldero que corre cuando le haces una señal. Pero se acabó. No quiero rebajarme como "Bella" y esa ramera de Berta Tirado... Detesto a esa mocosa y a todo lo que tenga que ver contigo.

(La maestra sale corriendo, deshecha en lágrimas, por el lateral derecho. Las mujeres se acercan a JAFET.)

MUJER 1ª.— No se tienen celos de una niña. Menos de esta. *(Mira supersticiosamente al espantajo. Se persigna. La otra la imita.)* Nunca ví a una criatura como ella. Lo juro.

JAFET.— Alguien tiene que conocerla y saber su nombre.

LAS DOS.— Nada sabemos.

JAFET.— No es una piedra, ni un lagarto, ni una rama. Es una niña.

LAS DOS.— Nada sabemos.

JAFET.— Es inútil insistir. ¡Qué demonios! Me amargo sin motivo. Lo que ocurra no es culpa mía.

MUJER 2ª.— Me la llevaría a casa..., palabra... pero tengo muchas bocas que mantener, y mi marido no le veo la cara hace rato. *(Se palpa el vientre hinchado.)* Y el trabajo de su última visita sigue creciendo.

MUJER 1ª.— A lo mejor es una golfita de carreteras. Se dan muchas por ahí. Vámonos... También hoy tenemos que cocinar y lavar.

MUJER 2ª.— Tengo miedo.

(Las MUJERES van saliendo, por donde entraran, sin interrumpir su diálogo. JAFET intenta detenerlas, pero se detiene desalentado.)

JAFET.— Inútil.

MUJER 1ª.— Él hace libros y fuma hierba y bebe whisky. Qué trabajo raro. No siembra, no ara, no cosecha. ¿Quién dijo que se comía de eso?

MUJER 2ª.— Tengo miedo... Te digo que,... tengo mucho miedo.

(Salen definitivamente. Se escuchan sus murmullos entre bastidores. JA-FET se desploma en uno de los bancos. Derrumbado completamente y poseído por una extraña excitación.)

JAFET.— *(Amargo.)* Hacer libros. Una idea demoledora. Triste satisfacción para un escritor *(con sarcasmo.)*, uno termina como yo... *(Respira fatigosamente y busca en sus bolsillos.)* ¿Y el sufrimiento? Aquí está. Vine en pos de él, persiguiéndolo, como único remedio contra mi indiferencia... Pero no siento nada. Nada. Estoy absolutamente hueco... *(Saca una bolsita pequeña en donde hay papel y picadura. Va enrollando un cigarrillo sobre sus piernas.)* Vacío, hueco. Y continuo siendo el brillante, el genio, el gran Jafet. Jaa... Ja... Me da lo mismo que este pueblo perezca o siga vegetando. No me importa. *(Al público.)* Tengo que escribir y escribir bien, o terminaré volviéndome loco. *(Guarda la bolsita. Entre dientes.)* Maldita sea. *(Pega con saliva las junturas del cigarrillo. La NIÑA lo mira inexpresiva.)* Maldita sea.

(Cae la luz.)

TERCER CUADRO

(Luz normal en la escena. La NIÑA en la posición del cuadro anterior. JA-FET está sentado en una de las mesas del hotel-café, de espaldas al árbol. En la mesa vecina, el médico, completamente ebrio, bebe aceleradamente, sirviéndose de una botella de aguardiente.)

MÉDICO.— *(Hablando a la botella.)* Mi querida..., mi queridísima "Bella"... esta vaina se acabó. De pronto 'Pum' y todos al infierno. Y precisamente ahora, cuando íbamos a construir el hospital... *(Gimoteante.)* y yo era el médico jefeee. Y tu la linda esposa del médico jefee... Y todo el pueblo respetando al médico-jefee... *(Apunta con el índice a personas imaginarias.)* Nadie quiere salir a buscarte, mi querida, mi "Bella". Están jodidos por el miedo. Al carajo el hospital y el médico... Esta vaina se acabó...

JAFET.— ¿Grandísimo gallina, por qué no vas a buscarla tú? *(Golpeando en la mesa.)* ¿Es que no hay nadie aquí? *(Al MÉDICO.)* Ya aparecerá "Bella", así que deja de tomar. No estás acostumbrado. Te ves ridículo.

MÉDICO.— Beberé hasta que muera... hip... porrrque no se salvará nadie... *(Se levanta en pose de orador.)* Que viva "Bella" y el gran partido... *(Se tambalea.)* liberal... *(Se sienta.)*

JAFET.— Pierde toda su fortaleza humana cuando está "Bella" de por medio. Sería un gran hombre sin ella y su sexo dislocado. *(Llamando.)* Berta, ven aquí. ¡Berta!

(BERTA sale del interior. Es gorda. Fofa, muy pintada, cercana a la menopausia, de pelo teñido de rubio con raíces oscuras. Viste un traje de flores muy escotado de seda brillante. Un sinnúmero de pulseras, de metal, plástico y oro, tintinean en sus gelatinosas brazos. Luce anillos en todos los dedos y una flor roja en la oreja izquierda, sonríe, mostrando una fila de dientes calzados en oro. Lleva una botella de whisky y dos vasos sobre una bandeja de aluminio.)

BERTA.— *(Colocando la bandeja sobre la mesa y sirviendo el whisky.)* Aquí está tu trago, papy. *(Le besa melosamente en la boca.)* ¿Cómo anda mi papy hoy? ¿Sigue de malhumor? *(Berta saca algo del seno.)* Y lo otro, papy..., pero no abuses otra vez.

JAFET.— *(Recibiendo la papeleta.)* La verdad es que me fastidian los muertos. Nunca les tuve la más mínima simpatía.

(Rompe la papeleta, saca de ella dos pastillas, las disuelve en el whisky. Bebe sin pestañear.)

JAFET.— Espero que hagan efecto muy pronto. Siento estallar las sienes... Ese hijo de p... espantapájaros...

BERTA.— Ohh, papy. Ya deja ese sujeto en paz. Sólo es un muñeco de paja... *(Paladea a trago a sorbitos melindrosos.)* Te vi con esa mosquita muerta de maestra. Hace rato que la veo corriendo, muy apurada, detrás de ti..

JAFET.— No fastidies.

BERTA.— ¿Qué culpa tengo yo? No colgué a ese monigote. Tu tampoco. *(Chillona.)* Te sirvo whisky del mejor... No me interesa el resto.

JAFET.— Cállate. *(Bebe de nuevo.)*

(Una voz en el interior del hotel-café, llama: "Berta... Berta... Con apre-
mio... Bertaaa...".)

BERTA.— Al cuerno.

JAFET.— Berta, pierdes dinero... Tus clientes necesitan un trasero para pe-
llizcar.

BERTA.— *(Confusa.)* Tú nunca viste a ese tipo de la camiseta a cuadros.
Yo tampoco. Eso es lo que hay que hacer... Eso es portarse bien: Un
solo intento de quitar ese muñeco y no viviremos para contarlo.

(La voz del interior insiste. Berta se arregla el escote, ensaya una sonrisa.)

BERTA.— Sé juicioso, papy... *(Entrando.)* Voy, voy. No alboroten.

(La NIÑA se levanta. Hace un gesto doloroso, al mover sus piernas entu-
mecidas. Llega hasta el hotel-café. Toca delicadamente el hombro de JA-
FET. Este se vuelve sorprendido.)

JAFET.— *(Precipitadamente.)* No. No puedo hacer nada por ti... No quiero. ¿Quién crees que soy? ¿San Nicolás acaso? *(Risita forzada.)* Soy un
tipo negativo..., compréndelo. Odio ver muertos y ese hombre va a morir. Está decretado. ¿Por quién? No lo sé..., está allí, colgado de antemano, y no existirá nada ni nadie que lo salve. Detesto sufrir y ver sufrir... Así, que, retírate. Los sentimentalismos me aburren. Además, me
duele la cabeza. Me duele tanto que no puedo preocuparme por tí. Ya
me molesta demasiado.

MÉDICO.— Quiero un aguardiente... *(Alborotando.)* Un tintero de aguardiente... hip... *Descubre a la niña.)* "Bella"... ¿estás aquí?... se ha ido... tú eres,
eres...

BERTA.— *(Saliendo.)* ¿Quieres cerrar el pico? El caldo está muy picante para
que le eches más aliños...

MÉDICO.— Quiero hacer un brindis por Bertaa la gorda... hip, y por esa
putica relindaaa. *(El médico tiene un ataque de hipo. Se oprime la na-*
riz e intenta tomar un trago así.) Es el único remedio para el hipo... hip...
hip *(Saca unos billetes mugrientos.)* Todos para ti... si, hip...

(La NIÑA lo mira. El MÉDICO se levanta, trastabillando y blandiendo los bi-
lletes. BERTA le da un violento empujón. El rueda por la escena, con silla
y vasos, botellas, etc., sin dejar de hipar.)

BERTA.— Ahí estas bien, matasanos. *(A JAFET.)* ¿Con qué eso era, eh? Ibas
tras esa pinga.

JAFET.— Es una criatura.

MÉDICO.— *(Desde el suelo.)* Es una putica relindaaa..., tan linda como "Bella".

BERTA.— *(Toma una botella y amenaza a la NIÑA)* ¡Sal de aquí! ¡Zorra con facha de zorra! *(Chillona.)* Te voy a dejar como un mapa... Ni tu propia madre te reconocerá.

(JAFET se levanta sin prisa, seguro de sí mismo y cubre a la NIÑA con su cuerpo.)

JAFET.— Te prohibo que la toques.

BERTA.— *(Jadeando.)* Es una perra. Vino a buscarte.

JAFET.— *(A la NIÑA)...* Este no es tu lugar. Parece que no hay sitio en donde puedas tener cabida. *(Tenuemente.)* Luego iré contigo, y te contaré muchas historias: historias de hadas, y muñecas y libélulas, y duendes. Luego, cuando aprendas a sonreir y todo esto se convierta en un sueño. Después... *(Empuja a la niña dulcemente hacia la plaza.)* Los niños no deben sufrir. Los niños deben jugar con tortugas y avioncitos de azúcar...

NIÑA.— Después vendrás conmigo.

(La NIÑA atraviesa la plaza, y se coloca junto a uno de los bancos, acurrucada, con la cabeza entre las piernas: BERTA la mira asombrada. Estupidizada se deja caer en una silla. El MÉDICO se ha dormido y ronca estrepitosamente.)

BERTA.— *(Susurrante.)* Nunca me hablaste a mí de ese modo. *(Para sí.)* Perra..., todas son unas perras husmeando tras él.

JAFET.— *(Busca la botella. Bebe. Se palpa la cabeza, con gesto de supremo dolor.)* Es una niña-vieja o una mujer-niña. Serena, segura, imperturbable. Tiene esa sabiduría del dolor que yo nunca lograré. Mi mujer sufría también. Era buena. Berta es buena... ¿por qué los seres son tan continuos y tan estúpidos? Berta. Detesto sus carnes flojas, sus billetes generosos, y ese amor viscoso y ridículo que me profesa. Me detesto. ¿Quién cree en mi ahora? Yo. El gran genio del futuro, el escritor de moda..., en quien se ponían todas las esperanzas. Bluff... Pastillas y excitantes para escribir... *(Al MÉDICO dormido.)* ¿Crees en mí? ¿En el gran Jafet? *(Cuenta con los dedos como un colegial.)* Dos, tres, cinco... en todos estos años no logré escribir nada decente. Ni en mi ciudad. Ni enterrándome en Opalo. Ni borracho... *(Como mareado.)* ni drogado... Estoy a un centímetro del hombre de paja. Todavía vivo. Por lo pronto, ambos pertenecemos a la misma ralea del anonimato; solo una cuerda establece la diferencia.

BERTA.— Papy... *(JAFET le sonríe onnubilado.)...* va a meterse en un lío. Oye los consejos de tu Berta y no pienses más en esa niña... Dame un beso, papy..., y quedemos en paz.

(JAFET besa maquinalmente la mejilla gorda de BERTA.)

CAE EL TELÓN

[Por instrucciones de la autora se omite el Acto Segundo]

ACTO TERCERO

PRIMER CUADRO

(Luz alta en toda la escena. El espantapájaros, lo mismo que la niña, han desaparecido. Una de las ventanas del hotel-café esta abierta de par en par, como en el cuadro segundo del primer acto. Dentro, una mesa, papeles, y la máquina de escribir. JAFET está sentado, tecleando con furia. BERTA sale del interior, cargando un baúl de hojalata. Luce un traje muy chillón y está excesivamente pintada. El MÉDICO sale tras ella (desaliñado y sucio.) cargando trajes y zapatos. BERTA coloca el baúl en una de las mesas. El médico la imita. JAFET deja de escribir. El MÉDICO entra de nuevo. BERTA se acerca a la ventana.)

BERTA.— No seas así, papy. Te lo ruego... *(Su tono es plañidero.)* Háblame, y ven conmigo. Ya encontraremos un pueblo mejor en dónde vivir... La gente honrada como yo, no se vara en ninguna parte..., papy lindo... *(Gimoteante, BERTA se suena ruidosamente, a intervalos, con un espectacular pañuelo de seda. Se aparta de la ventana y va a la mesa, donde dejara el baúl; va colocando trapos y zapatos en el interior; lo hace con trabajo, torpemente, sin acertar a arreglar nada bien. Se le caen las cosas, las recoge, lloriquea.)* Debí imaginarme lo que pasaba. Toda la culpa la tiene esa zorrita... ¡Golfa! Pero nunca encontrarás a nadie como tu Berta, que te quiera... *(Se suena atacada en llanto.)*... y se sacrifique por tí. Recuerdo cuando llegaste a Opalo... estuviste un mes con fiebre, como un loco, hablando disparates. Pagué la cuenta del médico... Soy tan cretina que me enamoré... *(Más calmada.)* Lo hice con gusto, papy...

(JAFET inicia un tecleo furioso. BERTA le mira desolada. En el interior del hotel-café, se escucha la voz del MÉDICO.)

VOX-MÉDICO.— ¿Y tus muebles, Berta? ¿Vas a dejarlos?

(Berta hace caso omiso del llamado, y continúa hurgando en el baúl. La MUJER 1.ª y la MUJER 2.ª entran por el camellón, sin ser vistas.)

MUJER 1.ª— *(Observando los manejos de BERTA.)* ¡La puta...!
MUJER 2.ª— No es responsable de nada. No la molestes.

MUJER 1.ª— Ella y el hombre. Ambos tienen la culpa. Alguien tiene que tenerla, creo, y no somos nosotras precisamente... *(Con odio.)* Todo aquel que pudo huir, huyó. Ellos se irán también. Moriremos aquí como perros... *(Va a decir algo, cuando, descubre, inopinadamente, que el espantapájaros ha desaparecido. Aterrada.)* ¡Lo descolgaron!

MUJER 2.ª— *(Asombrada.)* Sí. ¡Lo hicieron!

MUJER 1.ª— Nadie nos salvará de morir ahora; nadie.

MUJER 2.ª— Fue ese... *(Señalando a JAFET.)* Ese..

(Por un momento. Las MUJERES escuchan fascinadas el tecleo de JAFET, que cesa pronto, tan furiosamente como se inició.)

MUJER 1.ª— Ya sé lo que haremos. Buscaremos a ese monigote, o a otro cualquiera, y lo colgaremos de nuevo.

MUJER 2.ª— ¡Aunque tengamos que disputárselo a ese marica vestido de señor! *(Escupe.)* ¡Escritor! Vamos a buscar a la gente que queda.

MUJER 1.ª— De prisa.

(Salen por donde entraron, muy apuradas. BERTA se desplaza en esa dirección, atraída por las voces. Respira aliviada al no ver a nadie. JAFET se inclina pensativo sobre la máquina. El MÉDICO sale del interior con los brazos cargados de objetos. BERTA lo ayuda a descargar.)

BERTA.— Necesitamos una carreta. Hay 8 horas de camino hasta el caserío más próximo. No podemos cargar con todo.

MÉDICO.— *(Vacilante.)* No se si... Es difícil conseguir una carreta. No creo que haya una sola en el pueblo.

BERTA.— No protestes... Si vienes conmigo debes hacer lo que yo diga. Y yo digo que necesitamos una carreta.

MÉDICO.— Esta bien. Como quieras. *(Para sí.)* "Bella" si estuvieras aquí... JAFET tiene la culpa *(entre dientes.)* JAFET... Ya nos veremos las caras... "Bella", mi nena... *(Sale por el lateral izquierdo.)*

BERTA.— ¡El cornudo! Lo maneja cualquier mujer con agallas. Pero no me interesa manejarlo. Jafet... *(Asustada.)* Dime... ¿descolgaste tú a ese espantapájaros.)

JAFET.— No fastidies. Tengo que escribir. Es la primera vez en muchos años que tengo algo que decir.

BERTA.— ¿Lo hiciste?

(JAFET se levanta, abarca el escenario desde la ventana, saca un cigarrillo, lo prende, aspira con fruición. BERTA se tapa la nariz.)

BERTA.— ¿Cuándo dejarás esa porquería?

JAFET.— Nada es importante ya. Opalo es mío. Soy libre. Puedo crear. *(Con febril alegría.)* ¡Lo conseguí...! Después de tantos años de rodar

por los cafés, y escribir ambigüedades, y explotar el único libro con
que tuve éxito, acabo de lograrlo. En este polvoriento hueco que se
llama Opalo.*(Feliz.)* Siento. Estoy vivo. *(Se toca los brazos.)* Vivo. *(A Berta.)* ¿Por qué me miras con ojos de bovino?... Pido mucho. Tú no puedes compender. Nadie puede comprender.

BERTA.— *(Angustiada.)* Sucederá algo terrible. Se nota en el aire, y en ese
silencio que rodea a Opalo. Lo siento... aquí... *(Se toca el seno abultado.)* Ven conmigo papy... Te lo ruego por lo que... *(Queda cortada.)*

(JAFET da la última chupada al cigarrillo. Lo tira.)

JAFET.— Ni siquiera me duele la cabeza. Tampoco encuentro placer en
esto... *(Respira profundamente.)* Es posible que la vida sea bella, y sea
necesario descubrirlo...

*(La maestra entra por el lateral derecho, circunspecta de nuevo, con paso
rápido.)*

MAESTRA.— Váyase, Jafet.

JAFET.— Estoy bien aquí. ¿Por qué debo irme?

MAESTRA.— *(Seca.)* Váyase.

JAFET.— Me quedo. Está decidido. ¿Que le importan a usted mis deci-
siones?

MAESTRA.— Moriremos de hambre..., y esa será una muerte agradable.
Nos estamos quedando aislados. Hacen falta provisiones, frutas, muchas cosas... No hemos vuelto a recibir comercio de otros sitios y no
quedan agricultores aquí. Jafet...

BERTA.— *(Patéticamente ridícula.)* Escúchala, papy. Ella sabe lo que dice.
Es la maestra y sabe leer y escribir y entiende cosas como tú... *(A la
MAESTRA.)* Por el amor de Dios, convénzalo usted...

MAESTRA.— Ambas somos mujeres. No le ruego por usted... Lo hago por
mí. Por lo que yo sentiría si el dejara de respirar.

BERTA.— Papy... por favor... *(Brinca a saltitos, con sus tacones torcidos,
por la escena, tratando de llamar la atención de JAFET)* No me importa con quien te vayas papy..., pero sal de Opalo. Yo no tengo miedo...
¿lo ves? Estoy muy alegre. *(Su voz se quiebra.)* Hasta bailaría si me
antojara... En otros tiempos lo hacía muy bien. Fui linda. Linda de veras. No había hombre que no echara la baba por Berta Tirado... *(Inicia
un bailoteo ridículo.)* Nos iremos a otra ciudad. Si tú quieres... puedo
poner un café-cantante... *(Canta con voz de falsete.)*
"Me voy a vestir de negro, y
a comer mucha verdura
para que, la gente diga..., que hermosa
que quedó la viuda..."
(Las lágrimas corren por sus mejillas fofas, sin ninguna contención.) Pero

si prefieres cocinaré para tí, y me quedare encerrada en una casa todo el día. Haré lo que quieras. Lo que tú quieras...

JAFET.— *(Exasperado.)* Necesito tranquilidad. ¿Es que no pueden dejarme en paz?

(El médico entra por el foro del lateral derecho arrastrando una carreta carretilla, de las usadas para acarrear materiales de albañilería. Viene de pésimo humor.)

MÉDICO.— *(Febril.)* "Bella" está a la salida del pueblo. La vieron con un grupo de gente... *(A toda prisa coloca el baúl y las cosas de BERTA en la carretilla.)* Si corremos es posible que... *(Más agitado.)* ¡Hay que alcanzarla!

BERTA.— *(Con los brazos en jarras.)* No irás a dejarme si la encuentras, eh... Te pone los cuernos hasta con tu sombra.

MAESTRA.— Por amor a ti mismo. Márchate, Jafet.

MÉDICO.— *(Apremiando.)* ¡Corramos...!

BERTA.— *(En un último esfuerzo.)* Te lo daré todo, papy... todo... *(Saca una bolsa mugrienta de su seno.)* Mis ahorros de toda la vida... *(Melosa.)* Y en el banco, en la ciudad, tengo más. Hasta el último centavo para papy... Puedo comprar una gran casa y el café será elegante... *(Anhelante.)* Puedo aprender a leer, puedo...

(La voz del pastor se escucha entre bastidores. BERTA se calla.)

VOZ-PASTOR.— "Llegarán, matarán, arrasarán. Serán siete mujeres para cada hombre y se iniciará el comienzo del final".

(El MÉDICO termina de colocar las cosas de BERTA en la carretilla, se persigna, y comienza a salir en dirección del camellón. No se despide de nadie. BERTA le sigue, sollozando, y lanzando tímidas miradas a JAFET. Mientras, entre bastidores, se hace palpable un murmullo. Pasos, voces bajas, gente que llega en silencio.)

MAESTRA.— Escucha... Alguien viene. *(Con miedo y como previendo el peligro.)* Sal de ahí, Jafet... son personas que llegan en silencio. No indica nada bueno.

(JAFET sale de prisa. La MAESTRA lo toma de la mano. La luz va descendiendo.)

MAESTRA.— ¡Corramos!

(JAFET se deja conducir sin protestar. Se acurrucan en el lateral izquierdo. Se supone que pueden ver sin ser vistos. La luz cae tenuemente so-

*bre ellos, mientras el resto de la escena queda en penumbra opaca. Se
distinguen débilmente las figuras. Música suave pero tensa a la vez. La
MUJER 1.ª y la MUJER 2.ª apenas visibles, entran por el foro del lateral derecho, seguidas de las sombras —hombres y mujeres— traen al espantapájaros con ellos. Sus movimientos son lentos, casi de danza. Se acercan
al árbol, levantan al muñeco con dificultad, gesticulan, jadean, mientras
la música toma cuerpo.)*

MÉDICO.— *(Susurrante.)* ¿Es él?

JAFET.— Creí haberlo destruido. Pero es él.

MAESTRA.— ¿Y después? ¿Qué sucederá después?

JAFET.— Volveré a descolgarlo.

MAESTRA.— Cuando su cuerpo de paja se desprenda y sus ropas se pu-
   dran al sol, ¿entonces?

JAFET.— Morirá ese extraño.

MAESTRA.— ¿Por qué?

JAFET.— No lo sé. Pero será así.

*(Las sombras terminan de colgar al espantapájaros. Se alejan hacia late-
rales, en la oscuridad, sin que entre ellas haya mediado una sola palabra.
La MUJER 1.ª y la MUJER 2.ª salen últimas, por donde entraran. La música
cesa.)*

MAESTRA.— ¿Y después? *(Aprieta contra sí la cabeza de JAFET.)* Debes
   vivir.. Jafet, debes hacerlo.

*(BELLA entra por el lateral izquierdo, en el momento en que la luz torna
a extenderse por la escena. Muy alegre. Luciendo otro vestido, con aire
muy frívolo. Escudriña la plaza desierta. Se encoge de hombros cuando
no ve a nadie. Saca un chicle de su bolsita de mano y masca.)*

BELLA.— ¿En dónde andará Jafet? Dijo que nos veríamos aquí. *(Curiosa
   se acerca al espantapájaros.)* Tú... ¿qué hay? ¿Estás bien? Yo soy feliz.
   Lo engañé, al viejo idiota. Soy lista.

*(JAFET intenta salir de su escondite. La maestra lo detiene. BELLA ríe. No
podía soportarlo más... Godd-bye... matasanos... que te vaya muy bien.
Nos veremos en China. Ja, ja... Lo grave es... ¿cómo voy a comer ahora?
(Al monigote, dándole golpecitos.) Quizá tú me mantengas. Tengo gus-
tos caros... La gente dice que eres un espíritu. ¿Eres un espíritu, mama-
rracho?.)*

EXTRAÑO.— *(Su silueta se entrevee en bambalinas.)* Soy un hombre.

BELLA.— *(Asustada.)* ¿Quién? ¿Eres tú, Jafet...? Jafet..., no te hagas el gracioso... ¿En dónde estás?

EXTRAÑO.— No estoy. No soy. Dudo de mi existencia.

BELLA.— *(Coqueta.)* De nada te vale que finjas la voz..., muy bien señor espantapájaros... ¿Le gustan las mujeres? Diga... ¿Le gustan? Soy un lindo ejemplar. Me silban cuando paso. Jafet... ¿en dónde te metes? *(Se acerca al espantapájaros y acaricia los brazos de paja.)* Te gustaría... Así... Lo hago muy bien..A los hombres les fascina.

VOZ-EXTRAÑO.— No soy un hombre.

BELLA.— Antes dijiste que lo eras.

EXTRAÑO.— Decir que se es un hombre no significa serlo.

BELLA.— No eres Jafet, me recuerda a alguien que...

JAFET.— *(Escondido.)* ¡Idiota...!

MAESTRA.— Shh.

BELLA.— Mi marido lo matará si lo encuentra. *(Presa de pánico.)* Yo no hice nada. Sólo quiero encontrar a JAFET.— ... ¿En dónde estás, Jafet...?

VOZ-EXTRAÑO.— Colgado. En el árbol.

BELLA.— No puede ser... No es... posible. Jafet, querido... Jafet...

(El MÉDICO, entra por el camellón, sin la carretilla. Se detiene. Observa rencoroso como BELLA corre hacia el hotel-café, llamando a JAFET.)

BELLA.— Jafet, mi amor... Necesito de ti.

MAESTRA.— ¿Y después?

SEGUNDO CUADRO

(El espantapájaros ha sido quitado otra vez. La plaza está sola. En el hotel-café, en dos sillas, improvisando un camastro, está acostado el pastor, vestido, pero sin el sombrero. Mantas y una almohada, la MAESTRA intenta hacerle tomar un poco de agua.)

MAESTRA.— Beba. Le refrescará un poco. *(El PASTOR, demacrado y sudoroso, bebe con dificultad.)*

PASTOR.— *(Mira extasiado.)* Lo veo... Es el jardín del señor. Hay frutos y flores hermosísimas. Los animales más feroces comen juntos. Corre el agua en brillantes cascadas...

MAESTRA.— *(Para sí.)* Mi soledad es demasiada, pero la de él es absoluta. He sido egoísta al no comprenderlo así. Siempre existirá gente sola, que no necesita de los demás para vivir...

PASTOR.— Es el señor..., lo veo... Viene hacia mí. Me llama...

MAESTRA.— Tranquilícese... *(Le alarga el vaso.)* Beba; le traeremos un médico.

PASTOR.— "Cuando veo tus cielos, obra de tus dedos, la luna y las estrellas que tú formaste, digo: ¿qué es el hombre para que tengas de él memoria?

(JAFET entra por el lateral izquierdo. Refleja una gran preocupación y mucho cansancio, pero continúa impecable. Peinado, rasurado, etc.)

JAFET.— Es absurdo pretender que el médico venga. Se negó rotundamente. Insiste en que BELLA le ha dejado por mi causa... *(Amargo.)* Lo siento; de veras que lo siento.

MAESTRA.— Ya no necesita nada de nadie. Pronto encontrará a su Dios.

PASTOR.— Señor, Dios mío... Tu voluntad impera en el cielo y en la tierra... *(Su voz se va extinguiendo.)* Soy el último de tus siervos... *(Su cabeza cae en la almohada. La MAESTRA, naturalmente, se inclina y le cierra los ojos.)*

JAFET.— *(Con indecible horror.)* ¿Muerto?

MAESTRA.— Nada le hubiese salvado. Pereció de hambre y agotamiento.

JAFET.— ¿Hambre?

MAESTRA.— Si. Hambre.

JAFET.— Fuimos nosotros... nos convertimos en sus verdugos al olvidarlo. Estuvimos tan preocupados en temer represalias de un espantapájaros, que hicimos a un lado a los que nos necesitaban: la gente le daba de comer antes. BERTA no olvidaba hacer. *(Angustiado.)* Seguramente llevaba hambriento muchos días...

MAESTRA.— *(Rompiendo parte de su falda y cubriendo con ella el rostro del PASTOR.)* No sólo él... Anoche las mujeres mataron a un perro. Lo cocieron y se lo comieron. Los niños chupaban los huesos, bebían de un caldo grasoso... *(Fatigada.)* A veces, en la madrugada, los escucho... Son mis niños, los pocos que quedan; lloran de hambre y de miedo...

JAFET.— ¿Cuánto hace ya?

MAESTRA.— Días. Años. Siglos... perdí la noción del tiempo. *(Como recordando algo muy lejano.)* ¿Y la niña?

JAFET.— ...¡Qué extraño..., la había olvidado!... En el mismo lugar. No lo sé.

MAESTRA.— Tengo más miedo de esa niña que de la misma muerte. ¿Quién es?

JAFET.— Una mendiga. Nunca supe su nombre.

MAESTRA.— ¿Y él?

JAFET.— Un hombre más. La especie hombre.

MAESTRA.— Recuerdo ahora una leyenda muy vieja..., me la contaban de pequeña, decía que la muerte era una niña que llevaba los ojos vendados y montaba en un potro desbocado; sin bajarse de la bestia, cortaba cabezas a lo largo del camino... no perdonaba la edad, los sentimientos, o los deseos de las personas... *(La voz de la MAESTRA se tensa.)* Una vez cada cinco mil años, la NIÑA-MUERTE puede quitarse la venda y confundirse con los habitantes del mundo..., entonces, ella misma, escoge sus propios muertos... La casualidad no interviene. La tragedia tampoco... Ella solamente...

JAFET.— Deliras. *(La toma de un brazo.)* Es hora de irnos. No hay objeto en que continuemos aquí. Es tarde. *(JAFET intenta apartarla del cadá-*

ver del PASTOR; ella se resiste.) Vamos..., ya no debe existir el miedo. Sólo hay tedio de estar siempre atemorizados. Basta... Si hemos de defendernos contra algo, es contra nosotros mismos. *(Decidido.)* Recorreré el pueblo y se los diré.

MAESTRA.— Ahora están más inseguros que nunca. No basta un colgado en la plaza para defendernos... Me parece una eternidad desde que...

JAFET.— Me escucharán.

MAESTRA.— No... fíjate; ya no retumban los ecos. Los perros han enmudecido. Las voces se agotaron y se disolvieron en polvo... *(Suplicante.)* No vayas. No quiero perderte también.

JAFET.— No hice nada.

MAESTRA.— Fuiste distinto a ellos: Te negaste a temer como los demás. Te negaste a sufrir. Escudaste tus placeres en una falsa angustia, y tus vicios en un dolor de cabeza. Aporreáste tu máquina, mientras ellos deliraban de miedo... *(Como si ella le odiara.)* No te perdonan que seas diferente. Con tus camisas inmaculadas y las uñas brillantes. Siempre seguro de ti mismo, recibiendo la pleitesía de Bella, de Berta, del médico... En tu mesa no faltaba una botella de buen whisky, y nuestros gendarmes volteaban la cabeza cuando pasabas fumando... Berta pagaba el doble al boticario por las pastillas que tomabas... *(Histérica.)* Me das asco... Jamás sentiste nada por nadie. Eres horrible.

JAFET.— Estás loca.

MAESTRA.— Digo la verdad.

JAFET.— Intenté comprenderlos. Hice todo lo posible.

MAESTRA.— No comprendías nada. Te adorabas a tí mismo por sobre todo. Eras el eje y el centro del mundo.

JAFET.— Les explicaré, de todas maneras.

MAESTRA.— Se negarán a escuchar.

JAFET.— No temo. Soportaría todo, menos estar atemorizado realmente. Soy un hombre nuevo. Diferente a ese guiñapo espiritual que llegó a Opalo hace unos años: conocí personas de carne y hueso... Sus luchas, sus sufrimientos, sus temores... Todo eso me hizo vibrar de nuevo... Ahora el universo es algo distinto a tomar whisky a hablar horas enteras en un café. ¡Puedo escribir! ¿Sabes lo que ello significa?

MAESTRA.— Palabras. Siempre palabras. Hermosas..., pero variables al fin. Si eres ese hombre nuevo, márchate solo. Prefiero quedarme. No necesitamos héroes, ni líderes, ya nos arreglaremos solos.

JAFET.— Les haré comprender. No ocurrirá nada si no queremos que ocurra. Podemos defendernos y luchar. Podemos...

(La MAESTRA le mira friamente.)

MAESTRA.— Sin embargo, a nadie amé tanto como a ti.

JAFET.— *(Desorientado.)* ¿Y si estuviese equivocado? No puedo estar equivocado. Me encontré por fin.

MÉDICO.— Sueñas, Jafet... uno se descubre, sabe que existe, pero no logra encontrarse jamás.

(La NIÑA entra por el foro. La luz comienza a descender hasta formar una penumbra leve. JAFET, queda hipnotizado por la presencia de la NIÑA. Ésta se coloca junto al árbol. JAFET se aparta de las mesas del hotel-café y se acerca a ella.)

MAESTRA.— No te acerques. Sé quien es esa niña. Estaba junto a mi padre cuando murió. Estaba hace unos segundos al lado del pastor... *(Alucinada.)* Estará junto a ti enseguida...

JAFET.— Niña.

NIÑA.— Soñé contigo. Hoy es un día como en los cuentos.

JAFET.— No tengo miedo. *(Gritando.)* ¡Digo que jamás sentí miedo!

MAESTRA.— Huye, Jafet. Aún es tiempo.

(JAFET escucha enloquecido, la voz del PASTOR.)

VOZ-PASTOR.— "Matarán, arrasarán..."

JAFET.— ¡Mentira...! ¡Mentira! Nadie puede morir. Somos eternos e inmortales. Somos como dioses.

MAESTRA.— Huye, Jafet.

JAFET.— La vida es hermosa. *(Febril.)* La vida es hermosa y yo estoy vivo.

(La luz desciende. Se forma penumbra muy densa. la figura de JAFET.— danza en el escenario. Las sombras entran por el foro y laterales. Como si ejecutaran un ballet mortuorio. Música alucinada. Las sombras van rodeando a JAFET, siempre mudas mientras él se defiende débilmente.)

JAFET.— Apártense. ¡Yo estoy vivo! ¿No lo ven? Opalo renacerá de nuevo. *(A las sombras.)* Basta de pánico y terror. Hay que vivir. Les ordeno que vivan. Le ordeno que...

(Las sombras continúan estrechando el cerco. La luz cae y cae, hasta que la oscuridad se hace total.)

VOZ-NIÑA.— No es un muerto como todos los muertos.

TERCER CUADRO

(Escena a oscuras. La luz va lenvantándose y extendiéndose: ilumina el hotel-café; las ventanas están abiertas, las sillas en el suelo, vasos rotos, etc. Dentro se puede ver la máquina de JAFET, y un rimero de papeles escritos. La luz continua: JAFET.— está colgado del árbol. Ahorcado. No se distinguen las facciones pero su ropa es inconfundible. La NIÑA ha de-

*saparecido. El EXTRAÑO, está sentado en uno de los bancos, con aparien-
cia fatigada. Se levanta el viento. Ruido del viento entre bastidores. Los
papales de JAFET salen por la ventana, y van invadiendo la escena. La
MAESTRA entra por el lateral derecho, con expresión idiotizada, se inclina, recoge uno de los papeles, lee. Al llegar al árbol, mira indiferente a
JAFET, como si no le conociera, y la cuerda tuviera una significación cualquiera....)*

EXTRAÑO.— ¿Qué leía?

MAESTRA.— El comienzo de algo. Alguien escribía sobre una niña, un árbol, un extraño... *(Sonrisa ambigua.)* Hasta hay una maestra aquí. El
mundo está lleno de personas que quieren escribir sobre los demás.
No los entiende. *(Señalando a JAFET colgado.)* ¿Quién es?

EXTRAÑO.— No lo sé. Un extraño.

MAESTRA.— *(Se acerca al árbol. Ríe secamente.)* Oh... ¡Qué broma pesa-
da! Pero si es ese espantapájaros. Me olvido de todo. A los chicos les
encanta hacer travesuras. Ya los reprenderé cuando se abra la escuela. *(Al EXTRAÑO.)* Están en vacaciones ¿sabe? Este año enseñaré el tercer curso. No será fácil.

EXTRAÑO.— Hace frío. Qué frío hace aquí.

*(La MUJER 1.ª y la MUJER 2.ª entran por el camellón. También ellas igno-
ran a JAFET.)*

MUJER 1.ª— *(Inclinándose y recogiendo papeles.)* Podemos hacer un hermoso fuego. El día amaneció helado.

MUJER 2.ª— Quizá consigamos madera también. Debe quedar alguna en
los matorrales.

MAESTRA.— Será un fuego brillante y alto...

MUJER 2.ª— Podemos cocinar un poco de caldo.

MAESTRA.— Y hacer avioncitos para los niños.

*(La MUJER 1.ª y la MUJER 2.ª salen por el lateral izquierdo cargando los
papeles. BELLA entra por el foro, excitada, y corre sin percatarse de la presencia del EXTRAÑO, la MAESTRA, y JAFET colgado, hacia el hotel-café.)*

BELLA.— Jafet, querido... *(A voces.)* Vienen realmente... Jafet... mi marido irá con ellos. Quiere matarte. Jafet...

(Algarabía entre bastidores, disparos, cascos de caballos, maldiciones.)

BELLA.— Te necesito, Jafet. *(El EXTRAÑO se levanta y va hacia ella. BELLA
golpea en la puerta sin cesar.)* Jafet...

EXTRAÑO.— Se ha marchado.

BELLA.— Estan aquí. ¿Los escuchas, Jafet...? Tengo mucho miedo.

EXTRAÑO.— No está. No le veremos más.
MAESTRA.— *(Como un eco.)* No; no le veremos.

(El EXTRAÑO repite "Se ha ido" en un murmullo, y mira impávido a BELLA que se obstina en tocar la puerta. Mientras, la MAESTRA sigue juntando papeles.)

BELLA.— *(Al público.)* ¿Jafet, querido... En dónde estás?

(Cae la luz. Estruendo infernal. Relinchan los caballos. Maldicen los hombres. Retumban las balas ensordecedoramente.)

CAE EL TELÓN

GRISELDA GAMBARO

RESPUESTAS AL CUESTIONARIO

1. Si la existencia de una dramaturgia femenina es una realidad cultural, no es menos cierto que esa realidad cultural se inserta en un marco más amplio, donde subsisten características de marginación y subvalorización de todas las mujeres. Ningún arte está despojado de su contexto socio-político ni es producto ajeno a las pautas de una sociedad que lo estimula o reprime. En el caso de las mujeres, ese contexto y esas pautas tienden a la marginación y al silenciamiento, incluso en el plano científico, con desigualdades notorias en la vida cotidiana, moral en uso, capacitación y oportunidades; diferencias extensibles a lo jurídico y laboral.

Si específicamente en el terreno de la dramaturgia y la literatura esa situación de marginación y silenciamiento se va modificando poco a poco por diversas razones (la gravitación misma de las obras, las conquistas del feminismo, la solidaridad intelectual de otras mujeres que trabajan desde la crítica el material de otras mujeres), la desvalorización subsistirá aún durante mucho tiempo, hasta tanto no se modifiquen totalmente y para la totalidad de las mujeres las injusticias y condicionamientos de la sociedad patriarcal.

2. La dualidad de lenguaje entre el discurso femenino y el masculino existe de hecho y el rechazo de algunas escritoras a que su obra sea catalogada como femenina obedece, en la mayoría de los casos, a un calificativo que suponen apunta a la condición femenina antes que a la consideración literaria. Por eso me importa señalar que esa dualidad de lenguaje no implica, en el discurso femenino, ni un calificativo reduccionista a ''la condición femenina'', (a lo que se entiende convencionalmente por virtudes y defectos de las mujeres, estados emotivos y capacidades intelectuales según roles o patrones impuestos), ni tampoco manipulación por nuestro lado: ''lo femenino'' en literatura como barricada y proyección de reinvindicaciones, adjudicación de calidad, competición con el discurso masculino.

El discurso femenino apunta a la especificidad de la literatura, que es, como dice Calvino, "una operación conducida por medios lingüísticos, una ficción estudiada con vistas a una estrategia de los efectos." Por eso, las aguas pueden mezclarse en algunos textos donde son muy evidentes los componentes genéricamente ambiguos que se manifiestan en el acto de la creación. La aguda inteligencia, el poder de abstracción, la rigurosidad formal, la contención de los sentimientos y la emoción en el discurso de Marguerite Yourcenar podrían definirlo, convencionalmente, como un discurso "masculino". Y a la observación del detalle, la valorización de los matices, la sutileza recordativa en Proust, podrían caracterizar su discurso, o parte de su discurso, como "femenino". Por otra parte, hay textos que por sus características formales y temáticas sólo podrían haber sido escritos por hombres, los de Hemingway, por ejemplo. Y otros sólo por mujeres: los de Colette. Pero en todos los casos se mantuvo la excelencia literaria, ya que en ellos la ficción conducida por medios lingüísticos cumplió la estrategia de los efectos. Lo que quiero señalar es que el discurso femenino apunta a la literatura y reclama para sí el calificativo de femenino en cuanto texto diferente, según la expresión de Marta Traba, quien señalaba que nunca usaría, con referencia a los textos escritos por mujeres, lo femenino como calificativo-estereotipo sino como "diferencia de texto a texto, de escritura a escritura".

De esto se trata, de un discurso diferente. Cada escritor, escritora, escribe con la totalidad de su ser —aun los más "púdicos" como Henri James, los más inteligentes como Nabocov, las más comprometidas socialmente como Elena Poniatowska, o secretas como Clarice Lispector— y esta totalidad del ser es lo que se encarna en la escritura. Si una mujer no sabe muy bien cuál es su verdadera voz, su escritura intentará desentrañarla; hará una literatura diferente porque son diferentes los datos de su experiencia, su inserción en la sociedad y su memoria.

Por supuesto, en la literatura escrita por mujeres hay varias corrientes, con distintas alternativas conceptuales y estéticas, hay incluso una literatura "de imitación" porque no todas las escritoras están exentas de la alienación y a la permeabilización de la cultura establecida. Pero la literatura femenina diferente tiene ya características muy precisas, (aunque haya que referirse a ellas con cierta relatividad por cuanto el texto femenino es un texto en proceso continuo): suele efectuar otros cortes espaciales y temporales, encadena los hechos por pequeñas secuencias, se maneja muchas veces con un discurso "modesto" a nivel simbólico, y estoy de acuerdo con Marta Traba quien señalaba que ese texto diferente intenta "la explicación y no la interpretación del universo." El discurso femenino trabaja no sólo otro lenguaje sino otros intersticios del lenguaje, los menos resonantes y solemnes, los más "ínfimos" y sorpresivos. Opera lingüísticamente de otra manera, porque ya que en el fondo toda literatura es una elección de palabras (de sentidos) eligirá las que corresponden a su ficción. Y dado que cada palabra es elegida por lo que es, pero también por lo que "puede ser" en el juego de la escritura y de la vida, esa ficción que las relaciona será saludable y liberadora a la vez. No concluye en el texto, resultado de quien escribe, sino que es transformador de quien escribe, espejo y boomerang de quien lee. Así se insertará este discurso en el gran *corpus* de la Literatura; no ha sido escrito por hombres que accedieron a la Literatura por la vía ancha de la permisibilidad social (no obstante las penurias y grandezas individuales) sino por mujeres, en las que cada palabra elegida ha sido producto de una doble transgresión: como creadoras, como mujeres. Aunque se llegue al mismo lugar, es en la travesía y en la manera de encarar la travesía donde se producen y existen las diferencias.

3. En algunas de mis primeras piezas teatrales (*Las Paredes, Los Siameses*), mis personajes eran exclusivamente hombres en un mundo de hombres donde, las mujeres, no obstante, "también" vivían; mundo en el que imperaban los juegos de poder, la crueldad, la confusión y destrucción de sentimientos. El hecho de ser mujer no ha condicionado mi temática, lo que sí ha modificado es el punto de partida de esa temática, lo que llamaría "el lugar de ataque" de esa temática. Si en mis primeras piezas teatrales yo contaba la historia como una mujer que observa el mundo de los hombres y lo descodifica para llegar a un efecto determinado, mi mirada estaba más comprometida con el mundo en general que con mi propia condición de mujer. A medida que tuve mayor conciencia de esta condición particular necesité contar la historia, que involucra por igual a hombres y mujeres, a través de protagonistas femeninos. Tautológicamente, siempre es un ser viviente quien escribe. Alguien que vive y cambia, y que por lo tanto cambia también en su escritura. Si la Emma de *El Campo* (1967), padecía todas las ignominias del poder, Margarita 1 de *Real Envido* (1980), Dolores de *La malasangre* (1981) y Suki de *Del Sol Naciente* (1983), padecen estas ignominias, pero no ya sumisamente. Si son derrotadas, no asumen la derrota como fracaso sino como aprendizaje. Saben adónde van y qué es lo que quienen. Incluso el suicidio de Antígona en *Antígona Furiosa* (1986) es una protesta ante el oprobio de la mentira y el silencio. "Con la boca húmeda de mi propia saliva irá a mi muerte," dice. "Orgullosamente, Hemón, iré a mi muerte."

En mis últimas novelas, *Dios no nos quiere contentos* (1979), *Promesas y desvaríos* (1988), los personajes masculinos cuentan su historia de vida y muerte, lo mismo que los femeninos, pero estos personajes cuentan *además* su propia búsqueda en cuanto mujeres.

Con referencia al lenguaje, nace de lo que soy, una mujer, pero el serlo, si bien caracteriza mi escritura, no la condiciona, ya que el texto no permite los guiños confidenciales; es él quien dicta sus propias reglas de necesidad.

4. El teatro acepta todas las definiciones y no se compromete con ninguna. Todos tienen razón: Boal, Sastre, Piscator, Brecht, Weiss, e incluso podemos concedérsela sin excesivo escándalo a Ortega y Gasset. Todos tienen razón; ninguno la tiene si se adjudican títulos definitivos y excluyentemente definitorios. El teatro puede ser todo eso; también más, y menos. Cada vez que alguien cree que el teatro es uno solo: arma política, juego serio, medio de concientización social, vehículo para denunciar injusticias sociales, el teatro se emancipa de estas exclusividades de sentido y en la práctica demuestra lo contrario. Esto no impide que sean legítimas, por la pasión que exige, las adhesiones vehementes de cada creador a lo que supone es y debería ser el teatro, pero la realidad del fenómeno demuestra que no tiene una sola cara sino múltiples, y que en este carácter polivalente de su estética y sus contenidos reside su inagotable riqueza.

Tanto las definiciones de Sastre como las de Ortega y Gasset habría que ver de qué contexto se desprenden. Un teatro que fuera sólo arma política o vehículo para denunciar la injusticia social significaría un teatro con disminución de su carga lúdica, su posibilidad de goce, su exploración de otros espacios. Es saludable que sea medio de concientización social, pero si fuera sólo eso sería poco; también la concientización es necesaria referida a infinitas sutilezas, marchas y contramarchas de la carne y el espíritu.

Por eso, el espectador debe poder saltar de un teatro político a un teatro intimista, de un teatro experimental y de ruptura a un teatro entroncado más directamente con la tradición cultural, del teatro antropológico de Barba al teatro del recuerdo y la muerte de Kantor, de un teatro de calle a un teatro de cámara. Todas estas tendencias se complementan, cada una imagina un recorrido diferente con diferentes imágenes, y todas sirven para ampliar los límites de nosotros mismos y nuestra percepción de lo real; todas sirven, como decía Nietzsche, para la ''controversión de las perspectivas.''

La función del teatro, como todo arte, es enfrentarnos a las variantes

posibles de la realidad, los rostros inestables de la verdad, al esclarecimiento de las relaciones por la indagación en sus ambigüedades y am-
bivalencias, a la búsqueda incesante del sentido de la vida. A través del
juego, grave y ligero, "serio" y gozoso a la vez, del teatro, con grandes
logros estéticos o balbuceos, su función es conectarnos, en última instancia, con la búsqueda de ese sentido.

Aunque pueda resultar paradojal, no tengo a priori funciones para
mi dramaturgia. Como en una máquina o en un ser viviente, la función está en el ejercicio mismo de la obra propuesta. Fundamentalmente
escribo teatro porque me gusta imaginarlo, imaginar mi propia puesta
en escena y allí hacer vivir mis personajes. Y entonces, aunque la función está implícita, yo personalmente no le adjudico ninguna; sólo obe-
dezco a una necesidad que se expresa mediante el texto dramático: la
de inventar, entre los fantasmas, alegrías e injusticias que me rodean,
otro mundo, y que ese mundo, por oposición, alteración o confirma-
ción trabajada de la imagen propuesta, instaure la visión de otro mundo "posible."

5. El contexto social, político y económico ha afectado de distinta manera a lo largo del tiempo la representación de mi teatro según
las mayores o menores dificultades económicas, según los distintos gra-
dos de permisibilidad política.

Estrené por primera vez en 1965, *El Desatino,* en la Sala de Experi-
mentación Audiovisual del Instituto Torcuato Di Tella, una fundación
cultural que se hizo cargo de los gastos de producción y donde se pudo
trabajar en las mejores condiciones, sin ningún tipo de presión empre-
sarial ni ideológica.

Si bien el gobierno democrático del presidente Arturo Illia fue de-
rrocado por un golpe militar en 1966, logré estrenar con cierta regula-
ridad ese año y los siguientes. Así, en 1966 estrené *Las Paredes* y *Viaje
de Invierno* (con el título de *Matrimonio*), en 1967 *Los Siameses* y en 1968
El Campo.

A medida que la situación de la Argentina se agravaba en el doble
camino de la convulsión social y la represión, sea con gobiernos militares de facto (Onganía, Levingston, Lanusse) o civiles sin autoridad (Cám-
pora, Perón, María Estela Martínez de Perón), estrené más espaciada-
mente: *Nada que ver* en 1972 y *Sucede lo que pasa* en 1976. Después de *Sucede
lo que pasa* (estrenada un mes después del golpe militar del general Vi-
dela), dejé de hacerlo hasta 1981, con *Decir sí.* Esta pieza breve, escrita
aproximadamente en 1975, fue estrenada en el marco de lo que se llamó Teatro Abierto, una serie de espectáculos de breve duración, donde

intervinieron autores, directores y actores argentinos en una respuesta colectiva, de corte teatral pero eminentemente político, a la situación que se vivía. En agosto de 1982 estrené *La malasangre*, cuando el deterioro de la dictadura militar era ya muy visible.[1]

Luego, en estos años, si bien existe libertad política, la difícil rentabilidad económica de la mayoría de los espectáculos teatrales, me ha obligado a buscar espacios alternativos, no comerciales, de común acuerdo con los directores/as con quienes trabajo preferentemente: Alberto Ure y Laura Yusem. Así, mis dos últimas piezas estrenadas, *Puesta en claro* (Alberto Ure) y *Antígona furiosa* (Laura Yusem) lo fueron respectivamente en el sótano de un teatro oficial y en el auditorio del Instituto Goethe de Buenos Aires. En la puesta en escena de ambas, la escasa disponibilidad de medios decidió el estilo, fue aprovechada, sobre todo en *Puesta en claro*, para sacar partido de las mismas precariedades. Las desventajas del espacio (un sótano interrumpido por columnas) se transformó en recurso expresivo; la carencia de *spots* decidió la iluminación, cruda y directa de lámparas comunes; la escenografía fue indigente, pero indigente como subrayado de la situación textual y visual que proponía el espectáculo. Por supuesto, esta precariedad no es ideal, pero mientras la situación económica sea crítica en la Argentina, creo que los grandes espectáculos deben ser grandes no por la amplitud de medios que agravian nuestra pobreza sino por la capacidad de invención dentro de esa pobreza.

En resumen, tanto la situación político-social como la económica han afectado la representación de mis obras; situación que también marca a fuego el transcurrir de toda la cultura teatral, tanto en el plano de los espectáculos como en el desarrollo de la dramaturgia, ya que no hay resquicio entre teatro y sociedad.

6. No suelo entregar ninguna obra a la producción en el sentido de perder control sobre esa obra. Me manejo en otro plano donde control o ausencia de control carecen de sentido; entrego una obra para su puesta en escena, es decir, efectúo acto de confianza en la capacidad creativa de un director o directora de teatro para que el texto dramático cumpla la opción a la que está destinada: hipótesis para la puesta en escena. Factores técnicos y de producción pueden incidir sobre las características de una puesta, pero no determinan su calidad estética si se parte de que entregar una obra, ensayarla y representarla es la

---

[1] Ver punto 10.

unión de muchos en un acto creativo, y no conflicto de poderes ni aceptación de presiones económicas ni ideológicas.

No me importan las interpretaciones, sí, obviamente, las mutilaciones. No interfiero durante el montaje, porque entiendo que en el teatro cada uno tiene su propio espacio de creación, y el mío no es el de la puesta en escena. De cualquier modo, la elección de directores determinados, con los que existen idénticas pautas conceptuales y estéticas, crea un espacio de trabajo durante el montaje apto para la discusión y el intercambio de ideas e imágenes. Es el director, sin embargo, quien hará su lectura del texto sobre el escenario, y en tanto hipótesis, cada texto responde a la visión personal del director, a su estética, a los elementos humanos y técnicos con los que trabaja. Toda obra es un signo (un conjunto de signos), y lo que importa es que el director descifre el signo; a partir de esto, el director dispone de su propia libertad creadora: usará una escenografía distinta de la propuesta en el texto, podrá cambiar las claves visuales de una pieza, modularla en otro tono, subrayar o atenuar, contener o exasperar la interpretación, manejar su propio concepto espacial. Si el director tiene un entendimiento profundo de la obra, el autor o autora no necesitará ''controlarla,'' ya que el pensamiento que recorre esa obra se mantendrá intacto. Y como el director o directora efectúa otra lectura del texto —la misma, y sin embargo distinta porque trasmite el signo a otro código— su interpretación puede enriquecer el texto, prolongarlo por caminos ignorados para el propio autor, sumar otros contenidos. Si el director no descifra ''el signo'', podrá respetar ''la pureza textual'' pero, sin entenderlo, cometerá parricidio, ya que esa ''pureza textual'' sólo se mantiene si es hipótesis de trabajo a partir de un signo descifrado. La pureza textual no existe en la corporeidad del escenario, por cuanto al pasar por una gestualidad, una voz, una entonación, una mayor o menor carga emotiva y/o significativa, unos silencios, va a mancharse hermosamente por el contacto con los otros. Esto no significa desvalorizar la palabra (o la estructura verbal del texto dramático) sino sostenerla, precisamente mediante una indagación creadora que vaya al espíritu de la letra y devuelva a la palabra, esa gran despreciada de nuestro teatro, su carga dramática, su original capacidad trasmisora de significados, emociones y sensaciones.

Después del estreno de una obra, no sigo de cerca (y raramente veo) las restantes puestas de la misma. Las obras que he escrito pueden seguir la aventura de toda literatura dramática: ser apropiadas por los otros para corporizarse sobre el escenario, sean los resultados óptimos o dudosos. Engrandecido, rebajado o incluso mutilado, el texto dramático pide ser "dicho," y en este caso, como en la vida real, no hay aventura sin riesgo.

7. Históricamente, siempre hubo momentos de valorización o desvalorización del texto dramático dentro del fenómeno teatral. Momentos en los que se consideró que el autor y el texto dictaban sus leyes al espectáculo, o bien que el autor y su texto proporcionaban a lo más un pretexto para la puesta en escena. Directores como Bergmann y Peter Stein que no se sienten coartados por el texto o, como Lavelli, que tienen necesidad de ser "infieles", o Kantor, quien sostiene que no se puede escribir pieza alguna. "Ni antes ni después" (de la puesta). Sólo guiones.

Las teorías son muchas, alternativamente buenas o malas según los resultados. Si los resultados son buenos, no son molestas las "apropiaciones;" todo arte se alimenta y realimenta de material ya producido, con aportes nuevos que le dan un carácter inédito. Si esto no se produce, la apropiación pasa a ser un acto de voracidad y soberbia.

Entiendo que algunas obras resultan de difícil apropiación, ya que sus límites son difíciles de superar, y la apropiación (no hablo de la visualización escénica, sino del lenguaje, el pensamiento, la filosofía y cosmovisión de esas obras) conduce a un empobrecimiento. Con lo que quiero decir que Shakespeare-director de escena puede apropiarse de Shakespeare-dramaturgo, y agregar personajes, alterar situaciones, cambiar la filosofía y cosmovisión, pero un mediocre director de escena sólo ejecutará un acto de arrogancia.

De cualquier modo, ninguna gran obra es vulnerada porque se extraiga material de la misma. Lo que puede cuestionarse es la legitimidad de las adaptaciones o versiones cuando no consiguen ser productos autónomos y sí amputaciones de la obra original.

En cuanto al teatro colectivo prefiero el que trabaja con materiales surgidos de la propia experiencia del grupo y con un dramaturgo que estructure verbalmente la experiencia y organice el texto. No obstante, muchas veces entra en colisión el lenguaje que impone el grupo, que es un lenguaje espontáneo, con una carga emotiva y circunstancial, con el lenguaje específicamente teatral, que es elegido, re-creado, re-inventado, donde cada palabra, cada frase, se inserta una con otra en una compleja madeja de relaciones dentro del devenir del texto. Entonces suele desvalorizarse uno de los elementos del teatro: la palabra, que es no sólo apoyatura de la acción dramática sino acción dramática ella misma, inseparable de la voz que la emite. Como consecuencia, el pensamiento también se resiente; se gana en espontaneidad e inmediatez, se pierde en profundidad y permanencia.

Las relaciones tradicionales autor-director-actor público no se refunden con estas llamadas experiencias no convencionales, como no se modificaron con las prácticas del teatro de agresión directa al público o de riesgo, aún usadas por algunos elencos. Por supuesto, todo sirve para agitar las aguas del inmovilismo, que por momentos alcanza también al teatro, pero una transformación profunda en las relaciones parte tanto de un cambio en las estructuras políticas, sociales, económicas y educativas, como de que cada espectáculo teatral, a través de su propia dinámica creativa, provoque un sacudimiento interno en el espectador, una fractura en sus condicionamientos y un esclarecimiento, sea cual fuere el camino de aproximación a ese espectador.

8. Carezco de definición para mi producción dramática, aunque la distancia me haya dado cierta perspectiva. Su definición o evaluación creo que corresponde a aquellos a quienes la obra entera de un autor/autora está destinada.

Considero que no se han producido grandes cambios temáticos en mi teatro (cambios más evidentes en mi narrativa), quizás debido a que en teatro los desencadenantes de una obra han sido casi siempre situaciones parecidas de tipo político social. Lo que ha cambiado es la mirada, el punto de mira o de ataque para tratar los mismos temas (el poder, el autoritarismo, la sumisión, la injusticia) y el entramado que los liga, donde hay una evidente valorización de temas que aparecían más esporádicamente en mi primera producción: la rebeldía, la dignidad, la ternura, la solidaridad.

Formalmente, cada obra me plantea alternativas inéditas ya que, como siempre, la clave no está en lo que se cuenta sino en *cómo* se cuenta, y entonces encuentro que cada obra requiere un lenguaje distinto, o nace con un lenguaje distinto, que sirve a las necesidades de esa obra. Por ejemplo, tanto en *Información para extranjeros* como en *Real Envido*, el lenguaje apela a los juegos de palabras, a poemas ''teatrales,'' es decir que no pretenden invadir el terreno de la política, y a poemas de rimas tontas, a rupturas lingüísticas muy evidentes cuando se pasa de una situación humorística a una dramática, o bien a una dramática en clave de humor negro. En *Dar la vuelta* el lenguaje es estrictamente circunstancial, se refiere siempre a la acción inmediata y son los intersticios del lenguaje, las acciones que se filtran a través de ese lenguaje, incluso los espacios en blanco entre diálogo y diálogo, los que ''revelan'' el texto, los que llevan la acción visible a otro punto o significado. En *Del Sol Naciente* (estampa japonesa como la puede imaginar una argentina) usé un lenguaje comprimido de frases cortas, roto por estallidos verbales de mayor longitud, y usé el "voseo" argentino tanto para la segunda persona del singular como para una ambigua distancia ceremoniosa, lejanamente emparentada con el modo arcaico del español.

Cada obra exige también su propia estructura. Así *Información para extranjeros* es una obra de estructura abierta, donde se pueden suprimir situaciones sin que sufra el desarrollo y donde el desarrollo mismo es aleatorio según las necesidades de la puesta en escena y del espacio no convencional para el que está pensada. En menor grado, *Real Envido* es también una obra de estructura abierta, y las escenas están resueltas en secuencias breves con saltos en el espacio y a veces en el tiempo. *La malasangre* es una obra de estructura clásica y con desarrollo estrictamente cronológico de la historia. En cuanto a *Del sol naciente* su estructura es como un desplegable; de siete escenas, cada una de las primeras seis comienza "en la misma posición," con pequeños cambios que señalan el transcurrir de la acción dramática.

Aún hoy, no sé exactamente cuál es mi público; diría que es el inquieto, el que no va al teatro para ser servido en la mesa del espectáculo, el que está dispuesto a perder su control de *voyeur*.

No tengo un público especial para el que escribo. Es todo el mundo y es nadie. Cada obra dramática, como cada novela, poesía o relato, lleva implícito su destinatario; no existe sin esa contrapartida que la completará. Pero el autor/autora así como no escribe "para" sí mismo/a, tampoco escribe "para" los otros de manera deliberada. Sabe en que texto está y es, y eso es lo que espera del lector o público, que está y sea, que cada uno en tiempo continuo se apropie de la obra y la complete, termine de representarla o escribirla.

9. Tengo deuda con todo el mundo que hace teatro. Y en especial con los autores que leí cuando todavía no sabía que iba a escribir literatura dramática: Chejov, Shakespeare, Pirandello, O'Neill, Armando Discépolo, y los autores que fueron audaces en la Argentina para su época, como Defilippis Novoa y Roberto Arlt.

Y tengo deuda también con autores que no escriben teatro, pero que han ampliado mis propios límites, sean poetas o novelistas; me han ayudado en el viejo oficio de escribir y me han enseñado, como decía Calvino, a contar las dos caras de los cuentos: "la continuidad de la vida y la inevitabilidad de la muerte".

Estéticamente, creo que he sido permeable a todas las influencias posibles, salvo quizás, sin que esto signifique que lo rechace globalmente, a un teatro de corte naturalista o realista. Pero lo que más me ha influido es aquella corriente, cualquiera sea su género o modalidad, que me enfrenta al asombro. La que me hace decir: esto no lo imaginaba, no lo pensaba, no lo sabía.

10. *La malasangre* es la segunda obra que escribí en la Argentina después de mi regreso de España, donde permanecí tres años durante la dictadura militar. Después de *Sucede lo que pasa* (1975, estrenada en 1976) no escribí teatro, ya que la dramaturgia es un género que exige el aquí y ahora con mucha perentoriedad. No podía escribir obras para un público que no conocía, el de España, no podía escribir para mi público en Argentina, sometido al silencio y la represión. (Ese público al que uno pide que ''esté y sea''). Por otra parte, la prohibición de mi novela *Ganarse la muerte* a principios de 1977 me había incluido en la larga lista de escritores sospechosos y había cortado los cauces de comunicación con mis espectadores y lectores. En España escribí dos novelas (*Dios no nos quiere contentos*, Lumen, Barcelona, 1979, y *Lo impenetrable*, Torres Agüero Editor, Bs. As. 1984), ya que la novela tiene otro tiempo de espera en su relación autor/lector.

Cuando regresé de España, a fines de 1980, la dictadura militar, todavía poderosa, evidenciaba ya signos de deterioro, de pérdida de ese poder omnímodo que detentó en los primeros años. En mi decisión de volver a escribir teatro diría que no pesó poco la sofocada necesidad de la gente de oír las viejas palabras que le hablaran de su dolor, aquellas palabras de libertad y dignidad que la dictadura militar había avasallado a sangre y muerte sin que dejaran de existir en la conciencia de muchos.

En ese momento, ignoraba cuales límites se podían transgredir sin riesgo; por eso escribí inicialmente *Real Envido,* una farsa sobre la tontería, la presunción y la crueldad del poder totalitario, donde la metáfora era clara pero no frontal ni suicida. (Por diversos motivos esta obra se estrenó más tarde, a principios de 1983). Habría que hablar acá de los intersticios en los que trabaja el arte cuando un Estado omnipotente pretende dictarle sus reglas, y la astucia del arte para decir su palabra; astucia en la que no está solo, sino acompañado por un contexto sociopolítico que también trabaja con la transgresión y amplía los límites en los que se mueve.

Al año siguiente escribí *La malasangre*. Con este texto quise contar, como dije alguna vez ''una historia que transitara esa zona donde el poder omnímodo fracasa siempre si los vencidos lo enfrentan con coraje y dignidad, si se asumen en el orgullo y la elección.'' Hay en *La malasangre* algunas constantes de mis viejos temas sobre el poder, pero tratados de otra manera. La crueldad, la delación, el escarnio, pero también

el amor y la rebeldía. El hecho de que tuviera una protagonista femenina no sé si fue un reconocimiento inconsciente a la entereza de aquellas mujeres que, reclamando por sus hijos desaparecidos, fueron por
un tiempo la única voz alzada en el silencio de esos años. De cualquier
manera, la Dolores de *La malasangre*, como la Suki de *Del sol naciente* o
la *Antígona furiosa*, no es cualquier mujer, es una mujer con una voz que
nadie le presta sino su propia condición de mujer, su propia fuerza y
la conciencia de su fuerza.

La malasangre

Griselda Gambaro

PERSONAJES

DOLORES.
RAFAEL.
PADRE.
MADRE.
FERMÍN.
JUAN PEDRO.

ESCENA 1

(Un salón hacia 1840, las paredes tapizadas de rojo granate. La vestimenta de los personajes varía también en distintas tonalidades de rojo. Una gran mesa de roble lustrado, enteramente vacía, un sofá, tres sillas de alto respaldo y un pesado mueble, aparador o cómoda, con candelabros. Un piano en un extremo.
Dos puertas laterales y afuera una ventana con cortinas.
El padre, que viste de rojo muy oscuro, casi negro, está de pie, de espaldas, enteramente inmóvil, y mira hacia abajo a través de los vidrios de la ventana.
Después de un momento, entra la madre. Trae una bandeja con un botellón de cristal y dos copas.)

MADRE.— Acá está el vino. *(Con una sonrisa tímida.)* Te lo quise traer yo.
PADRE.— Te lo agradezco. *(Una pausa. Secamente.)* ¿Por qué dos copas? ¿Quién bebe conmigo?
MADRE.— Pensé...
PADRE.— Mejor que no pienses. *(La MADRE deja la bandeja sobre la mesa. El PADRE vuelve a mirar por la ventana, el rostro ácido y malhumorado.)* Ninguno me gusta. Ninguno me gusta de todos ésos. No hay uno que valga nada. Creen que van a venir acá y que soy ciego y tonto.
MADRE.— *(Se acerca y mira con él.)* El tercero...
PADRE.— *(Fríamente.)* El tercero, ¿qué?
MADRE.— Parece agradable.
PADRE.— *(Oscuro.)* Sí.
MADRE.— *(Pierde seguridad.)* Va a estar en la casa.

159

PADRE.— Sí. ¿Y con eso?

MADRE.— *(Tímidamente.)* Es mejor que sea agradable, ¿no?

PADRE.— Sí. Y también parece inteligente, *(La remeda.)* ¿no?

MADRE.— *(Insegura.)* No sé.

PADRE.— ¿Y qué otras condiciones tiene? *(Le toca un seno groseramente.)* Mi mujercita sagaz.

MADRE.— *(Se aparta.)* Benigno, por favor.

PADRE.— *(La rodea con un brazo, la hace mirar por la ventana. Con dulzura.)* Miremos juntos. Dos ven más que uno. ¿Qué más ves?

MADRE.— Tiene aspecto... *(Se interrumpe.)*

PADRE.— Sí.

MADRE.— Es muy atildado.

PADRE.— Querés decir buen mozo.

MADRE.— No. Que está bien vestido. Con guantes... rojos.

PADRE.— ¡Qué vista penetrante! ¿Y qué más ves? Estuve atinado en pedirte que miráramos juntos.

MADRE.— *(Insegura.)* Y... y no veo más.

PADRE.— Sí. Ves más. ¡Te gusta la cara! *(La empuja brutalmente.)* ¡Fuera!

MADRE.— ¿Pero por qué?

PADRE.— ¡Sólo mi cara tenés que mirar, puta!

MADRE.— Te miro, ¡y no me insultes!

PADRE.— *(Como si hubiera oído mal, se toca la oreja. Mira a su alrededor, divertido.)* ¿Qué? Yo dicto la ley. Y los halagos. Y los insultos. Dije lo que dije, y lo puedo repetir. *(Muy bajo.)* ¡Puta!

MADRE.— Te pedí que no me insultes.

PADRE.— ¿Por qué?

MADRE.— Por respeto.

PADRE.— *(Como siguiéndole el juego, alarmado.)* ¡Y pueden oír!

MADRE.— Sí.

PADRE.— No. Lo dije muy bajo. ¡Y lo puedo gritar alto! Nadie oye lo que yo no quiero. Oyen, pero no entienden. ¡Fuera, fuera de aquí!

MADRE.— *(Se aleja hacia la puerta, se vuelve. Suavemente.)* Te odio.

PADRE.— *(Se dirige hacia ella.)* ¿Qué?

MADRE.— No quise decirlo.

PADRE.— ¿Qué? *(Le toma el brazo, como si quisiera hacerle una caricia. Pero después de un momento, se lo tuerce.)* ¿Qué? Yo tampoco entiendo lo que no me gusta oír. *(Le tuerce más el brazo.)* ¿Qué?

MADRE.— *(Aguanta el dolor, luego.)* Te amo.

PADRE.— *(Dulcemente.)* ¡Después de tanto tiempo! Otra vez...

MADRE.— *(Guarda silencio un momento, luego, como el padre acentúa la presión.)* Te... amo.

PADRE.— *(La suelta, la besa en la mejilla. Con naturalidad.)* Gracias, querida. Ahora déjame. Hace frío en el patio. Deben estar congelados. No quiero que esperen más. *(La MADRE sale. El PADRE toca el cordón del timbre. Mira por la venta. Se asoma FERMÍN. Es alto y robusto, se ad-*

vierte que entre el PADRE *y él hay una especie de complicidad, de acuerdo tácito con sus respectivos roles.)*

FERMÍN.— ¿Señor?

PADRE.— *(Mira por la ventana.)* El tercero que se vaya. Hace frío.

FERMÍN.— Sí, señor.

PADRE.— ¡Fermín! Si tarda, podés empujarlo.

FERMÍN.— *(Como siguiendo un juego.)* ¿Cómo sé que tarda? ¿Debe correr? *(El* PADRE *se encoge puerilmente de hombros.* FERMÍN, *con una sonrisa.)* Lo haré, señor. *(Sale.)*

PADRE.— *(Mira por la ventana.)* Tomaste frío tontamente. Se va a mirar en el espejo y desconfiará de su cara o de sus uñas roñosas bajo los guantes. *(Se vuelve. Infantil.)* ¿Qué hice, qué hice? ¿Por que me echan? Yo estaba ahí en la fila, ¡buenito! ¡Y me compré guantes rojos! *(Mira.)* ¡No con tanta brusquedad, Fermín! ¡Qué bruto es! *(Ríe espasmódicamente, se atora. Ácido.)* Ninguno me sirve de todos ésos. El primero demasiado orgulloso, el segundo demasiado alto, el tercero no está, el cuarto... Y ése que sale de la fila, ¿cómo se atreve? ¿Es que "yo" dije que podían saltar como canguros para entrar en calor? *(Mira algo que lo sorprende, se vuelve.)* ¡Oh! ¡Oh, oh, Dios mío! *(Ríe espasmódicamente, con alegría. Sacude el cordón del timbre.)* Dios mío, te agradezco. Te agradezco la consideración a mis deseos, yo pecador. *(Canturrea.)* La madre se me calienta, la hija se me enamora... *(Se asoma* FERMÍN.) El que da vueltas... El que menos luce...

FERMÍN.— ¿Lo echo a patadas?

PADRE.— ¡No! Tráelo aquí.

FERMÍN.— ¿Los otros?

PADRE.— Que esperen. El frío es sano. Baja los humos. *(FERMÍN sale. El* PADRE *se sirve vino y bebe. Contento.)* Veremos si con éste ocurre lo mismo. *(Ríe espasmódicamente. Canturrea.)* La madre se me calienta, la hija se me enamora... *(FERMÍN abre la puerta a* RAFAEL, *quien entra y se inclina. Viste un traje de tela liviana, está amoratado de frío. Tiene rostro muy hermoso, sereno y manso. Su espalda está deformada por una joroba y camina levemente inclinado.)*

PADRE.— *(Con una sonrisa cordial.)* Adelante. *(Avanza hacia* RAFAEL. *No le da la mano. Lo rodea y le mira la espalda. Ríe con su risa espasmódica.)* Sí... Es contrahecho...

RAFAEL.— Señor...

PADRE.— Estará bien con nosotros. Como ve, tengo buen carácter. *(RAFAEL sorbe.)* Hacía frío afuera, ¿no? Me levanté tarde, la cama estaba caliente. Por eso esperaron tanto. Pero acá no. No hace frío. ¿O sí?

RAFAEL.— No... No, señor, no hace frío.

PADRE.— *(Tímido.)* Quiero pedirle... *(Se interrumpe.)*

RAFAEL.— ¿Qué?

PADRE.— No lo tome a mal. Soy brusco, nadie me quiere, pero no se puede pedir a la gente que lo quiera a uno. Si no hay un interés... Usted tiene un interés.

Rafael.— Sí, señor.

Padre.— Entonces... no digo amor, pero comprenderá.

Rafael.— *(No entiende.)* Sí, señor.

Padre.— *(En un arranque.)* ¡Bueno, se lo pido! *(Se queda en silencio, inmóvil. Luego camina nervioso. Se detiene, mira a Rafael como si esperara algo.)*

Rafael.— A sus órdenes.

Padre.— ¡Es lo que quería oír! ¡Después no se queje! *(Ríe, nervioso y espasmódico. Una pausa. Luego, tierno y casi lascivo.)* Desnúdese.

Rafael.— ¿Qué?

Padre.— ¡Dijo que sí, dijo que sí!

Rafael.— *(Retrocede.)* No...

Padre.— Vamos... Entre hombres. Mi mujer quería quedarse, pero la eché.

Rafael.— ¿Por qué?

Padre.— ¿Por qué la eché?

Rafael.— No. Por qué usted quiere...

Padre.— ¡Nunca ví! *(Ríe, se atora.)*

Rafael.— *(Humillado.)* No soy una curiosidad.

Padre.— Yo tampoco. Y me desnudo. ¡Sólo cuando me baño! *(Tierno y confidencial.)* A oscuras. Lo otro a oscuras. Con un agujero en el camisón. *(Ríe, se tapa la boca, con vergüenza.)*

Rafael.— No puedo. *(Saluda inclinándose y se aleja hacia la puerta.)*

Padre.— ¡Señor! *(Rafael se vuelve.)* ¿Vio cuántos esperan en el patio?

Rafael.— Sí.

Padre.— Una larga fila. Muertos de frío. Saben que mi casa es rica, que mi trato es bueno. Y yo los miré, hace rato que los miro, y cuando apareció usted dije: ése. Ése.

Rafael.— ¿Por qué?

Padre.— *(Remeda.)* ¿Por qué, por qué? Por su linda cara. *(Se acerca y le da vueltas alrededor.)* Y limpio. *(Le pasa el pulgar por la mejilla.)* Afeitado. *(Señala la joroba.)* ¡Pero esto! ¿Me deja... tocarla? Da suerte. *(Ríe.)* ¡Hombre afortunado!

Rafael.— *(Pálido de humillación.)* Soy un buen profesor.

Padre.— *(Suavemente.)* Lo veremos. *(Ansioso.)* ¿Me permite?

Rafael.— No.

Padre.— *(Se acerca a la ventana, aparta la cortina y mira.)* Llueve. Y no se van. Ni se guarecen bajo el alero. Disciplinados y en fila. Saben hacer buena letra. Saben que todo camino empieza con buena letra. *(Se vuelve hacia Rafael.)* Pero yo ya elegí. A usted.

Rafael.— Soy un buen profesor.

Padre.— *(Blandamente.)* Eso cuenta también. Desnúdese. *(Ríe.)* Hasta la cintura. Más no. *(Le toca la ropa.)* Limpia, pero raída. Liviana. Afeitado, pero maciento. Eso se llama hambre. Y no todos, en esta ciudad, *(Ríe.)* quieren tener a un contrahecho en casa. Pero yo sí. Y no será un criado. Tendrá cuarto aparte. Se sentará con nosotros. Y comerá. Nos trataremos de igual a igual.

RAFAEL.— Gracias.
PADRE.— Váyase, si quiere.

(Un silencio, Se oye la lluvia.)

RAFAEL.— No quiero irme.
PADRE.— ¡Trato hecho! Ordenaré que se vayan los otros. Carece de sentido hacerlos esperar. *(Sacude el cordón del timbre.)* Llueve mucho y el puesto está tomado.
FERMÍN.— *(En la puerta.)* ¿Señor?
PADRE.— El puesto está tomado.
FERMÍN.— Me alegro, señor. *(Una pausa.)* ¿Me necesita?
PADRE.— ¿Yo?
FERMÍN.— Usted llamó, señor.
PADRE.— ¿Qué yo llamé? No me acuerdo qué quería. ¿Qué quería?
FERMÍN.— Ya entramos las jaulas con los pájaros.
PADRE.— ¡Ah! ¡Eso! ¡Llueve tanto!
FERMÍN.— Usted sabe que a los pájaros los cuido. No debiera preocuparse, señor.
PADRE.— Gracias, Fermín. *(FERMÍN se retira. PADRE sonríe a RAFAEL.)* Debiera preguntarle qué materias enseña.
RAFAEL.— Francés y latín, señor. Botánica, matemáticas.
RAFAEL.— ¿Matemáticas también? ¡Soberbio! A mi me enseñará matemáticas, las niñas sólo necesitan saber que dos más dos son cuatro. *(Vagamento lascivo.)* ¿Y... y lo que le pedí...? *(Bajo.)* Desnúdese.
PADRE.— ¿Para qué?
PADRE.— *(Bromista.)* Para saber si miente.
RAFAEL.— No miento. *(Con una sonrisa crispada.)* Tengo joroba desde la infancia. Mi padre quizás fue jorobado también... Nadie pudo decirme cómo la conseguí. Si usted quiere, puede tocarla.
PADRE.— *(Seco.)* No a través de la ropa.
RAFAEL.— No... puedo.
PADRE.— *(Dulce y ansioso.)* Quiero verla. Por favor.
RAFAEL.— *(Lo mira fijamente. Después con lentitud, se deshace el nudo de la corbata, se quita la chaqueta, la camisa.)*
PADRE.— *(Se acerca y observa con curiosidad, como a un animal extraño.)* Nunca había visto. ¿Es un hueso?
RAFAEL.— *(Con mortificación.)* Hueso y carne.
PADRE.— Es muy lisa.
RAFAEL.— Sí, muy lisa.
PADRE.— *(Tiende la mano con asco, toca apenas.)* Es la primera vez que veo, que toco. Me da asco. Fuerte, compacta. ¿No le pesa? Pobrecito, debe pesarle. Como cargar una bolsa con piedras. Siempre. Cuando duerme y come y camina. Y... hace el amor.
RAFAEL.— No.
PADRE.— *(Ansioso.)* ¿No hace el amor?

RAFAEL.— No me pesa.

PADRE.— Los genes se acoplaron mal. *(Se tienta. Ríe espasmódicamente.)* ¡Qué capricho! *(Se despereza, enderezando su espalda.)* Cúbrase. ¡A ver si se le resfría! *(Ríe.)* Brindemos. Lo acepto. *(Sacude el cordón del timbre. Sirve dos copas. Tiende una a RAFAEL, quien se está vistiendo torpemente. Espera con la copa tendida. Risueño.)* Ligero... Al amo no se lo hace esperar. *(RAFAEL toma la copa, nervioso, intenta beber, se la tira encima. El PADRE le observa, ríe.)* Casi perfecto. *(Canturrea.)* La madre se me calienta, la hija se me enamora... *(Un poco antes ha entrado FERMÍN, respondiendo al llamado. Con curiosidad burlona ha observado los gestos torpes de RAFAEL.)*

FERMÍN.— La corbata, señor, ¿se la anudo?

RAFAEL.— No, gracias.

PADRE.— *(A FERMÍN.)* Que vengan las damas. Está el profesor. *(Sale FERMÍN.)* Usted jamás hubiera pensado tener tanta suerte... Ni le pido referencias. Suerte ¿eh? ¿Y por qué?

RAFAEL.— No sé, señor. Se lo agradezco.

PADRE.— ¡Su joroba! ¡Muchacho, le da suerte! *(Ríe.)*

RAFAEL.— Sí, señor.

PADRE.— *(Se asoma a la ventana.)* Llueve. Dicen que en estos tiempos nadie es capaz de obstinarse en nada. *(Ríe.)* ¡Pero ésos de ahí abajo! ¡Qué buena madera! La necesidad es la mejor obstinación... Esperan y no se convencen... ¡de que ya están sonados!

(Entran DOLORES y la MADRE. DOLORES es una hermosa muchacha de veinte años, de gestos vivos y apasionados, y una especie de fragilidad que vence a fuerza de orgullo, de soberbio desdén.)

PADRE.— Mi mujer, mi hija Dolores. *(A RAFAEL.)* ¿Cuál es su nombre?

RAFAEL.— Rafaél Sánchez.

PADRE.— Rafael, digamos. *(A DOLORES.)* Te enseñará latín y francés. Botánica. ¿Sabés lo que es botánica?

DOLORES.— Sí.

PADRE.— Cómo son las hojitas y los árboles y los pajaritos en los árboles. *(Alusivo.)* ¿Te lo enseñaba el otro? *(DOLORES le vuelve la espalda.)* Y dibujo. *(A RAFAEL.)* ¿Dibujo sabe?

RAFAEL.— Sí, señor.

PADRE.— ¡Una alhaja! DOLORES, podés darle le bienvenida. *(A RAFAEL.)* Estaba muy encariñada con su viejo profesor. Bueno, no tan viejo, ¿no?

DOLORES.— *(Lo mira desafiante.)* No.

MADRE.— *(Tímidamente.)* No estuvo mucho tiem...

PADRE.— *(La hace callar con una mirada.)* Ese es el peligro. Si son viejos son ñoños, y si son jóvenes son aprovechados. Pero algunos ya entran con el pie torcido en la vida, o la espalda. *(Festeja riendo con una corta risa que interrumpe cubriéndose la boca.)* y no son peligro para nadie. *(A la MADRE.)* Tráete tu bordado y sentáte allí. *(Le señala el sofá.)* Pero te autorizo a ausentarte. *(Ríe espasmódicamente y sale.)*

(DOLORES mira a RAFAEL, seria e inamistosamente.)

MADRE.— *(Con una sonrisa torpe.)* Bienvenido. Estará cómodo con nosotros. Dolores es...

DOLORES.— *(La interrumpe, secamente.)* Como soy.

MADRE.— Siéntese.

RAFAEL.— Gracias. *(Pero no lo hace, ya que DOLORES y la MADRE están de pie.)*

DOLORES.— *(Lo mira. Después de un silencio.)* Es mejor morirse de hambre que aceptar lo que no merecemos.

RAFAEL.— Soy un buen profesor.

DOLORES.— O lo que merecemos por taras.

MADRE.— *(Confusa.)* No le haga caso. Siéntese. *(Se sienta. RAFAEL hace lo mismo.)* ¿Comerá con nosotros? *(Teme haber hablado de más. Se levanta. RAFAEL hace lo mismo.)* O... tal vez con los criados. Pero la comida es buena. La misma. Sin vino.

RAFAEL.— Comeré con ustedes, señora. El señor ha tenido esa bondad.

DOLORES.— ¡Qué extraordinario! Papá es demasiado bondadoso. *(Con una sonrisa torcida.)* Ya lo verá usted. Una bondad desbordante como un río... *(Borra la sonrisa.)* que ahoga. Mamá, te mandaron a buscar tu bordado. Y todavía estás acá. ¡Vaya, perrito!

MADRE.— ¡Dolores!

DOLORES.— Y después venga, pero no habrá peligro. Lo dijo papá, *(Mirando a RAFAEL.)* ¡Y es cierto!

MADRE.— *(Torpe, a RAFAEL.)* Enseguida vuelvo. Si quieren empezar... *(Sale.)*.

DOLORES.— *(Furiosa, va hacia el gran aparador, abre un cajón. Saca cuadernos, libros, una carpeta con dibujos. Arroja todo sobre la mesa.)* ¡Acérquese!

RAFAEL.— No sabía que tenía otro profesor. Entonces seguiremos.

DOLORES.— ¡Nada! Tenía otro, ¡con la espalda derecha! *(Una pausa.)* Perdóneme. Quería decir... que no era servil.

RAFAEL.— Yo tampoco. *(Una pausa.)* O sí. *(Como ella lo mira, burlona.)* No hay límites muy claros, señorita.

DOLORES.— Para algunos. *(Abre la carpeta.)* Acérquese. Esto es lo que dibujo. Nada torpe, ¿no?

RAFAEL.— *(Mira.)* No. Está muy bien.

DOLORES.— Tengo talento.

RAFAEL.— Diría que sí.

DOLORES.— Me los hacía mi profesor. A mí me tiemblan las manos. Odio el dibujo.

RAFAEL.— Yo haré que a usted le guste.

DOLORES.— ¿Sí? *(Lentamente.)* Nadie hace que me guste nada. ¡Nadie hace gustarme nada!

RAFAEL.— Quiero decir...

DOLORES.— Le haré salir canas verdes.

RAFAEL.— ¿Por qué?

DOLORES.— Porque lo eligió mi padre.

RAFAEL.— También al otro.

DOLORES.— Al otro lo elegí yo. Sin mostrar demasiado interés, por supuesto. Duró quince días. Para mí era un viejo, pero a mi padre le parecía buen mozo, sospechaba. *(Ríe, ácida.)* No sólo de mí, también de mi madre.

RAFAEL.— *(Mansamente.)* No sospechará conmigo.

DOLORES.— No. Es evidente.

RAFAEL.— No me agreda.

DOLORES.— ¿Yo? No me tomo el trabajo. Usted ya está agredido por naturaleza. *(Como RAFAEL va a hablar.)* ¡No me conteste! ¿Quiere vino?

RAFAEL.— No.

DOLORES.— ¿Como va a tomar vino sin mi permiso? Yo sí. *(Se sirve y alza la copa hacia RAFAEL. Con furia helada.)* Brindo por usted. Bienvenido a esta casa. *(Bebe. Arroja la copa contra la pared. Entra la madre. Mira con sorpresa. DOLORES, con hipócrita dulzura.)* Se me voló la copa, mamá. Quería servirle al profesor y se me voló la copa.

ESCENA II

(RAFAEL y DOLORES en el salón. Están estudiando, con libros y cuadernos sobre la mesa, sentados del mismo lado. Silencio. Se asoma la madre. DOLORES la mira fríamente.)

MADRE.— *(Con una sonrisa incómoda.)* ¿Todo bien?

RAFAEL.— Sí, señora. *(Va a incorporarse.)*

MADRE.— No, no, me voy. Sólo quería saber si necesitaban algo.

DOLORES.— *(Con una dulzura venenosa.)* No, mamá. Tanta preocupación me conmueve. Estamos estudiando, ¿no ves?

MADRE.— Sí, sí. *(Torpe.)* Estudien. Hasta luego... *(Sale.)*

DOLORES.— *(La remeda con una sonrisa torcida.)* Estudien... Me duele la cabeza. *(Silencio de RAFAEL, los ojos bajos sobre su libro.)* Se dice: lo siento o se pregunta si duele mucho. Hay que ser cortés. Me duele la cabeza.

RAFAEL.— *(Sin levantar los ojos, neutro.)* ¿Mucho?

DOLORES.— Sí, como para no poder escribir.

RAFAEL.— Está progresando muy bien.

DOLORES.— Soy inteligente. *(Arroja el lápiz.)* ¡No estoy en vena! *(Se oye afuera el ruido de un carro y de las herraduras de los caballos sobre las piedras. Ambos atienden. DOLORES.)* Todas las mañanas pasa. Pero por deferencia hacia mi padre, muchas veces no gritan... "melones".

RAFAEL.— *(Sin levantar los ojos.)* Sigamos. Si se esfuerza...

DOLORES.— ¡Dije que no estoy en vena!

RAFAEL.— Se añade "or" para el comparativo. Por ejemplo, prudenti, prudentior...

DOLORES.— *(Se levanta y lo enfrenta del otro lado de la mesa. Acentúa.)* No me importa. No me in-te-re-sa.

RAFAEL.— *(Sin mirarla.)* Su padre ordenó que la mañana estuviese dedicada al latín.

DOLORES.— ¡Mi padre es un imbécil! ¡Latín! En una ciudad salvaje. La mejor cabeza es la cortada. El mejor ruido es el silencio. Quiere que aprenda latín. ¡Hay que ser imbécil!

DOLORES.— *(La mira.)* Si se niega a estudiar, tendré que decírselo.

DOLORES.— Acá son todos cuenteros. Uno más no desbordará el río.

(Se asoma el padre. Rápidamente, DOLORES toma una hoja, y luego, tanto ella como RAFAEL, se quedan quietos, como concentrados. El padre los mira y lanza su risa espasmódica. RAFAEL saluda y va a incorporarse. Con un gesto de la mano, el PADRE le indica que no, ríe y se marcha.)

RAFAEL.— Deberé informarle...

DOLORES.— ¿Y por qué no lo hizo? *(Lo remeda.)* Deberé informarle... ¿Y qué hara mi padre? ¿Me pondrá en penitencia? *(Niega, con una sonrisa burlona.)* Le rezongará a usted. Para eso le paga.

RAFAEL.— Siéntese, por favor. *(DOLORES lo mira, finalmente se sienta en su lugar.)* Y el superlativo se forma agregando "ssimus", prudenti, prudentior, prudentissimus. *(DOLORES, con ostensible indiferencia, tararea.)* Atiéndame. Me hace el trabajo muy difícil.

DOLORES.— Para eso le pagan.

RAFAEL.— Me pagan para que le enseñe. No para que se burle de mí.

DOLORES.— "Sí", para que me burle de usted. Eso tranquiliza a mi padre.

(Entra FERMÍN. Trae una bolsa granate, que mantiene alejada del cuerpo.)

FERMÍN.— Permiso, señorita.

DOLORES.— *(Ve la bolsa, se incorpora con sobresalto.)* ¿Qué traés ahí, Fermín?

FERMÍN.— *(Con una sonrisa.)* ¡Melones! *(Mete la mano en la bolsa, la saca ensangrentada.)*

DOLORES.— *(Pálida.)* ¡Llévate eso! *(Se cubre la boca con la mano.)* ¡Huele mal! ¿Cómo...?

FERMÍN.— *(Sonríe.)* ¡Pasaron y compré! Pensé, a la niña le gustará. *(Hurga en la bolsa.)*

DOLORES.— ¡No, no!

RAFAEL.— ¡Salga de aquí!

FERMÍN.— *(Sonriente, pero oscuro.)* No me alce la voz, señor. Cuidado. *(A DOLORES.)* Niña, ¿qué piensa? Fui a hacer las compras al matadero. Y

en el camino, pasó el carro. Mire. *(Saca un melón.)* Es un melón. Pura
miel. Me dije, la niña se vuelve loca por los melones...

DOLORES.— Pero nunca... nunca más comí...! *(Se rehace.)* ¡Qué broma estúpida! ¡Se lo diré a mi padre! ¡Bruto, bestia asquerosa!

FERMÍN.— *(Muy contento.)* ¡Niña! ¡Si fue su padre! Me dijo andá a divertir a la niña y al jorobado. ¡Estudian mucho! *(Ríe.)* ¿No lo quiere?

DOLORES.— ¡No! *(Aparta el rostro.)* Rafael, sigamos con la lección. ¿Dónde estábamos?

FERMÍN.— *(Se huele la mano, se la seca sobre la ropa.)* Compré carne po-
drida. Para darle un susto. ¡Pero fue idea del señor!

DOLORES.— Está bien, Fermín. Dígale gracias.

FERMÍN.— *(Pone el melón sobre la mesa, entre los libros.)* Lo dejo acá. Se
lo pueden comer. *(Vengativo.)* ¡Le voy a decir al señor que no se divir-
tieron! La señorita cree que a los salvajes, inmundos, asquerosos, no
se les debe cortar la cabeza. Es demasiado buena.

RAFAEL.— No. La señorita cree que es justicia. *(DOLORES levanta la cabeza, lo mira. RAFAEL a DOLORES.)* Dios perdonará a los débiles.

DOLORES.— Yo no me perdonaré.

FERMÍN.— ¿Se lo comen o no?

RAFAEL.— Más tarde.

FERMÍN.— ¡No está maduro! *(Ríe.)* ¡Pura miel! ¡En invierno! *(Sale.)*

RAFAEL.— *(Toma la fruta y la coloca sobre el aparador.)* Vamos a terminar la lección.

DOLORES.— Gracias. *(Una pausa.)* Pero no necesita hablar por mí.

RAFAEL.— No volveré a hacerlo. *(Hojea el libro.)* Acá estábamos. Prudenti-
ti, prudentior, prudentissimus.

DOLORES.— Dije que me dolía la cabeza. Y ahora me duele más. *(Con tierna burla.)* Rafael prudentissimus.

DOLORES.— Por favor, sigamos. Esta mintiendo.

DOLORES.— ¡Nunca miento!

RAFAEL.— Veritas odium parit.

DOLORES.— ¿Que es eso? ¿Nunca miras de frente?

RAFAEL.— *(Alza la cabeza y la mira.)* La franqueza engendra odio.

DOLORES.— *(Ríe, luego.)* Te equivocas. Cuando te miro el rostro parece...

RAFAEL.— No hemos avanzado nada.

DOLORES.— *(Suavemente.)* ¿Conociste mujer?

RAFAEL.— No hemos...

DOLORES.— ¡No hemos cuernos! *(Suavemente.)* ¿Conociste mujer? *(Silencio tenso de RAFAEL.)* ¿No? *(RAFAEL cierra los ojos.)* ¿Quién va a que-
rerte, no? Por eso te eligió mi padre. Me guarda para alguien como él.
Más rico. Prefiero matarme. Pero no. La muerte no me gusta. ¿A vos
te gusta?

RAFAEL.— ¿Qué?

DOLORES.— ¡La muerte, bobo!

RAFAEL.— No.

DOLORES.— Entonces, te gusta lo mismo que a mí. *(Le pasa el dedo por el dorso de la mano.)* ¡Qué hermosa manito!

RAFAEL.— *(Aparta la mano.)* Déjeme.

DOLORES.— Te dejo. *(Cambia de lugar.)* De frente pasás. Mirame. *(RAFAEL alza la cabeza y la mira. Dolores, sincera.)* Tenés lindos ojos. Demasiado tiernos. *(Espera un comentario o reacción que no se produce.)* Cuando te miro me parece que no tenés...

RAFAEL.— *(Termina por ella.)* ¿Joroba? Pues la tengo, señorita.

DOLORES.— Eso tranquiliza a mi padre. Pero hace mal. Basta que me prohíba una fruta para que me tiente comerla. ¿Me entendés?

RAFAEL.— No. Ni quiero.

DOLORES.— *(Dulcemente.)* ¿Te explico?

RAFAEL.— *(Tenso.)* No.

DOLORES.— Hay mujeres que... se pueden enamorar de los defectuosos...

RAFAEL.— *(Tenso.)* ¡Y defectuosos que por suerte no se enamoran de las imbéciles!

DOLORES.— *(Ríe.)* ¡Ah, sos capaz de enamorarte!

RAFAEL.— Como cualquier hombre. Sigamos. El verbo varía de terminación. Petrus amat...

DOLORES.— ¿Y de vos se enamoraron?

RAFAEL.— *(Cada vez más tenso.)* Petrus amat, petrus...

DOLORES.— *(Fría y autoritaria.)* Te hice una pregunta. Contestame. Acá los criados contestan cuando se los interroga.

RAFAEL.— ¿Ya se le pasó el susto? Contestaré las preguntas referidas a la lección. Y no soy un criado.

DOLORES.— ¿Quién dijo que me asusté? Hace falta más que una broma idiota. Y sí que sos un criado porque te dejan a solas... conmigo. *(Exasperado, RAFAEL cierra bruscamente el libro. DOLORES sonríe, dulcemente.)* ¿Te enojaste?

RAFAEL.— No, señorita. *(Se controla, abre el libro.)* Sigamos.

DOLORES.— Lindos ojos... Tiernos y sedientos. Mírame.

RAFAEL.— Jamás la miraré.

DOLORES.— *(Persuasiva.)* ¿No?

RAFAEL.— Usted se confunde.

DOLORES.— ¿Con qué?

RAFAEL.— Con el objeto de su... *(Va a decir algo irreparable, se contiene.)*

DOLORES.— *(Fría.)* Terminá.

RAFAEL.— Quiero enseñarle lo que sé y basta. Es mi trabajo y lo cumpliré a conciencia. No haga la coqueta conmigo que no va. Soy su profesor y debe obedecerme... en esto.

DOLORES.— *(Ríe, luego dulcemente.)* Lindos ojos... Sedientos. *(Una breve pausa.)* ¡Pero qué problema abrazarte! *(Hace un gesto hiriente como si no le alcanzara el brazo.)*

RAFAEL.— *(Se incorpora bruscamente.)* ¡Cállese, maldita sea! ¡Malcriada, odiosa!

DOLORES.— ¡Servil!

RAFAEL.— ¿Servil? ¡Pero tonta! ¡Orgullosa con el estómago lleno!

DOLORES.— *(Lo enfrenta muy cerca.)* ¡Ser-vil! *(RAFAEL le pega una bofetada. DOLORES se lleva la mano a la mejilla, no puede creerlo, vacila un momento entre la humillación y el llanto, y se crispa de furia.)* ¡Se lo diré a mi padre! ¡Ponerme la mano encima! *(Sacude frenética el cordón del timbre.)* ¡A mí! ¡Nadie me pegó jamás y que un...! ¡Se lo diré! ¡Te pondra de patitas en la calle! ¡Jorobado!

RAFAEL.— ¡No lo haga!

DOLORES.— ¡Te meterá preso!

RAFAEL.— ¡Le pido disculpas!

RAFAEL.— ¡Ni que te arrodilles! *(Se asoma FERMÍN.)* ¡Qué venga mi padre!

FERMÍN.— ¿Qué paso, niña?

DOLORES.— ¡Que venga mi padre? *(Sale FERMÍN.)*

RAFAEL.— ¡Discúlpeme, por favor! ¡No debió ofenderme!

DOLORES.— ¿Yo? Para que yo ofenda, ¡tiene que haber "alguien" para ofender!

RAFAEL.— No diga eso. La criatura más mísera puede ser ofendida.

RAFAEL.— Está bien que reconozcas tu condición. ¡Yo te enseñaré quien obedece a quién! ¡Mi padre te lo enseñará más rápido!

RAFAEL.— *(Se encoge de hombros, triste.)* Como quiera.

(Entra el padre.)

PADRE.— *(Risueño.)* ¿Niños?

DOLORES.— *(Se abalanza hacia sus brazos.)* ¡Me dio una bofetada!

PADRE.— ¿Quién? ¿Él?

RAFAEL.— Señor..

PADRE.— *(Abraza a DOLORES. A RAFAEL, tristemente.)* ¿Por qué?

DOLORES.— Hice mal un dibujo. *(Se aparta, abre la carpeta de dibujo, busca.)* Vas a ver papá. ¡Este dibujo!

PADRE.— *(Triste.)* Es muy hermoso...

DOLORES.— *(Vuelve a sus brazos.)* ¿Verdad papá? Papito.

PADRE.— *(Le mira el rostro.)* Te marcó los cinco dedos... *(La acaricia suavemente.)* ¿Y qué haremos, Dolores? ¿Qué haremos con él?

DOLORES.— ¡Que se vaya!

PADRE.— Te quedarás sin profesor. Serás burrita, burrota. Como tu madre. Que si viene un franchute no sabe decir buen día. ¿Qué haremos con él?

RAFAEL.— Está mintiendo, señor.

PADRE.— ¡Cállese! *(Dulcemente, a DOLORES.)* ¿Qué querés que le hagamos? Y Fermín me contó que no le gustó la broma. Quizás piense que a los asquerosos no hay que cortarles la cabeza. *(A RAFAEL, por encima del hombro de DOLORES.)* Quizás lo piensa.

RAFAEL.— No, señor. No lo pienso.

PADRE.— Pero esto no arregla nada. Le pegó a mi niñita. *(A DOLORES.)* ¿Qué queres que le hagamos?

DOLORES.— Que lo metan preso, que le peguen, que se vaya... *(Llora.)*

PADRE.— Oh, no, no. Esos lindos ojitos... Bueno, papá hará algo que le gustará a su niña. Deje de llorar. *(Le seca las lágrimas.)* Se me rompe el corazón. Te compraré un vestido. ¡Y haremos una fiesta!

DOLORES.— *(Se aprieta contra él mimosa.)* ¡Gracias, papá. *(Hipa.)* ¡Pero me pegó!

PADRE.— Sí, te pego, ¡malo! Papá no olvida.

RAFAEL.— Me provocó, señor.

PADRE.— *(Lo mira y por contestación ríe con su risa espasmódica. Deja de reír.)* Papá es bueno, pero se pone feroz cuando su niña llora. *(Se sienta y sienta a DOLORES en sus rodillas.)*

RAFAEL.— Me iré, señor.

PADRE.— *(No lo atiende.)* Acá, como cuando era chiquita. *(Sacude las piernas.)* ¡Caballito! Vamos a jugar a las adivinanzas, ¿querés?

DOLORES.— *(Mimosa.)* Sí.

PADRE.— A ver si acertás la primera. *(Como en un juego infantil.)* ¿Cuál es el criado más fuerte?

DOLORES.— Fermín.

PADRE.— ¿Quién tiene el cinturón más ancho?

DOLORES.— Fermín.

PADRE.— ¿Quién el brazo más rudo?

DOLORES.— *(Ríe.)* ¡Fer-mín!

PADRE.— ¿Y la espalda más espesa?

DOLORES.— *(Pícara.)* ¡Rafael! *(RAFAEL retrocede hasta empujar la silla.)* ¡Se asustó! *(Se levanta.)* ¡Se asustó, papá! *(Va hacia RAFAEL.)* ¡Pégame otra vez! Jorobado, lacayo. ¡Servil! ¿No era esta la palabra que te ofendía? ¡Servil! *(Aterrorizado, RAFAEL aparta a DOLORES y va hacia la puerta. Cuando la abre, está FERMÍN en el vano. Lo sujeta.)*

RAFAEL.— ¡Déjeme! *(Se debate inútilmente. El PADRE mira y ríe con su risa espasmódica. En ese momento, DOLORES comprende que el juego ha dejado de ser juego, se asusta ella entonces y rompe a llorar angustiosamente.)*

ESCENA III

(Es de mañana DOLORES y la MADRE en el salón. Los libros y carpetas sobre la mesa.)

MADRE.— No debiste hacerlo.

DOLORES.— "Él" no debió hacerlo.

MADRE.— Tu padre es duro.

DOLORES.— *(Culpable, pero orgullosa.)* Nadie me pondrá la mano encima.
MADRE.— Sí. Pero hay muchas maneras de golpear.
DOLORES.— *(Burlona.)* Sabia. Lástima que esa sabiduría nunca la usás con vos. Te golpean de mucha maneras, pero ninguna te irrita bastante. *(La MADRE mira y se aleja hacia la puerta.)* ¡Mamá! *(En un ruego.)* Quedate.
MADRE.— No. Tengo que dar las órdenes para el almuerzo. Espero que hoy comas... un poco. *(Vengativa.)* No es así como vas a conseguir que te perdone.
DOLORES.— ¿A mí? ¿Quién tiene que perdonarme "a mí"?
MADRE.— Seguramente nadie. Entonces comé. *(Una pausa.)* Y dormí de noche.
DOLORES.— Me espiás.
MADRE.— Te cuido.
DOLORES.— ¡Ah, ahora se llama cuidar!
MADRE.— El orgullo no hace buenas migas con el arrepentimiento.
DOLORES.— ¡Sí! Si no, no sirve. *(Orgullosa, pero al borde de las lágrimas.)* ¡Nadie me pondrá la mano encima, te dije! ¡No me parezco a vos!
MADRE.— Voy a dar las órdenes para el almuerzo.
DOLORES.— ¡Mamá! *(Se le quiebra la voz.)* Quedate.
MADRE.— No. *(Sale.)*
DOLORES.— *(Hojea una carpeta, alterada. Se oye pasar el carro. DOLORES se queda inmóvil, atiende. Se oye un grito indescifrable de vendedor. Cuando cesa, DOLORES cierra la carpeta con un gope seco, pega con el puño sobre ella. Entra RAFAEL, camina más torcido. Se miran con una larga y cargada mirada. Luego, bruscamente. DOLORES aparta una silla.)* Siéntese. *(RAFAEL continúa mirándola. DOLORES, incómoda.)* ¿Cómo está?
RAFAEL.— Bien... *(Agrega.)* señorita. *(La mira fijamente.)*
DOLORES.— ¿Por qué me mira?
RAFAEL.— *(Aparta el rostro.)* Perdón.
DOLORES.— *(Lo mira ella ahora, de otra manera, con culpa, tristeza y un sentimiento más profundo. Después de un silencio.)* Míreme.
RAFAEL.— *(Levanta los ojos hacia ella, neutro.)* Vamos a seguir...
DOLORES.— Dijo que nunca iba a mirarme.
RAFAEL.— *(Neutro.)* Me equivoqué. Vamos a seguir...
DOLORES.— No quiero. En tres días me olvidé de todo.
DOLORES.— Repasaremos.
DOLORES.— Nada de lo que me enseña me sirve. ¿Escuchó hoy gritar "melones"?
RAFAEL.— No.
DOLORES.— Suerte para usted. Pasaron dos veces. En la primera, dejaron una cabeza en la esquina.
RAFAEL.— No vi nada.
DOLORES.— Se levantó tarde.

RAFAEL.— Quizás. No me sentía... bien.

DOLORES.— *(Bajo.)* Lo sé. Quiero decirle...

RAFAEL.— Nada. Me pagan para que le enseñe.

DOLORES.— Le dije que son cosas inútiles.

RAFAEL.— Utiles o inútiles debo enseñárselas. Me pagan. Sueldo, alojamiento y comida. Con los señores.

DOLORES.— *(Lo mira. Bruscamente.)* ¡Empecemos! *(Se sienta. RAFAEL no la imita.)* Siéntese.

RAFAEL.— *(Dolorido por el castigo.)* Estoy mejor de pie.

(Entra FERMÍN, trae una bandeja con una taza y una jarra de chocolate.)

FERMÍN.— Permiso, señorita. La señora me manda servirle este chocolate. ¿Se acuerda cuando se lo llevaba a la cama?

DOLORES.— *(Seca.)* No me acuerdo.

FERMÍN.— ¡Oh, usted se reía mucho conmigo! *(Sirve.)*

DOLORES.— Ya no.

FERMÍN.— *(Le tiende la taza.)* Y yo le llevaba regalos. ¿Qué me trajiste, Fermín?, me decía. No lo deje enfriar.

DOLORES.— *(Con enojo.)* ¿Para mí? ¿Para mí sola? ¿No ves que estoy acompañada?

FERMÍN.— *(Burlón.)* Sí, señorita.

DOLORES.— ¿Y entonces?

FERMÍN.— Hay compañías que no cuentan. *(Mira a RAFAEL con una superioridad burlona. Sonríe.)*

DOLORES.— *(Furiosa.)* ¿Quién te ha dicho que sonrías? ¿Quién te autorizó? ¿Yo te autoricé? ¿Te hice una broma? ¿Compartimos algo?

FERMÍN.— No, señorita.

DOLORES.— ¡Entonces, tomá tu expresión de lacayo! ¡Y llevate esto! *(Toma la taza y la deposita sobre la bandeja.)* ¡Acá hay dos personas!

FERMÍN.— Su madre...

DOLORES.— ¡Mi madre no manda en esta casa! ¡Te dije que lo lleves! *(Aferra la bandeja y la arroja violentamente contra la puerta.)*

FERMÍN.— *(Humildemente, se inclina y recoge la jarra y los pedazos de taza.)* Perdón, señorita. No debe enojarse conmigo. *(Sale. Un silencio.)*

RAFAEL.— *(Sonríe vagamente.)* No es bastante.

DOLORES.— ¿Que no es bastante?

RAFAEL.— Lo sabe.

DOLORES.— ¡No creas que porque te defiendo...! *(RAFAEL ríe, amargo. DOLORES, furiosa.)* ¡No te rías!

RAFAEL.— *(Borra la sonrisa.)* No. Si usted no me autoriza, tampoco me reiré.

DOLORES.— ¿Qué es lo que no era bastante?

RAFAEL.— Lo sabe.

DOLORES.— No repitas.

RAFAEL.— Tampoco usted.

DOLORES.— *(En un arranque.)* ¡Yo puedo...! *(Se contiene. Con penosa humildad.)* Por favor.

RAFAEL.— ¿Qué quiere ahora? Nos tocaba francés y botánica. Pero podemos cambiar. Si su padre no se entera. *(Con otro sentido.)* ¿Qué quiere?

DOLORES.—*(Lo mira. Con penosa humildad.)* Que me perdones.

RAFAEL.— Que yo... ¿De qué?

DOLORES.— Que me perdones. *(Se acerca.)*

RAFAEL.— *(Se aparta.)* Señorita, alguien puede entrar y no estamos trabajando.

DOLORES.— Te falta agregar que no te comprometa. No tengas espíritu de... *(Se interrumpe.)*

RAFAEL.— *(Blandamente.)* No me comprometa.

DOLORES.— *(Con desprecio.)* ¡Oh, todos lacayos!

RAFAEL.— *(Estalla, furiosa.)* ¡Basta! ¿Qué es lo que me pide? ¿Perdón? ¿Quiere pedirme perdón? ¿A mí? Si la pone contenta, perdonada está. usted puede cometer todos los ultrajes y será perdonada.

DOLORES.— ¡No así!

RAFAEL.— ¡"Si, así"! Tan hermosa, señorita de sociedad y padre poderoso, ¡"sí, así"! ¿De qué otra manera quiere ser perdonada por los lacayos? ¡Como lacayos la perdonamos! ¡Y ahora empecemos! ¡Siéntese! *(La sujeta con violencia por el hombro para que se siente.)*

DOLORES.— *(Se resiste contra él. Levanta la cabeza y lo mira, muy cerca. Quedan inmóviles los dos. DOLORES, como si lo descubriera.)* Te amo...

RAFAEL.— Cállese.

DOLORES.— *(Aterrado.)* Te amo... Te amo con tus ojos furiosos...

RAFAEL.— ¡Cállese!

DOLORES.— *(Se aprieta contra él. Es solo un impulso.)* Amo tu nariz, tus piernas, tus dientes, tu lengua.

RAFAEL.— La odio. *(La rechaza.)*

DOLORES.— *(No lo atiende. Ansiosa y dulcemente.)* ¿No me oíste? ¿No me oíste?

RAFAEL.— *(Se queda en suspenso. Muy bajo, como si fuera otra persona quien hablara.)* Si...

DOLORES.— *(Apremiante.)* Sí, ¿qué?

RAFAEL.— Sí... Dolores.

DOLORES.— *(Apremiante.)* Dolores, ¿qué?

RAFAEL.— Dolores... mi alegría.

DOLORES.— *(Apremiante.)* ¿Lo soy?

RAFAEL.— *(Por un segundo pareciera que va a decir sí. Luego, terminante.)* No.

DOLORES.— ¡Dijiste sí!

RAFAEL.— *(Se aleja.)* Apártese. *(Vengativo.)* ¿Se divirtió así con el otro?

DOLORES.— ¿Qué otro?

RAFAEL.— ¡Con el profesor que echó su padre?

DOLORES.— ¡Ni lo miré!

RAFAEL.— ¿No? Pero un poco de coquetería con un lacayo distrae, el tiempo pasa mejor.

DOLORES.— ¿Pero no entendés nada? ¿No sabés nada de arrepentimiento? *(Se acerca a él.)* ¡Pegame!

RAFAEL.— ¿Y no gritará servil? ¿No llamará a su padre? ¡Oh, qué tentación!

DOLORES.— *(Se pega en el pecho con los puños.)* ¿Cómo me rechazas "a mí"? ¿Qué debo hacer? ¿Cómo tengo que hablarte?

RAFAEL.— *(Inmóvil.)* Así. Ahora la reconozco.

DOLORES.— *(Baja los brazos.)* Perdoname.

RAFAEL.— No debe excusarse. Yo comprendo sus arrebatos, señorita.

DOLORES.— Por favor...

RAFAEL.— *(Lentamente.)* ¡Déjeme en paz! No quiero ser juguete de nadie y menos suyo. Si yo fuera...

DOLORES.— Lo que sos. Más alto, más hermoso, más derecho, no te querría. *(Se acerca y tiende la mano hacia el rostro de RAFAEL.)*

RAFAEL.— Se olvidó de mí. *(Le baja el brazo.)* ¿A quién debo querer yo, señorita? ¿A usted como es?

DOLORES.— *(Humilde.)* A mí... como soy.

RAFAEL.— Me pide mucho.

DOLORES.— No. *(Ríe temblorosa.)* Dijiste... Dolores mi alegría.

RAFAEL.— Porque... *(Busca.)* Sonaba bien. Aunque no fuera cierto. *(Recupera su furia.)* ¡Y este perdón tampoco le va! Me duelen las espaldas, ¡pegó en la joroba especialmente!

DOLORES.— Perdoname. ¡Te pido perdón!

RAFAEL.— ¡La perdoné, dije! Que a uno le concedan todos los perdones, significa que no merece ninguno. ¡Como el olvido, señorita! Si uno olvida todo, sepulta, degüella su memoria. ¿Quiere ese tipo de olvido? ¿Necesita sentirse bien con su conciencia? ¡Pues se lo concedo! ¡Y déjeme en paz!

DOLORES.— No. No te dejaré en paz. Quiero que me odies... por lo que te hice... y que me perdones...

RAFAEL.— El odio lo tiene. *(Ríe.)* ¡Y el perdón!

DOLORES.— Te amo.

RAFAEL.— ¿Qué sabe usted?

DOLORES.— Sé que te amo.

RAFAEL.— *(Remeda, ácido.)* Sé que te amo. Se apasionó demasiado pronto, ¿no le parece? No es más que una estúpida criatura. ¡Sé que te amo! No soy un cualquiera. Como con ustedes. Tengo mi cuarto aparte. ¡Sé que te amo! *(Ríe.)* ¡Ama a un criado! A un lacayo, como dice usted.

DOLORES.— ¡No!

RAFAEL.— Sí, un criado a quien se puede castigar impunemente. ¿Sabe de que está llena mi joroba? ¡De humillación! Humillación de criado, por supuesto.

DOLORES.— Nadie te humilló jamás. Yo sí me siento humillada porque te hice...

RAFAEL.— *(Con una sonrisa sarcástica.)* ¿Castigar? No, señorita, no es lo mismo. No se aflija. Soy un criado. Siempre me sirven último, y no hablo si no me dirigen la palabra, y debo decir, sí, señor, sí señorita. ¡Y en mi magnífico cuarto tropiezo la joroba contra las paredes!

DOLORES.— ¡Te amo!

RAFAEL.— ¿Me ama? ¡Sí, señor! *(Ríe, rectifica.)* ¡Sí, señorita! ¡Su padre se alegrará!

DOLORES.— ¡No me hablés de mi padre!

RAFAEL.— ¡Bailará en una pata cuando lo sepa! ¡En dos!

DOLORES.— *(Lo abraza.)* ¡No me castigues!

RAFAEL.— *(Vengativo.)* ¡Si no la castigo! Me acostaré con usted y le haré un hijo jorobado. ¡Podemos hacer hijos los jorobados! ¿Lo pensó? ¡Será divertido!

DOLORES.— ¡No, no!

RAFAEL.— ¿No, no? ¡Sí! ¡Nos reiremos juntos, usted y yo!

DOLORES.— *(Oculta su cara contra su hombro.)* ¡No me castigues, Rafael!

RAFAEL.— ¡El nietecito de su padre! Con el cuello torcido, si tenemos suerte, y una jiba más grande que la mía porque su carne es fresca.

DOLORES.— ¡Te amo!

RAFAEL.— *(La rechaza.)* ¡Cállese! *(Se oye pasar el carro.)* ¿Oye? Pasa y vuelve a pasar. Ahí estará su cabeza, también. ¡Y la mía! ¡No vale la pena, señorita! ¡Para mí no vale la pena! *(DOLORES le da la espalda, ahoga un sollozo.)* Ahora viene el llanto. Las señoritas lloran cuando no les satisfacen los caprichos.

DOLORES.— *(Se seca las lágrimas. Lo enfrenta, orgullosa.)* ¿Quién llora?

RAFAEL.— La prefiero así. *(Se miran a la distancia, como dos enemigos. Entra FERMÍN, los observa con una suspicacia burlona. Trae otra vez una bandeja con la jarra y una sola taza.)*

FERMÍN.— Por un error, al profesor le servimos en su cuarto. La servidumbre está ahora muy ocupada. Y yo tengo un recado urgente que me encomendó el señor. *(Sirve el chocolate.)* Bébalo caliente. Estudie mucho. *(Va hacia la puerta.)* Y no se enoje conmigo, señorita. También puedo equivocarme. *(Ya en la otra puerta, como por casualidad, pero sugestivamente, pone ambas manos sobre el ancho cinturón. A RAFAEL)* ¿No le molesta, no?

RAFAEL.— No. Gracias, Fermín. Después tomaré el chocolate en mi cuarto.

FERMÍN.— No le importa tomarlo frío, ¿verdad?

RAFAEL.— No. No me importa.

(FERMÍN sonríe, sale y cierra la puerta.)

DOLORES.— ¿Me perdonaste?

RAFAEL.— *(Terminante.)* No. *(Se miran intensamente. Un largo silencio.)* Sí... *(Con una sonrisa iluminada, DOLORES corre hacia él.)*

ESCENA IV

(DOLORES y la MADRE en la habitación de DOLORES. Un chal sobre una silla. La MADRE sostiene un vestido entre los brazos, DOLORES, en enaguas, tararea. Cuando la MADRE se acerca con el vestido y lo acomoda para que coloque la cabeza, DOLORES se inclina y sale por el otro lado. Da vueltas tarareando.)

MADRE.— Dolores, vamos. Vestite. *(La mira.)* Estás contenta.

DOLORES.— ¿Y cómo no?

MADRE.— Me alegro que estés contenta.

DOLORES.— La idea de papá es magnífica. *(Dulcemente.)* Hace proyectos con las personas y las personas dicen sí.

MADRE.— Esa persona es su hija.

DOLORES.— O su mujer. O sus criados... Nadie puede decir no al señor de la casa. Mueve un dedo y ya está.

MADRE.— Ese señor es tu padre.

DOLORES.— ¿Y el otro señor, mamá? ¿El que corta cabezas?

MADRE.— ¡Oh! Quien te oye puede pensar que corta cabezas todo el día. Es bondadoso. No le gusta hacerlo.

DOLORES.— *(Sonríe.)* No.

MADRE.— Se le oponen y no lo dejan elegir.

DOLORES.— *(Con sospechosa dulzura.)* Yo no me opongo, mamá. Yo le dejo elegir. A papaito. ¿Eligió bien?

MADRE.— Sí. *(Se acerca con el vestido.)*

DOLORES.— *(Se escapa.)* ¿Cómo es?

MADRE.— Buen mozo.

DOLORES.— Rico.

MADRE.— Buen mozo y rico. Que tu padre se impacienta.

DOLORES.— ¿Y qué me importa? Hermoso y rico. Pero con cincuenta años, ¿no?

MADRE.— No. Es joven. ¡Si tuviste que verlo alguna vez!

DOLORES.— ¡Juro que no! ¿Dónde?

MADRE.— En misa. El está tan enamorado...

DOLORES.— *(Se burla.)* ¡Qué emoción! *(Da unas vueltas, tararea.)* ¡Yo también estoy enamo-ra-da!

MADRE.— No te burles Vamos.

DOLORES.— Mejor que espere, mamá. ¡Se pone más...! *(Termina con un gesto.)*

MADRE.— ¡Está tu padre! Se enfurece por nada y después descarga contra mí.

DOLORES.— Nunca existe "con vos", siempre contra. Te gusta. *(Le mira el brazo.)* ¿Qué te pasó acá? ¡Cómo pellizca cuando se enfurece!

MADRE.— Me golpeé contra una puerta.

DOLORES.— Sí. Porque sos tonta y ciega.

MADRE.— Vestite.

DOLORES.— *(Se viste.)* ¿Y cómo se llama?

MADRE.— Juan Pedro.

DOLORES.— Juan Pedro, ¿qué?

MADRE.— *(Vacila.)* De los Campos Dorados.

DOLORES.— ¿Qué?

MADRE.— Campos Dorados.

DOLORES.— *(Sonríe, incrédula.)* No es cierto...

MADRE.— ¿Por qué? ¿Qué tiene?

DOLORES.— ¡Oh, mamá! *(Se tienta.)* ¿De verdad se llama así... desde chiquito?

MADRE.— Sí. Se llama... ¡De los Campos Dorados!

DOLORES.— ¡Oh, mamá, no puede ser! *(Ríe.)* ¿Me va a caer encima eso? ¿Yo qué hice? ¡Campos Dorados! *(Ríe.)*

MADRE.— ¿Y qué hay? *(Sonríe.)* ¡Es un buen apellido!

DOLORES.— ¡Sí! ¡Campos Dorados! ¡Brilla! ¡Campos plateados hubiera sido peor! *(Ríe.)* ¿Cómo... cómo voy a casarme con él? ¡Ay! ¡Ay, no tendrías que... que habérmelo dicho!

MADRE.— *(Sonríe.)* ¿Qué tiene? No se llama campos...

DOLORES.— ¿Inundados...? *(Ríe en un ataque loco de risa, se abraza a la madre, que se contagia. Ríen las dos, abrazadas. Dejan de reír poco a poco.)*

MADRE.— Vamos.

DOLORES.— *(Con la cabeza apoyada sobre el hombro de la madre.)* Mamá...

MADRE.— ¿Qué?

DOLORES.— *(Se aparta un poco y la mira.)* Qué hermosa sos así.

MADRE.— ¿Cómo?

DOLORES.— Así, riéndote.

MADRE.— *(Se pone seria.)* Vamos, que tu padre espera... *(Intenta desasirse.)*

DOLORES.— *(La retiene.)* Porqué no decir: que tu padre espere...

MADRE.— No, basta. *(Se suelta.)* Tiene mal carácter. Mejor que te peines.

DOLORES.— Yo también.

MADRE.— *(Intenta peinarla.)* Ya debieras atarte el pelo...

DOLORES.—*(La rechaza, sacude la cabeza.)* No hay necesidad.

MADRE.— Entonces, vamos.

DOLORES.— ¡Dolores de los Campos Dorados! *(Ríe, pero sin ninguna alegría. La MADRE no la acompaña. DOLORES le hace cosquillas bajo el mentón.)* Reíte.

MADRE.— Ya basta.

DOLORES.— Es un buen apellido, tenés razón. Por lo menos te hizo olvidar.

MADRE.— ¿De qué?

DOLORES.— De que no podías reírte.

(Entra el PADRE.)

PADRE.— ¿Y? ¡Estoy harto de aguantarle la lata a ese imbécil! ¿Qué esperan?

MADRE.— Ya vamos, Benigno. Estamos listas.

DOLORES.— ¡Oh, éste también tienen un nombre! *(Ríe.)*

PADRE.— *(La mira, oscuro.)* ¿Puede saberse la causa del jolgorio?

DOLORES.— Estoy contenta.

PADRE.— *(Se ablanda.)* ¿Es cierto? *(Le acaricia la mejilla.)* ¿Elegí bien esta vez?

DOLORES.— No podías haberme dejado a mí, ¿no, papá?

PADRE.— ¿Qué decís, Dolores? Sos una niña, mi niña. *(La besa en la frente.)* Te deseo lo mejor.

DOLORES.— *(Por un segundo se recuesta contra él.)* No mentís. Y lo terrible es que me conmueve. *(Se aparta. Cambia de tono.)* Ya vamos, papá. ¿Es un imbécil?

PADRE.— *(Tierno.)* No. Jamás te casaría con un imbécil. *(Le sonríe, afectuoso. Mira a la madre y su rostro se oscurece.)* Querida, hay que tener tacto. No sos una cualquiera.

MADRE.— *(Insegura, se lleva las manos al peinado.)* ¿Qué pasa? ¿En qué me equivoqué?

PADRE.— Cambiate el vestido.

MADRE.— ¿Por qué? Te gustaba mucho éste.

PADRE.— Con mangas largas es más discreto... para una señora.

MADRE.— Tengo el chal. *(Se lo pone.)*

PADRE.— Puede deslizarse. *(Se lo desliza. Le mira el brazo.)* ¿Qué pensaría?

DOLORES.— Que las puertas golpean, papá.

PADRE.— Sí.

DOLORES.— Y que es ciega y tonta.

PADRE.— Sí. *(Una pausa.)* No me hace honor haber elegido tan mal. *(Sale. La MADRE y DOLORES se miran.)*

DOLORES.— Ya estoy lista. Vamos.

MADRE.— No.

DOLORES.— Nos esperan.

MADRE.— Me cambio el vestido. *(Se miran.)*

ESCENA V

(El salón. El PADRE y JUAN PEDRO de los Campos Dorados, un hombre joven, excesivamente bien vestido, buen mozo. Están sentados, el padre tamborilea con los dedos sobre la rodilla. Un silencio. Entra RAFAEL.)

RAFAEL.— ¿Me mandó llamar, señor?

PADRE.— *(Sin mirarlo.)* Sí, quédese ahí. *(JUAN PEDRO mira fugazmente. RAFAEL se queda parado junto a la puerta. El PADRE tamborilea sobre su*

rodilla. Un silencio prolongado e incómodo. JUAN PEDRO *sonríe. A na-
die. Se da cuenta. Borra la sonrisa.* PADRE *con acento malhumorado,
casi entre dientes.)* A las señoras siempre hay que esperarlas.
JUAN PEDRO.— Sí.
PADRE.— Ya estaba lista. Tenía un vestido rojo y quiso ponerse otro... *(Son-
ríe torcido.)* Rojo.
JUAN PEDRO.— Sí.
PADRE.— Siempre quieren estar mejor.
JUAN PEDRO.— Dolores es muy joven.
MADRE.— ¿Dolores...? *(Grosero.)* La vieja fue. Digo, mi mujer. *(Ríe, espas-
módico.)* Perdone la familiaridad. Es mi mujer, ¿no? *(Lo mira atenta-
mente, esperando respuesta.)* Puedo tomarme algunas libertades.
JUAN PEDRO.— *(Incómodo.)* Sí.
PADRE.— *(Se incorpora, dominándose a duras penas.* JUAN PEDRO *lo imi-
ta. El* PADRE *sonríe, hipócrita.)* Me tiene en un puño.
JUAN PEDRO.— Hay prisiones dulces, señor.
PADRE.— *(Lo mira, rompe a reír divertidísimo, lo palmea en el hombro.
Entran* DOLORES *y la* MADRE. *Se adelanta, riendo.)* ¡Ah, por fin! *(Gentil-
mente, les besa las manos.)*
DOLORES.— *(Con fingida dulzura.)* Mamá tuvo que cambiarse el vestido.
¿No se lo ordenaste?
PADRE.— ¿Yo? Tu madres es muy coqueta. Nunca se decide. *(Presenta.)*
Juan Pedro. Mi mujer, mi hija Dolores.

*(*JUAN PEDRO *les besa las manos.* DOLORES *le sonríe y le mira burlona. La*
MADRE *y* DOLORES *se sientan en el sofá.)*

PADRE.— Rafael, sírvanos una bebida.
DOLORES.— Está Fermín, papá.
PADRE.— *(No la atiende, a* JUAN PEDRO.*)* ¿Prefiere licor, tenemos licor de
ciruelas, té o... o quizás prefiera mate?
JUAN PEDRO.— No, mate no. Me cae ácido. Tomaré... licor.
PADRE.— Licor. Rafael. *(*RAFAEL *va hacia el gran aparador, saca un botellón y copas.* JUAN PEDRO *lo mira curiosamente. El* PADRE *descubre la
mirada.)* Es el profesor de Dolores. Preceptor en casa. Como de la fa-
milia. Pero no está demás tomar algunas precauciones... Al elegir. *(Ríe
con su risa espasmódica.)*
JUAN PEDRO.— *(Tarda un segundo en comprender.)* ¡Ah! *(Ríe discretamen-
te.)* ¡Muy atinado, señor! Mi padre me eligió un profesor tonto porque
no soportaba a nadie más inteligente que yo.
DOLORES.— *(Dulcemente.)* ¡Qué difícil debió ser!
JUAN PEDRO.— ¿Por qué? ¿Es que soy tan tonto?
DOLORES.— *(Id.)* No. Decía. *(Se ríe boba.)*
PADRE.— Dolores estudia francés. Y latín, que nadie estudia.
DOLORES.— Y dibujo, papá.

PADRE.— Dibujo. Podés mostrarle tus dibujos, Dolores.

MADRE.— *(Tímidamente.)* A mí hay uno que me gusta...

DOLORES.— *(La interrumpe sin oírla.)* ¡Cómo no! ¡Puedo recitar un poema también! ¿Quiere que le recite un poema?

JUAN PEDRO.— Con placer.

DOLORES.— *(Sin levantarse del sofá, con la mirada perdida.)*
Rodeada estoy de imbéciles
y simulo que soy tonta
los imbéciles me creen
y me hago la marmota.
(Mira a JUAN PEDRO.) ¿Qué le parece?

JUAN PEDRO.— *(Perplejo, intenta reír.)* ...Lindo...

DOLORES.— *(Con una sonrisa almidonada.)* ¿No?

JUAN PEDRO.— Lindo, pero con una intención muy transparente.

DOLORES.— ¿Cuál?

PADRE.— *(Le pone la mano sobre el hombro y aprieta.)* Hija única, Dolores es malcriada. Necesita una mano fuerte.

DOLORES.— *(Secamente.)* Me hacés mal, papá.

PADRE.— *(Hipócrita.)* Perdón. *(Aparta la mano.)* Mano fuerte en guante de seda. Es lo que necesitan las damas. *(Se oye pasar el carro.)* Y no sólo las damas.

JUAN PEDRO.— Estoy de acuerdo. Tenemos paz. No es un precio excesivo.

DOLORES.— *(Con una sonrisa venenosa.)* Si lo pagan otros.

JUAN PEDRO.— Y riqueza.

DOLORES.— Si la disfrutan usted... y mi padre.

PADRE.— *(Como en un juego, dulce y suavemente, pero con furia contenida, le pega en la boca con la punta de los dedos.)* Dolores, en boca cerrada no entran moscas, ¡cerrá la boca! ¿Y, Rafael? ¿Esa bebida?

RAFAEL.— *(Toma la bandeja que había dejado sobre la mesa y sirve.)* Enseguida, señor.

PADRE.— *(Hacia JUAN PEDRO.)* ¡Salud! *(Bebe.)*

JUAN PEDRO.— A la suya. ¡Y a la salud de las damas! *(Bebe.)*

DOLORES.— ¿Por qué no se sirvió, Rafael? ¿No le gusta el licor?

RAFAEL.— Gracias, señorita. No... bebo.

PADRE.— ¡Sírvase, Rafael! ¡Usted es de la familia! *(A JUAN PEDRO.)* Come con nosotros.

JUAN PEDRO.— Y... ¿y no les molesta?

DOLORES.— *(Secamente.)* ¿Por qué?

JUAN PEDRO.— Yo... yo tengo una particular sensibilidad hacia los defectuosos... Cualquier defecto físico me crispa.

MADRE.— *(Sonríe bondadosa.)* Pero Rafael es...

PADRE.— *(No la atiende.)* ¡Ah, le digo que se vaya! ¡Váyase, Rafael. Después de todo no tiene porqué aguantarnos.

RAFAEL.— Como usted quiera, señor. *(Se inclina.)*

DOLORES.— ¡No! *(Sonríe a JUAN PEDRO.)* Le pido una prueba de estima.

Que se quede. No será tan flojo, ¿no?

JUAN PEDRO.— Es por sensibilidad. Pero, por supuesto, que se quede, si usted lo desea. *(Con una sonrisa infame.)* ¡Miraré de costado!

RAFAEL.— *(Se dispone a marcharse.)* Buenos días.

JUAN PEDRO.— La señorita desea que se quede. Y yo me someto a sus deseos.

PADRE.— *(Como RAFAEL vacila.)* Quédese.

RAFAEL.— Sí, señor.

(Entra FERMÍN, sosteniendo una bandeja. Sobre la bandeja, un plato de plata con una taza.)

PADRE.— ¿Qué, Fermín?

FERMÍN.— Como sé que el señor profesor no bebe, le traje un té.

PADRE.— ¿Y desde cuándo...? *(Se ilumina.)* ¡Oh, está bien!

FERMÍN.— *(A RAFAEL.)* Sírvase.

RAFAEL.— Gracias. *(Toma el plato, que está ardiendo y le quema los dedos. Pega un grito y deja caer todo.)*

DOLORES.— *(Se incorpora con el rostro furioso.)* Papá, ¿cómo permitís...?

PADRE.— *(Ríe espasmódicamente.)* ¡Fermín, bestia! ¿Se quemó, Rafael?

RAFAEL.— *(Con el rostro contraído.)* No, señor. *(Se inclina para recoger la taza. La MADRE, que se ha incorporado alarmada vuelve a sentarse. Mueve la cabeza, con mansa reprobación.)*

FERMÍN.— Deje, yo soy el criado.

DOLORES.— Papá, ¿cómo tolerás...?

PADRE.— Es una broma. Fermín, si hacés esto otra vez te echo a patadas.

FERMÍN.— *(Contento.)* Sí, señor. *(Sale.)*

PADRE.— Sentate, Dolores. No pasó nada. Tranquilícela. Rafael.

RAFAEL.— No me quemé señorita.

JUAN PEDRO.— Es curioso... *(Aparta la vista.)*

PADRE.— *(Confidencial.)* ¡Yo la vi! *(Ríe, se atora.)*

DOLORES.— *(Abruptamente.)* Mamá toca el piano.

MADRE.— *(Tímida.)* ¡No, Dolores! ¿Qué decís?

DOLORES.— *(A JUAN PEDRO.)* ¿Sabe bailar?

JUAN PEDRO.— *(Se incorpora.)* Encantado. Si los señores permiten. Pero la señora dudaba...

PADRE.— La señora no duda. ¡Es una buena oportunidad para que exista! *(Ríe, se atora.)*

MADRE.— Hace tanto tiempo que no...

DOLORES.— *(Suavemente.)* Papá prefiere el silencio porque le gusta pensar. Y mamá andaba siempre con la musiquita. *(Extiende los dedos.)* ¡Se le cayó la capa encima! *(Ríe ácidamente.).*

MADRE.— *(Apresurada.)* ¡Un accidente! Por eso... ¡debo tocar muy mal! Ya ni me acuerdo. Hace tanto tiempo que no...

PADRE.— Vamos, no seas vanidosa. *(Sincero.)* Tengo mal carácter. Me irritaba la música. Ya debieras conocerme.

MADRE.— *(Desarmada y casi con ternura.)* Te conozco. Benigno.

PADRE.— Entonces sabés que te lo pido sinceramente.

DOLORES.— ¿Bailará, Rafael? ¿Quiere acompañarnos?

RAFAEL.— Perdón, señorita. Me excuso.

JUAN PEDRO.— *(Ríe.)* ¡Oh, sería cómico! *(Se pone los dedos sobre los ojos.)* ¡Miraré a través de los dedos para no impresionarme.

DOLORES.— *(Con una mirada mortal.)* ¿Impresionarse de qué?

JUAN PEDRO.— A veces soy torpe.

DOLORES.— *(Sonríe, con dulzura venenosa.)* ¡No! Es el tacto de la época. ¿Bailamos? ¿Y usted, Rafael?

RAFAEL.— No, gracias, señorita.

PADRE.— Baile, Rafael. No le pregunté si era profesor de danzas. Pero un hombre con su talento las sabe todas. *(La MADRE se ha sentado en un taburete y recorre las notas. PADRE se acerca.)* ¿Te acordás?

MADRE.— *(Levanta hacia él un rostro iluminado.)* Sí, Benigno, ¡me acuerdo! *(Empieza muy mal un minué, después se afianza.)*

JUAN PEDRO.— *(Se acerca a DOLORES con la mano tendida, mira fugazmente hacia los padres y como los ve distraídos, le toca brutalmente un seno. DOLORES se aparta y lo mira con estupor. JUAN PEDRO, como si no hubiera tenido nada que ver con él, atiende un momento la música y en un punto dado, ofrece su mano a DOLORES. Después de una breve vacilación, DOLORES la acepta. Bailan.)*

DOLORES.— Por favor, Rafael, acompáñenos. *(Lo mira intensamente.)* Usted no va a tener miedo de bailar.

RAFAEL.— Perdón, señorita.

DOLORES.— *(Irritada.)* ¡No me pida perdón! *(Se aparta de JUAN PEDRO, quien termina una figura de minué donde debiera encontrar a DOLORES. Pero ella baila sola en otro costado.)* Quiero que usted baile... conmigo. *(Sin acercarse, tiende la mano hacia él.)*

RAFAEL.— Seré... ridículo.

DOLORES.— *(Desafiante.)* Sí.

RAFAEL.— Patético.

DOLORES.— ¡Sí!

PADRE.— *(Ríe espasmódico, interpreta mal la escena.)* Dolores... *(Tímidamente, RAFAEL se adelanta. Bailan los tres, pero es obvio que DOLORES no considera a JUAN PEDRO. Ella y RAFAEL se miran intensamente. El PADRE observa divertido, pero poco a poco deja de sonreír, mira oscuro. Sacude el cordón del timbre. Luego, pega con la mano abierta sobre el piano.)* ¡Un vals! *(La MADRE deja de tocar, el baile se interrumpe.)* ¿Te gusta el vals, Dolores?

DOLORES.— Sí, papá.

PADRE.— *(A la madre.)* Un vals, entonces.

MADRE.— *(Contenta.)* ¡Benigno, me pedís mucho!

PADRE.— No. Es fácil. *(Tararea.)* Lo tocabas siempre cuando éramos novios. *(Le toma una mano y se la besa.)* Probá. Por mí.

MADRE.— *(Sonríe tímidamente ante esa muestra de afecto e intenta recordar el vals, empieza, se equivoca, se va afianzando.)* Creía que no me gustaba la música, pero... *(Levanta la cabeza sonríe al padre, que le devuelve la sonrisa. Como con sorpresa.)* ¡Me gusta! ¡Si no te aburre! *(Toca.) (Entra FERMÍN.)*

FERMÍN.— ¿Señor?

PADRE.— Los jóvenes están bailando.

FERMÍN.— Me alegro, señor.

PADRE.— Rafael se quedó sin pareja.

FERMÍN.— *(Pesca al vuelo la intención y todo el diálogo es para llegar a un punto que los dos conocen.)* ¿Y qué debo hacer? ¿Busco una criada?

PADRE.— ¡No! Es demasiado poco. ¿Y desde cuándo las criadas bailan el vals? El candombe, Fermín.

FERMÍN.— ¿Y yo?

PADRE.— Sos más que un criado.

FERMÍN.— Gracias, señor. *(Sonríe.)* ¿Debo bailar con él?

PADRE.— Si fueras tan amable...

DOLORES.— *(Palidece.)* No es necesario, papá.

FERMÍN.— ¿Me aceptará?

PADRE.— Lo acepta, ¿no, Rafael? No es demasiado apuesta, pero... *(Ríe. La madre se interrumpe.)* ¡No te detengas! ¡Mové los deditos!

FERMÍN.— ¿Cómo debo bailar?

PADRE.— Como sepas.

FERMÍN.— ¿Lento?

PADRE.— "Muy" lento.

FERMÍN.— *(Irónico, a Rafael.)* ¿Me concede esta pieza?

RAFAEL.— *(Enfrenta la humillación, orgulloso.)* ¡Sí! Las que usted quiera... señorita.

FERMÍN.— ¡No! ¡La señorita es usted! *(Lo enlaza por la cintura, bailan.)*

JUAN PEDRO.— *(Mira risueño, luego a DOLORES.)* ¿Bailamos?

(Sin contestar. DOLORES corre hacia la puerta. Con un rápido movimiento, el padre la detiene, la mantiene abrazada contra su pecho.)

PADRE.— *(Con fingida dulzura.)* ¿Por qué te vas? ¿Te cansaste de nuestra compañía?

DOLORES.— No, papá. No me cansé.

PADRE.— Entonces bailá. *(Una breve pausa.)* O mirá a la parejita. ¿No es deliciosa?

DOLORES.— Sí... papá. *(JUAN PEDRO lanza una risita.)* ¿Por qué se ríe?

JUAN PEDRO.— *(Risueño.)* Perdón. Como dice su padre, es deliciosa.

DOLORES.— ¡Sí! Soltame, papá. No me iré. *(El padre la suelta. DOLORES lo mira.)* Me gusta ver hacer el ridículo a la gente.

PADRE.— *(Señala a FERMÍN y a RAFAEL.)* A "ellos" tenés que mirar. *(Se acerca al piano.)* ¡Más rápido! ¡Qué vals dormido! *(A la MADRE.)* Tenías más sangre antes. Me querías más. ¡Más rápido! *(Golpea con la mano abierta sobre el piano. La MADRE acelera el ritmo, no tanto porque el padre se lo pide sino porque tiene excusa para su propio placer. RAFAEL se agota, pero lucha por seguir a FERMÍN.)* ¡Más rápido! *(FERMÍN acelera aún.)*

DOLORES.— *(Mira, no lo soporta.)* ¡Basta! *(A la MADRE.)* ¡Dejá de tocar!

PADRE.— ¡Más rápido!

DOLORES.— ¡No quiero que bailen! *(Intenta separar a RAFAEL de FERMÍN, pero los dos giran tan vertiginosamente que sólo consiguen que la empujen de un lado y de otro. Demudada.)* Por favor, por favor... *(Un empellón la arroja sobre JUAN PEDRO.)*

JUAN PEDRO.— ¡Qué brutos! *(La ayuda a incorporarse. Con una rápida ojeada, percibe que nadie los observa y toca a DOLORES como alguien que aprovecha burdamente la ocasión.*

DOLORES.— *(Lo rechaza. Lo mira como sin reconocerlo.)* Por favor, por favor...

PADRE.— *(Grita, golpeando con la mano abierta sobre el piano, mientras FERMÍN y RAFAEL bailan en un torbellino que gira y gira y gira.)* ¡Más rápido! ¡Más rápido! ¡Más rápido!

ESCENA VI

(El salón. Hay libros y cuadernos sobre la mesa. DOLORES y RAFAEL. DO-LORES levanta la tapa del piano, recorre algunas teclas.)

DOLORES.— Mi madre siempre tocaba el piano. Le gusta la música. Pero mi padre odia todo placer que no provenga de él. Como no puede dar placer, da odio. Y lo llama amor. Mi madre no toca más el piano, cree que no le gusta la música. Y lo más curioso es que... también ella llama amor al odio de mi padre. Y a veces... hasta yo lo llamo de la misma manera.

RAFAEL.— *(Suavemente, le aparta las manos del teclado, baja la tapa.)* Vamos a estudiar.

DOLORES.— ¿No querés que te cuente nada?

RAFAEL.— No, señorita... Dolores. No me corresponde saber nada. *(Se sienta a la mesa. Sin mirarla.)* ¿Por qué quiso separarnos ayer? Al final... no pudo verme hacer el ridículo.

DOLORES.— No, no eras vos quien lo hacía. ¿Me creés?

RAFAEL.— *(La mira, no contesta. Suavemente.)* Siéntese. *(Ella lo hace, a su lado. RAFAEL abre un libro, lee.)*
    "Elle avait pris ce pli dans son âge enfantin
    De venir dans ma chambre un peu chaque matin
    Je l'attendais ainsi qu'on rayon qu'on espère..."
(Levanta la vista y la mira.) Et je lui dissais: je t'aime.

DOLORES.— *(Lo mira.)* Y yo decía: te amo.

RAFAEL.— En francés, es je t'aime. *(Simula leer.)* Il lui dissait: je t'aime.

DOLORES.— Te amo.

RAFAEL.— *(Una pausa.)* No debe hacer esto... conmigo. *(La mira, ya no dice una frase prestada.)* Je t'aime.

DOLORES.— *(Pone su mano sobre la de él.)* Nos iremos juntos. Campos Dorados se llama. Y fijó la boda dentro de tres meses.

RAFAEL.— Los latinos decían que el nombre es el destino.

DOLORES.— *(Con aprensión.)* Me llamo Dolores. ¿Es mi destino ese? ¿El dolor?

RAFAEL.— El nombre verdadero. Belleza. O alegría. Dolores mi alegría.

DOLORES.— Nos iremos juntos.

RAFAEL.— ¿Dónde?

DOLORES.— Afuera. *(Se abre la puerta. DOLORES aparta rápidamente la mano. Entra FERMÍN, con una bandeja, la jarra y una sola taza. Deposita todo sobre la mesa, los mira curiosamente y sale.)* Donde nos sirvan dos tazas de chocolate y podamos beberlas juntos. Donde no griten melones y dejen cabezas. Donde mi padre no exista. Donde por lo menos el nombre del odio sea odio.

RAFAEL.— Es imposible.

DOLORES.— Tenés miedo.

RAFAEL.— No tengo miedo. Pero sé que es imposible. No podremos ocultarnos. Mi joroba hablará?

DOLORES.— ¿Es que no vale la pena?

RAFAEL.— Vale la pena. *(Extiende la mano, aprieta fuertemente la de DOLORES. Entra FERMÍN y RAFAEL aparta rápidamente la mano.)*

DOLORES.— ¿Qué querés, Fermín? ¿Quién te llamó?

FERMÍN.— El señor tiene que darle órdenes al jorobado. Dice que vaya.

DOLORES.— *(Furiosa.)* ¡No lo llamés así!

RAFAEL.— No importa. Lo soy. *(Sonríe mansamente. Burlón.)* Estoy "hecho a tal manera que un mal pintor no me hubiera dibujado peor en la oscuridad". Ya vuelvo. *(Sale. FERMÍN permanece en el salón, mueve los pies, indeciso.)*

DOLORES.— ¿Qué querés?

FERMÍN.— *(Tímido.)* Le traje algo.

DOLORES.— ¿Qué?

FERMÍN.— *(Pone la mano en el bolsillo, saca un pajarito oscuro, se lo tiende a DOLORES.)* Está muerto.

DOLORES.— Sí.

FERMÍN.— A mí me gustan las cosas muertas, ¿a usted no?

DOLORES.— No, Fermín.

FERMÍN.— No se mueven. No rezongan.

DOLORES.— "Yo" te rezongo. Sos ofensivo con Rafael.

FERMÍN.— A él no le importa.

DOLORES.— A mí sí.

FERMÍN.— ¿Lo sabe su padre?

DOLORES.— ¿Qué?

FERMÍN.— ¿Qué a usted le importa?

DOLORES.— Sólo me importa que no lo llamés...

FERMÍN.— *(Con placer.)* Joro-ba-do. Está bien. No lo llamo más. *(Insiste con el pájaro muerto ¿Lo quiere o no?*

DOLORES.— *No.*

FERMÍN.— *(No entiende. Sonríe.)* ¡Está bromeando! ¡Tome! *(Se lo pone en la mano.)* Cuando era chica le gustaban los regalos que le traía.

DOLORES.— *(Suavemente.)* Me daban horror.

FERMÍN.— ¡*Déme!* *(Le saca el pájaro. Furioso.)* ¡Tiene la joroba llena de cicatrices! ¡De mi mano!

DOLORES.— ¡Callate!

FERMÍN.— ¡De mi mano! ¡Por su culpa! ¡Si usted quiere...

DOLORES.— ¿Qué?

FERMÍN.— Puedo agarrarlo una noche y...

DOLORES.— *(Se asusta.)* No, no es necesario.

FERMÍN.— Soy bueno con usted. La vi nacer.

DOLORES.— Sí. Dame. *(Tiende la mano hacia el pajarito.)*

FERMÍN.— *(Caprichoso.)* ¡No! *(Lo esconde tras la espalda.)* Le apreté el cogote, para usted, y me lo despreció

DOLORES.— Hice mal. Dámelo. *(Como un niño caprichoso, FERMÍN niega con la cabeza.)* Sí. Lo voy a cuidar. *(FERMÍN le tiende el pajarito. DOLORES lo toma, le alisa las plumas con la punta del dedo.)* Es lindo.

FERMÍN.— *(Sonríe.)* Quieto. No canta.

DOLORES.— Gracias. Fermín. Lo guardaré. Ahora... andate.

FERMÍN.— No me da un premio por mi regalo?

DOLORES.— Sí. *(FERMÍN se acerca, se arrodilla y le besa el pie. DOLORES lo aparta enseguida.)*

FERMÍN.— Antes me dejaba más. No me gusta que esté tanto tiempo con ése. Se lo dije al señor.

DOLORES.— ¿Qué le dijiste?

FERMÍN.— *(Malévolo.)* ¿Le interesa? ¿Qué me da si lo cuento?

DOLORES.— ¡Nada! ¡Los chismosos me asquean!

FERMÍN.— ¡Déme el pajarito!

DOLORES.— *(Ríe, con esfuerzo.)* ¡No, Fermín! ¿Por qué te enojas? Es un lindo pajarito... sólo que está muerto. *(Lo acaricia.)* Gracias, Fermín.

FERMÍN.— Si le gusta... déjeme. *(DOLORES tiende el pie, FERMÍN le besa el zapato, tiende tímidamente la mano hacia el tobillo.)*

DOLORES.— ¡Basta! *(Suaviza el tono.)* Basta, Fermín. Fermincito. Mi padre te estará buscando. Sos su mano derecha.

FERMÍN.— *(Se alza.)* ¡Sí que soy su mano derecha! *(Va hacia la puerta. Se vuelve.)* Hace rato que no me llamaba Fermincito. ¡No le voy a decir nada al señor! ¡Y le buscaré más regalos, como antes! *(Va a salir.)* Y usted, ¡no hable tanto con el jorobado! ¡Se la dejé marcada, la joroba! *(Ríe, sale.)*

DOLORES.— Por mi culpa. Jorobado. ¿Por qué no lo digo, por qué me ofende que lo digan otros? *(Con esfuerzo.)* Joro-ba-do. Mi Rafael es jorobado. ¡No! No tiene joroba, no tiene defecto alguno. Lo querría sin piernas. Ciego. *(Con cuidado, sin mirar, deposita el pájaro sobre la mesa. Sin mirar, se limpia las manos.)* Jo-ro-ba-do. ¿Por qué me enamoré de un jorobado si hay tantos derechos, normales, si hay tantos hombres que caminan sin ningún peso en las espaldas! Con el alma negra, ¡pero ningún peso en las espaldas! Con el alma negra, ¡pero sin ningún peso en las espaldas! *(Con esfuerzo, entre diente.)* Rafael jorobado. ¡Jo-roıba-do! *(Se tapa la boca.)* ¡No puedo!

(Entra RAFAEL.)

RAFAEL.— No sé para qué me mandó llamar. ¡Tonteras! Algo que combinó con Fermín y... *(la mira.)* ¿Qué te pasa?
DOLORES.— Nada. *(Se incorporan.)* Te miro.
RAFAEL.— *(Tristemente.)* ¿Y cómo me ves?
DOLORES.— *(Corre hacia él, lo abraza, repite y es cierto.)* ¡Hermoso, hermoso, hermoso!

ESCENA VII

(DOLORES y la MADRE en el salón. La madre le acomoda el vestido. La mira.)

MADRE.— Estás bonita. Pero pálida.
DOLORES.— La emoción, mamá.
MADRE.— Juan Pedro es maravilloso, tan cortés, ¿lo notaste? Siempre me pide permiso.
DOLORES.— *(Burlona.)* Y te conquistó.
MADRE.— ¿Y a vos no? Tu padre está muy contento.
DOLORES.— ¿Ya hicieron negocios juntos?
MADRE.— ¡Qué ocurrencia!
DOLORES.— *(Simula ingenuidad.)* ¿Por qué? Papá tenía unos campos que vender, Juan Pedro unos campos para comprar. Papá está bien relacionado, y Juan Pedro está mejor. Papá aprueba y Juan Pedro aplaude. Y los dos dicen que los inmundos, salvajes, asquerosos, deben morir. Y esto abarca mucho. ¿Quién no es salvaje? ¿Quién no es asqueroso? ¿Quién no es inmundo? Sólo el poder otorga una pureza que nadie toca.
MADRE.— Dolores, cuando hablas así no te conozco. ¿No será Rafael quien....?
DOLORES.— ¿Ése? Ése no sale del francés y del latín, mamá. Si piensa, piensa en un idioma que nadie entiende.
MADRE.— Estás pálida. *(Le pellizca las mejillas.)* Así tendrás mejor color.
DOLORES.— Más alegría.

(FERMÍN abre la puerta a JUAN PEDRO.)

JUAN PEDRO.— Señoras. *(Saluda a la MADRE, luego a DOLORES, cuya mano retiene un momento entre las suyas.)* Me siento muy feliz.

DOLORES.— Yo también.

JUAN PEDRO.— Acabo de comprar una casa. Estoy ansioso por que usted la vea. Podríamos ir mañana. Con su permiso, señora.

MADRE.— *(Contenta.)* Lo tiene.

JUAN PEDRO.— *(A DOLORES.)* Quisiera que fuera de su agrado.

DOLORES.— ¡Todo es de mi agrado!

JUAN PEDRO.— Y que elija los muebles. Ya los tengo vistos, pero desearía su aprobación.

DOLORES.— *(Remedando a la MADRE.)* ¡La tiene!

JUAN PEDRO.— *(A la MADRE.)* ¿Puedo esperar que nos acompañe, señora?

MADRE.— Sí, encantada. ¿Hacia el mediodía? *(A DOLORES, inquieta)* ¿Crees que tu padre tendrá algún inconveniente? Él, para el almuerzo, es...

DOLORES.— *(La interrumpe.)* Ninguno. ¿Pero para qué? Todo estará perfecto. Aunque haya dos sillas, una mesa, una cama.

JUAN PEDRO.— *(Sonríe.)* Más que eso habrá.

DOLORES.— Lo sé. Compraremos plantas y ése será nuestro lujo. Las plantas y las flores. Y me gustaría una hiedra.

JUAN PEDRO.— El lujo serán las cortinas de raso granate, y los muebles importados y las alfombras. Una servidumbre numerosa para que no la roce ninguna fatiga.

DOLORES.— Me gusta cuidar las plantas.

JUAN PEDRO.— Por supuesto, las cuidará. Como ocio.

DOLORES.— Es usted muy amable. Y tendremos hijos.

JUAN PEDRO.— *(Con una sonrisa embarazada hacia la madre.)* También.

MADRE.— Siéntese y charlen tranquilos. Traeré mi costura y les haré compañía. *(Sale.)*

DOLORES.— Con el profesor me deja sola.

JUAN PEDRO.— Es un jorobado. Y... *(Sonríe.)* y yo tengo más derechos. *(Sin otra palabra, se le tira encima. La toca brutalmente y pretende besarla. DOLORES se resiste, la escena se desarrolla en silencio, intensa y violenta. Ante un ruido de la puerta, JUAN PEDRO se separa y se recompone rápidamente.)*

MADRE.— *(Con una sonrisa.)* Acá estoy. *(Ve agitada a DOLORES pero no se permite registrar la verdad. Le acaricia la mejilla al pasar.)* ¡Qué colores! ¡Siéntese! Yo terminaré esto. *(Se sienta aparte, con su costura.)*

JUAN PEDRO.— Le decía a Dolores que me siento muy feliz. *(A DOLORES.)* No sabía...

DOLORES.— Yo tampoco. Me parecía que todos los hombres eran tontos y serviles. Ahora comprendo.

JUAN PEDRO.— ¿Qué?

DOLORES.— Que nada es tan simple como uno cree. Y nada tampoco tan complicado. Que lo derecho puede ser torcido y lo giboso plano como un campo dorado. *(Ríe, ácida.)*

JUAN PEDRO.— No entiendo. ¿Por qué no hablar llanamente? No soy hombre de estudios.

DOLORES.— Por eso del profesor tonto que eligió su padre, debe de ser. Quería decir que basta encontrar a quien nos está destinado.

JUAN PEDRO.— ¿Soy yo?

DOLORES.— Es quien debe ser.

JUAN PEDRO.— Gracias. *(Mira hacia la MADRE para observar si los vigila. La madre levanta la cabeza en ese momento y le sonríe. JUAN PEDRO roza entonces, apenas, delicadamente, la mano de DOLORES con la suya.)* Le pedía a su padre que despidiera al jorobado.

DOLORES.— ¿Por qué?

JUAN PEDRO.— No es agradable de ver. *(Lanza una risita.)* La belleza pide belleza, y además, falta tan poco para que nos casemos, tres meses apenas... Es superfluo. Ya sabe lo que una mujer debe saber y el resto... se lo enseñaré yo.

DOLORES.— Justo. Pero hasta que nos casemos, que se quede. Después no aprenderé más nada.

JUAN PEDRO.— Salvo a ser mi esposa.

DOLORES.— Lo aprenderé bien. ¿Le pedirá a mi padre que lo deje hasta entonces?

JUAN PEDRO.— Sí. Si es su deseo.

DOLORES.— Es mi "tonto" deseo. Le diré que cuando usted me visite, se esconda. Yo no lo miro. No necesito mirarlo.

JUAN PEDRO.— Es usted hermosa. *(Mira hacia la MADRE, quien tiene la cabeza baja sobre su costura. Entonces, toma la mano de DOLORES y se la aprieta contra el sexo. DOLORES se aparta con violencia.)*

DOLORES.— Mamá, Juan Pedro se va.

MADRE.— ¿Tan pronto?

JUAN PEDRO.— Sí. *(Se levanta.)* Pasaré a buscarlas mañana para ver la casa.

MADRE.— Iremos con gusto.

DOLORES.— Ya la imagino. Paredes encaladas...

JUAN PEDRO.— *(Sonríe.)* Rojas...

DOLORES.— Y una mesa de pino.

JUAN PEDRO.— Roble.

DOLORES.— Y sillas de paja. *(JUAN PEDRO ríe.)* Y una cama no muy grande...

MADRE.— Dolores...

DOLORES.— Perdón, mamá.

JUAN PEDRO.— Hasta mañana. A las doce estaré aquí. *(Besa la mano a DOLORES. La MADRE lo acompaña. Salen.)*

DOLORES.— Ésa será "nuestra" casa, estúpido, no la tuya. *(Se asoma RAFAEL.)* ¡Rafael!

RAFAEL.— ¡Dolores! ¿Lo viste?

DOLORES.— Acaba de marcharse.

RAFAEL.— ¿De qué hablaron?

DOLORES.— No importa.

RAFAEL.— Sí, importa.

DOLORES.— ¿Estás celoso?

RAFAEL.— Sí.

DOLORES.— ¿Cómo son tus celos?

RAFAEL.— *(Finge ferocidad.)* ¡Brr! ¡Lo mataría!) *(Cambia el tono.)* Lo odio... con su espalda derecha.

DOLORES.— ¿Derecha? Es un nudo lascivo.

RAFAEL.— ¿Qué? ¿Por qué?

DOLORES.— ¡Por nada! ¿Ya arreglaste todo?

RAFAEL.— Sí. Del otro lado del río no pasan carros, no hay silencio impuesto.

DOLORES.— Dicen que es una ciudad pequeña que todavía tiene tiempo de paz. ¿Cuándo, Rafael?

RAFAEL.— Hoy. Cruzaremos el río a las diez de la noche. *(Como la ve asustada, bromea.)* ¡Me comiste los ahorros, tragona! Tu padre paga poco, pero con casa y comida...

DOLORES.— ¡Oh, tengo tal susto, Rafael!

RAFAEL.— Y yo también. ¡Atreverse con una niña rica! Es grave esto que hago.

DOLORES.— Que hacemos.

RAFAEL.— No se mide con la misma vara.

DOLORES.— ¿Te arriesgo?

RAFAEL.— No. Lo que arriesga es la infamia. Fermín o...

DOLORES.— Mi padre.

RAFAEL.— Sí. Y la ciudad detrás de tu padre. Pero todo saldrá bien.

DOLORES.— Tendremos una casa con retamas y santa ritas. Y una cama chica.

RAFAEL.— Grande.

DOLORES.— ¿Por qué grande?

RAFAEL.— *(Le cuesta, pero hace la broma.)* ¡Para que no te tropieces con mi joroba! *(Ríe con esfuerzo, pero como DOLORES ríe libremente, se tientan los dos, felices.)* Y no tendremos nada rojo. Nada que huela a sangre.

DOLORES.— Todo blanco.

RAFAEL.— Todo blanco hasta en la oscuridad.

DOLORES.— Mostrame los ojos. *(Se los besa.)* Te quiero con los ojos abiertos y cerrados. Y tendremos niños.

RAFAEL.— No de mí.

DOLORES.— *(Enojada.)* ¿De quién sino? ¿Qué pensás?

RAFAEL.— *(Sonríe triste.)* No saqués las garras, leona.

DOLORES.— Las saco con los tontos. Serán hermosos. Seguro. Como vos, tan derecho adentro, tan bien construido.

RAFAEL.— ¡Ay, es demasiado!

DOLORES.— Demasiado, ¿qué?

RAFAEL.— Este amor...

DOLORES.— *(Ríe, canturrea.)*:
¡Rafael se asustó! Es una niña bonita
¡tiene miedo del amor!

RAFAEL.— ¿Quién tiene miedo? *(La abraza cuerpo a cuerpo.)*

DOLORES.— *(Contesta.)* ¡Rafael!

RAFAEL.— ¿Yo tengo miedo? ¿Te parece? *(La aprieta.)*

DOLORES.— *(Por un segundo no entiende. De pronto.)* ¡Oh, Rafael! *(Rafael
ríe.)* ¡Soltame! ¡Estoy de novia!

RAFAEL.— *(La suelta.)* ¡Con el señor de los Campos Dorados! *(Remeda a
JUAN PEDRO.)* ¿Baila conmigo?

DOLORES.— *(Remeda, con las manos abiertas sobre los ojos.)* ¡No lo miraré para no asustarme!

RAFAEL.— ¡Sí me mirarás! *(La persigue en torno de la mesa.)*

DOLORES.— ¡No, que me impresiono!

RAFAEL.— *(Logra sujetarla por una mano.)* Te salvás de un buen nombre,
¡señora de los Campos Dorados!

DOLORES.— *(Ríe.)* ¡Ay, qué nombre! ¡Campos plateados!

RAFAEL.— ¡Dorados!

DOLORES.— ¡Inundados! *(Remeda.)* Es superfluo que usted estudie. Ya sabe
lo que una mujer debe saber y el resto... se lo enseñaré yo.

RAFAEL.— *(Tierno y alusivo.)* ¡"Yo" te lo enseñaré! *(Ríe.)* Acercate.

DOLORES.— ¡No! *(Ríe, se escapa. Con gran ruido, se protege con una silla.
Se oye pasar el carro. Atienden los dos, dejan de reír.)*

RAFAEL.— ¡Ssss! Hagamos silencio.

DOLORES.— ¡No! ¡No me asusta ningún maldito carro! No sólo te elijo a
vos, ¡elijo cabezas sobre los hombros!

RAFAEL.— Sí, pero hagamos silencio. ¡No seas loca!

DOLORES.— ¡No soy! Yo, Dolores, soy cuerda y dejo la locura a los tristes.
Vení. ¿Querés casarte conmigo?

RAFAEL.— Sí.

DOLORES.— ¿Cuando?

RAFAEL.— Mañana.

DOLORES.— A esta hora estaremos lejos. ¿Querés vino?

RAFAEL.— No bebo.

DOLORES.— *(Lo abraza.)* Entonces, te bebo a vos.

RAFAEL.— *(Tiernamente alusivo.)* Pero entero, ¿eh? *(Dolores ríe, cierra los
ojos con la cabeza apoyada sobre el hombro de RAFAEL. Se oye pasar
el carro.)*

DOLORES.— *(Se pone rígida, se separa.)* Pasa el carro otra vez.

RAFAEL.— Sí. No debemos olvidarlo, Dolores. Aunque seamos felices, no
debemos olvidar que pasa el carro. Yo también: no sólo te elijo a vos,
elijo cabezas sobre los hombros...

(Se oye pasar el carro. Se miran inmóviles. En un momento, DOLORES ex-

tiende la mano hacia el rostro de RAFAEL. *La deja inmóvil en el aire.* RA-
FAEL *se inclina y apoya su rostro en la mano.)*

ESCENA VIII

(El salón en penumbras. DOLORES *espera en un rincón, un abrigo sobre
los hombros, sosteniendo un pequeño atado entre sus manos. Hay un
ruido afuera, no muy fuerte, como una puerta que bate o que se abre y
se cierra.)*

DOLORES.— *(Se sobresalta, susurra.)* ¿Rafael? *(Silencio. Suspira y deja el
atado en el suelo. Canta como una niña que teme la oscuridad, pero
la voz se le quiebra. Silenciosamente, entra alguien.)* ¿Rafael? *(Se acer-
ca y toca. Con una exclamación ahogada.)* ¡Mamá!
MADRE.— ¿Qué estás haciendo aquí, Dolores? A esta hora.
DOLORES.— No podía dormir. Tenía... hambre.
MADRE.— *(Grave y reticente.)* Sí. No comiste en la cena.
DOLORES.— Por eso.
MADRE.— Hubieras ido a la cocina. Llamado a un criado.
DOLORES.— No... se me ocurrió.
MADRE.— Podés irte a dormir. *(Una pausa.)* No vendrá.
DOLORES.— ¿Quién?
MADRE.— Rafael. *(Le saca el abrigo de los hombros.)* Vestida para salir.
(Señala el bulto en el suelo.) Se iban a ir juntos. Robaste la casa.
DOLORES.— *(Ríe temblorosa.)* ¡Qué idea! Hacía frío. Tengo frío. *(Esboza un
gesto para tomar el abrigo, pero no lo concluye.)*
MADRE.— Nunca mentías.
DOLORES.— *(Un silencio.)* Es verdad. *(El diálogo siguiente se desarrolla en
tono casi confidencial, la voz de* DOLORES *demasiado tranquila.)*
MADRE.— Tu padre se enteró.
DOLORES.— ¿Se enteró? ¿Cómo? *(Silencio de la* MADRE.) ¿Cómo? ¿Lo
sabías?
MADRE.— Me di cuenta.
DOLORES.— Vos te diste cuenta, ¿y él? ¿Se lo dijo Fermín? *(Silencio de la*
MADRE.) ¿Fermín?
MADRE.— No.
DOLORES.— Tampoco vos mentías. *(Le acaricia la mejilla.)* Te lo agradez-
co. ¿Se lo dijiste? ¿Cuándo?
MADRE.— Antes de la cena, esta tarde.
DOLORES.— Si comimos juntos después y yo... Papá me dijo: chiquita,
comé. Y bromeó. Estaba contento y sabía... ¿Por qué estaba contento?
MADRE.— Sabía.
DOLORES.— ¿Dónde está Rafael?
MADRE.— *(Intenta marcharse.)* Vamos a dormir.

DOLORES.— *(La retiene.)* ¿Dónde está?

MADRE.— Ya no importa.

DOLORES.— *(Muy bajo, pero con gran tensión.)* ¿"Ya"? Antes y después y siempre importa. *(Alza la voz.)* ¿Ya?

MADRE.— No grités.

DOLORES.— ¿Todo el mundo duerme?

MADRE.— No. Nadie duerme.

DOLORES.— ¿Y Rafael?

MADRE.— Duerme.

DOLORES.— ¿Él...?

MADRE.— ¡Duerme!

DOLORES.— *(Incrédula.)* Nos... denunciaste. Estuviste espiándonos y... nos denunciaste.

MADRE.— No. Yo pensé que...

DOLORES.— Si nunca pensaste nada. ¿"Cuándo" empezaste a pensar? ¿Para qué?

MADRE.— Pensé que era mejor.

DOLORES.— Oh, qué algodón tenés adentro. Qué algodón sucio...

MADRE.— Dolores.

DOLORES.— Dolores mi alegría.

MADRE.— ¿Dónde ibas a ir? Mi chiquita que roba en su casa y... y un jorobado por...

DOLORES.— *(Con odio frío y concentrado.)* Envidiosa. Aceptaste todo desde el principio, envidiosa de que los otros vivan. No por cariño. Miedo. Tímida de todo. A mí me hiciste esto. Miedo de vivir hasta a través de mí. Humillada que ama su humillación.

MADRE.— No quiero oírte, no entiendo... Siempre fuiste caprichosa. ¡Vamos a dormir! *(Con angustia.)* Acostate en tu cama y...

DOLORES.— Espero a Rafael.

MADRE.— Y tápate... Y cerrá los ojos y... la puerta de tu cuarto para que nadie entre...

DOLORES.— Espero a Rafael.

MADRE.— No vendrá.

DOLORES.— ¿Por qué estás tan segura? Duerme, dijiste, ¿cómo puedo dormir?

MADRE.— No vendrá.

DOLORES.— ¿Por qué? ¿Qué le han hecho? ¿Qué le ha hecho ese hombre que odia todo lo que no sea su poder?

MADRE.— Ya...

DOLORES.— *(Salvaje.)* ¡Dije que no digas "ya"! ¡Voy a buscarlo!

MADRE.— ¡No! *(La retiene.)*

DOLORES.— ¡Dejame salir! ¿Nadie duerme? ¡Pues que se muestren despiertos! *(Se suelta.)* ¡Voy a buscarlo!

MADRE.— ¡No vayas!

DOLORES.— *(Se detiene.)* ¿Por qué?

MADRE.— Lo traerán aquí. ¡Yo no quería!

DOLORES.— ¿Qué?

MADRE.— *(Vencida.)* Que lo trajeran...

DOLORES.— ¿Le han... pegado? ¿El escarmiento? ¿Creen que los seres escarmientan? ¿Pero qué piensan que somos? ¿Qué bestias son que no se conocen?

MADRE.— Callate. *(Rompe a llorar.)*

DOLORES.— Tus lágrimas. *(Lentamente.)* Ahora. Ya entiendo.

MADRE.— *(Llora.)* ¡Dolores!

DOLORES.— Qué espanto me dan tus lágrimas. Me pusiste un buen nombre. El nombre es el destino. *(Alza la voz.)* ¡Yo no lloraré! Seca en mi odio. ¿Por qué estamos en esta oscuridad? Es de noche. *(Sonríe crispada.)* Iba a escaparme. Pero no hay razón para la oscuridad. Encenderé las luces. *(Enciende febrilmente las velas, una por una, pero habla con tensa tranquilidad.)* Para vernos las caras, mamá. Si no, una puede engañarse, oigo tu llanto, pero no lo veo bien. ¿Te pegó papá? ¿Por eso llorás? ¿A ver tu cara? *(Brutalmente, le toma el rostro que la madre quiere hurtar.)* Un tumor sobre la boca y telarañas sobre los ojos. Legañas también. ¡Tocate! Vas a sentir tu propia fealdad. *(La deja.)* Y mi cara, ¿cómo es ahora? *(Se toca.)* No me la conozco. Pero no es mi cara la que me importa. ¡Ni la tuya!

FERMÍN.— No grités, Dolores, no me guardés rencor. ¡Se me escapó todo de las manos! Tu padre me preguntó y...

DOLORES.— *(Con exasperación contenida, como si intentara una explicación común.)* Es lo que pasa, mamá. Cuando se decide por otros, es lo que pasa, se escapa todo de las manos y el castigo no pertenece a nadie. Entonces, uno finge que no pasó nada y todo el mundo duerme en buena oscuridad, y como el sol no se cae, al día siguiente uno dice: no pasó nada. E ignora su propia fealdad. ¡Tocate! *(Con una sonrisa crispada.)* Y para colmo, encendí las luces. *(La MADRE tiende la mano para apagar una.)* ¡No te atrevas! ¡Necesito ver el castigo! Necesito que no me quiten eso, el cuerpo castigado. *(Va hacia la puerta, grita furiosa de dolor.)* ¡Fermín! ¡Fermín! *(FERMÍN se asoma enseguida.)* Nadie duerme hoy en esta casa. ¿Qué te ordenó mi padre?

FERMÍN.— Que lo trajera.

DOLORES.— ¿Y qué esperas, lacayo? ¿Que te llore?

FERMÍN.— Conocí a la señorita de niña. No me gusta que sufra.

DOLORES.— *(Ríe.)* ¡Buena respuesta! *(Se corta. Feroz.)* ¡Traélo!

FERMÍN.— Su padre me lo ordenó. *(Su brutalidad se impone. Sonríe.)* Quería que el jorobado no faltara a la cita.

DOLORES.— *(Suavemente.)* No lo hagás faltar. *(Sale FERMÍN. DOLORES enciende otra vela. Con dura naturalidad.)* Quedó apagada ésta. ¿Me ves bien, mamá?

MADRE.— Dolores, ¿por qué no te fuiste?

DOLORES.— *(Con frío desprecio.)* ¿A encerrarme en mi cuarto? No hay nin-

guna puerta para el dolor, mamá. ¡Tonta! *(Se abre la puerta. FERMÍN car-*
ga el cuerpo sin vida de RAFAEL. Lo arroja como un fardo sobre el piso.
DOLORES, inmóvil, no aparta la vista.)
FERMÍN.— *(Con un gesto de excusa.)* Yo le hubiera pegado nada más. *(Se*
le escapa la risa.) ¡En la joroba!
MADRE.— Está bien, Fermín. Andate.

(Sale FERMÍN.)

DOLORES.— *(Siempre con la vista fija en RAFAEL.)* Gracias, mamá. *(Con mo-*
vimientos rígidos, se acerca, se arrodilla junto a él. Serena y en silen-
cio. No lo toca. Lo mira largamente.) No bastaba pegarte, jorobadito,
porque no fue por tu joroba. Jorobadito. Todos debemos vivir de la
misma manera. Y quien pretende escapar, muere. *(La madre solloza.*
DOLORES se alza.) ¡Fuera!
MADRE.— *(Intenta acercarse.)* ¡No me echés! ¡Es que tu padre es tan duro!
DOLORES.— *(Salvaje.)* ¡Fuera! ¡Quiero estar sola! ¡Decile gracias! ¡Le agradezco que me permita mirar a mi muerto! ¡Pero no quiero llantos a mi
alrededor! ¡Llanto hipócrita! ¡Fuera!

(Entra el PADRE, con FERMÍN, quien trae una bandeja con una jarra y tres
tazas.)

PADRE.— *(Muy tranquilo.)* ¿Quién grita? Dolores, no me gustan los gritos.
No me dejan pensar. Vamos a dormir todos, ¿eh? Ni hablaremos de
esto. Nos bebemos una taza de chocolate y...
DOLORES.— A dormir... *(Mira a los tres, masculla con un odio contenido*
y feroz.) ¡Canallas! ¡Que el odio los consuma! ¡Que la memoria no los
deje vivir en paz! ¡A vos, con tu poder, y a vos, mano verduga, y a vos,
hipócrita pusilánime!
PADRE.— ¿Qué criamos? ¿Una víbora? ¡Ya te sacaremos el veneno de la
boca!
DOLORES.— ¡No podrás! ¡Tengo un veneno dulce, un veneno que mastico
y trago!
PADRE.— Peor para vos. Ahora a dormir, ¡y es una orden!
DOLORES.— *(Ríe.)* ¿Qué? ¿Cómo no te das cuenta, papito? Tan sabio. *(Fu-*
riosa.) ¡Ya nadie ordena nada! *(Con una voz áspera y gutural.)* ¡En mi
y conmigo, nadie ordena nada! ¡Ya no hay ningún más allá para tener
miedo! ¡Ya no tengo miedo! ¡Soy libre!
PADRE.— *(Furioso.)* ¡Silencio! ¡Nadie es libre cuando yo no quiero! ¡En esta
casa mando yo todavía! ¡Dije a dormir!
DOLORES.— ¡Jamás cerraré los ojos! Si me dejás viva, ¡jamás cerraré los
ojos! ¡Voy a mirarte siempre despierta, con tanta furia, con tanto asco!
PADRE.— ¡Silencio!
DOLORES.— ¡Te lo regalo el silencio! ¡No sé lo que haré, pero ya es bas-

tante no tener miedo! *(Ríe, estertorosa y salvaje.)* ¡No te esperabas ésta!
¡Tu niñita, tu tierna criatura...!

MADRE.— ¡Dolores!

DOLORES.— Dolores, ¿qué? *(Desafiante, al padre.)* ¡Dolores mi alegría, me
decía el jorobado! ¡A tus espaldas!

PADRE.— ¡Te moleré a golpes! *(Va a pegarle, pero la madre se interpone
y recibe el bofetón.)*

DOLORES.— ¡Gracias, mamá! ¡A buena hora! ¡El algodón sucio sirve! ¡Te dije
que no tengo miedo! ¡Menos de éste!

PADRE.— ¡Que se calle, Fermín, llevátela! ¡Sáquenla de mi vista!

DOLORES.— *(Forcejea, mientras FERMÍN la arrastra, grita furiosa.)* ¡Te odio!
¡Te odio!

PADRE.— ¡Silencio!

DOLORES.— *(Con una voz rota e irreconocible.)* ¡El silencio grita! ¡Yo me
callo, pero el silencio grita!

*(FERMÍN, junto a la MADRE, la arrastra hacia afuera y la última frase se pro-
longa en un grito feroz. Una larga pausa.)*

PADRE.— *(Mira de soslayo el cuerpo de RAFAEL. Se yergue inmóvil, con
los ojos perdidos. Suspira.)* Qué silencio...

(Después de un momento)

TELÓN

LUISA JOSEFINA HERNÁNDEZ

RESPUESTAS AL CUESTIONARIO

1. No estaría de acuerdo con los estudios mencionados en cuanto a México se refiere. La dramaturgia en mi país es deficiente en comparación con la poesía, por ejemplo. La obra de las mujeres es más o menos comparable a la de los hombres; ni unos ni otros son "silenciados ni marginados", continuamente se ven en el teatro obras de pésima calidad, llevadas a la escena por influencias de amistad, por el poder de periodistas amigos, incluyendo conecciones políticas. Lo que si es verdad es que la dramaturgia en el mundo entero y a través de los siglos no es un género favorecido por las mujeres, pero lo mismo puede decirse de la composición musical o la dirección escénica. Yo utilizo poco el trabajo de mujeres dramaturgas en mis clases, que son todas de teoría dramática, lo haría más si fueran históricas o de investigación, pero ocurre que realmente es notable la exigua cantidad de mujeres que escriben teatro comparada con la de los hombres que se dedican al mismo oficio. En primer lugar las que hay no son muy conocidas, otras no son muy buenas aunque sean conocidas y además quizá las mujeres prefieren escribir otros géneros, como la poesía. Suele ocurrir a pesar de todo lo que se habla de los adelantos de la mujer profesional, que conserva sus preferencias. Por ejemplo, las mujeres en el teatro prefieren ser actrices y lo hacen magníficamente; en la música cantantes o ejecutantes, pero no compositoras o directoras de orquesta. Pocas mujeres han dirigido cine... ¡pero cómo lo han actuado! En fin, ¿qué quieren que les diga? ¿Cuántas pintoras famosas conocemos?... ¿Las razones?, quedan para los sociólogos, los psicólogos y hasta los antropólogos.

2. No. Creo que el talento es universal. Cuando se dice de una escritora que tiene "mente masculina", se está implicando que escribe bien porque lo hace como un hombre. Es un criterio sexista y un prejuicio. Muchas feministas se amparan en él para tratar de hacer aceptables obras de baja calidad, sin caer en la cuenta de que con ello están diciendo en otras palabras que el trabajo de la mujer es inferior.

3. No creo en esta dualidad lingüística.

4. La función de toda literatura es trasmitir una *verdad* de cualquier clase, siempre que se cumplan requisitos estéticos. ¿Cuál *verdad* se prefiere? Aquella que parece urgente decir en voz alta, de acuerdo con el tipo de mentira que se vive colectivamente.

5. México vive una grave crisis económica. Es notoria la ausencia de presupuestos o el mal manejo de ellos. Mi teatro no es comercial, necesita de instituciones. Eso debería ser respuesta suficiente.

6. No interfiero en los montajes. Salvo en la obra escogida para esta antología, que fue un trabajo conjunto. Evito ver las representaciones de mis obras desde hace 15 o 20 años. Antes de eso, pasé los peores ratos de mi vida... sin llegar a disgustarme con los directores. Pero en general, me afecta de todas maneras, desde el enojo hasta la risa. A estas alturas prefiero no verlas o que no me las pongan. Como soy también novelista prefiero mil veces el editor al director.

7. Sólo en la obra presente. Pero la cooperación de los actores fue de improvisaciones, sin palabras sobre temas generales como dolor, enojo, compasión, etc. El trabajo completo duró un año, con el mismo grupo de actores. El director me tuvo siempre presente ¡tres horas diarias! y nunca me dio ideas para el texto. O, sea fue una colaboración de sensibilidades y el resultado excelente, también novedoso. La obra marcó una etapa en la teoría de la dirección escénica y en el estilo de actuación. No creo haber influido en otros dramaturgos, sólo y definitivamente en el campo de la dirección y en la actuación, méritos en realidad del director, Héctor Mendoza en este caso.

El público no fue tomado en cuenta.

8. Empecé a escribir teatro más o menos en los cincuentas y desde *Los huéspedes reales* (1956) decidí no escribirlo más que por encargo, o sea con una puesta en escena asegurada y un grupo o unos actores que se me permita ver. No me ha resultado mal en general, unas veces cobro y otras lo hago gratuitamente. Así con este sistema tengo más o menos cuarenta obras de teatro... pero curiosamente o no, mi profesión es de maestra en la Universidad Nacional Autónoma de México, en donde siempre he trabajado con excepción de algún año sabático o un viaje especial. Como escribo teatro por encargo normalmente ello condiciona tema y público. Si es para niños, jóvenes, estudiantes, alum-

nos, público cualquiera, etc., resulta factor importante para elegir el tema. Mis temas son según el público. Mi libertad sería la forma de presentarlos o el enfoque.

9. El realismo de los cincuentas, el teatro didáctico brechtiano, el teatro universal tal como se vive en una cátedra, soy maestra de teoría dramática desde hace más de treinta años, tengo que analizar unas cien obras teatrales por año, imposible delimitar hasta donde me influyen.

10. La *Danza del urogallo múltiple*, (qué nombre, fue una idea del director) fue escrita en 1970 para un grupo experimental. La puesta en escena como tal marcó una época en la escenificación de las obras en México y le dio una personalidad al teatro universitario de entonces. La *Danza* forma parte de un grupo de siete obras que se han venido escenificando separadamente y fue publicada en una de las conocidas antologías de la Editorial Aguilar. Allí están en diferentes tomos editadas también *Los frutos caídos, Los huéspedes reales, La paz ficticia*. Todas estas obras mencionadas son muy anteriores y han sido muy publicadas. *Danza* demuestra que mi trabajo a partir de los setenta no se detuvo, por eso preferiría verla en su antología. La respuesta a esta pregunta la he contestado también en el número 7 de su cuestionario.

Danza del urogallo múltiple

Luisa Josefina Hernández

PERSONAJES

HOMBRE.
MUJER.
MUCHACHO II.
MUCHACHO I.
HOMBRE I.
HOMBRE II.
MUCHACHA.
MADRE.
MENDIGA.

ACTO ÚNICO

(Entran a escena el HOMBRE y la MUJER; ella toca un tamborcillo y él una guitarra. Los instrumentos pueden ser sustituídos según las necesidades de la representación en escena. En cuanto están situados en el foro, se acomodan para tocar.)

HOMBRE.— No hay techo para mí,
  el cielo es todo.
MUJER.— Yo veo una estrella
  cubrirnos con su manto.
HOMBRE.— Estamos en la tierra,
  la tierra es un planeta.
MUJER.— Sol, nubes, luna,
  aquí abajo tú y yo.
HOMBRE.— A veces no existimos,
  somos árboles, somos agua y fuego.
JUNTOS.— Satélites, cometas, el universo entero,
  nosotros vivos siempre,
  en vibración contínua;
  eternamente.

(Mientras ellos cantan han aparecido los demás personajes, Una MUCHA-CHA, dos MUCHACHOS, dos HOMBRES, una MADRE joven con su hijo en bra-

202

zos, una MENDIGA, tal vez embarazada, con un terrible aire de suciedad física y moral. Todos aplauden con entusiasmo.)

HOMBRE I.— Canten otra

MUJER.— Otra. *(Durante los siguientes parlamentos la MUJER se dirige a cada uno con la mano tendida, el HOMBRE sigue tocando la guitarra.)*

MUCHACHO I.— *(Al MUCHACHO II.)* Dale.

MUCHACHO II.— No traigo. *(Los dos se registran los bolsillos con el evidente propósito de sacar una moneda pequeña, sin mostrar el dinero.)*

MUCHACHO I.— No te hagas.

MUCHACHO II.— Aquí está. *(Saca una moneda de veinte centavos y se la da.)*

MUJER.— Gracias.

MADRE.— *(Quien ya tiene preparado otro veinte y lo da rápidamente.)* Tenga.

MUJER.— Gracias.

MUCHACHA.— *(Que no ha hecho ademán de buscar.)* No traigo. *(La MUJER se detiene frente al HOMBRE I y vacila, luego extiende la mano.)*

HOMBRE I.— Nada más me faltaba que a mí no me pidiera. *(Le da un peso.)*

MUJER.— Gracias *(El HOMBRE II se acerca y le da una moneda rápidamente; luego disimula. La mendiga está sentada en el suelo con aire indiferente.)*

MUCHACHA.— Cante, ¿no?

MUJER.— Cantamos una sola vez.

MUCHACHO I.— Pues devuelvan el dinero. *(La MADRE, el HOMBRE I y el HOMBRE II miran al MUCHACHO I con atención, casi con ansiedad de que surja un conflicto, pero la MUJER toma el veinte, que todavía tiene en la mano, y se lo devuelve. El MUCHACHO I no lo toma.)*

MUCHACHO II.— Ustedes, ¿a qué juegan, eh? *(El HOMBRE sigue tocando sin reaccionar, la MUJER se muestra tranquila.)*

MUJER.— Ya lo ve, pedimos limosna.

MUCHACHO I.— Sí, claro. Pero, ¿para qué?

MADRE.— Cada quien tiene derecho a vivir como quiera.

HOMBRE I.— ¡Eso faltaba! Cantan, ¿no?

MUCHACHO II.— Son vagos, viven de los demás.

HOMBRE I.— Y usted, ¿de qué vive?

MUCHACHO I.— *(Con violencia.)* ¡A usted nadie le habla!

HOMBRE I.— Cálleme, si puede.

MUCHACHA.— Se van a pelear.

MUJER.— *(De nuevo ofreciendo el veinte.)* Aquí está lo que me pidió.

MUCHACHO I.— Yo no te pedí nada, imbécil.

MUJER.— *(Sencilla, guardando el veinte.)* ¿No? Bueno.

HOMBRE I.— *(Muy violento.)* ¡Tíreselo a la cara! ¡Escúpalo! ¡Miserable!

MUCHACHA.— ¡Que no se vayan a pelear! *(El MUCHACHO I trata de pegarle al HOMBRE I, pero éste lo empuja con tal fuerza que los dos caen al suelo, luego saca una moneda del bolsillo y se la tira.)*

HOMBRE I.— ¡Ahí está su veinte! *(La MUJER va a ayudar a los caídos.)*

MUCHACHO II.— *(Rechazándola con furia.)* Quítate, si no estamos muertos.

MADRE.— *(Ayudando a la MUJER.)* Déjelos usted, así son. ¿Se lastimó?

MUJER.— *(Frotándose el brazo.)* No, creo que no.

HOMBRE II.— *(Que se ha mantenido como observador, al HOMBRE.)* Oiga, ¿dónde van a dormir? *(El HOMBRE hace un gesto de ignorancia sin dejar de tocar. Los MUCHACHOS se sacuden el polvo, se recomponen la ropa.)*

MUCHACHO I.— Vamos a darle una paliza al tipo ese.

HOMBRE I.— *(Riéndose.)* ¿A mí?

MUCHACHO I.— No, a éste. *(Agarra al HOMBRE.)* Limosnero. *(Le pega.)*

MUCHACHA.— ¡Ya se están peleando! *(El MUCHACHO II se acerca a ayudar al MUCHACHO I, el HOMBRE I y el HOMBRE II se ponen de parte del HOMBRE, la MADRE se hace a un lado, la MUCHACHA grita y se regocija, la MENDIGA no se inmuta y la MUJER mira al cielo con las palmas de las manos vueltas hacia arriba.)* ¡Ya le pegó! ¡Ay, qué bárbaro!, ¡ay, ay, ay!, ¡qué bárbaro! *(Se deshace el nudo, los MUCHACHOS han perdido la pelea; el HOMBRE I. y el HOMBRE II no parecen muy afectados. El HOMBRE revisa la guitarra, que está intacta, la MUJER se acerca.)*

HOMBRE I.— *(Al HOMBRE y a la MUJER.)* Váyanse ya, antes de que se metan en otra peor. Les van a romper la madre.

MUCHACHO I.— *(A la MUJER.)* Bueno, ¿por qué carajo piden?

MUCHACHA.— ¡Ya empiezan las malas palabras!

MUJER.— Pedimos para no tener nada. *(Mira el tambor.)* Nada más lo necesario.

MUCHACHO II.— *(Al HOMBRE.)* ¿Y tú, por que no hablas?, ¿eres mudo, cabrón?

MUCHACHO I.— Trabajo... ¡No quieren tener nada! Trabajen de verdad. *(No halla respuesta en ninguno de los dos y tropieza con la MENDIGA.)* Trabaja tú también, en vez de andar de cusca. El año que entra ya tienes otro hijo .

MADRE.— ¡No se meta con ella!

HOMBRE II.— *(Al HOMBRE y a la MUJER.)* Váyanse. De veras. *(El HOMBRE y la MUJER se miran. Hacen ademán de que ya se van.).*

MADRE.— *(A la MUJER.)* Perdone, ¿que pedía usted mientras ellos se pegaban?

MUJER.— Que no se rompiera la guitarra. *(Un silencio. Todos miran la guitarra. La MUJER aparta dos monedas y le da el resto a la MENDIGA, quien lo recibe sin asombro y lo guarda rápidamente.)*

HOMBRE I.— ¿Por qué hizo eso?

HOMBRE II.— Al rato ya lo gasté.

MUJER.— Yo también. Vamos.

HOMBRE II.— Casi para hacer un ofrecimiento. ¿Adónde? ¿Adónde van? *(La MUJER hace un además vago. Empiezan a salir.)*

MUCHACHO I.— No tienen casa, ni familia, ni nada.

MUCHACHO II.— No trabajan y viven de limosna.

MADRE.— *(Abrazando a su hijo.)* Puede ser que no importe.

HOMBRE II.— Así hay cosas sobre la tierra.

MUCHACHA.— ¡Así van a pasar por todo el mundo!

HOMBRE II.— *(Sin rencor.)* ¿Qué se estarán creyendo?

MUCHACHA.— Dicen que hay cometas. Yo no había visto ninguno. Su órbita es distinta y les pertenece.

MENDIGA.— *(Levantándose.)* Cada quien es quien es. *(Ahora todos dan la vuelta sobre el foro tratando de imitar un sistema planetario. El HOMBRE y la MUJER giran simultáneamente dentro de su propia órbita. Debe resultar claro. Entran en la segunda secuencia. Ahora la MADRE deja al niño en el suelo, se arrodilla junto a él en actitud de duelo. La MENDIGA toma un sitio aparte, casi antagónico. La MUCHACHA, los MUCHACHOS y los HOMBRES rodean a la MADRE, es un velorio; el HOMBRE y la MUJER toman un sitio aparte, él toca de vez en cuando.)*

MADRE.— Lo tenía entre mis brazos... estaba frío, quise darle calor y no sintió, respiré en sus cabellos y tenía heladas las mejillas, las manecitas flojas. Ya no era él. El estaba lejos, sus ojos ya no decían nada no se reía su boca. *(El HOMBRE deja de tocar, la MUJER se separa de él, como si fueran independientes.)*

MUCHACHO I.— Tanto escándalo. Muchas en su lugar se alegrarían.

MUCHACHO II.— Era un hijo bastardo. *(La MADRE se cubre la cara con las manos.)*

HOMBRE I.— Esa no es forma de hablar en un velorio.

HOMBRE II.— Un hijo es un hijo.

MUCHACHO I.— No tenía nombre.

MADRE.— *(En actitud de defensa muy humilde.)* Se llamaba Carlos.

MUCHACHA.— ¿Qué hubiera sido de él?

MADRE.— ¿Yo? Yo creía que iba a verlo de seis años, cuando fuera a la escuela. Luego, más grande, con su saquito azul. Y luego le hubiera comprado sus patines y hasta una bicicleta.

MUCHACHO II.— ¿Qué esperabas que hiciera?

MADRE.— ¿Hacer? Yo no esperaba, no sabía que pensar. Era feliz.

MUCHACHO I.— ¿Para qué le trajiste al mundo?

MADRE.— *(Asombrada.)* ¿Yo?

MUCHACHO II.— Tú y nadie más que tú.

HOMBRE I.— No respondas. ¿Qué derecho tiene a preguntarte eso?

HOMBRE II.— Los hijos vienen solos. Así es el mundo, así es la vida, así son las cosas.

MUCHACHO I.— *(Señalando a la MUJER.)* ¡Lujuriosa! *(La MUJER lo mira, trata de contradecirlo y no puede, baja la cabeza.)*

MUCHACHO II.— ¿Ya ven? Le digo la verdad y ella se calla. No sabe qué contestar.

MUJER.— *(De pronto, golpeando quedamente su tambor.)* Ya sé de qué

se trata. Ella soñaba con ese niño. Por las noches veía flotar una bur-
buja luminosa en la oscuridad de su cuarto, era como una pompa de
jabón. Se cerraba los ojos, lo escuchaba jugar... ese niño tocaba los objetos, las cosas vibraban y se movían en su sitio, tocaba los jarrones
y las flores, arrastraba las sillas suavemente, tocaba las cuentas del
collar de su madre. Llegó a la casa de ella y ya no quiso irse; por eso,
ella lo anidó en su vientre y le dio un cuerpo...

MUCHACHO I.— Es una excusa.

HOMBRE I.— No lo entiendo, pero me gusta.

HOMBRE II.— Así llegan todos los niños, primero que su cuerpo... hay mujeres que los espantan con cencerros, para que se vayan a otras casas
y se queden tirados en la calle.

MUCHACHO II.— Supersticiones, estupideces, desvergüenzas, inmoralida-
des, cuentos de gente inculta. Vamos al grano: ¿Quién fue el padre de
tu hijo? *(La MUJER calla.)*

HOMBRE.— Yo. Solo que hay un problema. ¿Quién puede ser el padre de
un niño que ya no existe?

HOMBRE I.— ¿Es cierto que respiramos un aire poblado de niños que van
y vienen, pero son invisibles?

MUCHACHA.— Yo he visto muchos niños con los ojos cerrados. Se distinguen muy bien. No son invisibles..., son de colores.

HOMBRE II.— Se dice que no son del color de la piel.

MUCHACHO I.— Estoy harto de estupideces. Basta, basta y basta. ¿Se trata
de un velorio o de una orgía?

MADRE.— Ha muerto. No sé cómo se ha ido. No está aquí.

MUCHACHO II.— ¿Para qué lo velas? ¿Para qué estamos aquí nosotros? *(Al
HOMBRE.)* Si eres tu el padre, toma a tu hijo en brazos y haz por él en
la muerte lo que no hiciste en vida.

HOMBRE.— Naturalmente. Yo sólo me he ocupado de su cuerpo. *(Levanta al niño del suelo y ayuda a la MUJER a ponerse en pie.)* Tú y yo sólo
nos hemos ocupado de su cuerpo. *(La MUJER asiente.)*

MUCHACHO I.— ¡Qué cinismo! Ahora resulta que ninguno de ellos le toca
nada.

MUCHACHO II.— Van a decirnos que sencillamente adoptaron su alma
como si fueran dos buenas personas. *(A la MADRE.)* Ya estarás contenta.

MADRE.— No. Porque se fue. *(Con un filo de desesperación.)* ¿Por qué vino
por tan poco tiempo?

MUCHACHO I.— Sí, claro. ¿Para qué te hizo hacer un trámite tan complicado, si no había de quedarse?

HOMBRE I.— ¿Qué dicen?

HOMBRE II.— Que nacer no es fácil.

MADRE.— No es fácil, ¡qué ha de ser! Cuesta meses de espera y horas
de sufrimiento y, además, la gente... la gente no se da cuenta. Porque
ya no se acuerda de que también nació.

HOMBRE I.— *(A los MUCHACHOS.)* Oigan, ¿qué, ustedes no nacieron?

MUCHACHO I.— Somos hijos legítimos.

HOMBRE II.— Desnúdense, para ver en qué parte del cuerpo lo llevan escrito.

MUCHACHO II.— No en el cuerpo, imbécil. Eso está en el registro civil.

HOMBRE I.— ¿Y si se quema el edificio?

MUCHACHA.— Se han incendiado muchos.

MUCHACHO I.— Siempre hay testigos.

HOMBRE II.— ¿Y si se mueren?

MUCHACHO II.— *(Abalanzándose.)* ¡Estúpido!

MADRE.— No, por favor, es un velorio.

MUCHACHO II.— *(Deteniéndose.)* Sí, es cierto.

HOMBRE I.— Tienes respeto, menos mal.

MUCHACHO II.— Por la muerte, nada más por la muerte.

MUJER.— *(Con el tambor.)* No por la vida, claro , no por la vida.

MUCHACHO I.— ¿La vida? ¿Qué dices? ¿Qué es la vida?

MADRE.— *(Con desesperación.)* Antes de irnos, es bueno saber por qué vivió. ¿Quién puede decirme por qué quería vivir? Arrastraba las sillas, jugaba con las cuentas de mi collar...

MUCHACHA.— Fue a la cocina y rompió una taza y un plato.

MUCHACHO I.— *(Repentinamente a la* MENDIGA.*)* A ver, contesta tú, ¿por qué nacen tus hijos?

MENDIGA.— ¿Qué te importa?

MUCHACHO II.— Te refocilas por las noches con los vagabundos, te acuestas con los basureros, gimes de alegría, gritas de locura. ¿Por qué se mueren? ¡Se mueren porque no comen!

MUCHACHO I.— Porque no los quieres, porque no te importan.

MENDIGA.— ¿Se mueren? No se mueren. Estoy sintiéndolos respirar al mismo tiempo. Lo de la locura y la alegría es cierto, cierto que no pienso en ellos y que jamás los he visto antes de que nacieran. No he soñado tampoco con ellos, ni ha roto platos ni tengo collar para saber si juegan.

MUCHACHA.— Pobrecitos.

MUCHACHO II.— Recoges los que andan por allí; descuidados, los que no ven que ahí estás tú, y de pronto sienten una fuerza desconocida que los arrastra y se los lleva a vivir a tu cuerpo.

MENDIGA.— ¡Mierda! *(Todos la miran. Silencio.)*

MADRE.— ¿A qué vino mi hijo? *(La* MUJER *señala la* MENDIGA *con la mano, el brazo y los ojos.)*

MUJER.— A hacer justicia.

HOMBRE I.— ¿Qué?

MUJER.— Dije justicia. Justicia es poner en su sitio las cosas del mundo. Dividir los bienes y los males... Para no ahogarse, para que el aire no se nos envenene, para poder vivir con lo que respiramos.

MUCHACHO I.— ¿Y podemos vivir porque un niño aparece como enviado, mientras otros son arrebatados a la fuerza de lugares mejores?

HOMBRE.— Solo por eso.

MUCHACHO II.— ¿Y si el niño se muere?

MUJER.— Vino y se fue. Tenía derecho.

MADRE.— ¿Y yo?

MUJER.— Tu fuiste como la libertad frente a la cárcel, como la sumisión frente a la rebeldía, como la caridad frente al abuso, como el barco en la mar, como la estrella cautelosa que cuida de su órbita, como la inteligencia de los bosques y la intuición total de la semilla. *(El HOMBRE ha puesto al niño en el suelo, todos han tomado las posiciones rituales de adoración en el Portal de Belén. La MADRE es María, el HOMBRE es José; el HOMBRE I, el MUCHACHO II, la MUCHACHA, los MUCHACHOS y la MENDIGA son pastores, pero la MUJER es el ángel, un ángel músico y gentil, que toca su instrumento al tiempo que José, el padre adoptivo, toca también el suyo. Se deshacen actitudes, los personajes se hacen a un lado, la MUJER se destaca con su tambor, el HOMBRE tiene ahora el centro escénico, deja la guitarra. La MUJER toca con otro ritmo, monótono. El HOMBRE empieza a actuar como si una lenta posesión lo aprisionara; vibra, se sacude con los ojos cerrados, debe dar la imagen de un brujo primitivo comunicándose con sus dioses. Luego vemos el principio de una procesión en que se transporta a un enfermo, que es el MUCHACHO I; y lo llevan en hombros el HOMBRE I, el MUCHACHO II y, junto a ellos, la MUCHACHA. La MADRE y la MENDIGA vienen a los lados. Lo llevan hasta los pies del HOMBRE. El MUCHACHO I sigue inconsciente. El HOMBRE deja de sacudirse, pero no los mira; la MUJER ya no toca.)*

MUCHACHO II.— Es mi hermano. Lleva así tres días.

MUCHACHA.— Cayó de pronto al suelo y de allí lo recogimos. Está como muerto.

MADRE.— Es una enfermedad desconocida y el señor... *(Señala al HOMBRE II.)*

HOMBRE II.— *(Haciéndole señas de que se calle.)* Se ha hecho lo posible por volverlo en sí sin ningún resultado, y una persona nos dijo que tú eras el indicado para curarlo.

HOMBRE I.— Está muriéndose.

MENDIGA.— *(Sentándose en el suelo.)* Así he visto muchos. Se emborrachan, se tiran al suelo, y ya nadie los levanta.

MADRE.— No estaba borracho, ni se tiró al suelo, sino se cayó; yo lo vi.

MENDIGA.— Tanto peor.

MUCHACHA.— No es peor, es mejor morir de enfermedad que de... Eso que dijo usted.

MADRE.— Claro.

HOMBRE II.— Silencio. *(Duda un momemto, examinando al HOMBRE con sumo cuidado.)* Por eso lo traemos.

HOMBRE I.— Yo insistí. Me acordé de la mujer aquella que...

HOMBRE II.— Basta. No hay que decir más. *(Duda de nuevo, examinan-*

do al HOMBRE.) ¿Cree usted poder hacer algo por él? *(El HOMBRE se cubre la cara con las manos, como si buscara dentro de su cabeza. La encuentra.)*

HOMBRE.— Bueno, háganse a un lado. *(El movimiento es tan enérgico, que todos retroceden menos la MENDIGA y el HOMBRE II. El HOMBRE se arrodilla junto al enfermo y le pone el índice en la frente, al tiempo que con el índice de la otra mano se aprieta el entrecejo.)*

HOMBRE II.— *(Al HOMBRE I, quedo.)* Yo hacía eso y no sirve. Ya nadie lo hace.

HOMBRE I.— A ver.

HOMBRE II.— Estoy seguro. *(El HOMBRE cambia de posición y vuelve una mano hacia arriba, en ademán de comunicación.)*

HOMBRE I.— ¿No sientes?

HOMBRE II.— ¿Que?

HOMBRE I.— La fuerza.

HOMBRE II.— *(Riéndose.)* ¿Cuál? Éste es un charlatán. Yo también hacía eso y... *(El HOMBRE baja la cabeza hasta la del enfermo, y se tocan sus frentes. Los demás miran en silencio.)* Ya verás. *(El HOMBRE se pone en pie, con aire cansado, da dos pasos vacilantes, la MUJER hace gesto de sostenerlo.)*

HOMBRE.— *(Con lentitud.)* Ya está listo. Llévenselo.

MADRE.— Pero si no se mueve.

HOMBRE.— *(Violento.)* Dije que ya está listo.

MUCHACHA.— *(Tocándolo.)* Está igual que antes.

HOMBRE.— *(A la MUJER.)* Que lo saquen.

MUJER.— *(Con vulgaridad.)* ¿No oyeron? Paguen y sáquenlo.

MUCHACHO II.— Yo no pago un centavo.

MUJER.— Allá tú. No vamos a correr detrás de ustedes rogándoles que paguen lo que deben.

HOMBRE I.— Lo que sea su voluntad.

HOMBRE II.— Pues nada. Entonces nada. Este hombre está borracho. Apesta hasta de lejos y además no hizo nada.

MENDIGA.— Los dos son borrachos. El enfermo y el curandero.

HOMBRE I.— *(Furioso.)* Y tú no, ¿verdad?

MENDIGA.— Yo también, ¡por eso lo sé!

MUCHACHO II.— No, yo no tengo nada.

MUJER.— Bueno. ¿Y qué esperan para largarse?

HOMBRE II.— Es un farsante. Se cae de borracho.

MUCHACHA.— *(A la MUJER.)* Eso tampoco, yo creo que él es así siempre, ¿verdad?

MUJER.— Estúpida. ¿Quieren que los saque a patadas?

MADRE.— No se trata de eso. Es que está igual. ¡Ni modo!, la gente se enferma y se muere, a pesar de todos los remedios. Si no somos eternos. *(El HOMBRE vuelve a cubrirse la cara con las manos y luego se descubre.)*

HOMBRE.— *(Cara con voz aguardentosa.)* Digo que ya está listo.

HOMBRE II.— Pues si está listo, no se va de aquí cargado, que salga por su propio pie.

MUJER.— Ustedes no se van hasta que paguen.

HOMBRE II.— *(Al HOMBRE I.)* Vamos a fregarlos. *(A la MUJER.)* Muy bien. Aquí nos quedamos todos.

MUCHACHA.— Yo me quiero ir.

MADRE.— Yo tengo que hacer mi casa.

MENDIGA.— Yo no tengo que hacer nada y por eso me quedo, lo mismo da.

MUCHACHO II.— *(Con autoridad.)* Aquí nos quedamos todos. Para que quede bien claro quién es éste. *(Señala al HOMBRE.)*

HOMBRE.— Tú curas con hierbas, con sangre de animales, con flores, con humo de incienso y de ramas, se te ve.

HOMBRE II.— Claro que sí. ¿Y qué?

HOMBRE I.— Lo trajimos porque él no pudo curarlo.

HOMBRE II.— *(Enojado.)* No, no pude. Ni éste tampoco puede. Puede menos que nadie. Es un ladrón.

MUJER.— No te ha robado nada.

HOMBRE II.— Porque no nos dejamos.

MUJER.— ¿Tú cuanto cobraste?

HOMBRE II.— Nada. Si no curo, no cobro.

MUCHACHO II.— Yo te di dinero.

HOMBRE II.— *(Alterado.)* Te lo iba a devolver.

MADRE.— Ya me voy.

MUCHACHA.— Yo también. Hay que avisarle a todos sus parientes. *(Se alejan las dos.)*

HOMBRE I.— *(Al MUCHACHO II.)* Más vale. No podemos andar perdiendo el tiempo.

MUCHACHO II.— Tengo que trabajar. ¡Ni modo!

HOMBRE II.— *(Furioso.)* Ustedes dicen, pero era el modo de probar que éste es un sinvergüenza. Si dejamos que gentes así agarren fama... Siquiera páguele, para poder decir algo. Si acepta dinero, llamo a la policía.

MUCHACHO II.— *(Saca un billete y se lo da a la MUJER.)* Toma y ya basta.

MUJER.— Gracias.

HOMBRE II.— Ladrona, voy por la policía.

MUCHACHO II.— *(Al HOMBRE.)* Tonterías, tú le llevas por los brazos y yo por los pies.

HOMBRE I.— Está bien, vámonos.

MUCHACHO II.— Vámonos. *(El MUCHACHO I se levanta con agilidad y queda de pie entre ellos.)*

MUCHACHO I.— Vámonos. *(Ante el asombro de todos, echa a andar con despreocupación.)*

HOMBRE II.— *(Al hombre.)* Pero eres un borracho, un ladrón y es claro que no sabes hacer nada.

MUJER.— *(Tranquila, tocando el tambor.)* Sea este hombre como sea, no es él quien lo ha hecho. *(Toca con más fuerza, todos los personajes empiezan a vibrar ligeramente, como sacudidos por una fuerza. Se oyen sus voces sin distinción de persona.)*
—No hacemos nada
—No sabemos nada.
—No somos nada.
—Ignoramos todo.
—Aprendemos de vez en cuando.
—Olvidamos.
—No tenemos memoria.
—No.
—No.
—No.

(El monosílabo se vuelve una especie de himno religioso, con la palabra no, repetida muchas veces. Todos acompañan la música con movimientos de cabeza y palmadas. Al empezar la cuarta secuencia, el HOMBRE I se destaca de los otros y se sienta en el suelo con las piernas cruzadas. El canto y las palmadas van disminuyendo hasta el silencio.)

HOMBRE I.— Gente de este pueblo: he venido a soñar para ustedes. Soy soñador de oficio y eso quiere decir que he inventado un sistema para solucionar los problemas del mundo. Sueño lo que fue, lo que es, lo que será. He descubierto que el tiempo es uno solo y el sufrimiento humano como una cancioncilla pegajosa que se canta mil veces con mayor o menor grado de habilidad. Se da el caso de que algunos la canten bellamente. Acérquense, pídanme que sueñe, lo hago a voluntad y en cualquier momento. *(Se acercan primero la MUJER y el HOMBRE.)*
MUJER.— ¿Podrías soñar con nosotros?
HOMBRE I.— Por supuesto. Vamos a ver. *(Se coloca en una posición cómoda para soñar.)* Allí están. Van caminando en una especie de círculo que no coincide con el de los otros. Hay muchos planetas y todos siguen su propio rumbo, rápido o lento, unos deben caminar grandes distancias para llegar al punto. Pero ustedes giran aparte, con su propio ritmo, alrededor de su propio centro. Ha sido y será. *(Despierta.)* Servidos. *(El HOMBRE y la MUJER se toman de la mano y se apartan, aquello es cierto, importa, y no se interrumpe con otras preguntas.)* ¿Quién sigue?
MADRE.— Yo, francamente, prefiero que no me sueñes. Me pongo muy nerviosa.
HOMBRE I.— Ya te soñé. Te pones nerviosa porque vas muy deprisa y eso te gasta. Eres como la tierra, giras a ese paso, o no, más rápido, eres como Mercurio.
MADRE.— No quiero saber más.

HOMBRE I.— No sabrás más. Las damas primero. *(A la MUCHACHA.)* ¿Y tú?

MUCHACHA.— Yo sí quisiera. Pero dígame cosas claras, nada de estrellas por favor.

HOMBRE I.— *(Sueña.)* Vamos por un camino partido en dos colores es verde y café, tú caminas la línea que lo divide. De pronto te distraes y empiezas a recoger ramas marchitas, hojas secas, haces un ramo. *(La MUCHACHA se tapa la cara como para llorar.)* Sin embargo, cuando ya tus lágrimas tocaron el ramo, algo sucede. Espera, no me dejas ver bien. Ahora sí, tu ramo de basura se ha convertido en un manojo de mirasoles.

MUCHACHA.— ¿De veras?

HOMBRE I.— Sí, son blancos y morados.

MUCHACHA.— ¡Ay, qué bueno!

MUCHACHO I.— *(Al HOMBRE II.)* ¿Tú lo crees posible? Si es una tonta.

HOMBRE II.— Eso no tiene que ver con los sueños.

MUCHACHO II.— De todas maneras es divertido. Que siga soñando. *(Al HOMBRE I.)* ¿Podrías soñar con ésta? *(Señala a la MENDIGA.)*

MENDIGA.— A mí no me dicen nada las palabras de nadie. Que no pierda su tiempo.

HOMBRE I.— *(Con dignidad.)* Es mi oficio. No pierdo el tiempo.

MENDIGA.— No me interesa.

MUCHACHO II.— Sí, sí, si estas dispuesto, di lo que has soñado, o ponte a soñar ahora. No queremos perdernos eso. *(A todos.)* Atención, oigamos las maravillas que el soñador va a decirnos acerca de esta señora.

HOMBRE I.— No es la mejor manera de hacer las cosas, pero nadie puede negarse cuando es profesional. Mira, mujer... *(La MENDIGA se tapa los oídos, el HOMBRE I no cae en cuenta de ello.)* Siento decirte que no te veo, contemplo un juego de luces y sombras... Predomina la luz. Ahora es luz, ahora es luz nada más. Una gran luz. No veo más. *(Abre los ojos y la MENDIGA se destapa los oídos.)*

MUCHACHO II.— *(Riéndose.)* ¿Ustedes creen eso? Oye, soñador, tenemos ojos.

HOMBRE II.— La verdad es que a mí no me parece cierto eso que dijo. *(Se acerca a la MENDIGA.)* Déjame verte.

MENDIGA.— ¿Por qué? ¿Qué me ven?

MUCHACHO I.— La verdad es que hasta huele mal.

HOMBRE I.— Será, pero yo no me equivoco.

MADRE.— *(A la MUCHACHA.)* ¿No te parece un poco raro?

MUCHACHA.— Pues... No. Es... Está bien.

MUCHACHO II.— Ahora va a resultar que ella gira sobre su propio centro. Hasta le fue mejor que a éstos. *(Señala al HOMBRE y a la MUJER, que están apartados, en movimiento o no.)*

MUJER.— *(Al HOMBRE.)* ¿Le digo algo?

HOMBRE.— Nada, estoy seguro de que no te oye.

MUJER.— Pero yo quisiera...

HOMBRE.— *(Tierno.)* Terca. *(La MUJER lo abraza.)*

MUJER.— Tonto.

MUCHACHO II.— ¿Ya los ven? Ahora se piensan interesantísimos. *(A la MEN-DIGA.)* Tu también, hazte la elegida.

MENDIGA.— ¿Qué? ¿Qué dijo el soñador?

HOMBRE I.— ¿No me oíste?

MENDIGA.— No, me tapé los oídos.

HOMBRE I.— Así te quedas. No me gusta que desperdicien mi trabajo.

MENDIGA.— ¡Qué bueno! Y ya dejen de molestarme.

MUCHACHO I.— *(Tono de broma.)* Ahora le toca a éste. *(Señala al HOMBRE II.)*

HOMBRE II.— Yo tampoco quiero. No me interesan las luces, ni los astros, ni las flores.

HOMBRE I.— *(Listo para soñar.)* A ver.

HOMBRE II.— Dije que no quiero.

MUCHACHO II.— *(Riéndose.)* Ahora te aguantas. Para ver si es trampa. *(Al HOMBRE I.)* Oye, soñador, a éste lo conocemos muy bien, nada de cuentos.

HOMBRE I.— Veo un padre ejemplar que quiere a sus hijos con verdadero amor, un hombre que tiene una compañera buena a la que respeta y atiende con esmero. Trabajador, serio, sincero, estimado por todos. *(Los MUCHACHOS sueltan la risa.)*

MUCHACHO I.— *(Al HOMBRE II.)* ¿Tienes algo que decir? *(El HOMBRE II baja la cabeza.)*

MUCHACHO II.— Haz el favor de declarar la verdad públicamente y que se acabe este juego. Habla.

HOMBRE II.— *(Muy turbado, a la MADRE y a la MUCHACHA.)* Yo amo a mis hijos, adoro a mi mujer y nunca he querido a otra que no fuera ella. Me gusta trabajar, llevar dinero a mi casa es un placer, y mis hijos...

MUCHACHO I.— Qué desvergüenza. ¿Estás de acuerdo con el soñador para tomarnos el pelo?

MUCHACHO II.— Es adúltero, les pega a sus hijos, los mata de hambre, andan vestidos con harapos y los insulta si le piden dinero. Es un verdadero cabrón. *(La MADRE y la MUCHACHA se horrorizan.)*

MUCHACHO I.— *(Al HOMBRE I.)* ¿Tienes algo que decir?

HOMBRE I.— Ya lo he dicho y él lo confirma. *(Al HOMBRE II.)* ¿No es así?

HOMBRE II.— *(Angustiado.)* Sí, así es.

MUCHACHO I.— *(Al HOMBRE II.)* ¿Sigues con eso? ¿Lo dices en serio?

HOMBRE II.— Sí.

MUCHACHO II.— *(Burlón.)* A ver, dinos otra vez, cómo eres.

HOMBRE II.— Yo... Soy... Como él dijo.

MUCHACHO I.— Mereces unas trompadas. *(Los MUCHACHOS golpean salvajemente al HOMBRE II y él no se defiende.)*

HOMBRE I.— Veo que es necesario intervenir. En el arduo ejercicio de mi profesión he adquirido una variada experiencia, que me permite opi-

nar sobre casos especiales. Creo que este hombre es como decimos
él y yo, pero debe aparentar lo que ustedes dicen.

MUCHACHA.— *(Como para explicar.)* Que ya no es como fue.

MADRE.— O fue siempre como es y ustedes no lo sabían.

HOMBRE y MUJER.— *(Juntos.)* Se puede ser de muchos modos, no importa
el tiempo.

HOMBRE I.— *(Cansado a los MUCHACHOS.)* Con ustedes no sueño porque
ha llegado mi hora de descanso. No se preocupen. Han sido, son y serán. Esas son sus posibilidades y no hay otras.

HOMBRE.— Todos es uno.

MUJER.— Somos uno. *(En el más estricto silencio los personajes se reúnen y forman una figura barroca total, un solo ser complejo, como la
estatua del mundo y de la vida; el HOMBRE y la MUJER son la parte central y sin melodía, como si se expresaran solos. Después se desprende la MADRE y la sigue el MUCHACHO I; empiezan a hablar mientras se
deshace el dibujo total.)*

MADRE.— Me pegaste en la cara. Aquí, se me inflamó.

MUCHACHO I.— No sabes planchar.

MADRE.— Yo te había dicho, desde un principio, que no sabía planchar.

MUCHACHO I.— Ya podías haber aprendido.

MADRE.— No me sale bien.

MUCHACHO I.— Por idiota. Todas las mujeres son idiotas.

MUCHACHA.— ¿Qué dice? Yo no. *(El MUCHACHO I le da un bofetón a la MU-
CHACHA, que la hace caer al suelo.)*

HOMBRE I.— *(Ayudándola.)* ¿Qué te pasa? ¿Desde cuándo les pegas a las
mujeres?

MENDIGA.— Desde siempre. Todos los hombres les pegan a las mujeres,
y a ellas les gusta.

MADRE.— A mí no. Cuando me pega siento que lo odio.

MENDIGA.— Eso es parte del juego.

MADRE.— No hay juego. Más bien el juego no es así.

MUCHACHO II.— Es floja, gasta demasiado, cada vez que puede, se pasea.
Ese niño no come a sus horas.

HOMBRE II.— No hay que meterse en cosas de marido y mujer. Ella sabe
por qué es floja y él sabe por qué le pega.

MUCHACHO I.— Exacto. Los dos sabemos todo. *(A la MADRE.)* Así, que desde hoy en adelante tú planchas, o si no, te pego.

MADRE.— Es que no me pega sólo por eso.

MUCHACHA.— *(Con miedo.)* A mí me pegó por nada. Lo que pasa es que
está furioso con todo el mundo.

HOMBRE I.— ¿Es cierto eso? No me digas que también les pegas a los
hombres.

MADRE.— A todo el mundo. Casi todas las semanas llega con los ojos morados y la ropa rota. Pelea sin parar.

HOMBRE II.— Son cosas de hombres.

HOMBRE.— Todo lo que pasa en el mundo es cosa de seres humanos y puede remediarse.

MUCHACHO I.— ¿A ti quién te habla? Tego un pleito con mi mujer, y ahora no se habla de otra cosa.

MUCHACHA.— ¿Por qué me pegaste? Yo no soy tu mujer.

MUCHACHO II.— Hay hombres que viven muchos años sin haber golpeado a nadie.

MUCHACHO I.— A mí qué me importa. Yo me peleo con quien me dé la gana.

HOMBRE.— ¿Por qué?

MUCHACHO I.— Ya te lo dije: porque me da la gana.

MUCHACHO II.— Cállate. Van a acabar diciendo que eres un enemigo de la sociedad.

MUCHACHO II.— ¿Quién te enseñó a pelear?

MUCHACHO II.— Ya te lo dijo.

MUCHACHO I.— ¿Qué importancia tiene? *(Al HOMBRE II.)* No me enseño nadie. Aprendí solo. Hay que saber defenderse. Si no, te conviertes en víctima. Cuando menos te das cuenta, se sienten con derecho a pegarte, a humillarte, a aprovecharse de ti.

HOMBRE II.— ¿Quienes?

MUCHACHO I.— La gente. Ustedes.

MUCHACHA.— Aquí nadie hace nada. Me golpeaste y ni siquiera te hicieron nada.

MUCHACHO I.— Todos, todos me hacen algo.

HOMBRE I.— ¿Tienes padres?

MUCHACHO I.— ¿A qué viene eso?

MADRE.— No le gusta a hablar de sus padres. Se pone a llorar.

MUJER.— Háblanos de tus padres. *(El MUCHACHO I hace gestos de vacilación.)*

HOMBRE.— ¿No te atreves?

MENDIGA.— Es como el resto, no sabe quién es su padre y sabe de sobra quien es su madre. Es lo de menos.

MUCHACHO II.— No insultes. ¿Crees que tu vida es la de todos?

MENDIGA.— ¿Crees que la tuya es distinta?

MUCHACHO II.— Evidentemente. *(La MENDIGA se ríe.)*

MUCHACHO I.— *(Resuelto.)* Mi madre me abandonó en casa de una vecina y no me acuerdo de ella. Y nunca se supo quién fue mi padre. *(Se detiene a punto de llorar.)*

MENDIGA.— ¿Ya ven?

HOMBRE.— ¿Qué hay que ver?

MUCHACHO II.— Pues... algo. Algo tendrá que verse. ¿A ti que te parece?

HOMBRE.— Sencillamente que es huérfano.

HOMBRE I.— Yo creo que si hubiera tenido padres, no sería así.

MUCHACHA.— Dicen que no se puede ser huérfano después de la mayoría de edad.

MUJER.— Se puede ser huérfano a cualquier edad.

MUCHACHO II.— *(Irónico.)* ¿Por qué no lo adoptan? Si con eso se resuelve todo... Oye, ¿te dejarías adoptar?

MUCHACHO I.— *(Para sorpresa de todos.)* ¿Adoptar? ¿Por quién?

MUJER.— *(Señalando al HOMBRE.)* Por él y por mí.

MUCHACHA.— Dicen que no se puede...

MUCHACHO I.— Cállate, si no quieres que te pegue yo.

MUCHACHA.— No, no quiero.

MUCHACHO I.— ¿Cómo se hace eso?

MUJER.— Es fácil, un poco extravagante.

MUCHACHO II.— ¿Pero vas a dejarte llevar por esa gente? Tú ya eres padre de un niño.

MUCHACHO I.— No tiene que ver. *(A la MUJER, dispuesto.)* ¿Qué debo hacer?

MUJER.— *(Muy serena.)* ¿Estás dispuesto a obedecerme?

MUCHACHO I.— Sí.

MUJER.— *(Sentándose.)* Duérmete en mis brazos y piénsate pequeño. *(La MADRE intenta intervenir y el HOMBRE la detiene con un gesto.)*

HOMBRE I.— Es para bien tuyo al fin y al cabo. *(EL MUCHACHO I se coloca en el regazo de la MUJER, quien empieza a mecerlo muy suavemente mientras canta. Luego esta imagen se convierte un una "piedad" en que la MUJER llora, porque es la madre, el hijo ya mayor asesinado. Por fin se queda en actitud de dolor, generosidad y agotamiento. Entonces el HOMBRE, con autoridad repentina, toca al MUCHACHO I en el hombro.)*

HOMBRE.— Resucita y vive. *(El MUCHACHO I obedece lentamente hasta que está de pie, luego los mira.)*

MUCHACHO I.— ¿Cómo haré para no olvidar que esto ha pasado? *(La MUJER saca del pecho un listón azul.)*

MUJER.— Esta es la prueba.

MUCHACHO II.— *(Asombrado.)* Es un recordatorio, como un marcador en las páginas de un libro.

MUCHACHO I.— Gracias. *(Mira a todos entre tímido y contento.)* Yo sé que han querido ayudarme y que me han ayudado verdaderamente. Muchas gracias. *(Se acerca a la MADRE.)* Es... ¿Es hora de irnos?

MADRE.— *(Muy suave.)* Creo que sí. *(Empieza un recitado que no llega a ser canción, pero acompañado de los instrumentos en forma muy melodiosa.)*

HOMBRE.— Todos somos los padres,
　　　todo somos los hijos.
　　　La fuente es una,
　　　el origen es uno,
　　　el tiempo es uno solo.
　　　Yo nazco, crezco y engendro,
　　　no importa el momento preciso.

No hay huérfanos,
no hay criatura sin padre.
El amor es un acto significativo
repetido en el tiempo,
y el tiempo es un conjunto de sucesos
sin otro orden
que la suma total.
El tiempo es un dibujo
que se mira completo.

(Los personajes han escuchado atentamente y, por haber entendido, hacen un dibujo armonioso de líneas geométricas regulares equivalentes. También es el todo, pero visto como una ordenación en la que no cabe singularidad, hasta que la MENDIGA toma el centro y los personajes los lugares que corresponden a un juicio; ella es la acusada. La MUJER es el juez, acusa al HOMBRE, el HOMBRE I es abogado defensor, los demás, testigos. El HOMBRE toca como si hiciera un anuncio del tipo militar. La MUJER toca su tambor como se hace frente a un fusilamiento. La MENDIGA se lleva las dos manos al pecho.)

Se te acusa de mendicidad. Se te acusa de robo. Se te acusa de promiscuidad. *(Cada acusación es un toque de tambor.)*

HOMBRE I.— *(Razonable a la MENDIGA.)* Para ser juzgada y condenada, debes aceptar los cargos.

MENDIGA.— ¿Yo? ¿Aceptar?

HOMBRE II.— *(Rápido.)* Debes decir sí o no. Si aceptas, todo será más rápido. Si niegas, terminarás por aceptar, porque hay testigos. *(La MENDIGA parece un animal acosado, no se decide a hablar e intenta salir de la supuesta sala del juicio. Es detenida y forzada a regresar por el HOMBRE II.)*

MUJER.— Que pase el primer testigo. *(Se adelanta la MADRE.)*

MADRE.— *(Nerviosa.)* Esta mujer se acercó a mí en la calle y me arrebató el dinero con que iba a comprar. Se fue corriendo, la perseguí, pero no pude alcanzarla.

MUJER.— ¿Eso es todo?

MADRE.— Bueno... Me arañó la mano y se me infectó el rasguño.

HOMBRE I.— Eso no fue intencional. *(A la MENDIGA.)* Tú te proponías quitarle el dinero, solamente, ¿no es cierto? *(La MENDIGA forcejea con el HOMBRE II.)*

HOMBRE II.— No quiere hablar.

MUJER.— Otro testigo. *(Pasa la MUCHACHA, incómoda.)*

MUCHACHA.— No quiero declarar.

HOMBRE.— Te presentaste voluntariamente.

MUCHACHA.— Sí, pero no sabía que iba a repetir en público lo que vi.

HOMBRE.— Di lo que viste.

MUCHACHA.— No puedo, lo siento mucho. *(Los MUCHACHOS se ríen discretamente.)*

MUJER.— Acusación retirada. Que pase otro. *(Pasa el MUCHACHO I sin dejar de mirar maliciosamente a la MUCHACHA, quien se hace a un lado, pero no se resuelve a irse.)*

MUCHACHO I.— Esa mujer tiene tratos sexuales con diferentes hombres en un terreno baldío. Es prostituta, pues. Yo mismo lo he visto.

HOMBRE I.— *(A la MENDIGA.)* Di sí o no. *(Ella mira largamente al MUCHACHO I.)*

MENDIGA.— Yo también te he visto, a las doce de la noche, en ese, mismo terreno baldío. *(A la MADRE, repentinamente.)* También he visto de noche la puerta de tu casa, y sé quién te regaló el dinero.

MUJER.— Orden.

HOMBRE.— Orden.

HOMBRE II.— *(A la MENDIGA.)* Tú eres la acusada. Debes aceptar o negar.

MENDIGA.— Acepto que los vi. Digo la verdad. *(Mira a la MUCHACHA, y ella se atemoriza.)*

MENDIGA.— De ti no he dicho nada. *(El MUCHACHO I llama a señas al MUCHACHO II, quien acude y se para en el sitio del otro, sin que nadie se lo indique.)*

MUCHACHO II.— Yo la he visto, desde hace años, mendigando en la misma esquina. Cuenta desgracias que no existen y todos le dan dinero.

MENDIGA.— Tú no.

MUCHACHO II.— Yo te conozco y sé, de sobra, que lo haces para no trabajar.

MENDIGA.— *(Sonriendo, a la MADRE.)* ¿Tú trabajas mucho? *(MADRE calla.)*

HOMBRE II.— Esto no es un juicio, es una conversación. ¿Acepta o niega?

MENDIGA.— Lo que digo es verdad.

MUCHACHO II.— ¿Y lo que dicen? Ladrona, golfa y puta. Eso también es verdad. No tiene salida. *(A la MUJER.)* Condénala y acabemos de una vez.

HOMBRE.— Sostengo las acusaciones.

MUCHACHO II.— *(A la MENDIGA.)* Acepta, es mejor.

MENDIGA.— *(Violenta.)* No quiero. *(Se escurre de las manos del HOMBRE II, quien la toma de las muñecas.)* Suéltame.

HOMBRE I.— Agravas tu situación.

HOMBRE.— Podríamos acusarte de rebeldía.

MUCHACHA.— *(Repentinamente.)* Condénenla, por favor.

MENDIGA.— *(Furiosa.)* ¿Tú dices eso?

MADRE.— *(Solidaria con la MUCHACHA.)* Lo decíamos todos.

MUCHACHOS I y II.— Todos.

MENDIGA.— ¡No ha de ser! ¡Suéltame! *(Se desprende del HOMBRE II.)* ¿Cuánto vale la voz de un testigo? Todos somos testigos, todos tenemos ojos, todos hemos visto, nadie tiene derecho. *(Ahora, lentamente, mientras habla, se coloca en el sitio de los testigos y ellos, según los señala, van pasando al lugar de los acusados, empieza con la MADRE.)* Tú, tú te vendes a un hombre, solo que no te crea amores, sino vicios, tú acaricias como una hipócrita, pensando en otra cosa, tú te vendes y no sabes pagar; tú robas, mendigas, te prostituyes. *(Al MUCHACHO II.)* Tú me pediste que me fuera contigo y no me diste nada, porque yo era mendiga, y quisiste hacerme confesar si oculto o no el dinero que me dan, tú abusaste de mí, eres corrupto, tú quisiste robarme. *(Al MUCHACHO I.)* Y tú... tú robas, corrompes, mendigas, yo te he visto, pero no quiero decir quién es tu víctima.

MUCHACHA.— ¡Que se calle! ¡Mátenla, para que se calle!

MUCHACHO II.— Ah, la víctima eres tú. Ya me lo imaginaba. Tonta. *(La MUCHACHA se queda sin saber qué hacer, mira al MUCHACHO I, vacila un instante, se decide.)*

MUCHACHA.— *(Muy quedo.)* Infame. *(Se para junto al grupo de los acusados.)*

MENDIGA.— *(Al HOMBRE II.)* Y tú... Tú gozas con el dolor ajeno, tú atormentas para sentir placer, tú borras la sonrisa de los rostros. Mayor ladrón, mayor mendigo, monstruo mayor no he contemplado nunca. *(El HOMBRE II se coloca con los acusados.)*

HOMBRE I.— ¿Aceptas o niegas? *(Tranquilo.)*

MUCHACHO I.— Yo no soy avaro.

MADRE.— No soy floja.

MUCHACHO II.— Soy parco en el comer.

HOMBRE II.— Amo a los animales.

MUCHACHA.— *(Gritando.)* ¡Todo era una trampa! Nos llamaron como testigos y nadie tiene derecho de acusarnos. Nuestro lugar no es éste.

MUJER.— *(Con el tambor.)* No hay sitios en el mundo. El acusado puede convertirse en testigo y lo contrario.

HOMBRE.— *(Cambiando rápidamente de un lugar a otro.)* Yo puedo estar aquí, aquí o aquí. Ayer, hoy o mañana.

HOMBRE I.— *(Siguiéndolo.)* Es cierto.

MUCHACHA.— ¿Y el juez? *(La MUJER sonríe y luego ríe.)* ¿Qué? ¿Todo es una broma?

MUJER.— *(Ya seria.)* Existen juicios mayores y menores.

MENDIGA.— *(Adelantándose.)* ¿Qué juicio es éste? ¿Quieres decir que me condenas porque no puedo decir nada en favor de mí misma? ¿El de ellos es un juicio menor y el mío no? *(La MUJER la mira, sin contestar, profundamente.)* Es cierto, no puedo decir nada de mí misma.

MUJER.— El juicio mayor es la expresión del último equilibrio.

MENDIGA.— ¿Equilibrio? ¿Qué es eso?

TODOS.— Queremos ver el equilibrio.

MUJER.— Perfectamente. *(Se dirige a la MENDIGA.)* Ven acá. Aquí, de frente. *(La MUJER se pone a sus espaldas. Ahora es una figura con cuatro brazos. La MUJER su mano izquierda.)* Con ésta amenazo.

MENDIGA.— *(Moviendo la derecha.)* Con ésta toco las semillas para que fructifiquen.

MUJER.— *(Mueve la derecha.)* Con ésta doy orden de que nazcan los niños.

MENDIGA.— *(Izquierda.)* Con ésta levanto la guadaña para matar.

HOMBRE.— *(Derecha.)* Con esta juego, revuelve los asuntos humanos y los miro de lejos.

MENDIGA.— *(Izquierda.)* Con ésta hago sufrir, atormento, doy humillaciones.

MUJER.— *(Izquierda.)* Con ésta asesino por amor humano. Se muere de tristeza, de hambre, de insomnio.

MENDIGA.— *(Derecha.)* Con ésta logro que un hombre encuentre alguna vez la mujer que le pertenece para siempre.

MUJER.— *(Derecha.)* Con ésta hago que las parejas humanas y sus hijos se encaminen por los caminos blancos.

MENDIGA.— *(Izquierda.)* Existen los caminos negros.

MUJER.— *(Derecha.)* Todo es uno.

MENDIGA.— Mientras observo, me río con esta boca. Nadie puede acusarme, todo es uno. *(Empieza a reírse entre lágrimas. A la sonrisa los otros se cubren la cara y caen al suelo, como deslumbrados.)*

MUJER.— Nadie puede ver nunca el equilibrio. Es cosa que se siente. *(Se separa de la MENDIGA, que toma otra vez su aspecto; cada uno se coloca como al principio de la secuencia, sólo que no hablan; la MENDIGA los mira uno a uno, no halla la acusación, y se coloca entre ellos como cualquiera. Todos quedan un momento como en éxtasis. El HOMBRE y la MUJER empiezan a tocar algo rítmico mientras los demás están sentados en medio círculo, con las piernas cruzadas. Se separan la MUCHACHA y el MUCHACHO II. Empiezan a jugar a algo que se parece el escondite entre los personajes sentados, ya exhaustos; se sientan en el suelo como si fueran niños.)*

MUCHACHA.— *(Levantando algo del suelo.)* Mira.

MUCHACHO II.— Es una piedra.

MUCHACHA.— Sí, pero mira con atención.

MUCHACHO II.— Es una cara.

MUCHACHA.— Mírala bien.

MUCHACHO II.— Es una imagen.

MUCHACHA.— Es una virgen. Mírala.

MUCHACHO II.— Mueve la boca, habla. ¿Tú entiendes lo que dice?

MUCHACHA.— No muy bien. A ver. Dice "todos". Eso dice: "todos".

MUCHACHO II.— ¿Querrá decir que se la enseñemos a todos?

MUCHACHA.— Yo no sé. Es un milagro. *(De pronto, muy nerviosa.)* ¿Te das cuenta de que es un milagro?

MUCHACHO II.— Sí, claro. Pero, ¿por qué?

MUCHACHA.— Es que así son los milagros. Tenemos que obedecer. Quiere que la vea la gente.

MUCHACHO II.— Me da mucho miedo.

MUCHACHA.— A mí no... No tanto... *(Se ponen de pie sin dejar de mirar*

la piedra. Los otros también se ponen de pie y adoptan actitudes ca-suales; la MUCHACHA y el MUCHACHO II se acercan a ellos. A la MADRE.)
Mira. *(La MADRE reacciona con emoción. Sin decir palabra, se une a ellos; lo mismo sucede con todos los personajes, cada vez que la MU-CHACHA les dice que miren. Al HOMBRE y a la MUJER no les enseñan la piedra y ellos quedan, en esta primera parte de la secuencia, ha-ciendo el papel de trovadores, con intervenciones musicales espacia-das. Se ha hecho una especie de procesión que empieza a cantar en conjunto, acompañada por la música de los otros.)*
TODOS.—
Estamos en el mundo
y todos lo sabemos.
Saber no es creer.
Está prevista la llegada del verano,
siempre sabemos las cosas del otoño,
sabemos siempre los fríos del invierno.
Y ya la primavera no es sorpresa.
Se abre la flor,
se agota en sus olores.
El árbol grande tira sus semillas
y luego viene el agua de la lluvia
Es así, se sabe desde siempre.
Hasta que un día sucede
el milagro gentil.
Entonces vemos que se abren las montañas.
El sol se parte en dos,
la estrella cae.
Entonces vemos que no sabemos nada
y que un milagro
es la prueba final de la ignorancia.
¡El milagro! ¡El milagro gentil!
¡El milagro! ¡El milagro gentil!

(La MUCHACHA conserva la piedra entre las manos, sin apartar los ojos de ella.)

MADRE.— ¿La encontraron los dos?
MUCHACHO II.— Sí, los dos, pero yo no vi la virgen hasta que ella me la enseñó.
HOMBRE I.— Entonces, son santos.
MUCHACHO I.— Son santos y de hoy en adelante tendrán que hacer mi-lagros.
MUCHACHA.— ¿Qué quieres decir?
HOMBRE II.— Que si la virgen se les apareció sobre esa piedra fue para señalarlos.

MENDIGA.— Ahora tienen la obligación de servirnos.

MUCHACHO II.— ¿Cómo? No entiendo.

HOMBRE I.— Son elegidos.

MADRE.— Que la niña se vuelva religiosa y él sacerdote.

MUCHACHO II.— ¿Por qué? Mi padre dice que voy a ser mecánico.

HOMBRE II.— De cualquier manera van a tener que hacer un milagro, está visto. Sigo pensando que son santos.

MUCHACHO II.— Es que no quiero ser santo.

MADRE.— ¡Blasfemia!

MENDIGA.— ¡Sacrilegio! ¡Que no toque la piedra! *(Con la repetición de esas dos palabras, blasfemia y sacrilegio, toman al MUCHACHO entre todos y lo colocan en un supuesto potro de tormento, adonde permanece atado en actitud de desolación. A la MUCHACHA.)* ¿Tú si quieres ser santa?

MUCHACHA.— Yo no sé. No se me había ocurrido. Pero si es necesario...

HOMBRE I.— No podemos decirlo nosotros.

HOMBRE II.— Claro que podemos. *(A la MENDIGA.)* A ver, enseña tu llaga. Esa incurable que tienes desde hace tanto tiempo. *(La MENDIGA muestra su llaga.)*

HOMBRE I.— Es horrible y apesta.

MADRE.— Es contagiosa. ¿Le duele?

MENDIGA.— Me duele mucho.

HOMBRE II.— *(A la MUCHACHA.)* Cúrala.

MUCHACHA.— ¿Tengo que tocarla?

MENDIGA.— Claro. Si eres santa, no te ha de pasar nada.

MUCHACHA.— *(Decidida, toca la llaga.)* Que la virgen te cure.

MENDIGA.— Casi no me tocaste.

MADRE.— *(Al HOMBRE.)* Da asco, pobre muchacha. *(Al MUCHACHO II.)* ¿No te da vergüenza?

MUCHACHO I.— Nada más lo dice para humillarte, no le hagas caso.

MUCHACHO II.— *(Desde el potro.)* Es que a mí no me dan asco las enfermedas.

MENDIGA.— Está igual. Ni siquiera me duele más. *(A la MUCHACHA.)* No me hiciste nada.

MUCHACHA.— *(Avergonzada.)* No es mi culpa.

HOMBRE II.— *(Al MUCHACHO II.)* Te vamos a soltar una mano para que la toques tú. *(Lo hace.)*

MUCHACHO II.— *(Serio.)* Está bien. *(Pone la mano sobre la llaga y la deja ahí un momento. La retira y examina la llaga de cerca, con familiaridad.)* Te vas a curar.

MENDIGA.— ¿Sí? *(Concentrada en la llaga.)* Sí. Creo que sí. Siento la piel y ya no la sentía. Un hormigueo, calor, sudor, ganas de llorar y los labios secos.

HOMBRE II.— A ver. Está mejor.

HOMBRE I.— Ya no apesta.

MADRE.— Ya no da asco.

HOMBRE II.— *(Al MUCHACHO II.)* El santo eres tú.

MUCHACHO II.— *(Impaciente.)* No puede ser. Yo voy a ser mecánico y nunca he tenido nada que ver con la santidad. *(A la MUCHACHA.)* Que sea santo el que quiera. ¿Tú quieres?

MUCHACHA.— Sí, pero ya se vio que no sirvo. *(Se repiten dos palabras de nuevo, "farsante" y "no sirve". También a ella se la coloca en el potro y le quitan la piedra. Los personajes los acosan.)*

MADRE.— *(A él.)* Sé santo, por favor.

MUCHACHO II.— No.

MENDIGA.— *(A ella.)* Confiesa que no eres santa. *(La MUCHACHA llora.)*

HOMBRE I.— *(A él.)* Acepta esta piedra.

MUCHACHO II.— No. *(Se supone que los atormentan. El MUCHACHO II se contorsiona, la MUCHACHA llora. El HOMBRE y la MUJER tocan como si estuvieran muy distraídos en su órbita especial de trovadores.)*

HOMBRE II.— *(A la MUCHACHA.)* Confiesa, di que no eres santa.

MUCHACHA.— No, no soy santa, pero la piedra es mía.

MUCHACHO I.— *(Al número II.)* Di que eres y serás santo.

MUCHACHO II.— No me atrevo. *(Se les atormenta de nuevo con actitudes fanáticas. Cuando los dos están exhaustos se les quita del potro y quedan tendidos en el suelo; ahora los miran con estupor.)*

MENDIGA.— Estoy curada.

HOMBRE I.— Adoraremos esta piedra.

MUCHACHO I.— Será una sagrada reliquia hasta el fin de los siglos.

MENDIGA.— La piedra me pertenece, me curó a mi.

MADRE.— *(Indignada.)* ¿Y por eso no ha de curar a nadie más?

HOMBRE II.— Esa piedra no cura por sí misma. *(Señala los cuerpos.)* Sin ellos no sirve para nada. Yo nunca vi a la virgen.

MENDIGA.— *(Abofeteándolo.)* Blasfemia, sacrilegio. Sin ellos no eran nada.

MADRE.— *(Le pega a la MENDIGA.)* Cállate, tú tuviste la culpa.

HOMBRE I.— Todos tuvieron la culpa. ¡Se ha echado a perder la piedra!

MUCHACHO I.— *(Golpeándolo.)* También tú eres culpable.

MUJER.— *(Dejando de tocar.)* Orden. *(Al oír su voz, se desordenan más.)*

HOMBRE.— Orden. *(La MADRE cae de rodillas junto a los cuerpos y gime.)*

MADRE.— Somos horriblemente culpables. *(Los demás hacen lo mismo. Acarician los cuerpos, hasta reanimarlos.)*

MUCHACHA.— Somos culpables. El milagro es de Dios, y ahora entiendo que esa virgen, cuando dijo la palabra "todos", daba a entender que todos éramos culpables.

MUCHACHO II.— Es cierto.

HOMBRE.— *(Con voz estentórea.)* No es cierto. *(En voz baja.)* Quiso decir algo muy diferente.

MENDIGA.— Demuéstralo. *(Se colocan alrededor de la piedra en actitudes sencillas.)*

HOMBRE.— ¿Somos capaces de la música?

TODOS.— Lo somos.

HOMBRE.— ¿Podemos entregar nuestra vida?

MUCHACHO II y MUCHACHA.— Podemos.

MUJER.— ¿Somos capaces de morir por los otros?

MUCHACHO II y MUCHACHA.— Lo somos.

HOMBRE.— ¿Somos capaces de vivir por los otros?

MADRE, MENDIGA y MUCHACHO I.— Lo somos.

MUJER.— ¿Entendemos la palabra eternidad?

HOMBRE I y II.— Entendemos.

HOMBRE.— La clave es el amor.

TODOS.— Es así.

MUJER.— El milagro es de todos

TELÓN

ANA ISTARÚ

1. Muy probablemente pesa sobre la dramaturga un obstáculo difícil de vencer: la división de los géneros literarios entre aquéllos en los que se tolera a la mujer como sujeto creador (como la poesía), y aquéllos que el prejuicio ve como terreno exclusivo del dominio masculino (tales como la narrativa, el ensayo, la dramaturgia). Esta división se fundamenta en el mito de que, siendo la naturaleza de la mujer "emocional" e "intuitiva," le aviene muy bien un género (mencionaba yo la lírica) convencionalmente considerado como el más apto para la expresión de la subjetividad, que se vale de un lenguaje más connotativo que denotativo, más lúdico, menos regido por un discurso racional, y que en última instancia no brinda a quienes lo cultivan ni el prestigio social ni la gratificación económica que puede otorgar, por ejemplo, la narrativa. Dicho sea esto sin el menor menosprecio por la poesía, género al que personalmente me he abocado desde antes de incursionar en el teatro.

La mujer que intenta expresarse a través del texto dramático, invade un género "serio," en el que se pone de manifiesto, más que una sensibilidad personal, una visión de mundo y un análisis de conflictos sociales, que convierten al creador en un agente difusor de ideología.

Y una mujer que difunde ideología, en especial si está concernida por su situación en tanto que mujer en una sociedad marcadamente sexista como la nuestra, pasa a ser un elemento activo y peligroso, abandonando insolentemente el rol pasivo que se la asignara, por lo que debe ser neutralizada a través de la indiferencia y el silencio.

2. Creo que en efecto existe una diferencia entre la literatura escrita por hombres y aquella escrita por mujeres. Considero poco acertado denominar a esta última "feminista," pues el término sugiere que se hace en ella una defensa de los intereses de la mujer, cuando la realidad muestra que muchas escritoras reproducen más bien una escala de valores masculinos, ya que han internalizado los patrones culturales machistas. Mejor cabría allí, tal vez, el término de literatura femenina.

No estoy en capacidad, en todo caso, de resolver este problema de nomenclaturas, y lo mismo acepto que se diga de mi obra que es femenina o feminista, como igual me da que se me llame poetisa o poeta (más de una ácida discusión ha generado en los círculos literarios de mi país esta cuestión), de la misma forma que no se me ocurrirá ofenderme porque me llaman actriz en vez de actor (soy trabajadora del teatro).

En cuanto a la existencia de una diferencia entre el discurso literario femenino y el masculino, creo que es un hecho innegable, ajeno además a la voluntad del escritor.

3. Responder a esta pregunta es casi tan difícil como responder a la interrogante sobre la diferencia exacta, incluido su fundamento biológico, entre un hombre y una mujer. Por el momento sabemos que la mujer tropieza desde su nacimiento con el estereotipo que de ella se ha hecho a fin de mantenerla en una situación de sumisión y dependencia. Que cuando accede a un plano de conciencia de esta situación, lucha por modificarla, y que eso inevitablemente la marca y condiciona su expresión y sensibilidad. Es muy probable que un teatro escrito por mujeres tienda prioritariamente a librar esta batalla, tratando de crear y sustentar nuevos valores, valores ''femeninos'' que se opongan a los ''masculinos'' tradicionales, únicos tenidos como buenos en nuestro orden social. El problema radica en el proceso de creación y descubrimiento de estos nuevos valores, es decir, de la búsqueda de este ser auténtico femenino al que dará paso el estereotipo ya destronado. Llegaremos tal vez incluso a la conclusión de que no existen identidades masculinas o femeninas como tales, sino una diversidad de identidades tan grande como autores hay.

Por el momento, mientras viva la mujer una situación de opresión, verá su expresión profundamente marcada por ésta, tanto si la escritora lucha conscientemente contra ella como si se encuentra enajenada.

En mi caso personal, tanto mi obra poética como dramaturgia tienden a evidenciar las contradicciones y falacias sobre las que se asienta la moral machista, a crear nuevas propuestas en la relación de pareja, a brindar una visión no tradicional de la sexualidad femenina, y en la obra que aquí se antologa, a revisar un poco el papel de la mujer misma como reproductora de la ideología machista, en tanto que madre.

Es decir, el ser mujer ha condicionado obviamente mi temática, me ha obligado a efectuar una revisión del lenguaje (particularmente en la poesía), y me ha proporcionado una visión del mundo muy diferente de la de mis colegas varones, primando en mí un interés por el análisis de personajes femeninos bajo una luz no convencional, así como por la reivindicación de una sensibilidad femenina aplastada y agredida.

4. Creo que el teatro, como cualquier manifestación artística, debe tender a reflejar la sociedad que le sirve de contexto, con el fin de mejorarla y producir seres humanos más sensibles. Casi todas las definiciones señaladas en su pregunta pueden referirse tanto al teatro como al arte en general.

Considero que mi obra dramática, ubicada bajo esta definición, intenta denunciar las formas de enajenación a que nuestro orden social somete tanto al hombre como a la mujer, haciéndoles creer que el uno es superior al otro, y constriñendo a ambos a patrones de conducta ajenos a su verdadera naturaleza. Desearía, como pronunciación de esta postura, combatir cualquier otro tipo de opresión, ya no sólo en el contexto de la relación hombre mujer, sino dentro del marco de las relaciones sociales en general.

5. En toda medida. De hecho, siendo una autora joven de un joven país, en el que el movimiento teatral tiene escasos veinte años y en el que no existe ni una tradición dramatúrgica ni más que contadísimos autores, el contexto afecta radicalmente un posible texto teatral.

El teatro que escribo está pensado estrictamente para ser llevado a escena, nunca como un texto literario en sí mismo. Por lo tanto, si deseo ver mis obras en escena, debo tener en consideración ciertos factores: las exigencias técnicas, el número de actores y la escenografía deben implicar el menor costo posible; se debe contar en el país con una sala con las condiciones necesarias para el montaje; deben existir los actores capaces (por características físicas, de edad, o de posibilidades interpretativas) de encarnar los personajes (el medio es pequeño, y como dato curioso, hay más demanda que oferta en el mercado de trabajo de los actores); etc.

Sin embargo, es mi deber anotar que esta relativa mocedad del movimiento teatral costarricense, la escasa dramaturgia nacional, la avidez del público por un teatro con el cual identificarse, su flujo asiduo a los espectáculos, el estímulo al joven autor a través de subvenciones estatales, y en fin, el clima propicio para la creación dramática, han influido notable y beneficiosamente en mi obra, permitiéndome su representacion sobre las tablas.

6. Creo que más que distorsiones o mutilaciones, los cambios que se operan en el texto durante la puesta en escena significan un enriquecimiento, una recreación ineludible y necesaria, y en última instancia, una interpretación única e irrepetible de ese texto. La "pureza textual" no existe. No existe "la" forma correcta de representar *Hamlet*. Cada montaje es un redescubrimiento y re-elaboración de la obra.

El equipo (director y actores) tiene el derecho de realizar ciertas modificaciones en el texto, esencialmente de reducir aquellas partes que resulten más "literarias" que "teatrales," o sea en las que predomine el verbo sobre la acción. Pero una obra bien construida no podrá nunca ser cercenada de una de sus partes sin que toda la estructura caiga estruendosamente. Nada en ella debe ser gratuito o superfluo. Por lo tanto, si un grupo profesional de intérpretes somete a cortes una obra, muy posiblemente irá en beneficio de obra y autor, y sea este último el responsable de que dichos cortes hayan sido necesarios.

He intervenido en el montaje de mis obras, ya sea como actriz, interpretando a mis personajes, ya sea asistiendo a los ensayos, cambiando yo misma partes del texto que no resultan naturales a los actores o que el director considera poco adecuadas al lenguaje teatral.

De hecho, veo mi obra casi como una excusa para el montaje, no tengo una idea pre-establecida de lo que será la puesta, y espero con curiosidad y gozo la propuesta de los intérpretes, que será finalmente la que dará corporeidad y vida a mis personajes.

7. No he participado, no he sido más que espectadora, pero pienso que esta forma de creación de ninguna manera desautoriza, elimina o excluye al dramaturgo que labora en forma individual. Sencillamente enriquece las posibilidades creativas, aporta una forma novedosa de elaboración de un texto.

Habría que entrar a analizar en detalle, según los diferentes medios en que tal corriente se desarrolla, si su aparición responde a una incapacidad del dramaturgo tradicional por reflejar las inquietudes de su sociedad, si se ha quedado rezagado en la búsqueda de nuevas formas expresivas. En este caso no ha sido "despojado" del producto dramático autoral, sino que no ha sabido interpretar las demandas de su momento.

8. Mi producción dramática consta de dos obras: una en un acto; la otra en tres, ambas de corte realista, con una estructura tradicional que en nada significa un aporte revolucionario a la literatura dramática universal. Su valor puede estribar básicamente en ser un intento por desarrollar personajes, situaciones y un lenguaje puramente costarricense, bajo un punto de vista crítico, así como de mostrar las

relaciones, mundo y psicología de los personajes femeninos, en su situación de sojuzgamiento.

Es decir, es un teatro que responde al deseo vehemente de un público que siente su identidad difusa y necesita asentarla y concretarla para poder reconocerse.

No excluye esto la posibilidad de que las obras alcancen niveles más universales, pero su intención primaria es la definición de esta "costarriqueidad" y el otorgar al habla popular una validez literaria.

Por lo incipiente de mi producción, no hay cambios formales dignos de mención, y la temática gira siempre en torno de mi preocupación básica como escritora y como mujer: el machismo y sus manifestaciones.

Me parece que por todo lo anterior, queda claro que el público al cual me dirijo es, primeramente, el costarricense citadino, que es quien tiene acceso a las salas de espectáculos en mi país, y en segundo término, al público latinoamericano. Me pregunto si la problemática que presento podría interesar a algún otro tipo de espectador, de otras latitudes, donde puede tener manifestaciones y matices muy distintos.

9. Yo podría aventurar que la estructura dramática creada por Chejov y su "teatro de atmósfera" es el que ha imprimido más fuertemente su sello en mi obra, pero eso puede no ser más que una pretensión sin fundamento. Podría agregar también que existe una relación con el realismo mágico y un deseo de darle cabida en una expresión teatral, pero es muy difícil definir las influencias de las que se es objeto en un momento en el que apenas se está definiendo un estilo personal.

10. Me parece que en efecto es una continuación y evolución de mi obra anterior. No creo que mi próximo texto se aleje tampoco de esta tendencia. Esto por el simple hecho de que me encuentro sumida en una reflexión cada vez más profunda (y por lo tanto cada vez más asediada por interrogantes) sobre la identidad de la mujer, sus posibilidades de redimirse a sí misma de su condición marginada, su relación con el varón.

La obra aquí recogida incursiona en el mundo de relaciones que establece la mujer como madre y como hija, presenta al hombre como una figura más bien ausente, y muestra a la mujer como víctima y victimaria, como parte indispensable del proceso mediante el cual desde la niñez se incuba el germen de la dependencia y la pasividad.

De alguna manera, sin un afán de repartir responsabilidades, busco desentrañar los mecanismos que nos someten y de los cuales nos es difícil escapar.

Esta obra la he escrito, precisamente en un período de mi vida en el que me convertirá a mi vez en madre, en los meses de mi primer embarazo, que supongo me ha hecho reconsiderar el fenómeno de la maternidad.

Creo que, resumiendo, mi motivación esencial para escribirla fue reclamar atención sobre la difícil, escasamente estudiada y compleja relación madre-hija, en una cultura en la que la mujer se valora únicamente a partir de las relaciones que establece con y a partir del varón, sea padre, esposo o hijo, y que podría ser una clave para la compresión de la psicología femenina.

Madre nuestra
que estás en la tierra

Ana Istarú

PERSONAJES

EVA.— espíritu de la bisabuela, 30 años, vestida a la moda de 1910.
AMELIA.— abuela, 65 años al inicio de la obra.
DORA.— madre, de unos 40 años.
JULIA.— hija, adolescente de 14 años en el primer acto.

La acción se desarrolla en la sala comedor de la casa de la familia, la cual presenta rasgos de una arquitectura tradicional josefina: paredes de tablilla, techo alto, división en arco. Podría estar ubicada en el Barrio de Aranjuez, o en algunas zonas de San Pedro o Sabanilla. Se adivina que en su tiempo fue una casa de cierto rango, que ha venido a menos por el deterioro del tiempo, el cual se acentuará en el transcurso de la obra.

Los muebles son también pasados de moda, siendo los más antiguos una bonita paragüera de madera con espejo y un gran armario del tiempo de las abuelas.

La izquierda y la derecha son las del público. Domina el foro un trinchante sobre el que se hallan dos candelabros, una lámpara y adornitos. En el extremo derecho, puerta de la cocina. A la izquierda, junto al trinchante, la puerta de calle, la cual debe permitir al abrirse ver el umbral de la casa, una pared o arbustos como fondo. Ya en el extremo izquierdo, acceso a los dormitorios, indicado por una pequeña división que llega a la mitad de la pared y remata en un arco. En el ángulo creado por ésta, un árbol de Navidad casi totalmente adornado y con luces de colores.

En el centro de la habitación, un poco hacia la izquierda, un pequeño sofá, acompañado de una vieja mecedora y una mesita central cubierta de adornos y tapetitos. En la pared izquierda, luego del árbol de Navidad, la paragüera, y ya casi junto a la embocadura, una ventana bajo la cual se encuentra un mueblecito con un equipo de sonido bastante modesto. Una silla pequeñita, para niño, al lado.

En la zona central derecha, mesa redonda con cuatro sillas. En la pared derecha, el armario, y al lado, cercana al público, una mesita con el portal. La casa está adornada con motivos navideños.

El Primer Acto transcurre durante los preparativos de la celebración de Nochebuena.

El Segundo Acto tiene lugar cinco años más tarde, la misma fecha, propiamente a la hora de la cena.

El Tercer Acto se ubica cinco años después, en la madrugada del 25 de diciembre.

ACTO PRIMERO

(Amelia, vestida de entre casa, con delantal y pantuflas, está sentada a la mesa. Pica ramas de apio mientras toma de vez en cuando sorbos de café. Sobre la mesa hay frascos y latas diversas, de aceitunas, pimientos morrones, alcaparras, algunas verduras, un limpión, así como una caja con adornos destinados al árbol de Navidad.)

AMELIA.— *(Canta.)* "Por ti yo perdí la fe,
   por ti la gloria perdí,
   por ti me voy a quedar
   sin Dios, sin gloria y sin ti."

JULIA.— *(Entra de la cocina. Viste en forma algo infantil y muy poco agraciada.)* ¡Se me están quemando los pollos! ¿Los saco del horno? ¿Les quito el fuego? *(No espera respuesta y regresa a la cocina.)*

AMELIA.— Ahí voy. *(Sale. Se oye algo de estrépito, bandejas que caen, la puerta del horno al cerrarse. Ambas regresan a la sala.)* Eso no es nada. Se tostó un poquito. Más sabroso.

JULIA.— Mamá se va a poner furiosa. Va a decir que está seco.

AMELIA.— *(Volviendo a su labor.)* Pues le decís que se bronceó.

JULIA.— Bronceado es poco. Parece muerte por insolación. *(Toma bolitas de colores y las prende al árbol.)* Se va a enojar y hoy necesito que esté de buen humor.

AMELIA.— ¿Ah, sí? ¿Por qué?

JULIA.— Voy a pedirle una cosa.

AMELIA.— ¿Lo de la ida a la playa?

JULIA.— ¡No! Eso no es nada. Es algo muy importante.

AMELIA.— ¿Pero qué puede ser?

JULIA.— Es una cosa que quiero desde hace meses, pero me da miedo decirla.

AMELIA.— ¿Ni a mí?

JULIA.— ¿Y si la digo y me trae mala suerte y después no se me cumple?

AMELIA.— ¡Tst! Qué tontera.

JULIA.— Desde que me levanté siento como algo aquí atravesado. *(Se toca la garganta.)* Tal vez por ser Navidad me lo conceda, ¿verdad?

AMELIA.— Con Dorita nunca se sabe, pero contame y en la de menos entre las dos...

JULIA.— Si me dice que no, se me va a amargar la Nochebuena.

AMELIA.— ¿Qué es lo que tanto te trastorna? Ya uno viejo entiende que no vale la pena morirse de ganas por nada. Fue lo primero que aprendí cuando me casé. Me encantaba ir al cine. Bueno, era lo único que había, pero a Nacho, —que en paz descanse tu abuelito, pero qué carácter— se le ocurrió que eso de ir al cine era una vagabundería y una gastadera de plata. Claro, él se quedaba dormido. Pero a mí me hacía una gran ilusión ver esas películas. Y eso que no es como ahora, que son habladas. Qué va. Había unos músicos que tocaban y según si el teatro era de postín, ponían un viejo más o un viejo menos a sonar pitos.

JULIA.— *(Robando pasas o aceitunas, mientras toma más adornos.)* ¿A usted le gustaba ir al cine?

AMELIA.— Mamá nos acostumbró. Le fascinaba. Es que mamá era especial. Era una mujer muy viajada. Claro, antes de la caída del café la familia era muy pudiente. Todos mis tíos a estudiar a Europa, no era cuento.

JULIA.— ¿Y abuelita Eva también?

AMELIA.— Ah, no. Los tíos hombres, por supuesto. Mamá no. Además antes las mujeres no estudiaban. No iban a mandar así nomás a una señorita sola. Si en Europa todo muy lindo, mucho edificio bonito, mucha ópera, la gente prendidísima, pero también tenía sus peligros. Había anarquistas, y gente muy disipada y mujeres de malas costumbres, no creás.

JULIA.— ¿Y cómo hizo abuelita Eva para viajar?

AMELIA.— Ya casada. Ay, cómo le gustaba el cine. Con decirte que los domingos se iba a tanda de cuatro al Teatro América y a veces se quedaba sin ir a misa. Pero ella decía que más misa era irse a ver una película, que un invento tan grande era la mejor prueba de la obra de Dios en la tierra y que ella no iba a perder el rato oyendo al padre Astúa hablando majaderías y echándose flores todo el sermón, por unos famosos vitrales que mandó traer de Italia. Pues el padre lo supo y la agarró entre ojos. Ni para qué: mamá se puso a decir que qué iba a hacerle a un cura que con sólo ver era un mamitas de los que orinan sentados.

JULIA.— Idiay, ¿pero no la excomulgaron?

AMELIA.— Pues casi casi. Para colmo le daba por leer a un viejo peludo que se llamaba Krishnamurti, y por ir a las charlas de la Sociedad Teosófica, o a las "tenidas" de los masones. En aquella época era muy mal visto. *(Pausa.)* ¿No habrá que ir poniendo agua a hervir para calentar los tamales?

JULIA.— No, falta mucho.

AMELIA.— Volviendo a lo del cine, como Nacho no me dejaba salir, yo sufría mucho y quería y quería ir al cine. Y yo decía: Ay, Virgencita, quitame estas ganas, este pensamiento. Entonces hice una promesa y me recé los nueve martes de San Antonio y santo remedio. Ya nunca más volví a pensar.

JULIA.— Yo no creo que me quiten las ganas rezando. El otro día recé y recé para que no me den ganas de quedarme en la cama en la mañana, pero igual siempre llegué tarde al colegio.

AMELIA.— ¿Y por fin no me vas a contar qué querés?

JULIA.— Bueno, pero no diga nada. Es que a Vivian van a meterla a recibir clases de cello y yo también quiero aprender.

AMELIA.— ¿Qué es eso?

JULIA.— Violoncello. Como un violín grande que uno lo pone parado para tocarlo.

AMELIA.— ¿Y para qué diantres querés aprender eso?

JULIA.— Es que es precioso. Es una música muy dulce. Y Vivian es la mejor de la clase y sabe mucho y ella me enseñó el disco de cello que tiene. Además es mi mejor amiga.

AMELIA.— ¿Y es muy caro? *(JULIA guarda silencio.)* Porque ahí es por donde a Dorita le duele. ¿Cuánto cuesta?

JULIA.— Me dan el instrumento. Pero hay que pagarle al profesor.

AMELIA.— A la jurisca. Quién sabe. *(Suena el timbre. AMELIA se incorpora, expectante, mientras JULIA la observa. Ésta abre. Entra DORA, cargada de paquetes y con el pelo lleno de confetti. Viste cuidadosa y severamente y tiene la apariencia de una mujer de clase más alta.)*

DORA.— Hola, m'hijita. Perdón, pero no podía sacar la llave. *(Se besan.)* Hola, mamá. *(Se echa en el sofá sin soltar las bolsas.)* Ay, mis pies. San José está de locos. Casi me arrancan la cartera. Y mejor pegarse un tiro que conseguir un taxi.

AMELIA.— ¿Al fin viene a cenar Gutierritos con la esposa?

DORA.— ¡Ay, sí, ni me diga! Voy a ver cómo anda la cocinada. *(Desaparece por la puerta de la cocina.)*

JULIA.— *(Luego de una pausa.)* Pensó que era él, ¿verdad?

AMELIA.— Sí. Siempre pienso que va a venir o a llamar por estas fechas.

JULIA.— ¿Dónde estará?

AMELIA.— Lejos. Pero no hablemos de él. Un hijo es un hijo.

JULIA.— ¿Por qué se fue?

AMELIA.— Tu abuelo era muy duro, muy buen padre, pero muy duro. Le exigía mucho. Total, a los hombres se los lleva el viento. Sólo las mujercitas son verdaderamente de uno.

JULIA.— Tal vez cree que usted no lo ha perdonado.

AMELIA.— Lo perdoné siempre.

JULIA.— ¿Y no le gustaría buscarlo? ¿Verlo otra vez?

AMELIA.— *(Niega con la cabeza.)* Ya yo recé los nueve martes de San Antonio.

JULIA.— *(Tras una pausa, encendiendo las luces del árbol.)* ¿Cómo quedó?

AMELIA.— Es un primor. Quedó muy lindo.

JULIA.— Lo que más me gusta de la Navidad es el olor a ciprés. *(Ambas contemplan el árbol. DORA sale de la cocina, ya liberada de algunos paquetes y se va inmediatamente por la puerta que conduce a los dormitorios.)* Me acuerdo cuando íbamos al Monte de la Cruz con papá, comíamos en el potrero y luego cortaba un arbolito y lo poníamos en el carro. Yo iba tan orgullosa cuando bajábamos por la avenida.

DORA.— *(Entrando con una calculadora, un cuaderno y unos cuantos billetes. Lleva los anteojos puestos. Se sienta en el sofá. Concentrada en sus cuentas.)* Vamos a tener que subir el alquiler a partir de enero. Con la pensión que nos dejó Francisco nos moriríamos de hambre.

AMELIA.— Pero habrá que arreglarle las canoas a la casita. El inquilino se queja mucho.

DORA.— Ah, no, que se olvide. Todo está el doble de caro que el año pasado. Que busque a ver si encuentra una casa así por ese precio.

AMELIA.— Julita ya termino el árbol.

DORA.— *(Viéndolo por primera vez.)* Precioso, m'hijita. Le quedó precioso.

AMELIA.— ¿Verdad que sí?

JULIA.— Gracias.

DORA.— ¿Cómo nos fue con la costura este mes?

AMELIA.— En diciembre siempre hay encargos. Ayer por fin me pagaron las dos enaguas y quedaron tan bien que seguro voy a hacerle otra en enero.

DORA.— *(Sumando.)* Muy bien. *(Mirando a su alrededor.)* Hay que enjuagar la vajilla, está llena de polvo. *(A JULIA, que se ha quedado de pie, inactiva.)* Julia, ¿por qué no le ayudás a tu abuelita?

JULIA.— Sí, mamá. *(Se sienta en la mesa y comienza a pelar papas. AMELIA, que terminó con el apio, se levanta.)*

AMELIA.— Bueno, entonces yo me voy a la cocina. ¿Dónde está el platón del queque?

JULIA.— En el armario a la derecha. *(AMELIA saca el platón y va a la cocina.)*

DORA.— Hay que extender el mantel y darle una aplanchada.

JULIA.— Sí, mamá.

DORA.— Y tener las cosas en un azafate. *(Alzando la voz.)* Mamá, ¿al fin viene tía Inesita?

AMELIA.— *(Desde adentro.)* Llamó diciendo que todavía se siente mal, así que se va a quedar en casa.

DORA.— *(Para sí.)* Mejor. La verdad es que no hace más que criticarlo todo. Pero vienen los Gutiérrez y quiero que todo esté en su lugar. *(Se levanta. Mueve un poco la mecedora, para ver el efecto que se produce en la sala. Se retracta. La vuelve a cambiar de sitio, mientras habla. A JULIA.)* Después me sacás las servilletas de lino, las blancas, no las cremita, porque hay dos manchadas. Y buscate las cucharitas de plata para los saleros.

JULIA.— Sólo queda una. La otra se perdió.

DORA.— Qué calamidad, se me había olvidado. Entonces no ponemos la sal. *(Ve su reloj.)* Dios mío, es tardísimo. *(Viendo hacia la mesa.)* Y la ensalada todavía está en veremos.

JULIA.— Ya voy. *(Se apura.)*

DORA.— *(Cambiando de lugar los tapetitos y pequeños bibelots que hay sobre la mesita frente al sofá, en todas sus combinaciones posibles, deshaciéndolas después por una nueva.)* La Navidad siempre me pone nerviosa.

JULIA.— A todos, me imagino.

DORA.— ¿Qué te vas a poner para la cena?

JULIA.— No sé. No he pensado.

DORA.— Sos tan rara. Y casi tenés quince años y te vestís como salida de un reformatorio. Y eso que dicen que es la edad de la vanidad.

JULIA.— ¿Me pongo el vestido bueno?

DORA.— No, el último que te hizo mamá.

JULIA.— *(Con desgana.)* ¿Ése?

DORA.— El otro ya te lo ha visto la mitad del área metropolitana. ¿Dónde está el papel de envolver?

JULIA.— En mi estante. ¿Te lo traigo?

DORA.— Y lo que compré. *(JULIA sale. DORA toma un limpión que hay en la mesa y sacude el tocadiscos y toda superficie susceptible de ser sacudida que haya en la habitación. Regresa JULIA y pone su carga sobre la mesa.)* Gracias.

JULIA.— *(Volviendo a su tarea.)* Te arreglé el cuarto y te cepillé los zapatos grises.

DORA.— Ah, sí. Un millón de gracias, mi corazón. *(Suspira.)* Otro año que se va. *(Viéndose en el espejo de la paragüera.)* Otro año que me cae encima.

JULIA.— Mamá, te ves muy bien. *(DORA ríe, incrédula.)* ¿Te dije que Marita y Vivian y otras compañeras se van a la playa estos días?

DORA.— ¿Ah, sí?

JULIA.— Van con los papás de Marita, unas a la casa de ellos y otras en tienda de campaña. Es muy seguro. Van bien acompañadas. Y les sale regalado porque van a llevar la comida y los papás ponen la gasolina.

DORA.— ¿Los papás de Marita? ¿Con el viejo ése, Vargas? ¿Con ese sátiro y van a estar seguras?

JULIA.— ¡Mamá!

DORA.— ¡Ese degenerado que mantiene a dos queridas?

JULIA.— ¡No vas a creerle a tía Inesita!

DORA.— Ni se sueñe que la dejo ir. ¡Sólo eso faltaba! Encerrar a ese gavilán en un corral lleno de gallinas.

JULIA.— Mamá, yo...

DORA.— El otro feliz, con un montón de chiquillas espinilludas servidas en bandeja.

JULIA.— Mamá, ¿cómo va a pensar que yo...

DORA.— Usted no sabe ni dónde está parada.

JULIA.— Sí, mamá.

DORA.— *(Molesta consigo misma.)* Si fuera con otra gente, pero con ese viejo vicioso... *(Pausa. Se sienta en la mesa y saca del paquete un par de pantuflas parecidas a las que usa AMELIA. Empieza a envolverlas en papel de regalo.)* En fin. *(Silencio. Mira de reojo a su hija.)* He estado pensando qué será mejor para tus quince años. Me gustaría encontrar un lugar decente para la fiesta. Esta casa es demasiado pequeña. Podría ser en un club, pero son tan caros... O en un salón de té.

JULIA.— A mí no me molesta en la casa.

DORA.— Mamá te puede sacar un modelo de la Burda, algo bien corrongo, de un colorcito pastel.

JULIA.— Sí, claro.

DORA.— Vi unas flores de papel maché divinas, como para las mesas.

JULIA.— Qué bien.

DORA.— Y pienso poner el nombre de los invitados en cada asiento en un cartoncito, escritos con escarcha.

JULIA.— Mucho trabajo, mamá.

DORA.— ¿Qué importa? Sólo una vez se cumplen quince años. Podríamos invitar a tus amiguitas con las mamás. Aunque no, mejor un baile. Eso, que traigan a los hermanos.

JULIA.— ¿No sería carísimo?

DORA.— Ahí me las arreglo. *(Examinándola.)* Y habrá que disfrazarte de señorita. Pareces un chiquillo. Julia, ponete recta. *(Lo hace.)* Te estás jorobando. Así nadie te va a sacar a bailar como si se estuvieran estrangulando. *(JULIA ríe a medias.)* Te llevo al salón a que te peinen y te dejen como nueva.

JULIA.— ¡Ay, no! ¡Eso no! ¡La última vez me dejaron que parecía de cincuenta años!

DORA.— ¡Dejá de contradecirme! ¡No has hecho más que rechazar cada cosa que te propongo! *(AMELIA, al ruido, se asoma por la puerta de la cocina.)* ¿Te das cuenta de lo que me va a costar esa fiesta y de lo que me sacrifico por tu felicidad? Ah, no, pero a la señorita no le gusta cómo la peinan. Lo que pasa es que estás enfurecida porque no te dejo ir a la playa a que te viole ese puerco pestilente.

AMELIA.— Dorita, hoy es...

DORA.— *(En el mismo tono.)* Mamá, ¿ya está el consomé? *(AMELIA se retira. Continúa furiosa.)* Y claro, como no puedo pagarme unas vacaciones en la playa y nos tenemos que quedar aquí sembradas, mientras todos se asolean panza arriba, querés restregármelo en la cara. Porque, ¿qué te estás creyendo? ¿Que a mí también no me gustaría pagarme un hotel o tener una casita frente al mar donde desentumirme los huesos de vez en cuando? ¡Me tenés hasta aquí con tu desconsideración! *(Solloza. Asustada.)* ¿Ves? Ya me dio el mareo.

JULIA.— Voy por las pastillas.

DORA.— *(Respirando con dificultad.)* En el armarito del centro. *(JULIA va a la cocina. DORA hace pucheros. Regresa JULIA con un vaso de agua y las pastillas. Le acompaña AMELIA.)* Un día me voy a quedar tiesa. *(Toma la medicina.)*

AMELIA.— Es que usted se acalora, m'hijita. Con la presión no se juega. *(JULIA le toca la frente.)*

JULIA.— Estás sudando. *(AMELIA y JULIA la observan en silencio.)*

DORA.— Lo siento. *(Pausa.)* Ya dije que lo sentía. Dejen de verme como si fuera Cruella de Vil.

JULIA.— Ya pasó. No tiene importancia.

DORA.— Es la maldita Navidad.

AMELIA.— ¡Dorita!

DORA.— Me ataca los nervios. *(Arregla el cuello de la blusa de JULIA como muestra de afecto.)* Vos sabés que lo único que quiero es darte un buen futuro, estudios, un marido como Dios manda. No quiero que te pasen las mías.

JULIA.— No vivimos mal.

AMELIA.— No hay que ofender a Dios.

DORA.— No quiero que Julita se pase midiendo cuánto dura una bolsa de detergente. Yo sé lo que es llegar a ser nada más que la viuda de un agente de seguros. *(Las tres reflexionan.)*

AMELIA.— Por cierto, me dijo el jardinero que le ofreciste el saco de Francisco.

DORA.— *(Alza los hombros.)* Es Navidad. Me pidió algo de ropa. ¿A nosotras para qué nos sirve? *(Se levanta y lo saca del armario. Lo observa.)* Todavía está bueno. *(Lo huele. Lo deja en el sofá con desencanto.)* Ahí lo dejo. Ahorita pasa por él.

AMELIA.— Por eso es dura la Navidad. Si alguien falta, se nota más.

JULIA.— Qué grande era papá.

DORA.— No tanto, eras muy pequeñita.

JULIA.— Es tan extraño pensar que algún día voy a ser mayor que él, una viejecita, y él siempre va a ser joven y fuerte.

DORA.— Así son las cosas. Bueno, hay que seguir.

AMELIA.— *(A JULIA.)* Ñatica, todavía tengo que verle el ruedo al vestido ¿Por qué te lo ponés?

JULIA.— Bueno. *(A DORA.)* Ya están las papas. *(Se va.)*

DORA.— *(Viendo el reloj.)* Nos va a agarrar el toro. Mejor hago las boquitas. *(Empieza a recoger parte de la comida de la mesa y la lleva a la cocina. Pone el paquete de los regalos en una silla.)*

AMELIA.— *(Ensimismada, sentada en el sofá.)* Así son las cosas. Los hombres salen y se van. Salen a comprar cigarrillos y no vuelven. Se van en un barco, en un ataúd. Pero siempre se las arreglan para irse. Nos miran clavados desde una fotografía, y sabemos que existieron porque dejan la corbata, la colonia de afeitar. *(Toca el saco.)* El apellido. *(Regresa JULIA con el vestido puesto, el cual es algo cursi y le queda un poco flojo. Trae también un alfiletero. DORA se ha instalado en la mesa y unta unas galletitas con algo cremoso.)*

DORA.— Mamá, estás hablando sola.

AMELIA.— Perdón. *(A JULIA.)* Trepate en el sofá. *(Lo hace. AMELIA se arrodilla y comienza a ponerle alfileres en el ruedo, que luego coserá con un hilván.)*

DORA.— Te quedó muy bien.

AMELIA.— Se parece a mamá, vestida así.

JULIA.— ¿Cómo era abuelita Eva?

DORA.— Completamente chiflada.

AMELIA.— ¡Jesús! ¡Dorita! Pobre mamá.

JULIA.— ¿Era bonita?

AMELIA.— Era elegantísima. Una dama. Claro que a veces le gustaba molestar.

DORA.— Echaba un montón de sal de uvas en las bacenicas y cuando la gente orinaba en la oscuridad salía un gran espumarajo, y las viejas gritaban: ¡Me muero, me muero! ¡Estoy envenenada! *(JULIA se ríe.)*

AMELIA.— Eso era cuando estaba jovencita.

DORA.— Un día había una cena formal en la casa, con invitados y todo, y salió descalza vestida como un peón.

AMELIA.— Es que la querían casar con un gamonal. Para eso era la cena. Pero ella dijo que nunca más se quitaba esa ropa si la casaban a la fuerza con ese viejo.

JULIA.— ¿Y la casaron?

AMELIA.— No, pero la tuvieron un año castigada trabajando en la cocina. No te movás tanto.

DORA.— ¿Quedan más galletas? *(Se levanta con dos platitos llenos de bocas. Los pone sobre el trinchante. Abre la puerta de la cocina, la cual sostiene con el pie, para evitar que se cierre.)*

AMELIA.— A ver, ¿dónde las puse?

DORA.— *(Retoma los platitos, sin abandonar la puerta.)* Si no, hago tostaditas de pan cuadrado. *(En ese momento, por la puerta abierta de la cocina aparece EVA, la bisabuela, espléndidamente vestida según la moda de 1910. Camina muy lentamente, absorta en la lectura de "El Diario de Costa Rica" o algún periódico de la época. Fuma un cigarrillo con toda tranquilidad. Se sienta sin mirar a nadie en la mecedora, aspirando profundamente. Es joven, hermosa e imperturbable.)*

DORA.— *(Cansada de esperar que AMELIA recuerde.)* No importa, yo las busco.

AMELIA.— Qué luz más mala. Me cuesta ver. *(DORA con más galletas.)*

DORA.— Aquí huele...

AMELIA.— ¿Qué?

DORA.— Aquí huele... a cigarrillo.

JULIA.— Yo no huelo nada.

DORA.— ¿Cómo no se dan cuenta?

AMELIA.— Imposible. Nadie fuma en esta casa.

DORA.— *(Pausa.)* Julita, ¿al fin qué vas a pedir de regalo de cumpleaños?

JULIA.— *(Duda.)* Estoy pensando.

AMELIA.— ¡Qué ilusión! ¡Un baile! Me hubiera gustado tanto ir a un baile.

JULIA.— ¿Nunca fue?

AMELIA.— Poco. Había que ir mudado y la cobija no daba para tanto.

DORA.— Es que huele, apesta a tabaco. *(Mira a JULIA.)*

JULIA.— A mí no me vean.

AMELIA.— Ya está. *(EVA ha terminado su cigarrillo y se hace uno nuevo con papel para el efecto y tabaco que saca de un paquetito. A DORA.)* ¿Así está bien el largo?

DORA.— Perfecto. *(JULIA se ve en el espejo de la paragüera.)*

JULIA.— Gracias, abuelita.

AMELIA.— De nada, ñatica. *(La abraza. Recoge el alfiletero y el hilo y los mete en su delantal. Se va a la cocina. DORA continúa con las galletas.)*

JULIA.— *(Viéndose en el espejo.)* Me siento flaca con este vestido.

DORA.— ¿Qué?

JULIA.— Nada. Mamá...

DORA.— ¿Qué?

JULIA.— Nada...

DORA.— ¿Idiay?

JULIA.— Quién sabe cómo va a ser el próximo año.

DORA.— Sí. Quién sabe. Nadie sabe. Qué cosas más raras decís, muchacha.

JULIA.— A veces no sé qué voy a hacer con mi vida. Qué voy a estudiar. Qué es lo que más me gusta.

DORA.— Vos tenés ese problema arreglado. Te casás y ya está. Está bien una profesión, defenderse con algo. Pero una mujer necesita una casa. Y por eso es que necesita un marido.

JULIA.— *(Se sienta en el sofá.)* A veces no sé para qué hacemos las cosas que hacemos. Ahorrar para pintar la casa, coser, ir al colegio, ir a misa los domingos, hacer dulce de guayaba, ver televisión.

DORA.— ¿Qué más querés? ¿Irte en un crucero por el Caribe?

JULIA.— No. Pero tiene que haber otra cosa. No vamos a vivir sólo para esperar el almuerzo del domingo.

DORA.— Ya te veo venir. *(EVA de vez en cuando alza la vista de su periódico y sigue con alguna atención la conversación.)*

JULIA.— ¿Por qué?

DORA.— Vas a salirme otra vez con que querés ser científica o bailarina. Mientras no te dé por ser piloto de avión.

JULIA.— ¿Qué es lo que más te gustaba hacer a mi edad?

DORA.— No me acuerdo. Pero te aseguro que no era piloto.

JULIA.— No sé quién va a querer casarse conmigo.

DORA.— *(Irritada.)* ¿Por qué? No sos una tarada, ni una anormal. Ni un espantajo. Me da una cólera cuando te ponés con esa necedad. No serás una belleza, pero sos agraciada y sobre todo una muchacha decente. Con las bonitas no se casan, acordate de mí. Las quieren para otras cosas. Para el fin de semana. Pero una muchacha de buenas costumbres no es así nomás que alguien la desprecie. Y en última instancia, si sos tan corta que no te atrevés a casarte, de eso me encargo yo.

JULIA.— Sí, mamá.

DORA.— Que para qué vivimos, m'hijita: para comer. Hay que vivir: hay que comer. Así ha sido siempre. Y si a vos te da la gana hacerte astronauta, muy bien, pero mentiras que vas a ganar nunca un sueldo como el de un hombre. ¿Cuándo has visto mujeres gerentes o arquitectas o Presidentes de la República? *(EVA se levanta, pues lo que dice DORA le ha despertado interés. Se acerca a la mesa y se come tranquilamente un par de bocas.)*

JULIA.— Bueno, hay doctoras y abogadas.

DORA.— Pero nadie les tiene confianza. ¿Vos creés que yo iría donde una doctora a que me ponga las manos encima?

JULIA.— ¿Por qué no?

DORA.— Porque no es igual. *(Reflexiona.)* ¿Ves? Un médico. Eso sí sería un buen marido. Pero no que una mujer ande ahí manoseando muertos para hacerse doctora. *(EVA enciende un nuevo cigarrillo. Las observa.)*

JULIA.— Me da miedo la sangre.

DORA.— Menos mal. *(Se levanta con lo que queda de la pasta y la última bandeja de galletitas.)*

JULIA.— ¿Para probar?

DORA.— Sólo una. *(La toma.)* ¡Con cuidado! Ya me las desacomodaste toda. *(Siempre de pie las reacomoda.)*

JULIA.— ¿Sabés qué? Parece que a Vivian la van a meter a clases de cello.

DORA.— ¿De qué?

JULIA.— De violoncello.

DORA.— ¿Ah, sí? ¡Hatajo de pretenciosos! ¿La van a hacer música a la chiquita? Ja, que con su pan se lo coman. *(EVA echa las cenizas del cigarrillo sobre las bocas, con franca antipatía hacia DORA.)* ¡Babosos! ¡Botar así la plata! ¡Darle clases de un aparejo indecente que hay que tocar con las piernas abiertas! ¡Bonito oficio para una señorita! *(EVA apaga el cigarrillo hundiéndolo en la pasta y se va hacia los dormitorios, dejando antes el periódico sobre el trinchante.)*

JULIA.— Sí... qué cosa. *(DORA entra en la cocina. JULIA queda inmóvil, conteniéndose. EVA se ha ido.)*

DORA.— *(Grita furiosa desde adentro.)* ¿Qué les pasó a estos pollos? ¿Quién los dejó carbonizarse? ¿Y ahora qué demonios vamos a hacer? *(Se asoma por la puerta.)* ¡Julia! ¿Acaso creés que el dinero lo arranco de los árboles del patio? ¿Qué tenés hoy, que amaneciste estúpida? ¿Quién te va a alzar a ver a vos, gran inútil, si no sabés ni hacer ni un huevo? *(AMELIA se asoma por la puerta.)*

JULIA.— Vos en cambio sí sabías, ¿verdad? Para lo que te sirvió.

DORA.— ¿Qué estás diciendo?

JULIA.— *(Llorando.)* Total acabaste casándote con un miserable agente de seguros. Eso era papá para vos, ¿o no?

DORA.— *(Con una cólera sorda.)* A Francisco no me le faltás el respeto así de fácil, ¡insolente! *(Hace ademán de pegarle, pero se contiene.)*

AMELIA.— ¡Dora! ¡Ya está bueno! ¡Esperen a que yo me muera para tratarse así! Por favor, es Nochebuena. ¡Ay, Virgen pura, qué les está pasando!

DORA.— *(Quejándose con AMELIA y desapareciendo después por la cocina.)* ¿Qué le he hecho yo, para que me trate así? Vos oíste las cosas horribles que me dijo. A mí nadie me toca a mis muertos. Como si yo no hubiera sido una buena esposa, como si alguna vez Chico hubiera tenido queja de mí. ¡Yo jamás he abierto la boca para decir pero ni esto de mi pobre marido! *(Se va.)*

AMELIA.— Julita. *(JULIA lloriquea. AMELIA le da golpecitos en la espalda.)* Qué calamidad. Voy a darles espíritu de azahar, a ver si se calman. Creo que yo también voy a tomar un poco. *(Se va. JULIA se acuclilla sobre el sofá y llora con la cara hundida en el saco de su padre. Lo abraza, haciéndose un puño con él. Se aburre de llorar, como hacen los niños, y se distrae de su tristeza observando los botones y demás detalles del saco. Lo toca, lo examina con melancolía. Finalmente dobla primorosamente la prenda y se acuesta sobre ella como si fuera una almohada. Entra AMELIA con un vaso.)*

AMELIA.— Tomá, linda. *(JULIA obedece. AMELIA saca de la bolsa del delantal un paquete de luces de bengala.)* Mirá lo que compré.

JULIA.— *(Sonriendo.)* Abuelita, ya estoy grande.

AMELIA.— Para mí no. *(DORA entra aparentando ir a buscar algo en el trinchante, pero al ver que no se dan cuenta de su presencia se pone a escucharlas.)* Ahí cuando te pongás tacones te doy permiso de hacerte vieja. Pero ahora podemos gozar un rato, ¿verdad?

JULIA.— ¿Vamos a pedir deseos?

AMELIA.— ¿Vos qué creés? *(JULIA sonríe.)* Todos los años lo hacemos.

JULIA.— ¿A usted se le ocurrió inventar eso?

AMELIA.— No, señorita. A vos.

JULIA.— ¿A mí?

AMELIA.— Tenías como cuatro años. Estábamos cenando y en eso alguien vio por la ventana una estrella fugaz y pidió un deseo y todo mundo comentó que qué dichoso. Entonces te levantaste llorando con que vos también querías una estrella. Y al rato apareciste con la luz de bengala. *(Saca una candela de la bolsa del delantal y fósforos.)*

JULIA.— ¿Va a encenderlas aquí?

AMELIA.— Mejor no, ¿verdad? Va y le quemamos la mesa a Dorita.

DORA.— *(Desde atrás.)* No importa. *(Ambas la miran.)*

AMELIA.— Voy a traer un plato. *(Se va. JULIA y DORA se quedan incómodas.)*

JULIA.— *(Tras una pausa.)* Siento mucho lo de los pollos.

DORA.— No es nada grave.

JULIA.— Me entretuve con el árbol y se me olvidaron.

DORA.— Ya no hablemos de eso. *(Silencio.)*

JULIA.— Todavía no me acostumbro a que papá ya no esté.

DORA.— Nadie se acostumbra.

AMELIA.— Lo siento.

DORA.— Qué le vamos a hacer. *(Regresa AMELIA con la candela debidamente pegada en un plato. La pone en el suelo, junto a la sillita cercana al tocadiscos y la enciende.)*

DORA.— Yo apago. *(Lo hace. La habitación queda a oscuras, a excepción de la luz de la vela y del árbol de Navidad.)*

AMELIA.— Bueno... ¿Quién quiere? *(Ofrece las varillas.)* Pero acérquense. *(Arrima la mecedora y se sienta. Las otras finalmente se acercan. DORA se sienta en una sillita y JULIA en el suelo. Cada una toma una luz y enciende. Hablan mientras éstas se van quemando. Al consumirse, encienden una nueva.)* A ver. Este año quisiera... quisiera... un canario como el que se me murió. Un chal blanco. Que me pegue la pascuita que sembré. Que se vaya la plaga de chichillas que me está comiendo las begonias... No sé qué más.

JULIA.— Quiero que este año me cambien a la profesora de matemáticas. Unos zapatos rojos como los de Marita. Mhm... que Carla saque mala nota en inglés...

AMELIA.— ¿Por qué?

JULIA.— Siempre se burla de cómo pronuncio.

AMELIA.— Eso no se vale.

JULIA.— Achará. Bueno, quisiera... tener cinco años y volver a la Feria de las Flores. *(Apoya la cabeza en el regazo de su madre. Ésta le acaricia el pelo con una mezcla de timidez.)*

DORA.— Yo quiero cambiar el tapiz de los muebles. Una lámpara de pie. Que se muera un tío rico y nos deje una fortuna.

JULIA.— ¿Tenemos tíos ricos?

DORA.— No, pero puedo pedir lo que quiera. Que nos alquile la casa un matrimonio extranjero, ya mayor. Quiero un perfume caro. Dos perfumes caros. Que no me den jaquecas.

JULIA.— *(Fantaseando.)* También quiero hacer un viaje por Europa, ir a Egipto y a Nueva York.

DORA.— ¿Nada más?

JULIA.— Y a Río de Janeiro.

DORA.— ¿Y vos, mamá?

AMELIA.— No se me ocurre. *(Ensimismada.)* Descansar. No hacer nada una semana entera.

DORA.— *(Cayendo también en una especie de fascinación.)* Un albaricoque. Quiero comerme uno antes de morirme.

JULIA.— Y tocar la nieve.

AMELIA.— Ay. Dormir mientras cae un buen aguacero.

JULIA.— *(Conmovida.)* Tener cinco años. Volver a la Feria de las Flores con papá, montada sobre él, a caballito. Que se suba conmigo a la rueda de Chicago y no bajarnos nunca más.

AMELIA.— Dormir.

JULIA.— Y que sólo se oiga la música del cello. *(Eva, junto al portal, enciende un fósforo que revela al público su presencia. Con él prende una candela que está en la mesita del portal. Con la vela enciende a su vez una bengala y luego el cigarrillo que tiene en la boca. Mira a las mujeres con una simpatía distante. Las tres mujeres sueñan.)*

TELON

ACTO SEGUNDO

(Misma escenografía. Bajo el árbol hay regalos. Sobre la mesa hay un par de manzanas, restos de pollo y aún queda rompope en las copas. Las tres mujeres están comiendo el queque de Navidad y se sienten de buen humor.)

AMELIA.— Pero póngame cuidado, para que vean lo que era su tía. Resulta que se van un día Inesita, que en paz descanse, con la familia y el marido para Puntarenas. Como el carro era muy chiquito le encaramaron la valija y un montón de motetes en el techo, porque Inés era muy amiga de llevar cuanto chunche tenía. Ni que fueran para Europa. Bueno. Ya iban pasando por Grecia cuando vuelven a ver para atrás y había salido todo volando y sólo se veían calzoncillos y camisas y cuicas y los talladores buenos de Ibés y el diablo entero. Echa Miguel furioso para atrás regañando a Inesita: "¡Ah, carasto, ahora hay que recoger todo esto por culpa tuya!", cuando se vienen un montón de chiquillos y empiezan a juntar los calzones y los talladores de Inés con un palillo. *(Ríe.)* Y se los llevan al carro y empiezan: "¡Doñita, doñita! ¿Esto es suyo? Y Inés que se ataca a llorar de la congoja tapándose la cara: "¡No, eso no es mío! ¡Eso no es mío!" Y saca Miguel furibundo la mano por la ventana y agarra los calzones: ¡No, cabrón, que es mío!" *(Ríen las tres.)*

DORA.— ¡Ay, pobre tía Inés!

AMELIA.— Quién iba a creer. Yo soy la mayor y se muere ella primero.

DORA.— La última vez que la vi fue para los quince años de Julita, ya van a hacer cinco años.

AMELIA.— Cómo se va la vida.

JULIA.— Es que usted siempre fue más sana, abuelita.

DORA.— Está rico este queque. Lástima que le falten pasas.

AMELIA.— Sí, quedó bien, ¿ah? Charita que no haya venido nadie.

DORA.— Ni falta que hace.

AMELIA.— A mí me hubiera gustado... *(Julia le hace señas de que no toque el tema.)*

DORA.— ¿Para qué? Para que le amarguen a uno el bocado que se lleva a la boca y salgan por esa puerta hablando mal, diciendo que qué agarradas, que qué tamales más sin gracia y más pobres.

AMELIA.— Ideas tuyas, Dorita.

DORA.— Aunque no dijeran nada ya no me voy a poner a explicarles que estamos cortísimas de plata, que no es agarrazón.

AMELIA.— Hay gente con menos.

DORA.— ¡Bueno! No me gusta que se den cuenta. Eso es todo.

JULIA.— ¿Me sirven más rompope? *(Pasa la copa.)*

DORA.— Por cierto, me extraña tanto que Erick no te haya invitado a cenar.

JULIA.— Mamá, te he explicado cuarenta veces que todavía no somos novios.

DORA.— Pues te agarra como si fueran.

JULIA.— Además parece que la mamá es muy formal.

DORA.— Precisamente. Un muchacho de una familia tan correcta y tan conocida. ¿Cuánto llevan ya de salir juntos?

JULIA.— No he sacado la cuenta.

DORA.— Porque si no me ha pedido la entrada tampoco me toca a mí invitarlo a cenar. Dios me libre. Quién sabe qué comerán en esa casa.

AMELIA.— ¿Qué? ¿Son muy platudos?

DORA.— Pero mamá, ¿no se ha fijado el carro que se gasta?

AMELIA.— Es que veo muy mal.

JULIA.— Mamá, ¿ya te asomaste por la ventana?

DORA.— ¿Y vos qué creés? Yo tengo que saber con quién anda mi hija.

AMELIA.— ¿Y qué te regaló?

JULIA.— Un perfume, ahí.

DORA.— Finísimo.

AMELIA.— ¿Y vos?

DORA.— Nada. A ella no le toca.

JULIA.— Flores.

DORA.— ¡Qué tontería!

JULIA.— El seguro pensó lo mismo, porque se rió.

AMELIA.— En mi tiempo era al revés.

JULIA.— ¿Hablamos de otra cosa?

DORA.— ¿Por qué no te habrá presentado a la mamá?

JULIA.— No sé si él me gusta tanto.

DORA.— ¡Julia! ¡Tenés una suerte loca! Ojalá hubiera tenido yo un admirador así. ¿Qué te estás creyendo? ¿Que sos Brigitte Bardot para despreciar a semejante pretendiente? Ni que te sobraran. *(Piensa.)* Yo no sé a quién saliste tan desgarbada. A las hermanas de tu papá.

JULIA.— *(Con ironía.)* Seguramente. *(Pausa.)* Erick debe estar chiflado. Salir con una estudiante de secretariado, fea y pobre.

AMELIA.— ¡Aquí va a salir el diablo! ¡Dejen de pelear!

DORA.— Nadie está peleando. Es que esta chiquita no me entiende.

JULIA.— Esta chiquita es una mamulona de veinte años.

AMELIA.— Estoy contenta y no sé por qué. Aunque ustedes se enchompipen. El queque quedó muy rico esta Navidad, y cuando queda bien, el año va a ser bueno.

DORA.— Siempre queda bien y nos va como un quebrado.

AMELIA.— ¿Tan mal estamos?

DORA.— ¿Mamá, no te das cuenta? Todo está carísimo. Comer es un lujo. La pensión es la misma y se hace nada. Sólo queda la plata de la casita, que es cualquier cosa. Más encima hay que hacerle reparaciones, pagar los estudios de Julia, las medicinas. Y no soy bruja para inventar la plata.

AMELIA.— Sí. Y yo ya no coso.

DORA.— Nadie te reprocha, por supuesto, ya te cuesta ver, pero es una entrada menos.

AMELIA.— Qué feo es llegar a vieja, Dios mío. Me tiemblan las piernas. Casi no veo. Y yo por dentro me siento igual. Igual que cuando tenía cuatro años. A veces me veo en el espejo y veo una viejecita arrugada y digo: "Idiay, Amelia, ¿qué te pasó? Sos una chiquita muy vieja. A ver, báñese la chiquita, péinese la chiquita". Como si fuera mi mamá. *(Se ríe.)*

DORA.— Ay, mamá.

AMELIA.— ¿Qué pasó?

DORA.— Nada.

AMELIA.— Ah, la plata. Dorita, no te preocupés. Te voy a decir un secreto. Yo tengo plata ahorrada. *(DORA y JULIA se miran.)*

DORA.— ¿De dónde?

AMELIA.— Ah, es la economía doméstica. Yo le vendo periódicos viejos y cuanta botella me cae en las manos al viejo del carretón y ya he ajustado ochocientos cincuenta y tres colones. Ahí están, si se presenta alguna necesidad ellos pueden sacarnos de apuros.

DORA.— *(Consternada por la senilidad de su madre.)* Sí, mamá. Muchas gracias.

JULIA.— Abuelita, mejor guarde su platica y no se preocupe. Estamos bien.

DORA.— *(De mal talante.)* Sí.

AMELIA.— ¿Ven que fácil?

JULIA.— Este año acabo, mamá. Y si fuera necesario, empiezo a trabajar antes. Después veo cómo estudio.

DORA.— Es que no vale la pena. Mejor no hablemos de eso, que me vuelve la jaqueca. ¡Un hombre es lo que falta en esta casa! ¡Un hombre que la mantenga como Dios manda, con todo el demonio!

AMELIA.— Dorita, ¿qué son esos garabatos?

DORA.— *(Levantando los platos.)* Mama, tengo cuarenta y pico años de hablar así.

AMELIA.— Y yo no me acostumbro.

DORA.— ¿Alguien quiere café?

JULIA.— Ay, no. No duermo.

AMELIA.— Ni yo, m'hijita, gracias. *(DORA se dirige a la cocina.)*

DORA.— *(Viendo el marco de la puerta.)* Esa tabla está suelta. Un día le va a caer a alguien en la jupa. ¡Un día me va a caer encima esta maldita casa! *(Se va.)*

AMELIA.— Siguen los garabatos.

JULIA.— *(Golpeando la copa con un tenedor.)* ¡Cling, cling, clig! Se levanta la sesión ordinaria de la Junta Directiva del Banco Central. Tema discutido en el día de hoy: el mismo se hace ciento cuarenta y cinco años. La ruina calamitosa de doña Dorita y su hija solterona. Averigüe cómo cayó en la miseria una honorable familia josefina.

AMELIA.— ¡Callate, que te va a oír! *(DORA regresa.)*

DORA.— *(Irritada, con una copa rota en la mano.)* Mamá, ¿qué le pasó a esta copa?

AMELIA.— *(Bajito a JULIA.)* ¡A la perica, la encontró!

JULIA.— *(Levantándose y encendiendo el radio del equipo de sonido.)* ¡Ya va a ser la medianoche! ¡Ahorita nace el Niño! *(Sintoniza un villancico y le sube el volumen.)* ¡Bailemos, abuelita! *(AMELIA se niega, riéndose, pero finalmente cede y baila con Julia, quien lleva el paso, mientras se escucha algo como "Campanas de Belén", una música alegre. DORA intenta aún conseguir explicaciones sobre la copa, pero no se le oye. La deja sobre el trinchante.)*

DORA.— *(Gritando.)* ¡Bajen ese chunche! *(JULIA suelta a AMELIA y atrapa a DORA, que se sorprende, pero baila con ella, hasta que finalmente JULIA baja el volumen.)*

JULIA.— Bueno, ahora hay que abrir los regalos. *(Empieza a sacarlos debajo del árbol.)*

AMELIA.— *(Exaltada.)* ¡Ahorita nace el Niño! ¡Estoy tan feliz, y no sé por qué! *(Oyendo.)* ¡Oigan, bombetas! *(JULIA apaga la radio. En efecto suenan algunas.)*

DORA.— *(A AMELIA.)* ¿Dónde dejaste el Niño, para ponerlo en el portal?

AMELIA.— *(Sin oírla.)* ¡La Virgen que va a tener el bebé! Julita, seguro que mi hijo está pensando en mí.

JULIA.— *(A DORA.)* En la caja de los botones.

AMELIA.— Donde quiera que esté, se está acordando de nosotras, estoy segura. Yo también tuve un bebé, ya no estoy triste. Un bebé mirrusco, un bodoquito.

JULIA.— Abuelita, no piense más.

AMELIA.— *(Severa.)* ¿Por qué? ¡Estoy muy contenta! *(Todas se han instalado en la sala.)*

JULIA.— *(Leyendo la etiqueta de un regalo.)* De Dora para mamá con mucho cariño. *(Se lo entrega a AMELIA, que lo abre.)*

DORA.— ¿Cómo no va a estar contenta? Vive con una hija que la quiere y ve por ella. No con un desobligado. ¡Siempre pensando en ese irresponsable! ¿Y yo por qué? ¿No me he quebrado el lomo...

AMELIA.— ¡Unas pantuflas! *(Son iguales a las del acto primero, pero de otro color. Besando a Dora.)* Muchas gracias, negrita. Son tan sabrosas y me estaban haciendo falta. *(Se las pone.)*

DORA.— *(Contentándose.)* Qué dicha que le gustan.

JULIA.— Para mamá con todo afecto de Julia. *(Se lo entrega con el co-*

rrespondiente beso. *Conforme reciben los regalos los abren.)* Para Julita con el cariño de siempre de su querida abuelita Amelia. *(Desen-
vuelve un caja de galletas.)* ¡Ay, abue, gracias, muy rico!

AMELIA.— Todos los años regalo galletas, pero es que, idiay.

JULIA.— Pero si nos gustan mucho. ¿Verdad, mami? *(Le alarga el suyo,
que abre.)*

DORA.— Claro que sí. *(Reparten besos a diestra y siniestra.)*

JULIA.— Otro para la abuelita, de mamá. Para mí. *(Lo abre.)* ¡Un corte! *(La
tela es bastante apagada para una joven.)*

AMELIA.— Y otro para mí.

DORA.— Para una mudada de calle.

AMELIA.— Muy bonito.

DORA.— ¡Julita, este collar es un sueño!

JULIA.— ¡Qué dicha! *(Sólo queda un par de regalos por abrir. Se oye claramente un juego de pólvora y algunas campanadas. Viendo su reloj.)*
¡Las doce! ¡Ya nació! *(Sale corriendo y abre la puerta de la calle. EVA
está en el umbral, viendo los fuegos artificiales, divertida.)* ¡Vengan! ¡Se
ve el juego de pólvora en Zapote! *(Las dos mujeres se asoman.)*

AMELIA.— ¿Dónde está?

DORA.— Ahí, mamá, al puro frente.

AMELIA.— Ah, ya.

JULIA.— ¡Feliz Navidad! *(Se desean felicidades y vuelven a besarse. AMELIA
tose y se frota los brazos. Las tres sienten el frío de la noche.)*

AMELIA.— ¡Qué bonito! ¡Mire, mire, ahí va! *(Señala una luz.)*

JULIA.— *(A alguien que pasa en carro.)* ¡Feliz Navidad!

AMELIA.— Entremos, que está cayendo un pelo de gato. *(Entra.)*

DORA.— Voy a buscar el Niñito. *(Lo hace. Las demás entran y JULIA cierra la puerta. EVA toma una manzana y se la come. Permanece cerca
de la mesa.)*

JULIA.— Para abue de su nieta. *(AMELIA lo abre. DORA regresa y pone al
niño en el portal.)*

AMELIA.— ¡Un osito! ¡Un osito de peluche!

DORA.— ¿Para ver?

AMELIA.— ¡Está bellísimo, soñado! ¡Venga con mamá! *(Lo abraza.)* Se me
parece a mi osito Florián. El único que tuve.

JULIA.— Qué susto. No sabía si le iba a gustar.

AMELIA.— Claro que sí, negrita. Pobre Florián. Yo estaba chiquititilla y
como había turno fue con mamá a ver las fiestas. En eso salen los pa-
yasos y se pone la puntería un desgraciado diablo, y empieza a corre-
tearme con un chiquillo. Y yo que salgo escupida para la casa. Qué
mamá ni qué mi abuela. Me le zafé y apenas dio tiempo de trancar
la puerta. Pero Florián se me cayó quién sabe dónde y olvídese que
lo encontré otra vez. Qué lloraba. Claro, como éramos tantas ya no
me podían comprar otro. *(Al oso.)* ¿Idiay, Florián, dónde andabas? A
ver, acurrúquese para que se durmer. *(Lo mece.)*

JULIA.— ¡Otro para mí!

DORA.— Ojalá te guste. Creo que te hace juego con el corte.

JULIA.— *(Duda.)* ¿Ah, sí? .) *(Lo abre lentamente. Mientras tanto EVA se acerca al árbol y se quita una soberbia gargantilla de brillantes, de fantasía fina, que lleva al cuello. Está por depositarla al pie del árbol, cuando comprende que no es correcto y se retracta. Se mete la gargantilla en el bolsillo y mira tristona a JULIA. Ésta termina de abrir el regalo y saca la gargantilla que acabamos de ver en EVA.)* ¡Mamá! ¡Es una maravilla!

DORA.— *(Asombrada.)* Eso no fue lo que compré.

JULIA.— ¿No?

DORA.— ¡No!

JULIA.— Pues está precioso. *(Se lo prueba sobre el cuello. EVA, perpleja, extrae lo que acaba de introducir en su bolsillo y encuentra una prensa para el cabello con un lazo de tela, bastante aniñado. Lo mira sorprendida y comprende el trueque.)*

DORA.— Yo le había comprado un lazo. Habrá que devolverlo.

JULIA.— ¿Por qué? Si te hubieran puesto una gacilla y vas a reclamarles, no te devuelven nada los de la tienda.

AMELIA.— *(Despertando, pues se ha quedado dormida.)* ¿Qué pasa? ¿Qué es eso?

JULIA.— Mamá me regaló.

AMELIA.— ¡Qué elegancia! *(Pausa.)* Yo he visto antes esa gargantilla.

DORA.— Bueno. Te lo mandó el Niño Dios. *(Eva sonríe.)* Mamá, vos te estás durmiendo, ¿verdad? ¡Vamos, a la cama! Ya se acabó todo. *(Trata de levantarla.)*

AMELIA.— Falta recoger la mesa. Ay, ay, despacito, que estoy toda entuminada. Cómo me duelen los pies.

DORA.— Mamá, te pusiste las pantuflas al revés. *(Se las cambia.)*

JULIA.— Bueno, hasta el próximo año. Yo me encargo de quitar la mesa. Buenas noches. *(Se despiden y se besan por última vez. Cuando DORA y AMELIA han desaparecido por la puerta de los dormitorios, JULIA apaga la luz de la habitación. Quedan encendidas únicamente las luces del árbol y la de la lámpara que está sobre el trinchante. Escucha que no haya nadie y con cautela va hasta el mueble del equipo de sonido. Toma la cajita de un cassette, de la que extrae un cigarrillo. De otro compartimento del mueblecito saca fósforos y lo enciende. EVA la observa de pie, junto al trinchante. JULIA fuma torpemente toma la gargantilla y la observa con arrobo. Tose. Deposita las cenizas en otra caja vacía de cassette. EVA sonríe. Toma un cigarrillo de los suyos. JULIA tose de nuevo. EVA aspira profundamente y exhala el humo hacia la lámpara del trinchante, que se apaga. Se retira pausadamente por el espacio que hay entre el armario y la división que separa la cocina de la sala. Antes de desaparecer mira de nuevo a JULIA, y el lazo de DORA, que tiene en la mano y sonríe satisfecha. Sale. JULIA pone música en el equipo, la versión de "Are you going to scargorough fair?" de Simon*

and Garfunkle. Apaga el cigarrillo en la suela de su zapato y deposita
la colilla en la cajita. Va frente al espejo de la paragüera, donde se pone
la gargantilla. Para apreciarla mejor se desabrocha el primer botón de
la blusa. Se mira detenidamente con expresión seria. Se reacomoda
el cabello. Se desabrocha otro botón, mirando siempre fijamente su
imagen, como hipnotizada por la joya. Se desabrocha poco a poco el
resto de la blusa y se observa el pecho en una mezcla de arrobamien-
to y gravedad. Está inmóvil, muy hermosa, y su fascinación llega a ser
casi un estado de autocomplacencia. Extiende la mano delicadamen-
te hacia el espejo, que acaricia con la punta de los dedos. Se retrae
finalmente y por primera vez sonríe, contenta consigo misma. Se mue-
ve, modelando para sí la gargantilla. Se siente feliz. Se abrocha un poco
la ropa y enciende un segundo cigarrillo.   Se echa en el sofá. La mú-
sica entre tanto, se ha repetio una y otra vez. DORA, que ha regresado
envuelta en una bata, enciende la luz.)

DORA.— ¡Julia! ¿Qué estás haciendo?

JULIA.— Nada. Oyendo música. *(Trata de esconder el cigarrillo infructuo-*
samente.)

DORA.— *(Apagando el tocadiscos.)* ¡Estás fumando! ¡Mi hija está fumando en mi propia casa!

JULIA.— No hablés tan duro, que vas a despertar a abuelita.

DORA.— ¿Dónde los escondés? ¡Dámelos!

JULIA.— ¡No! Son míos.

DORA.— ¿Tuyos? ¿Con qué dinero los compraste? ¿Y quién te ha dado permiso de fumar aquí o en ninguna parte?

JULIA.— Los compré con mi dinero. Y no necesito permiso de nadie.

DORA.— ¿Con qué dinero? ¡Quitándole fideos a la sopa es que puedo ajus-
tar para darte lo de los pases! ¿Y así me pagás? ¿Desobedeciéndome,
como si yo fuera una retrasada que cualquiera le pasa por encima? ¿Qué
diría tu novio si te viera fumando, como una mujercilla?

JULIA.— ¡Mamá! ¡Fumar no es inmoral!

DORA.— Si una mujer fuma, sí es una inmoralidad. ¿Dónde están?

JULIA.— Fuman las profesoras, las economistas, las vendedoras, las ar-
tistas de cine.

DORA.— Por eso el mundo está como está.

JULIA.— Hasta hay abuelas que fuman.

DORA.— Y se mueren de cáncer. *(Pausa.)* A ver, negámelo. Negámelo. Dámelos, que me estoy cansando.

JULIA.— De todas formas Erick no es mi novio.

DORA.— Pues ya va siendo hora de que lo sea. O te va a perder el respeto. *(Suavizándose.)* Julia, no van a ser dos veces en la vida que se te
aparezca un muchacho así. Te lo digo de corazón. Es bueno, tiene futuro. Es de una familia decente.

JULIA.— Y está podrido en plata.

DORA.— Bueno, ¿y qué? ¿Acaso no es eso una bendición, más encima?

¿Qué tiene eso de malo? Otra estaría agarrando el cielo con las manos. Pero vos sos medio sonajas. A ver, decime, ¿qué es lo que vos querés? ¿Qué novio te gustaría?

JULIA.— No sé. ¡No sé!

DORA.— Julia, no creás que vas a poder escoger mucho. La vida se va así.

JULIA.— ¡Claro! Sobre todo si soy huesuda y jorobada, y fea. Y feísima. *(Alterada.)* ¡No quiero tener novio! ¡Le hablo y es como hablarle a la pared! ¡No me oye, no le importo! ¡Jamás voy a poder caminar como esas señoritingas de plata, torciendo el fondillo! *(Las imita.)* "¡Hola, corazón, estás superdivino!"

DORA.— Bueno, por alto te escogió a vos y no a ellas.

JULIA.— *(Al borde de las lágrimas.)* ¡Vos no entendés nada!

DORA.— ¿Cómo que no? ¡No me hablés como a una idiota!

JULIA.— ¡Si tanto querés un novio, por qué no te buscás uno y me dejás en paz?

DORA.— ¿Así es cómo me hablás? ¿Esta es la hija que he criado? ¿Para eso me quito el pan de la boca?

JULIA.— ¡Mamá, nos tenés harta con tu miseria!

DORA.— ¿Ah, sí? ¿Acaso son inventos míos? ¿Acaso estamos nadando en la abundancia? *(Furiosa.)* ¿Acaso es mentira que no hago más que sacrificarme?

JULIA.— ¡Pero dejá de cobrármelo! ¡Yo hago lo que puedo! ¡Y es cierto, somos pobres! ¡Pero hay cosas peores en la vida! Te he dicho en todos los idiomas que nomás pueda, trabajo.

DORA.— Las mujeres no nacimos para eso.

JULIA.— ¡Pues deberías haber tenido un hijo varón!

DORA.— *(Seca.)* Es lo que me he dicho millones de veces.

JULIA.— *(Herida.)* ¿Ah, sí? Ve qué lástima. Y si querés dinero, trabajá. Abuela es mujer, y ha trabajado como un animal. ¿Vos qué, sos de otra raza?

DORA.— A mí no me toca.

JULIA.— Claro, le tocaba a papá, que era igual de torpe que yo, ¿verdad? Tan torpe que se murió y nunca vas a perdonarle esa espantosa falta de consideración.

DORA.— Es verdad que te parecés a tu padre.

JULIA.— Pues me alegro.

DORA.— Ahora, ¿me das los cigarrillos?

JULIA.— ¿Para qué? Total no quiero salir más con Erick. ¿Qué importa entonces que sea una mujercilla?

DORA.— Si quebrás, te saco de las clases y te meto a trabajar.

JULIA.— Creí que era suficiente con que no me dejaras ir a la universidad.

DORA.— ¿A estudiar qué? *(Silencio.)* ¿Qué carrera? Ni siquiera sabés lo que querés. Botar la plata por la ventana cuando ni siquiera sabés lo que querés. Claro que no te dejé. *(Pausa.)* ¿Los cigarrillos? *(JULIA se los entrega. DORA abre la ventana y tras arrugarlos, los bota. Regresa a su cuarto. JULIA toma el corte de tela y lo arroja también por la ventana. Luego la cierra, agotada. Escucha si su madre ya se acostó, apaga y sale por el mismo lado. La escena queda sola un momento, iluminada siembre por el árbol. Entra AMELIA en pijama, con el osito en una mano. No ve nada y con dificultad da con la lámpara del trinchante, que enciende.)*

AMELIA.— ¿Qué es todo ese ruido? *(Ve que la mesa no está alzada. Deposita el oso en algún sitio y empieza a apilar los platos uno sobre otro y a acumular los restos de comida en uno de ellos. De pronto se detiene, con la respiración dificultosa. Se sienta y apoya la cabeza en una mano. Se recupera y continúa con su tarea. De nuevo se detiene. Se desmaya poco a poco, apoyando de nuevo la frente en la mano, hasta reclinarse del todo sobre la mesa. Permanece así unos instantes. Junto al portal aparece EVA.)*

EVA.— *(Despertándola.)* Amelita, deje eso.

AMELIA.— ¡Mamá!

EVA.— Venga, nos vamos. Se nos va a hacer tarde.

AMELIA.— ¿Y adónde vamos a ir?

EVA.— Le tengo un vestido para el baile en casa de los Aguirre.

AMELIA.— ¿De verdad? ¿Y cómo quedó? ¿Es bonito?

EVA.— Corronguísimo.

AMELIA.— ¿Y será blanco, de librete? ¿Usted se habrá acordado?

EVA.— Claro que sí, y lleva flores de encaje celeste clarito y un bolsito de pedrería para el carné del baile.

AMELIA.— *(Emocionada.)* ¿Y Herminia me prestará el pañuelito bordado?

EVA.— Cómo no.

AMELIA.— ¡Ahora sí que me voy al baile! *(Se levanta.)*

EVA.— Le traje estos guantes de seda, a ver cómo le quedan. *(AMELIA los examina. Aparece, viniendo de los cuartos, JULIA, medio dormida.)*

JULIA.— ¿Quién encendió... *(Viendo la silla que acaba de abandonar AMELIA, y dirigiéndose a ella como si aún estuviera allí.)* ¡Lilita! ¡Lilita! *(Se acerca y toca suavemente el espacio que ocupara su cabeza.)*

EVA.— ¿Entonces nos vamos?

JULIA.— *(Gritando.)* Abuelita. ¡Mamá! ¡Mama, vení rápido! *(Llorando.)* ¡Lilita! *(Sale a buscar a DORA.)*

AMELIA.— Bueno, pero tengo que peinarme. ¿Cómo voy a ir así?

EVA.— Ya no hace falta. Se ve preciosa. *(Le acomoda el pelo, frente al espejo.)* ¿Ve?

AMELIA.— *(Sorprendida, se toca la cara. Toma a su madre por la cintura.)* Mamá, estoy tan contenta.

EVA.— *(Abriendo la puerta del armario.)* Salgamos por aquí.

AMELIA.— ¿Y los platos? No he terminado de alzar la mesa. ¿Y qué van a comer Dora y la chiquita? Tengo que fijarme si quedó comida.

EVA.— Ya está bueno de trabajar. Ellas se calientan algo. ¿No ve que usted dejó comida como para un mes?

AMELIA.— Sí, es verdad. Como para un año entero. *(Entran DORA y JU-LIA. La primera corre la silla y toca lo que sería el rostro de AMELIA. La examina. Llora en voz alta, abrazada a JULIA. Hay gran agitación en contraste con el tono confidente y la beatitud de las otras dos mujeres.)*

EVA.— *(Mostrándole el interior del armario.)* Amelita, venga vea. El café ya echó flor.

AMELIA.— *(Viendo.)* ¡El cafetal de Lico!

DORA.— *(Llorando.)* Mamá. Mamá. *(Incorpora lo que sería el cuerpo de AMELIA y lo sostiene entre sus brazos. Le cierra los ojos y empieza a rezar algo incomprensible. No se contiene.)* ¡Mamá!

AMELIA.— Mamá, ¿puedo llevarme a Florián?

EVA.— Vaya rapidito. *(AMELIA lo hace. DORA deja lo que sería su madre y se incorpora. Ella y JULIA rezan y lloran desesperadamente.)*

AMELIA.— ¿Qué les pasa a estas muchachas?

EVA.— Están cansadas.

AMELIA.— *(Viendo preocupada la mesa.)* No pude terminar.

EVA.— *(Viendo el interior del armario.)* Ya van los Aguilares para la fiesta.

AMELIA.— *(A DORA, que no la oye.)* M'hijita quedó mucha sopa de la cena en la olla mágica. *(Espera respuesta y mira luego a EVA, que ya ha desaparecido en el armario.)*

DORA.— Hay que llamar a alguien. Al doctor o alguien. *(Sale por donde siempre, seguida de JULIA. AMELIA se vuelve para despedirse, pero ya no están.)*

AMELIA.— ¡Adiós!... Se fueron. *(Se acerca con tristeza a la mesa. Luego aprovecha para ordenar los últimos platos y sacudir el mantel. Vuelve a ver la puerta y como nadie aparece, se pone contenta los guantes de seda y sale por el armario.)*

TELÓN

ACTO TERCERO

(Escena a oscuras. JULIA entra por la puerta de la calle. Enciende la lámpara del trinchante. Se descubre a DORA sentada en el sofá, con una botella de cognac y una copa, de la que bebe a pequeñísimo sorbos. Está perfectamente sobria. La casa se ve lúgubre y empobrecida. No hay adornos navideños, quizás sólo el árbol. Ya no está el equipo de sonido. DORA está con una bata descolorida y su apariencia desaliñada.)

JULIA.— *(Sorprendida.)* ¡Mamá! ¿Qué estás haciendo?

DORA.— Celebrando.

JULIA.— ¿Puedo saber qué?

DORA.— ¿No ves? Recibo la Navidad del Señor con júbilo, rodeada de mis seres queridos.

JULIA.— Pelearás sola. Yo no pienso seguir. Estoy harta.

DORA.— Por tan solemne ocasión decidí agotar las existencias de cognac. Lo último que queda de mejores tiempos. Ya no voy a poder comprar otra botella. ¿Querés?

JULIA.— Dejá eso.

DORA.— Odio el cognac. Sabe a medicina. Pero mal que bien me recuerda cosas buenas. ¿Y qué tal tu celebración de la Natividad?

JULIA.— ¿Tenías que quedarte despierta hasta estas horas sólo para preguntarme eso?

DORA.— Pensé que tendría que abrirte la puerta. Después me acordé de que tenías llave, que hacías tu real voluntad y que yo estoy pintada en la pared.

JULIA.— ¿Entonces por qué no te acostaste?

DORA.— Quería saber qué se siente pasar la primera Navidad afuera.

JULIA.— Ya hemos hablado hasta el cansancio.

DORA.— Yo no estoy cansada.

JULIA.— Lo pasé muy bien. Nadie me sometió a un interrogatorio para averiguar por que todavía no estoy casada, ni qué hago con mi dinero, ni qué apellidos tienen los solteros de la oficina.

DORA.— ¿Se puede saber con quién saliste?

JULIA.— No.

DORA.— No me digás: con el número diecinueve. Tomando en cuenta que el primero fue Erick, y de eso hace... Mamá murió hace cinco años... Cuatro por año. Menos este, en que sólo has salido con tres. Claro, que si te apurás podés completarlos antes del treinta y uno.

JULIA.— Ahora vas a decirme que soy una inmoral.

DORA.— Sos una inmoral.

JULIA.— Muy bien.

DORA.— Ya ni siquiera te importa.

JULIA.— Vos qué sabés nada.

DORA.— Sé.

JULIA.— ¿Qué?

DORA.— Por lo que nadie se casaría con vos.

JULIA.— ¿Ah, sí? Eso me interesa.

DORA.— *(Pausa.)* Nadie quiere una novia usada.

JULIA.— *(Herida.)* Te jodiste, ¿verdad? Se te estropeó la mercancía.

DORA.— Vos te echaste a perder la vida. Si me hubieras oído, si te hubieras casado con ese muchacho antes de que te manosearan esa fila de desgraciados.

JULIA.— No todos fueron desgraciados. La mayoría. Pero no todos. Y si es por lo que te preocupa, Erick nunca pensó en casarse conmigo. Después supe que para eso ya tenía su noviecita, una niña bien que sí podía presentarle a mami. *(Con dificultad.)* Conmigo se conformó con extenderme cuan larga soy en el asiento trasero de ese carro que tanto te gustaba.

DORA.— ¿Cómo pudiste?

JULIA.— No entendí nada de lo que pasó, pero parece que él encontró todo muy de gusto.

DORA.— ¿Erick?

JULIA.— Mamá, todo era obvio. Además pensá en que tuvo la amabilidad de no preñarme.

DORA.— ¡Es asqueroso!

JULIA.— *(Estallando con gran angustia.)* ¡Claro que es asqueroso! ¡Es asqueroso tener diecinueve años y no saber que se tiene derecho de decir no!

DORA.— Nadie te obligaba.

JULIA.— ¡Decirte que no a vos, que no salía más con ese niño rico de mierda! ¡Qué no quería podrirme en una oficina de mecanógrafa! ¡Qué no quiero casarme ni ser una señorita decente!

DORA.— ¡No te oigo más, estás diciendo estupideces!

JULIA.— ¡Odio a las señoritas decentes, que no pueden cruzar las piernas ni ir al cine solas! ¡Las odio!

DORA.— ¡Cállate ya!

JULIA.— ¡Y no quiero llegar a ser como vos! *(Solloza.)* ¡Ni tener hijas como yo!

DORA.— Julia...

JULIA.— Tengo miedo. No sé quien soy. Ni qué quiero. Nunca supe. Me pasé la vida obedeciéndote, arrastrándome por tus caprichos.

DORA.— Jamás te obligué a nada.

DORA.— ¿A no? ¿Y tus lazos horrorosos? ¿Y la ropa color cadáver? ¿Y todo lo que hice para que me quisieras? ¿Para que me perdonaras por ser fea y torpe?

DORA.— Yo nunca dije eso.

JULIA.— Traté de cocinar, de bordar, de hacer adornitos de cerámica. Me pasé la midad de la vida complaciéndote.

DORA.— Y la otra mitad llevándome la contraria.

JULIA.— Sólo para demostrarte que a mí que me importaba si no me querías. Y ahora ya no sé qué era lo que me gustaba. *(Trata de recordar.)* ¿Quién iba a ser yo, Dios mío?

DORA.— Julia, nunca quise hacerte daño.

JULIA.— Pues me lo hiciste. Y mucho. Así que podés ir enterándote de que estás en deuda conmigo. Me quitaste la Julia que pude haber sido. Mis veinticinco años. Mi carrera de cellista. O de piloto de avión, si me hubiera dado la gana. Así que deja de darme órdenes. Se acabó la dictadura.

DORA.— *(Enfurecida.)* ¡Ni vos ni nadie me alza la voz! ¡Esta es mi casa! ¡La casa que he sostenido sola, durante años, perdiendo el sueño, los ojos, haciendo esas cuentas miserables, recogiendo céntimo sobre céntimo para no quedarme sin estas cuatro paredes!

JULIA.— ¡Por cuatro paredes medio podridas!

DORA.— ¡Pero las únicas que tengo! ¿Y todo para qué? Para hacerte alguien, para darte un techo, un futuro. ¿Vos creés que yo tuve quién se preocupara por mí? ¿Que le importara dónde iba a caer muerta? ¡Yo me hice sola! ¡Y yo hice a tu padre, por si querés saberlo!

JULIA.— ¡A papá no lo toqués!

DORA.— ¡Cuando lo conocí no sabía ni saludar como la gente! ¡Un cualquiera sin el menor roce, como sacado del monte!

JULIA.— ¡Que no lo toqués, te digo!

DORA.— Cuando me casé con él...

JULIA.— ...se te cayó la corona. ¿Sabés qué? No me importa. Me importa un carajo lo que pensés de él o de mí. Estás sola, date cuenta. No ves a nadie: Dios guarde se den cuenta de que sos menos que los demás. Nadie te llama. Nadie te quiere. Si te murieras esta noche nadie se daría cuenta.

DORA.— Mentira.

JULIA.— Solamente yo. Por eso me necesitás. Y con el cuento de que botaste la vida a la basura para criarme, querés tenerme amargada eternamente. Pero no. Oíme bien; yo no pedí nacer. Así que si me trajiste al mundo no tenés derecho de cobrármelo.

DORA.— Si alguna vez hubiera imaginado...

JULIA.— ¡No me habrías tenido nunca! ¿Por qué no lo pensaste antes? De hecho, ¿por qué nací? ¿Por qué decidieron tenerme? ¿O no lo decidieron? *(Silencio de DORA.)* ¿Por qué no tuvieron más hijos? Sé que no se casaron por mi culpa. Eras incapaz de ese tipo de atrocidad. Lo que no sé es por qué te embarazaste. Porque te embarazaste sola, ¿verdad? ¿Tenías miedo de que te dejara? *(Furiosa.)* ¡Contestame!

DORA.— Las cosas no iban bien y de repente me vi en estado, pero eso no se controlaba tan fácil! ¡Yo qué sé! ¡No era como ahora! ¡De eso no se hablaba así nomás!

JULIA.— *(Dolida.)* Ah. Ya entiendo.

DORA.— No es bueno estar revolcando cosas tan viejas. ¿Para qué hablar de eso?

JULIA.— *(Furiosa.)* Sí, ¿para qué hablar? ¡Hay que callarse! ¡Al que entra a esta casa lo marcan con un hierro: cállese! ¡No hable, no pregunte, no se queje! ¡Pues al carajo con todo eso! ¡Voy a hablar y me vas a oír!

DORA.— ¡Nadie te obliga a gritar!

JULIA.— ¡Y que me oigan todos los vecinos! Porque te tengo otra pregunta.

DORA.— ¡Bajá la voz con todo el demonio!

JULIA.— ¿Alguna vez me quisiste?

DORA.— ¡Dios mío, qué estupidez!

JULIA.— *(Agarrándola por el cuello de la camisa, al borde de las lágrimas.)* ¿Alguna vez me quisiste? ¿Alguna vez caraja estuviste orgullosa o contenta de mí?

DORA.— ¡Julia, soltame!

JULIA.— ¿Por qué no me quisiste? ¿Yo qué te hice? *(Muy afectada.)* ¿Por qué soy fea? ¿Soy realmente fea?

DORA.— Claro que no sos fea.

JULIA.— ¡No! ¡No! ¡No! ¡Mentira! Siempre pensaste que era fea, mal hecha, sin gracia. Pues a la mierda. ¡No soy fea!, ¿me oíste? ¡No soy torpe! ¡Valgo mil veces más que vos! ¡A mi edad eras incapaz de ganarte la vida! ¡Así que me mando yo de ahora en adelante! Entro y salgo con quien quiero, a la hora que me dé la gana. Total, yo pago la mitad de lo que aquí se come.

DORA.— Está bien. Está bien.

JULIA.— ¡Y date de pedradas en el pecho porque si no agarro mis cosas y te dejo sola! Porque podría irme y dejarte tirando tablas. Pero me das demasiada lástima. ¿Qué harías sin mí? Te morirías de terror, inválida sin tu esclava, ¿verdad?

DORA.— ¡Julia, ya no más! ¡Ya no aguanto! ¡No fui la madre que debía! ¡Me equivoqué !Me equivoqué siempre! ¡Toda mi vida es una equivocación. Una imbecilidad! Cuando naciste tú estabas horrorizada. No sabía qué hacer con una criatura, con un animalito arrugado gritando todo el día. Creí que vestirte y darte de comer era suficiente. Yo nunca supe cómo querer. Porque nadie me enseñó. Papá no era más que un tirano. No se repuso nunca de la humillación de haber tenido una hija. En casa sólo mi hermano existía. Papá, defendiéndolo del imperio del terror. Para mí nunca hubo tiempo. No recuerdo una sola vez que me regalaran el veinticuatro algo que realmente quisiera, que se acordaran de que lo había perdido. *(Reflexiona.)* Yo hice lo mismo con vos, ¿verdad? *(Silencio de JULIA.)* Julita, necesito que oigás bien lo que voy a decir. Lo único bueno que hice en mi vida fue tenerte. *(La abraza.)* Y te quiero mucho, aunque no pudiera decirtelo antes. *(Ambas guardan silencio.)* No sabés cómo lo siento. *(Pausa.)* Espero que cuando pase el tiempo me podrás perdonar. *(Pausa. JULIA, que está sentada a su lado, ha hundido la cabeza en el cuello de su madre. No se mueve.)* Y también tengo miedo. Me siento vieja y sola. Es cierto, debo parecer una loca. Cuando murió Francisco sólo me quedaste vos. Decidí dedicarme únicamente a cuidarte, a educarte bien, a que consiguieras todo lo que yo ya no pude tener. Quería verte dichosa. Lo hice muy mal, ¿verdad? Los vestidos que no tuve de joven, te los pusiste vos. Eso me bastaba para ser feliz. O los zapatos de charol cuando estabas chiquita. Nunca se me ocurrió que pudieran no gustarte.

JULIA.— Los zapatos me gustaban.

DORA.— Te veías linda con el delantalcito de chinilla y las trenzas. *(Pausa.)* Julia, tengo mucho miedo de que te vayás.

JULIA.— Todo el mundo crece.

DORA.— Me imagino que sí. *(Pausa.)* Julia, ¿vas a poderme perdonar algún día?

JULIA.— Me imagino que sí.

DORA.— Gracias. *(Mira a su hija.)* Es verdad. Creciste. *(Le toca la frente.)* Todavía puedo leer esta frente. Esto te quedó de cuanto te diste contra el armarito de la cocina. Esta venita que se salta es igual a la que tenía tu papá. Y quedó el golpe que te diste saliéndote de la cuna. Podría reconocerte entre un millón con los ojos cerrados. *(Se entristece.)* Dios mío, cómo has crecido. ¿Por qué nadie me avisó? Me siento tan mal. ¿Siempre fui tan espantosa? ¿No hay algo bueno de lo que te acordés? ¿Nunca te hice suspiros o rollitos de chocolate? ¡Cómo me gustaba! ¿Cómo se hacían...? *(Afligidísima.)* Ya no me acuerdo.

JULIA.— "La loba, la loba,
le compró al lobito

DORA.— *(Alegrándose.)* un calzón de seda
y un gorro bonito.
La loba, la loba... *(no recuerda más.)*

JULIA.— Se fue de paseo
con su traje rico.
y su hijito feo. *(Sonríe. Toma un sorbo de cognac de la botella.)* ¿Cómo era la otra?

DORA.— "Por las calles de Buenos Aires
el padre y la niña van:
la niña todo le pide
el padre nada le da
—Papito, quiero bombones.

JULIA.— —No, niña, que te hacen mal.
Mira esa casa y no pidas.

DORA.— —Quiero esa casa, papá."
(Pausa.) Es curioso. Siempre estamos tristes en Navidad.

JULIA.— Abuelita no.

DORA.— Estaba hecha de otro material. A lo mejor... Todavía podemos hacer algo. *(Se levanta y enciende un candelabro del trinchante.)*

EVA.— ¿Qué?

DORA.— Pedir un deseo. *(Busca las bengalas en la gaveta del mueble.)* Ojalá todavía estén buenas. *(Trae todo y lo coloca sobre la mesita.)*

JULIA.— ¿Para qué pedir deseos? Ya viste con la niña de Buenos Aires. No sirve de nada.

DORA.— Pensé que te iba a gustar.

JULIA.— Gracias. Pero nos hemos pasado la vida deseando cosas que no llegaron nunca. Soñar es un privilegio. Un par de pobres mujeres, qué van a soñar nada. Además, qué sé yo lo que quiero.

DORA.— Pensé que te iba a gustar.

JULIA.— Primero tendría que saber quién soy. *(Aparece EVA junto al armario y se detiene tras el sofá, en una ubicación similar a la de JULIA. Mientras ésta continúa hablando, EVA desabrocha el primer botón de su traje, cosa que hace JULIA inmediatamente con el de su chaqueta. Luego se quita la pulsera, que guarda en el bolsillo. Mismo gesto de JULIA. Finalmente se suelta el cabello, lo que repite la muchacha. Durante el monólogo de JULIA se va iluminando la escena, hasta dar to-*

talmente la luz del amanecer.) Sé que en alguna parte de mí misma hay algo vivo, encendido, esperándome. Gritándome: aquí estoy. Puedo sentirlo. Tal vez nunca llegue a hacer lo que todos esperen de mí; tal vez nunca me case, ni tenga hijos. Primero tendría que ser algo así como mi propia madre. Para mí. O hacer algo de lo que pueda estar orgullosa, algo que nadie me pueda quitar. Uno no puede pasarse la vida suplicando por el amor de un padre o de un marido. O el de un hijo, como abuelita. Más bien, algún día va a pedir mi amor. Y ese día no puedo tener las manos vacías. *(JULIA se ensimisma. EVA sonríe. Mira las paredes de la casa, con nostalgia, despidiéndose. Abre la puerta de la calle. Va hacia el interior por última vez. Luego mira hacia el frente, gozando del aire libre. Se va tras cerrar la puerta.)*

DORA.— *(Abriendo la ventana.)* Ya amaneció. Mamá estaría contenta. Floreció la pascuita. *(Besa a JULIA.)* Vas a hacer todo lo que querés. Ya vas a ver. Buenas noches. *(Sonríe.)* Buenos días. Hay que dormir. *(Se va hacia los cuartos.)*

JULIA.— Mamá.

DORA.— ¿Sí?

JULIA.— Feliz Navidad. *(DORA sonríe. Sale. JULIA mira por la ventana. Termina de desabrocharse la chaqueta, mostrando el collar que le regalara EVA, el cual acaricia sin darse cuenta. Vuelve la mirada hacia las bengalas que han quedado sobre la mesita. Toma una. Se aproxima a la candela. Está a punto de ponerla sobre la llama, aún encendida, cuando cae el*

TELÓN

TERESA MARICHAL

RESPUESTAS AL CUESTIONARIO

1. La historia del teatro universal ha estado representada por el género masculino. Siempre nos vienen a la mente nombres como el de Esquilo, Beckett, Shakespeare, Marqués... Sobra señalar que las grandes obras de teatro han sido escritas por hombres. Frente a este hecho siempre me he preguntado: ¿Por qué razón? ¿Qué factores han influido en esta situación? ¿Será que a la mujer no le ha interesado el teatro? ¿O tal vez el género femenino no ha tenido ideas, tiempo o disposición natural para un arte que sencillamente no es un arte de mujeres? ¿Quizás no se le ha dado la importancia que merece? ¿O se ha valorado esta dramaturgia como usualmente se hace con el teatro infantil? Esto último me recuerda ciertos juicios: "Esas 'obritas' que tú has hecho están bien lindas." O "Ayer fui a ver tu 'obrita'..."

Creo que todo parte de la visión que sobre la mujer posee el hombre. Esta visión se corresponde con la historia de la marginación femenina dentro del sistema patriarcal, situación que se vive hoy pese a las conquistas logradas por la mujer en este plano. Esta apreciación se da en todos los círculos, incluso entre los intelectuales y compañeros dramaturgos al valorar nuestro quehacer teatral.

2. Sí, creo que existe esta dualidad de lenguaje. Las mujeres hablamos, pensamos, analizamos y sentimos diferente a los hombres debido a que nuestra experiencia en el mundo social es distinta. Por esta razón me parece que las mujeres describen con sentimientos auténticos y, por lo mismo, "distintos" ciertos temas como la angustia de ser madre y no querer serlo, el aborto, la violación o simplemente lo que significa que a uno no le guste ser mujer dentro del orden patriarcal.

3. Claro que sí. La mujer piensa diferente al hombre, por ello su visión de mundo será también distinta y eso debería reflejarse en el lenguaje. Personalmente escribo sobre mis experiencias, sobre lo que nos pasa a nosotras y a los seres que nos rodean. He pasado en este sentido por un proceso que me ha llevado a preguntarme, ¿qué soy yo?

Así he comenzado un recorrido por la historia y la situación social de la mujer y, poco a poco, he ido armando las piezas del rompecabezas para concluir que hay que escribir también sobre lo que los hombres no hacen. Pienso que mi teatro está en una búsqueda constante que se relaciona con nuestra posición en la sociedad. En este sentido la mujer dramaturga tiene una responsabilidad que cumplir: divulgar, defender y plantear aquello que las mujeres, por estar antes calladas o marginadas, no hicieron para que existan a través de la palabra, la imagen, el gesto.

4. El teatro, arte colectivo, representa en nuestra sociedad una forma de comunicación, comunicación viva... donde existe un reto y donde se plantean posiciones y planteamientos que definen de una u otra forma a la sociedad y a sus integrantes... La función inmediata del teatro es la búsqueda de la unión entre actor y espectador para establecer una comunicación total. Creo en el ritual como forma escénica y me fastidia tanto el teatro comercial como aquél que tiene a la verdad cogida de la mano para entregar una enseñanza, ya sea, de corte moral o política (nótese que he hecho este tipo de teatro). Para mí, que no soy ni intelectual ni teórica, el teatro es un ritual de palabras y acciones donde presento lo que piensan, sienten y hacen unos seres que están limitados o liberados por unas experiencias. He pasado por varios procesos en el acto de escribir teatro desde el tradicional de proscenio hasta el querer unir las artes plásticas, sonidos y tecnología con el propósito de acentuar la experiencia ritualista. Mi obra *Dranky* es un ejemplo de esta tendencia. El teatro como ritual se acerca a la experiencia mística ya que es búsqueda conjunta del actor y el público para descubrir juntos las posibilidades de comunicación que hay en y fuera de la palabra. Trato de que mis obras comiencen con el ritual y lo vayan desbaratando o viviendo. En casi todas mis obras el ritual está presente buscando esa unión mística entre público y actor, aunque sea una comedia.

5. En todos los aspectos mencionados. Mi país es una colonia norteamericana. Aquí, en Puerto Rico, la contradicción es la norma de vida y vivimos contradictoriamente. Somos puertorriqueños con pasaporte norteamericano, aprendemos inglés y español simultáneamente y, aunque somos una nación, pertenecemos al país del norte y saludamos dos banderas y dos himnos. Creo que esta situación ha afectado mi teatro, pero por un lado en forma positiva porque tengo ''tela de donde cortar.'' En términos políticos, por hacer mi trabajo, he sufrido

la represión al ser detenida y suspendida de la universidad. A pesar de este tipo de situación es posible hacer en la isla un teatro denunciativo de la realidad socio-política, aunque el nombre del teatrista quede en el archivo de la Central de Inteligencia identificado como subversivo. En términos económicos es difícil montar o estrenar obras, a menos que sea con un préstamo del banco o que un productor se interese especialmente en ello. Uno de los problemas es la importación de obras norteamericanas, éxitos de Broadway traducidos al español, lo que demuestra que no hay conciencia o interés por estimular seriamente una dramaturgia nacional.

6. Desde que me censuraron la pieza titulada *Mermelada para todos* decidí meter los cubiertos, los pies y las manos al menos en los ensayos y, si tengo tiempo disponible, trato también de dirigir. No sólo por conservar pureza textual, sino también para añadir o quitar ya que se me hace difícil hacer lecturas con actores mientras escribo, y en los ensayos puedo escuchar. Si confío en la persona que dirige, a veces no me aparezco; pero esto es raro. Creo que el escritor tiene que ser parte activa en el montaje, reescribir mientras se ensaya y compartir los comentarios y sugerencias de los demás. Mi problema es que cuando estoy en los ensayos quiero cambiar textos completos pues me doy cuenta que no es lo mismo escribir que escuchar lo escrito. En este proceso los actores me ayudan a escuchar para reescribir si es necesario.

7. Sí he participado y ojalá pudiera hacerlo más a menudo. Considero que es una experiencia enriquecedora para cualquier dramaturgo. Nunca he pensado que el teatrista está en un pedestal y su labor sea claustral.

8. Me gusta escribir para todo el mundo desde que me gano la vida como libretista de televisión. He tenido muchos cambios en mi práctica dramática, pero hay ciertas constantes que siempre salen a flote: el circo, la dualidad, la contradición, la lucha entre ser madre y escritora, el sueño *versus* realidad, etc. He aprendido a escribir para todo el mundo ya que antes era elitista y no me importaba llegar a todo tipo de público. He cambiado y ello ha afectado la forma o estructura de mis piezas que son menos experimentales que las del pasado. He hecho ajustes necesarios para lograr ese contacto único: la comunicación esencial entre actor y público.

Entre mi público predilecto están los niños. El grupo de teatro "El Mago Ambulatorio" y el teatro callejero "Los Nuevos Alquimistas", que hago actualmente, está dirigido especialmente al mundo infantil. Ellos participan activamente en la experiencia teatral, sienten el ritual y lo viven sin intelectualizaciones de ningun tipo.

9. Alfred Jarry, el dadaísmo, el surrealismo, la mitología como fuente creadora. En verdad no tengo tiempo para leer. Leo una y otra vez lo que me gusta, por ejemplo, las obras de Jarry y Esquilo con las cuales me divierto y maravillo. Encuentro interesante también a Peter Weiss. Cuando envejezca y me dedique a leer más, tal vez otros autores influyan en la concepción de mis obras.

10. Bueno, *Vlad* surge de Drácula, ya saben Vlad el Sanguinario, Transilvania, etc. Siento predilección por las películas de Drácula representadas en el cine por el actor Bela Lugozzi el cual murió creyendo que era este personaje. Un día cuando leía sobre Vlad el Sanguinario, pensé en el circo y comencé a imaginarme el ritual con Vlad como mago. Luego me di cuenta que Vlad era Lucrecia y poco a poco fueron surgiendo en mi imaginación los restantes personajes. Mientras escribía me fui dando cuenta que Lucrecia era en realidad Ícaro, el ritual, los pactos, el número tres, el circo para terminar de percatarme que el que me estaba "dictando" la obra era el payaso Clocló.

Creo que *Vlad* marca mi teatro si se puede llamar ritualista y también mi posición política respecto al *status* de mi país. Asimismo representa el juego que debe existir entre público y actor en el proceso de comunicación y de búsqueda constante "del otro lado de la luna" donde algunas piezas de mi rompecabezas habitan.

Vlad

Teresa Marichal Lugo

A todos los que han conocido la traición...

PERSONAJES

VLAD
LUCRECIA
ÍCARO

(VLAD entra con su capa negra, su sombrero de copa, su varita mágica, su potecito de sangre artificial, su barba sus ojos ligeramente maquillados, su vela negra, su jaula de pajaritos de papel de colores brillantes, una bolsa de "pop corn", un espejo, un pinta labios... y todo lo que se le ocurra al actor que lo va a representar, cualquier cosa que ayude al desarrollo del personaje. Siempre con mesura.)

VLAD.— Buenas noches. *(Pausa.)* ¡He dicho buenas noches! Lo sé, no me han escuchado. Siempre comienzo en voz baja. Es más emocionante, da un aire de misterio. Me imagino que todos han visto películas de Alfred Hitchcock. Enfocan la cara, una luz viene de atrás y de pronto aparece el puñal, y una mano, y un grito, y corre la sangre, y se escucha otro grito, y ¿para qué continuar?, si al fin y al cabo todos conocemos lo que pasará. Será un éxito taquillero. *(Ríe.)* Eran dos palomas blancas que volaban sobre el inmenso océano. Una se fue volando rumbo a los intensos rayos del enorme astro, pero el calor era tal que a la palomita se le quemaron sus hermosas alas y cayó en medio del desierto. El viento fue levantando la arena hasta que la palomita quedó sepultada. Dice la leyenda que la otra paloma todavía vuela sobre el mar tratando de encontrar la forma de llegar al sol. *(Todo este cuento VLAD lo hace mientras se va quitando poco a poco sus guantes, representando con ellos la acción que va narrando.)* Comenzaré de nuevo. *(Pausa.)* Buenas noches. *(Pausa.)* He dicho buenas noches. ¿Es que no me han escuchado? Siempre hay alguien cortés entre el público, alguien que sabe de buenos modales. Salud, buenos días, con permiso, a sus órdenes... El libro de los buenos modales está lleno de historias comunes, de lo cotidiano, del vivir diario, de tener que enfrentarse al mundo de las palabras... Hay un espectador, hay un actor, hay palabras de por medio, pero no siempre el espectador es buen observador... Salimos a la calle, entramos a los lugares cerrados, respiramos, pensamos, existimos en el sueño o en la realidad existimos... Hay espectadores de espectáculos y hay espectadores de la vida. *(Ríe.)* ¡Oh, vamos, todos sabemos que la calle está llena de espectáculos! Nunca podré quitar de mi mente aquel terrible espectáculo del joven sordo que estaba en lo alto de un edificio y al que la gente gritaba: ¡tírate! ¡tírate!... ¡Qué espectáculo repugnante! En esta islita del encanto la gente está cada día más loca. Es el mal nacional. El que no está loco no sobrevive... ¡Viva la locura! La islita del encanto es un manicomio sin paredes de concreto. La islita del encanto es una cárcel de veraneo... ¡SSSOOOOYYYY VLAD!!! Mago, alquimista, prestidigitador, falsificador, hechicero, brujo, aventurero, esgrimista. Soy un endemoniado que camina por las calles repletas de cunetas por donde corre el agua de historias inventadas, de las historias falsas y mentiras. Pienso sobre la vida, sobre ustedes y sobre la traición; o sea, la historia. El gran Vlad ha venido a divertirlos, a embrujarlos, a burlarlos. Estoy aquí. Una mosca vuela, una mosca molesta. Todos sabemos algo sobre las moscas... Todo el mundo piensa cosas terribles. No soy el único. Yo no sólo las pienso sino también las vivo, realizo lo que pienso, lo que llevo a cabo. Planifico cada una de mis palabras, de mis actos... Por ejemplo... Rápidamente, un pensamiento, a ver alguno de ustedes... Nadie se atreve... Pensamiento: Pienso que el señor Loló es un asco y que si pudiera le sacaría los ojos, le cortaría la lengua y le enterraría clavos por las orejas, para que deje de ser tan lengüilargo. Luego lo clavaría a un árbol y lo dejaría morir tranquilamente, me encanta esa palabra, tranquilamente... Así lo hizo Vlad descendiente de Drácula. ¿Qué les parece? ¡Divertido! El pensamiento es... Pensar es algo tan divertido, sobre todo cuando no se lleva a cabo lo que se piensa... Todo el mundo piensa cosas terribles, lo que pasa es que está de moda ser humanista, vestir de blanco, tener caracoles guindando el pelo rizo de permanente de cincuenta dólares pero que parece que hace una semana que uno no se peina y decir muchas veces en la conversación: ¡hay que compartir! ¡¡Al diablo con las palabras!! ¡¡¡Todo el mundo piensa cosas terribles!!! Yo no soy el único. *(Coge una cajita blanca, una tela roja, enseña la cajita al público, la abre, la enseña, se la lleva al corazón, cubre la cajita con la tela roja.)* No hay nada como el pensamiento. El pensamiento nos encubre, nos disfraza, nos hace mentir, vivir, morir. Pensamos en nuestra propia muerte y llegamos al borde de la histeria, lloramos por nosotros mismos. Es en el pensamiento donde uno es uno mismo; solamente ahí depositamos todo lo que los demás desconocen. ¡¡¡¡Voila!!!! *(VLAD saca la tela roja rápidamente, coge la cajita, la abre, la enseña al público. No hay nada dentro. Ríe.)* Todo es cuestión de imaginarnos lo que queremos. Cada cual se cree lo que cada cual se quiere creer... *(Ríe.)* Usted también piensa cosas terribles ¿Es o no es así? Vamos no hay porque estar tímidos... Todos somos parte del ritual... Estoy seguro de que alguno de ustedes ha pensado cosas terribles alguna vez... Usted, por ejemplo... Estoy entre santos, misericordia. ¡Estoy entre cobardes! Vivo en la islita del encanto, donde la cobardía es la norma, donde los rebeldes son enclaustrados, excluidos o asesinados... Mi madre siempre me lo decía: te lo dije, te lo dije... ¿Quién aquí no conoce esa frasecita? Adán se la dijo a Eva, Cleopatra a Julio César, Frankestein se la dijo a Igor, el Pato Donald se la dijo al Ratón Miguelito... Todos la usamos, la gastamos, abusamos de ella. Nos creemos conocedores del destino de los demás... Te lo dije, se lo dije, se lo dijimos y no nos escuchó. Siempre estamos diciendo; pocas veces estamos haciendo... ¿Para qué continuar? No soy ministro ni político. Jamás compraría un megáfono para irme al Parque Muñoz Rivera a predicar interrumpiendo la tranquilidad de los demás... Pensamiento: es más fácil encontrar una aguja en un pajar, que una persona dispuesta a enfrentarse a sí misma y ser libre, que de eso se trata esta loca realidad... *(VLAD coge dos vasos de agua, uno vacío y otro lleno, echa el agua en uno y luego en otro...)* Al fin y al cabo en la islita del encanto todos estamos atados. ¡Qué divertida es la angustia! Este es un truco viejo, se derrama el agua varias veces y luego la hacemos desaparecer. *(Derrama el agua en el piso.)* Algún día se evaporará. Una gotita de agua provocará el diluvio universal y subiremos a los barcos del Navy y remaremos como esclavos, y remaremos, remaremos hasta morir de cansancio buscando la estatua de la libertad que quedó sumergida en las profundas aguas del Atlántico. Ese será nuestro destino, por eso este truco de magia me gusta tanto, porque nos invita a reflexionar sobre nuestra propia destrucción. Un aplauso, por favor... Gracias. Amo el circo. Nunca me separaré de él, ni él de mí. En el circo todo se puede transformar. *(VLAD agarra una máscara de pantera y se la coloca. Brinca como una fiera en cuatro patas y se coloca sobre un cajón de madera pintado de rojo. Hace gestos de pantera rabiosa. Ríe.)* En el circo todo se transforma. Bienvenidos al circo. *(Coge una trompeza Kazoo y comienza a marchar mientras toca una melodía de circo.)* Aquí nada es real. Todo es magia, sueño, engaño... La pista del circo es pequeña, más bien diminuta. No caben elefantes, ni jirafas, tenemos varios perros entrenados y algunas cotorras parlanchinas. Clocló el payaso, que el pobre es sordo como el joven que se iba a suicidar. Sólo que Clocló jamás se suicidaría. Es anarquista, ¿saben? Y ningún anarquista se suicida... Tiene una tortuga que se llama Paloma y dice que es la tortuga de la paz. Tenemos también a Salomé, una "belly dancer". Baila bien. Va moviendo todo su cuerpo como una serpiente y a la misma vez que baila sostiene en su boca una boa. Es un espectáculo fascinante. Incita al placer, a la noche llena de estrellas lujuriosas, de fantasmas solitarios, de callejones oscuros donde se escucha el insaciable sonido del placer o el terrible grito que nos revienta las pupilas y nos hace ver como la navaja va penetrando en el vientre de la pobre señora que no quería soltar su cartera. Así es la noche, como Salomé, que nos penetra la carne con su baile sensual de mujer serpiente... ¡El circo! *(Ríe.)* Además tenemos a Lucas, el domador de leones, audaz y sanguinario... Dicen que atravesó el África caminando de norte a sur y que luchó con las fieras más feroces que nadie ha conocido. Su jungla no es como esta de gente que se disfraza de animales salvajes; su jungla es real, no sale de su pensamiento como otras junglas. Está ahí, tocándonos... Por último tenemos a Ícaro, trapecista. Alcanza las alturas más increíbles, casi toca el techo de la carpa. A veces parece el viento transformado en hombre. Otras veces parece un pájaro, un destello de luz, un fantasma que se ha escapado de alguna casa vieja de las Magas o de Yauco... Lucrecia estuvo con nosotros hasta hace algún tiempo. Era la mujer del bigote. Era así, nació bigote... Debió haber sido una bebé horrorosa... Unos enormes bigotes negros en la cara de una recién nacida... Pero el bigote no le creció más, ella fue creciendo y el bigote seguía ahí sin crecer una pulgada más, por lo tanto cuando creció tenía un bigote normal, parecido al mío... Lucrecia leía las cartas y la palma de la mano, acertaba siempre. Se pintaba una luna en la frente... Daba la impresión de que en realidad sabía leer las cartas y la palma de la mano... Un buen día me abandonó... Recogió todo lo que tenía: las barajas, una bola de cristal, sus vestidos, sus libros, sus ollas, el abanico eléctrico, el desodorante, toallas, sábanas, limpiador, detergente, aros, collares, cuadros, en fin todo... Me abandonó. La amaba, sí. La amaba. Su mirada me transportaba en sueños. Parecía un hombre hermoso, pero detrás de esa cara extraña existía una mujer fascinante. Me llegó a controlar, a dirigir cada paso que iba a dar, llegó a obsesionarme; la miraba y quedaba totalmente inmóvil, llegué a adorarla como una diosa, sin ella yo no era nadie, el mundo no era nada, la vida no existía. Lucrecia era la pasión, el desenfreno total, los sentidos hechos mujer... Y mi cuerpo se rindió ante ella... Mi ser total... Mi mente. Por ella fui capaz de todo, de traicionar, de burlar... Lucrecia fue mi locura, mi degradación, mi muerte... Lucrecia, ¿por qué tuviste que matar a Vlad? ¿Por qué? *(VLAD llora amargamente. Luego respira profundamente.)* Sí, Lucrecia se fue. La pista del circo está un poco deteriorada, pero todavía funciona. Todavía separa al público del espectáculo, a la realidad del sueño, a la cordura del hechizo, a lo cotidiano del ritual. Es en este círculo sagrado donde se llevan a cabo todos los rituales prohibidos, es el principio de todo, el final de todo, el bien y el mal unidos de la mano... Esperando... Esperando... Una jaula llena de pajaritos de papel, mírenla todos son de papel, viramos la jaula, la enderezamos; mírela señora, son de papel. ¿Estamos de acuerdo? ¿Sí o no? No escucho nada. ¿Sí? Bien. Estamos de acuerdo. Este es el primer acuerdo que llevamos a cabo, se han comprometido conmigo, po-

demos continuar con el ritual. Ahora cubrimos al jaula con esta tela
roja, pero antes le echamos maíz. Necesito un voluntario o una voluntaria *(Si es el caso de que nadie se levante* VLAD *dirá:)*
Nadie está dispuesto a ayudarme, hicimos un acuerdo recuérden-
lo... Son unos cobardes. No importa, el mundo está lleno de cobardes. Seguiré yo solo.
(Si es el caso de que alguien se levante VLAD *dirá:)*
Perfecto, colóquese a mi lado. Yo le iré pasando cada pajarito que
pueda atrapar y usted los irá contando en voz alta, dirá su color y
se los enseñará al público. Continuemos.
Comencemos el ritual. Pío, pío, pío píííoopíoooo... ¡Oh!, se me olvidaba, alguien véndeme los ojos. Aquí está la venda. Gracias... Pajarito,
Pajarito... ¿Quién te dio tamaño pico? Vengan pajaritos, anden vuelen,
vuelen. Ajá, ya atrapé uno. Lo tengo aquí, entre mis dedos. Siento su
corazoncito como late fuertemente. Tiembla, parece que le va a explotar el corazón. ¡Ay, ay, ay, no me piquen! Me están picando, me muer-
den, me entierran sus dientes afilados de tiburón. ¡Ay, me destrozan
la mano! ¿Ayúdenme, ayúdenme! *(Cuando* VLAD *saca la mano está llena
de sangre. Lo ideal es que cuando él vaya a cubrir la jaula con el manto, en el momento en que les eche maíz a los pajaritos coloque el potecito de sangre dentro de la jaula.)* ¡Socorro! Alguien que me ayude.
Usted mismo, por favor. Hagan algo. Me desangro. Me muero. ¡Icaro!
¡Lucrecia! ¡Hagan algo! *(Cae al piso.)* Alguien que me ayude. Me muero. *(Se levanta rápidamente. Se limpia la mano con el pañuelo blanco
que lleva en su gabán.)* Se me olvidaba que estoy entre cobardes. Ninguno de ustedes haría nada por mí, aunque cayera de lo más alto del
trapecio. ¿Se asustaron? No se asusten. Perdonen, era sólo pintura. Era
un truco de magia para impactarlos. ¿A quién le horroriza la sangre?
Esa sustancia caliente que corre naturalmente por nuestro cuerpo, pero
al salir se convierte en algo horroroso. Estuve en la guerra. Sé lo que
es una guerra. Todo el mundo sabe lo que es una guerra: el producto
mejor cotizado del mercado... En la islita del encanto nunca ha habido
guerra. Aquí la guerra la dan por la televisión y con eso tenemos bastante. Bastantes cobardes tenemos ya. ¡Aquí la gente aprende a dis-
parar practicando con jóvenes en las montañas, los matan y después
dicen que no los mataron. Así de cobarde es la gente en la islita del
encanto. Nunca me han gustado los cobardes. Todo lo confunden, lo
tergiversan y siempre terminan embarrándose en el lodo. ¡Que conti-
núe la magia! ¡Vamos a realizar el acto de las navajas! De nuevo un
voluntario o una voluntaria. Antes de aceptar explicaré el acto. El voluntario o la voluntaria se coloca ahí, comienza a saltar, mientras y con
los ojos vendados voy tirando las dagas. Si le doy al voluntario pierdo.
¿Interesante? Vamos a ver quién quiere ser parte de este acto de magia. La magia que transforma, que hace de gigantes enanos, que in-
venta sueños y los hace realidad, que disfraza las verdades. Es la ma-

gia único instrumento de lo desconocido; arma poderosa del ingenio, de la astucia, de la incoherencia que da el gusto feroz y terrible del ritual que habita en nosotros y nos va llenando de placer, nos desborda, nos chupa, nos lleva a nuestro verdadero destino desenterrando verdades, alentándonos a descubrir otros parajes. El ritual nos unifica. Este será mi último ritual. Ya llevo tres noches haciendo lo mismo y hoy será la última vez que lo realice, y ustedes lo están presenciando. He aquí otro acuerdo entre ustedes y yo. Tres noches, dos acuerdos. Dos personas. Sí, dos personas. Vivíamos en un engaño total. *(VLAD se quita el sombrero, el traje, se arranca la barba. Viste de rojo. Tiene el pelo largo. Es LUCRECIA, la luz disminuye.)*

LUCRECIA.— Soy Lucrecia Luna. Leo las cartas y la palma de la mano. Trabajé aquí en el circo hasta que Vlad, mi marido, falleció. Se quemó vivo en el "trailer". Tenía que traerlo a la vida, realizar el ritual, purificarme con él... ¡¡¡LO ODIABA!!! Sí, lo sé, soy extraña. Vlad siempre lo decía. No me voy a poner melodramática. El circo olía a carne quemada. Se achicharró como lechón en varita. No estoy loca, aunque mucha gente crea que estoy loca, no lo estoy. Me ven distinta porque tengo bigote y no es normal que una mujer tenga bigote. Lo normal es que si lo tiene se lo afeite o se lo depile, pero a mí me gusta y aunque no me gustara es mi "modus vivendi". ¿Se imaginan que escena horrorosa? La puerta del "trailer" se atascó y Vlad no pudo salir, seguramente se sofocó primero. El siempre fue un poco morboso. En cierta ocasión cogió un cerdo en escena, le abrió el estómago y sacó las tripas, las mostró al público y las lamió... Quería morir poéticamente. ¿Quién muere poéticamente? Nadie. La muerte llega y ¡zás!, en un momento entramos en otra dimensión y nos quedamos dando vueltas eternamente. Vlad siempre estaba alucinado. Usaba opio para verse pálido como Bela Lugosi el que representaba a Drácula en las películas de Hollywood. Lugosi imitaba a Drácula y Vlad imitaba a Lugosi. Y yo me disfrazo de Vlad, y todas las noches realizo su acto de magia. Me pagan extra por hacerlo. No soy como Vlad. No creo en el ritual del que él hablaba. Vlad sabía engañar a la gente, los embrujaba, los embobaba. Tenía a todos en su poder: a mí, el payaso Clocló, a Salomé, a Ícaro... Sí, Ícaro estaba hipnotizado por él. Vlad decía que Ícaro tenía algo en la mirada que lo estremecía. Cada vez que Ícaro se trepaba al trapecio allí estaba Vlad observándolo. Lo miraba como si estuviera mirando un fantasma y entonces entre los dos se podía sentir como una fuerte energía salía y llenaba el circo. Era una fuerte atracción que todos sentíamos. Sus miradas se encontraban y paralizaban todo, la vida se detenía, el viento, el público quedaba hipnotizado. Todos bajo el poder mental de Vlad. Todos bajo su magia. El sanguinario Vlad conocía muy bien la mente humana... Pero era un degenerado y yo el único ser que él no podía controlar... ¡Lucrecia, la gran Lucrecia! Jamás tuve el poder para conocer el futuro. Aprendí a leer las cartas con una señora que vivía cerca de la casa de mi madre en Río Piedras. Aprendía para divertirme, por eso nunca supe en realidad si lo que decían las cartas era cierto o no... Yo no creo en el ritual, nunca creí en él. Realizo esto por él, por el único a quien yo he amado. No he llegado a ningún acuerdo con ustedes. No haré ningún pacto con ustedes. No soy como Vlad. Jamás seré como él. Nunca quise tener hijos. No, no soy estéril. No crean que por tener bigote soy estéril. El bigote no tiene nada que ver con la esterilidad ni con la fecundidad. El tener bigote simplemente tiene que ver con los cromosomas y las locuras heredadas. De mi tío heredé la locura de ver alucinaciones continuamente, de mi madre la sonrisa, de mi abuela el gusto por los negocios, silencio de la noche, y la negrita Putuse me enseñó en la madurez el gusto por los hombres. No me importaban si o no son lampiños, si tienen barba o no. El bigote no me importa, yo tengo bastante. Vlad decía que yo era como Marilyn Monroe: sensual, angelical y diabólica. Soy diabólica. Fui la mujer de Vlad el Sanguinario. ¿Quién quiere que le lea las manos o las cartas? Vamos, es muy divertido ver como la gente se entrega a una sin apenas conocerse y le confía su vida, su futuro sus secretos. Soy mejor que una sicóloga siempre les dejo varias puertas abiertas para que escojan. *(Se dirige a una señora en el público. Le toma la mano.)* Sí, sí, aquí veo un hombre. Sí señora, ese mismo de pelo negro como la noche parece ser que la..., no, no lo crea, no piensa abandonarla, pero las cartas dicen que si quiere..., ¡oh! Todo se me oscurece. Se fue la luz. Bueno, tendría que pagarme de nuevo como si fuera otra consulta. Así de fácil. Vlad me enseñó a estudiar a las personas, a observarlas, a olerlas, a sentirlas, a manipularlas, a hipnotizarlas, a embrujarlas. Al único que jamás pude embrujar fue a Ícaro. El gran Ícaro trapecista murió de la forma más atroz, más terrible, más violenta. Murió y volvió a morir y murió de nuevo tres veces, como nosotros tres los tres mosqueteros, como decía Vlad. Tres mosqueteros con navajas cortantes en las lenguas. ¡Ícaro! ¡Ícaro! Si al menos hubiera sentido un pedacito de piel tuya en la mía, no hubieras muerto de esa forma. Ícaro murió porque se enajenó de su realidad. Quiso alcanzar lo que nadie terrenal ha podido alcanzar todavía, ser tres personas en uno. Vlad, Lucrecia, Ícaro: Tres personas en una. ¡Imbécil! ¡torpe! No estabas atento, diste el paso en falso y caíste hacia la cueva profunda de lo desconocido. callando para siempre todo tu ser. Era de esperarlo. Ícaro era un despistado de la vida, por eso cayó desde tan alto sin apenas darse cuenta de lo que pasaba. Por eso yo tengo los pies bien en la tierra, para no caer desde tan alto ni quedar hecha papilla como Vlad mi difunto esposo e Ícaro, el que pudo haber sido amante de mi difunto esposo. ¿Por qué esconderlo? Total, todo el mundo en el circo ya se había dado cuenta... Ícaro estaba locamente enamorado de Vlad parecía una "prima donna" todas las mañanas con su bata de lentejuelas violetas, sus gafas de sol, sus pantalones cortos, sus chinelas rosadas. En fin, todo un espectáculo. ¿Para qué mentir? El gran Ícaro, el atlético Ícaro, el invencible, el fuerte, el imponente: era nada más que una mariquita loca, loca... Y yo una estúpida al pensar que podía conquistarlo. En este país todo se deforma, todo se vuelve una baba de la que no se sale nunca. El país de arena movediza, así le deberían decir a la isla del encanto. Aquí el que más o el que menos se hunde y hunde a los que están cerca de él. Esa es la amabilidad del puertorriqueño. Nos embarramos los unos con los otros, por eso los turistas son locos con nosotros. Al circo venían muchos turistas. Ya saben, turistas de pantalones cortos con flores, de camisa hawaiana, gafas, su cámara y esa cara de tontos que no saben ni por qué están aquí ni quién los trajo; pendiente todo el tiempo a que algún portorro cometa una locura o una torpeza para poder retratarlo y poder decir: "miren que extraños son los caribeños". Pensándolo bien, Ícaro parecía un turista. Vlad era un poeta, por eso Ícaro se enamoró de él. Yo siempre he sido vulgar, no me importa. ¡Lucrecia Luna! Bellísima, sensual, llamativa, alegre, pero vulgar, vulgar hasta la médula de los huesos. *(Comienza a transformarse.)* Por eso yo no podía amarla, porque era un ser sin gusto, sin clase, sin refinamientos, sin elegancia, era una mujer completamente vulgar, por eso la detestaba, porque no podía comprender la esencia delicada, poética y sensible de Vlad, por eso la maté... *(Es ÍCARO.)*

ÍCARO.— Sí, soy Ícaro. Ya no aguanto más. Ya tengo que gritarlo como una verdad terrible. No puedo seguir escondiendo quien soy, Vlad era el único que me entendía, pero se burló de mí. Aquella noche hundió su lengua en mi cuerpo, mordió mi cuello, jugó con mi cuerpo como si fuera un juguete. Me había vestido todo de blanco, me había maquillado y no se me notaba el bigote. ¡Cuántas veces quise afeitarme el bigote!, pero Vlad decía que eso afectaría mi imagen varonil de trapecista. Esa noche me había preparado para entregarme a él tal y como era yo, pero él sin más comenzó a rasgarme la ropa, me besó fuertemente, me abrazó, casi me lleva a la locura del placer cuando de pronto comenzó a reír y a reír y a burlarse de mi ropa, del maquillaje, de mi bigote. Comenzó a insultarme, a maldecirme. Me decía: asqueroso marica, asqueroso marica... Y yo allí llorando porque al fin y al cabo lo amaba. Lo amaba más que a la vida, le había entregado mi ser y él con esa desfachatez se burlaba de mí, me insultaba. Entonces fue cuando me dio una bofetada y me dijo que él sólo amaba a Lucrecia, y que iba a hacer que me echaran del circo por degenerado. Me vi perdido, atado, solo, indefenso. La furia me invadió el cuerpo, la mente, todo mi ser se llenó de cólera. Siguió pegándome. Entonces no aguanté más. Agarré un cubo y le pegué en la cabeza fuertemente. El dio vueltas, me miró, me escupió, entonces cayó al piso, me imagino que muerto. No sabía que hacer. Me cambié de ropa, lo envolví en una sábana, busqué el carro, lo coloqué cerca del "trailer"; entonces metí a Vlad, el único, en aquel asiento forrado de vinyl amarillo y lancé su cuerpo al río... Así fue como murió Vlad... No lo hubiera hecho si él no me trata así como lo hizo... Lo amaba. Amaba su poesía, su excelente pronunciación, su buen gusto..., su boca..., su cuerpo, todo su ser. Nunca pude comprender como andaba con esa mujer tan vulgar, tan tonta; pero la amaba, la amaba tanto como yo a él. Luego tuve que matarla. Ella sabía que esa noche Vlad estaba conmigo. Lo habían planeado entre los dos, cuando lo supe no sentí ningún remordimiento en haber asesinado a Vlad. Me di cuenta de su bajeza espiritual, de su degeneración y la de Lucrecia. Ella siempre con sus indirectas bochornosas, con sus miradas llenas de erotismo vulgar. Jamás hubiera podido estar con ella, jamás. Ella no sabía lo que era la poesía de la vida, Vlad sí, pero ambos tenían que morir. Triste final, ¿verdad? Toca mi turno ahora, creo que ya es hora de que me quite esta ridícula peluca y salga a la pista del circo, y me enfrente al reto total de la vida y de la muerte. ¡El gran Ícaro trapecista que arriesga su vida constantemente en la cuerda floja! ¡Un aplauso para él, damas y caballeros! La cuerda me espera. La cuerda se tensa para que al uno caminar sobre ella se logre un equilibrio entre cuerpo y cuerda, pero cuando no se tensa y está floja entonces uno puede caer desde lo alto y caer al piso como papilla de orangután. ¡Bienvenidos al circo! ¡Bienvenidos al ritual, espantarse, acobardarse o enfrentarse a la vida o al juego valientemente. Yo, el gran Ícaro, los invito en nombre de todos nosotros los que arriesgamos la vida cada noche, cada día para que otros se entretengan. He aquí el ritual del que Vlad continuamente hablaba y que tal vez yo nunca entendí. Ese ritual que yo espectador de mi propia fatalidad jamás podré entender... Sólo Vlad lo podría describir, porque el lo había creado, rodeado de toda la locura y desorden que vivía en su islita del encanto. Transilvania está aquí entre nosotros, porque Vlad esta noche volvió a la vida. Este ritual. Este será mi destino, volver a traer a la vida cada noche, en cada representación al GRAN VLAD: mago, alquimista, prestidigitador, alucinado infernal de toda esta locura, de este absurdo de ser lo que no somos, de no saber lo que seremos jamás, confundiéndonos los unos con los otros, representando día a día una falsa realidad en la que somos espectadores pasivos... Vlad estás aquí como el eterno mar y yo tu esclavo que cada noche trata de llegar al sol y he quedado enredado en mis propias alas... Hagamos un pacto, el tercero en la noche. En nombre de Vlad, de la bella Lucrecia, y del gran Ícaro... No, no. Ya está bien de pactos, de rituales, de dejarnos sumergir en esta locura diaria. Ya hemos tenido bastante. *(ÍCARO comienza a recoger sus cosas.)* Vivíamos en un engaño total y el engaño fue parte de lo cotidiano, del encanto... *(ÍCARO coge el kazoo y comienza a tocar la melodía del circo que Vlad tocó al principio.)* Todo el mundo piensa cosas terribles. Yo no soy el único. Yo no sólo las pienso sino que las llevo a cabo, las vivo, planifico cada una de mis palabras, de mis actos... Por ejemplo... Rápidamente un pensamien-

to... A ver un pensamiento... *(Toca el kazoo.)* Al fin y al cabo nadie se
escapa del ritual... Todos somos unos cobardes. En nombre del gran
Vlad, la bella Lucrecia y este servidor el gran trapecista Ícaro, les damos la bienvenida a este su circo y que disfruten la función. Les deseamos una velada inolvidable en este gran circo de la vida. *(ÍCARO recoge las cosas, se coloca el sombrero de VLAD, la varita, la capa y
saluda. Comienza a salir. Se vira al público y dice como un payaso:)*
    Pajarito, pajarito,
    pica, pica, pajarito,
    león pajarito,
    tiburón pajarito
    ¿quién te dió tamaño pico?
    Y al fin y al cabo,
    ¿están seguros de que yo soy Ícaro
    y no Clocló...?

(Se va riendo a carcajadas.) (Apagón).

GLORIA PARRADO
DECIRTE QUIERO[1]
POR DAVID CAMPS

PERSONAJES

Eʟ.
Yo.

La acción, en una casa, vestíbulo, habitación o local de cualquier barrio habanero o de Cuba.
El mobiliario, escenografía y vestuario, a elección del lector.
Marzo de 1981.

ACTO ÚNICO

Se ilumina el escenario. Él y yo sentados frente a frente.

Eʟ.— ¿Tenemos que empezar el diálogo haciendo una presentación exhaustiva de la vida y obra de Gloria Parrado? ¿Debemos acudir una vez más a lo trillado de: «Nació en tal lugar el año tal. Su niñez fue así y transcurrió en estas circunstancias que provocaron...»?

Yo.— ¿Quieres ser ingenioso, original? No me interesa lo «original» a pie forzado. No olvides que en esta pieza debemos suministrarle al lector datos, referencias, guías de análisis.

Eʟ.— Ya. Correcto. Aunque... hay muchas formas de decir la verdad. Recuerda el famoso *Maneras de decir una verdad,* de Bertolt Brecht. Lo que quiero decirte es que no tenemos que recurrir a lo usual.

Yo.— ...y por ahí, cuántas formas para decir lo mismo y en definitiva todas son válidas. Seamos sencillos. ¿Cómo evitar decir, o de qué manera decir, que Gloria Parrado nació en la ciudad de Camagüey —me reservo el año— y que siendo muy joven, casi una niña, se trasladó

---

[1] Fallecida la autora, en lugar de las Respuestas, hemos seleccionado la introducción a su *Teatro* escrita en forma dramatizada por el crítico cubano David Camps.

a La Habana con el propósito de «sentar sus reales» en la capital de
la seudorrepública?

EL.— Eso es precisamente lo que...

YO.— ¿No querías decir que es mejor dejar libre el pensamiento para que
las palabras surjan, se conviertan en frases espontáneas?

EL.— ¡Exacto! *(Yo sonríe satisfecho. Él estira las piernas, mira las punte-
ras brillantes de sus zapatos, de una cajetilla extrae un cigarrillo marca
Populares, lo enciende consigo mismo.)* Gloria Parrado. Mujer sensible, inteligente, de larga trayectoria artística. Larga y variada. Escritora
de cuentos, novelas, teatro. Asesora literaria y analista. Profesora de
dramaturgia. Actriz al principio y después directora artística de grupos aficionados al teatro. Directora de programas dramáticos radiales.
En fin, un hueso duro de roer. Porque no es sólo la mujer que se dedica a construir paso a paso su obra, no. Es mucho más. *(EL cruza la pier-
na izquierda sobre la rodilla derecha y exhala una gran bocanada de
humo. A YO.)* Cierto: es inevitable. Aunque, eso sí, diré según surja el
decir.

YO.— De acuerdo

EL.— Continúa

YO.— Si insistes. *(Estimulado por el humo del cigarrillo, YO también enciende uno.)*

EL.— Adelante.

YO.— Los primeros años de su estancia en La Habana fueron de ardua
lucha, «a capa y espada» contra el desempleo y, por tanto, contra el
desamparo. A veces la batalla era odiseica; otras, al estilo de las comedias de enredos calderonianas o de entremeses cervantinos. Causas: la década del cuarenta y todo lo que encierra: una guerra mun-
dial, crisis económica, desempleo, miseria, politiquería, gansterismo...
Tal vez su excesiva sensibilidad fue un obstáculo serio que le impidió
salir adelante con rapidez. En una sociedad clasista debía ser lobo entre lobos; al menos, si no cazador de fieras, cazador de roedores. Ella
ni pudo ni quiso ser cazadora. No le quedó más remedio que trabajar
en cualquier cosa, en lo que se presentara. Trabajó duro y no siempre
le fue bien, por supuesto. ¿Debido a esa sensibilidad extrema que la
caracterizaba? Descubría en cada esquina a la gente, la vida, el mundo, y lo que descubría, en buena dosis, no le gustaba. Aunque ya, en
su ciudad natal, había visto la desigualdad social, fue en La Habana,
al tener que luchar por subsistir, que empezó a cobrar forma consciente,
a hacérsele clara la imagen de la pobreza, del hambre. Abría los ojos
como una recién nacida. Comprendió que el mundo que la rodeaba
se caracterizaba por un sin fin de contradicciones, de injusticias, de
crueldades sociales. Tenía que vivir, tenía que luchar, si no, sería devo-
rada. Ubicó las cosas en su lugar. Era inevitable el tener que enfrentar-

se a la vida diaria, sin mañana, sin futuro, ¡subsistir! Comprendió que no estaba bien armada: las noches de estudio en una escuela de comercio le quitaban horas de descanso, de sueño. Se hizo contadora. Conoció a un hombre al que amó y se casó. Poco tiempo después nacería su hija.

(Breve pausa. El recuerdo de aquel mundo ya extraño, tan lejano, que felizmente no volveremos a vivir, es evocado por escasos segundos.)

EL.— He leído todo lo que Gloria Parrado ha escrito. Decías que en esos primeros años tuvo dificultades para ubicarse honrada, honestamente. Pienso que ello sea causa y origen que determinara la tendencia tan marcada hacia lo social que se observa en sus obras.

YO.— Sí. Porque hubo momentos en los cuales tuvo que luchar «a brazo partido» contra el hambre y ser fuerte para mantenerse y no regresar derrotada a Camagüey. Allá hubiera sido de nuevo una carga para su padre, quien también pasaba allí apuros tratando de mantener a su familila. Las desigualdades sociales deben haberla marcado para siempre. ¿Cómo podía su sensibilidad ser indiferente ante lo social?

EL.— Ese mundo es el que reflejan sus obras. ¿Empezó a escribir en Camagüey o en La Habana?

YO.— En Camagüey. Lo primero fue un poema, en 1939. Murió la madre y en él expresó su dolor. Supongo que entonces ignoraba lo que eran un verso, la métrica, en fin, la técnica del arte de escribir, como dicen los estudiosos de la preceptiva literaria.

(Una pausa. Lo que queda de los cigarrillos se consume en el cenicero.)

EL.— En cuanto a sus cuentos...

YO.— ¿Aquél titulado «Desarrollo y limitación», publicado en el primer *Lunes de Revolución*? Publicó otros en el diario *La Tarde*: «Los diez puntos de las moscas», «El estreno»... Tiene algunos libros inéditos como: *Cuentos de mi abuela, Cuentos para no creer, Tainina, Pitín...*

EL.— Entre los primeros hay algunos que podrían calificarse de fantásticos.

YO.— Sí, aunque también en ellos está presente lo social.

EL.— Lo social y lo político, en algunos.

YO.— Exacto.

EL.— Leí también su novela *Renato*, escrita en 1953.

YO.— Ha escrito dos. La otra es *A pedradas*, de 1973. No han sido publicadas.

EL.— Tiene en su haber poemas, cuentas, novelas... pero ha sido el teatro el vehículo apropiado para que canalizara, o mejor dicho, expresara sus inquietudes existenciales. En una veintena de años ha escrito una veintena de obras.

Yo.— Las razones por las cuales un escritor selecciona un género literario para expresarse no hay que analizarlas aquí. Pero siempre un género, el teatro, la novela, el cuento, la poesía, determina, predomina sobre los otros. No sólo es cuestión de sensibilidad, sino también de posibilidades, pienso.

El.— De alguna manera tiene que haberse vinculado con el mundo teatral.

Yo.— Supongo que a ella debe haberle ocurrido lo mismo que a todos los teatristas: asistimos a un espectáculo y quedamos atrapados para siempre. Algo nos dice que por ahí es que debemos andar y que mientras no lo logremos no estaremos satisfechos. Hacemos algunos tanteos: nos relacionamos con los que ya hacen teatro, empezamos un curso de actuación, por ejemplo, o un seminario sobre la historia de la dramaturgia, en fin... que sin temor al futuro nos lanzamos a la carga con los primeros intentos. Gloria Parrado pasó un curso de actuación con José Valcárcel que duró un año, de 1941 a 1942. En 1953 recibió un curso de literatura dramática en la Sociedad Nuestro Tiempo. De 1957 a 1958, un curso de actuación en Teatro-Estudio a cargo de Vicente Revuelta. También con Revuelta, un seminario de dirección escénica en 1959. Y ya formaba parte del mundo teatral. Otros cursos o seminarios con Samuel Feldman, Mirta Aguirre, Osvaldo Dragún, Luisa Josefina Hernández, Peter Karvas, Vichjodil, Joachin Tenschert del Berliner Ensemble, Enrique Buenaventura...

El.— Muchos más. La lista sería interminable.

Yo.— Estudiando, siempre estudiando. *(Pausa. El y Yo sonríen. De nuevo surgen los cigarrillos, pero ahora acompañados de sendas tazas de café. Café fuerte, amargo, humeante.)* ¿Sabías acaso que Gloria Parrado es pionera del análisis dramatúrgico en Cuba?

El.— Sé que durante muchos años ha sido analista y profesora de dramaturgia.

Yo.— Todos estos cursillos y seminarios deben haberle dado una buena base para la especialización. En esta tarea se inició allá por los años 1963 o 1964.

El.— 1963. Los primeros trabajos un poco de tanteo, de búsqueda, de formación de un método que respondiera a nuestras características, necesidades y circunstancias nacionales; en breves palabras, a nuestra realidad social e histórica. Método, sistema o procedimiento de análisis dramatúrgico que cayera en sus manos, lo estudiaba y ponía en práctica de inmediato. No había que perder tiempo. Estábamos en pañales en ese sentido.

Yo.— Asimilaba de ellos lo que le interesaba o convenía; así se fue haciendo un método particular de análisis. Su encuentro con el famoso libro modelo de Bertolt Brecht fue determinante, decisivo en muchos aspectos.

EL.— En sus obras de los primeros años de la Revolución se nota una marcada influencia de Brecht.

Yo.— Ese punto lo dejamos para más adelante. Ahora hablamos de su trabajo como analista.

EL.— ¿No quedamos en que expondríamos según fueran surgiendo...?

Yo.— Sí, pero antes de «sumergirnos» en otras cuestiones, debemos terminar con lo ya expuesto. Sigo. El sistema de Enrique Buenaventura también le ha aportado mucho. En resumen, que como analista ha colaborado en el estudio del montaje de más de cincuenta obras para teatro, radio, cine, televisión. Ha trabajado con casi todos los directores del país y con algunos invitados extranjeros. Por espacio de diecisiete años ha sido asesora, orientadora, profesora de aficionados e instructores de teatro.

EL.— Se ha preocupado mucho por el movimiento nacional de aficionados. De 1972 a 1977 dirigió el grupo Víctor Jara del MINFAR. Con él obtuvo premios en festivales a nivel nacional.

Yo.— Diversa y amplia, ha sido su labor en el teatro en Cuba.

EL.— Estos años de Revolución fueron muy fecundos para ella.

Yo.— Realmente, no comprendo cómo pudo, con tantas ocupaciones estudiar una carrera universitaria, licenciarse en Sociología.

(De nuevo sonrisas y una pausa. EL y YO se miran a los ojos. Se preparan para el diálogo siguiente.)

EL.— Según tengo entendido, conociste a Gloria Parrado hace unos veinte años.

Yo.— Veinticuatro, aproximadamente. Ambos hacíamos de actores en una obra de Jules Romain, *Knock o El triunfo de la medicina*, dirigida por Vicente Revuelta en el escenario de la desaparecida sala teatro Prometeo, de Prado número 111. Desde entonces ha llovido un poco, ¿no crees?

EL.— Bastante, pero no en una parada. Al menos para nosotros.*

(Sonrisas ajustadas al doble sentido de la frase.)

Yo.— También trabajé como actor en su primera obra llevada a escena, *Juicio de Aníbal*, estrenada en el antiguo Lyceum en 1958.

---

* Alusión a *En la parada llueve*, de David Camps. *(N. del E.)*

EL.— Después, un acontecimiento decisivo en la vida de todos los cubanos tuvo lugar: el triunfo de la Revolución. Es entonces que el trabajo teatral adquiere una gran fuerza. Puede decirse que nacía con brío, con gran aliento revolucionario.

YO.— Teatro-Estudio, constituido desde 1957, a la cabeza del movimiento teatral cubano, inicia una labor constante, sistemática, de estudio y trabajo. Como resultado del seminario de dirección escénica impartido por Vicente Revuelta, sube al escenario de la calle Neptuno, sede del grupo, *La espera*.

EL.— La recuerdo. Tú interpretabas a uno de los presidiarios.

YO.— Cierto. *La espera* es una obra pequeña, en un acto, muy bien escrita. La acción se desarrolla en la celda de una penitenciaría. Uno de los presos espera la visita de su mujer y, mientras, le cuenta a su amigo y compañero de infortunio sus vivencias personales con ella. El que escucha da muerte al que cuenta.

EL.— En la soledad del calabozo. Es una obra angustiadora, desesperante y desesperanzadora. En ello estriba, precisamente, su denuncia social.

YO.— La desesperanza es la atmósfera que envuelve y aprisiona a los personajes. Pero de la obra en general emana un fluido magnético de inconformidad: el sistema penitenciario capitalista transforma al hombre en bestia. No lo educa, no lo prepara para la vida honesta en la sociedad. La indignación que provoca la muerte final es no aceptación del hecho. y, por tanto, rebeldía también.

EL.— Es interesante el tratamiento de lo psicológico y lo social en el teatro de Gloria Parrado. *Juicio de Aníbal* y *La espera* se encuentran en el primer grupo.

YO.— ¿Por qué «lo psicológico»? Esa definición no creo que sea muy aplicable al teatro de la Parrado.

EL.— Psicológico por una sencilla razón: las individualidades de los personajes se conmocionan por un hecho. En *Juicio...* el hecho es el proceso mismo, que provoca ansiedad existencial en Aníbal; ansiedad que crece hasta casi convertirse en locura. En *La espera* las relaciones entre los presidiarios se deterioran debido al hecho de que uno de ellos puede tener relaciones sexuales con su mujer y el otro no. Al vivir de los cuentos del que recibe visitas, se frustra doblemente: por insatisfacción sexual y por encarcelado. No tiene otra posibilidad que matar al compañero de celda y ocupar su lugar en la visita. Ambos personajes, obsesionados por la espera, idealizan a la mujer convirtiéndola en símbolo de libertad. ¿Es o no teatro psicológico?

YO.— Tal vez, por la forma en que están tratadas las obras, pueda pensarse que es un teatro psicológico, pero los hechos provienen de una realidad que los determina, y esa realidad es esencialmente social.

EL.— Existe un juego entre lo psicológico y lo social que no encontramos en ninguna otra de sus piezas, aun cuando correspondan a un mismo período. Tomemos, por ejemplo. *Arriba-Arriba,* dirigida por ti en la sala Arlequín en 1961, en aquel *Lunes de teatro cubano* que lanzara Rubén Vigón y que tanto aportó al movimiento teatral.

Yo.— No es un buen ejemplo. Desde antes, desde *La brújula,* la escritora rompe con cualquier conexión posible con «lo psicológico» y se lanza de lleno en la difícil línea de lo social. Es que, en el caso de ella, el proceso revolucionario que se inicia en 1959 le descubre nuevas perspectivas, nuevos horizontes, amplía y robustece su posición ideológica y política. Y claro, aquella sensibilidad hacia lo social, muy especial en ella, de que hablábamos al principio, alcanza con el hecho revolucionario su justa posibilidad de expresión. No olvides que cuando la Parrado escribe *Arriba-Arriba* ya están escritas también obras como *La paz en el sombrero, Muerte en el muelle...*

El.— Según lo que has dicho, *La brújula* marca un punto de giro en la línea de su teatro.

Yo.— Sin lugar a dudas. Su teatro anterior debe definirse como de búsqueda, de tanteo, de un ir al encuentro de sí misma en la literatura dramática. Hay una temática que la ronda, pero que no acaba de afincarse en su gestión creadora. *La brújula* es, a la vez, culminación e inicio de una línea teatral.

El.— Aunque entre las obras escritas antes del triunfo revolucionario se distinguen algunos títulos que responden claramente a su temática posterior, como es el caso de *Bembeta* y *Santa Rita,* modelo de pieza en un acto en la que una familia constituida principalmente por mujeres se prostituye para poder subsistir.

Yo.— Exacto. Y después, todo sería coser y cantar. Produce una obra tras otra: *Rescate del avestruz, José Julién, La persiana...*

El.— El teatro de Gloria Parrado anterior al 1.º de enero de 1959, aunque de marcada intención psicológica, parte de un fundamento social: lo psicológico está determinado por la circunstancia social en que se encuentran los personajes. En ocasiones esta circunstancia obliga al personaje no sólo a reaccionar anímicamente ante ella, sino también a urgar en su estado emocional del momento. Urgar en sí mismo es rebelarse, y revelarse *(sic)* de manera poética. El lenguaje se vuelve poético. Aunque el hecho no lo sea.

Yo.— Acabas de poner un punto sobre una i. Lo poético.

El.— ¿Tienes algo en contra?

Yo.— Depende. Si lo poético, según dices, es resultado de una profundización del estado psíquico del personaje debido a una circunstancia, motivación o hecho dado, se infiere que hay un regodeo, una especie de satisfacción en el conflicto. Lo cual, como criterio del teatro de Gloria Parrado, no es válido.

EL.— Según ese punto de vista, no, por supuesto. Pero si lo entiendes de otra forma, sí. Hay, por parte de la escritora, inevitablemente, la «visión de afuera», la de quien contempla el desarrollo de los acontecimientos. Esa «visión de afuera» no es fría, imparcial, está conmovida, sensibilizada —y me arriesgo exponiendo un criterio muy personal de nuevo. Al comprender lo indefenso de su personaje ante el hecho, lo poetiza de manera liberadora. La poesía se convierte entonces en liberación de las injusticias sociales. Se trasciende el yo único, que deja paso al yo y mi circunstancia social, inalterable en toda su obra. Lo poético es resultado de la circunstancia social del personaje y su único escape posible, ya que no hay soluciones, no hay escapatoria, no hay el consabido «ésta es la solución del conflicto». Es el personaje actuando y reaccionando ante un hecho dado. Eso sólo. Claro, que si vamos más allá, debemos analizar cómo. El triunfo revolucionario del 1.º de enero de 1959 y el rápido proceso de cambios en la estructura socioeconómica del país, amplían la perspectiva social de conjunto de la escritora. La nueva perspectiva social provoca un giro radical en su interpretación de la realidad y por esta causa, el yo y mi circunstancia se convierte en la circunstancia y nosotros, lo cual significa una nueva expresión en la proyección social de sus obras.

YO.— Permíteme, ¿cómo puedes hacer semejante planteamiento ante obras como *La brújula*, *La paz en el sombrero* y *El mago*? En lo que se refiere a la *circunstancia social y nosotros* estoy de acuerdo. Con lo otro, no. ¿Cuál es la poetización del personaje en estas tres piezas? No se admite tal cosa, puesto que en ellas lo social es carta de triunfo que determina el juego en que se lanza la escritora. Lo pretendidamente «poético» no es tal. No hay tal poesía, ni siquiera liberadora, como decías, sino poesía —si insistes— violenta, poesía de la no compasión, poesía del deber de ajusticiar a quienes siendo lobos del hombre, a dentelladas destrozan a los desamparados, que, por cierto, es una constante en su dramaturgia. Lo poético ha dejado lugar a lo árido del mundo de la injusticia, no hay poesía por la poesía. En todo caso, hay la no poesía. Lo injusto, lo justo, en las tres obras que he citado, son el condimento de su temática.

EL.— Pensaba que estaba claro que me refería a las obras prerrevolucionarias. Pero, por cierto, no entiendo a dónde quieres ir a parar con eso de la «no poesía». ¿Qué es «no poesía»?

YO.— Cuando el mundo en que vive el hombre no responde a su condición de ser humano, no lo coloca en un lugar a que tiene derecho, no hay poesía posible. La Duquesa de la Fe es víctima de ese mundo.

EL.— La Duquesa de la Fe es un personaje poético. Es todo poesía. Además, la poesía está en el hombre mismo, en su razón de ser, en su propia existencia. Sencillamente porque es humano. Y lo humano siempre es poético. Otra cosa, ¿la Duquesa de la Fe es un personaje?

Yo.— Si no es así, ¿qué podría ser? ¿No es ella quien, al llegar a un pequeño pueblo de Camagüey, desencadena una serie de acontecimientos? ¿No es ella la que pone frente a frente a los ricachones del pueblo y a los humildes trabajadores? ¿No es ella quien desencadena la peripecia de *La brújula*?

El.— Por accidente. Y si se produce por accidente su llegada al pueblo, es por accidente que ocurre lo restante. Y digo por accidente puesto que antes de su llegada no había inquietudes en los personajes, unos por ser más ricos, otros por salir de la miseria. La Duquesa desencadena inconscientemente los hechos que transforman al pueblo, porque es un ser abstracto, nada surgido de la nada, absurdo e insustancial. Incita y provoca sin proponérselo. Anda sin rumbo, es etérea y por tanto, *irreal*. La Duquesa misma lo confirma: «No puedo saber hacia dónde me dirijo, he perdido mi brújula. No puedo ver la estrella que conduce mis pasos con este sol tan brillante...» ¿Hay algo de material dicho en boca de esa mujer insustancial? Pero si analizamos en detalle el bocadillo, aunque sea superficialmente, podremos obtener la cuenta siguiente: de lo único que es consciente es de que está perdida; es una especie de rey mago guiado por un lucero refulgente; no pertenece al trópico porque le molesta el brillante sol; la brújula que ha perdido, ¿es material o inmaterial? Decididamente, la brújula no tiene absolutamente nada que ver con la rosa náutica, aunque ella haya caído en algún lugar —pueblito camagüeyano— impulsada por un viento, no se sabe si alisio o cuál.

Yo.— Bien. Me doy cuenta de que, como Prometeo, estás encadenado a tus criterios; la perspectiva de modificarlos te resulta intolerable. Entonces... pues me lanzaré, como Icaro, en el vuelo de la fundamentación.

El.— ¡Bravo! ¡Muy original! Aunque... permíteme aclararte que el vuelo de Ícaro fue el vuelo de la desesperación por escapar del laberinto cretense. ¿No andarás por algún laberinto tú también? Recuerda que para volar no sirven las alas pegadas con cera.

(EL y YO cruzan miradas electrizadas: la relación es tensa. Ya el diálogo no es una sencilla conversación. Los cigarrillos humean en los ceniceros.)

Yo.— La Duquesa de la Fe llega a un pueblito cualquiera —pudo haber sido otro, efectivamente, y en ese otro hubiera ocurrido lo mismo. Su llegada desencadena una serie de acontecimientos que transforman radicalmente la vida del pueblo. El monólogo con que se inicia la obra, aquél en que la Duquesa dice no saber nada, parece poético debido a la distracción del personaje. Recurro a tu sistema ¡«Oh, señor! Cuánto vagar por esos senderos. ¿Dónde hallaré la meta de mi destino? ¡Ah, cuán llagados están mis pies! Hasta mi cabello polvoriento rechaza la inclemencia de este sol.» ¿A qué viene ese lenguaje arcaico en tono

declamatorio? ¿Quién es ese señor por el que ella clama? Es sencillamente un recurso pretendidamente poético con el que se intenta dife-
renciar al personaje del resto. ¿De qué destino habla, si ella no sabe
en lo absoluto ni a dónde va ni de dónde siquiera, viene? Sabe que
existe, sin embargo, por algo y para algo. Lo llagado de sus pies lo demuestra. Si es capaz de reaccionar a la inclemencia del sol, ello se debe
a que es real, material, de carne y hueso, sensible a los elementos de
la naturaleza. Lo «poético» del lenguaje puede ser, sencillamente, resultado de una amnesia temporal del personaje, o de una enajenación
digna de estudio por un psiquiatra. Enajenada o amnésica, existe, sin
dudas, que para el caso viene a ser lo mismo. Aunque a veces adquiere alguna lucidez, es una marioneta: deja que la lleven y la traigan sin
exponer ni oponer criterios. No los tiene. Sin embargo, existe para los
restantes personajes. No olvides que el teatro, como tal, tiene que crear
una nueva realidad que a su vez establece un vínculo con la realidad-
real. Esto determina que la obra sea o no realista. Los personajes, al
recibir a la Duquesa, aceptan la realidad en que los pone la escritora.
Admitido el juego dramático, los personajes, estimulados por la presencia de la Duquesa, crean de ella una imagen que responde a sus
intereses de clase: los ricos la suponen millonaria excéntrica, belloci-
no de oro que aumentará sus fondos económicos; los obreros creen
que al fin podrán solucionar sus problemas, por lo que emprenden la
tarea de modificar la estructura socio-económica de la región. A medida que el conflicto dramático se desarrolla, desaparece el lenguaje
poético de la Duquesa. Las circunstancias la obligan a modificar su conducta. Se adapta. El pueblo se revoluciona porque sus habitantes tienen fe en ella y en los cambios que se operan. Ella es la fe que indica
su apellido. De ahí que por todas partes surjan fábricas, empresas, cooperativas agrícolas... El poder pasa a manos de los trabajadores y los
ricachones tienen que salir huyendo.

EL.— En *La brújula* hay dos tipos de poesía: la que trasmite la Duquesa
y la que se desprende de la laboriosidad de un pueblo que construye
una nueva sociedad. En un momento dado, ambas se mezclan. Al final predomina la poesía del pueblo que ha alcanzado su futuro.

YO.— ¿Piensas que la Duquesa simboliza a la Revolución?

EL.— De ninguna manera. No puede serlo. No es consciente de sus actos. No llegó al pueblo con el propósito de transformarlo, de revolu-
cionarlo. Si existe, es sólo como pretexto para crear una acción dramática. Es un juego, algo así como el juego de las bolas: tiras una hacia
un grupo dentro de un círculo y al topar con ellas se esparcen hacia
distintos lugares. En *La brújula* las fuerzas se dividen: los ricos de un
lado, los trabajadores del otro. Y todo en una atmósfera poética, mágica, como corresponde al buen teatro.

YO.— ¿Qué poesía encuentras en *La paz en el sombrero*?

EL.— Mucha. Depende del ojo con que se mire.

YO.— ¿Cómo es posible? ¿Si casi toda la obra se desarrolla en el despacho del Mayor, reunido con sus ministros, discutiendo acerca de la paz y la guerra mientras el pueblo se prepara para hacer una revolución?

EL.— Dicho de esa manera... Pero la obra no es tan simple.

YO.— Por supuesto que no. Quería decir que carece de lenguaje poético porque los acontecimientos, los hechos no lo permiten.

EL.— Insisto en mi criterio: *La paz*... la poesía se desprende de la lucha del pueblo por obtener su libertad.

YO.— Permíteme hacer un recuento de la obra.

EL.— Si lo crees necesario.

YO.— El gobierno de un país capitalista discute, terminada la guerra, la conveniencia o no de la paz. Es un país guerrerista, muy parecido por cierto a Estados Unidos. El Mayor podría ser Nixon, Carter o Reagan. «Conviene la paz a la economía del país», se preguntan. Entre los gobernantes hay un científico que se abstiene de la discusión: mira por la ventana a una mujer enlutada que ha perdido a su hijo en la guerra. ¿Sentimentalismo contradictorio? Es uno de ellos. El Mayor hace su entrada como si fuera una vedette, una *movie star* del *american way of life*, lo cual es una alusión directa al sensacionalismo publicitario de los presidentes norteamericanos. Explota su imagen pública, prefabricada, naturalmente. Con él, la típica «primera dama de la República». Los ministros quieren que el Mayor firme su nominación como gobernador supermo; el científico duda, no está seguro de que el mandatario propuesto sea capaz de solucionar los problemas nacionales. El pueblo solicita la paz. El Mayor, por fin, estampa su firma. En medio de las aclamaciones generales, suena un bombazo. La miseria obliga al pueblo a rapiñar la subsistencia: cada cual tira para sí. El cese de la guerra aumenta el desempleo; cierran las fábricas de armamentos. El Ministro de la Guerra propone crear bases militares en los territorios liberados o protegidos por el imperio; no debe licenciarse al ejército. El científico acepta «provisionalmente». El Mayor ya ha sacado la garra: se muestra como un Hitler a lo Reagan al afirmar, refiriéndose a las bases militares, disparates como el siguiente: «Ésta será una gran invasión del mundo, sólo que pacífica.» En las bases, los soldados se agitan descontentos. Los obreros van a la huelga. ¡Una nueva guerra sería la solución de la crisis! Represión policíaca, más huelgas, huelguistas detenidos... El científico —inocente muchacho—, se da cuenta de que sus inventos son utilizados con propósitos guerreristas. La política del Mayor es la de golpe y porrazo: armas cada vez más refinadas para poder mantener la paz en los países bajo la «protección» del imperio. La situación social es cada vez más crítica. El científico es acusado de agente de una potencia enemiga. Por último, al mismo tiempo que se inicia la guerra con un país pequeño, los obreros se rebelan y se lanzan a la lucha armada. El Mayor y sus ministros escapan a toda carrera. En el momento de la huida, el Mayor dice: «Esto es una premonición.».

EL.— ¿Y bien?

(De nuevo se sirven café humeante, aromático. Encienden un par de cigarrillos.)

YO.— La obra es una sátira política muy aguda del imperialismo norteamericano. Su filiación es decididamente antimperialista. La realidad que muestra es demasiado brutal para que pueda aflorar la poesía.

EL.— De acuerdo en parte. Pero siempre que se plantea la lucha de un pueblo por obtener su libertad, hay poesía.

YO.— Ese «siempre» es absoluto y lo absoluto siempre es demasiado. ¿Por qué tanta insistencia en lo poético?

EL.— Teatro sin poesía es como un árbol sin hojas, como una noche sin estrellas, como una playa sin mar. Deja de ser teatro. La magia de «lo escénico» es lo que convierte al teatro en arte. Nada, que expongo un concepto, un criterio.

YO.— Ya lo has dicho. Es posible o no que así sea. Pero porque no tenga poesía no deja de ser teatro. Teatro es conflicto dramático, acción dramática. Si dijeras que sin conflicto no hay teatro, lo admitiría.

EL.— De todas maneras, hay poesía en *La paz...* Incluso, en la actitud ambigua del científico. En la actitud firme del hijo de la cocinera al no traicionar y seguir luchando por la libertad. Más aún, en la ridícula conducta de los ministros. En...

YO.— ¿En *El mago*?

EL.— Ése es el mejor de los ejemplos de lo que planteo acerca del teatro de Gloria Parrado.

YO.— ¿Qué poesía puede haber en mister Fox o en mister Dean?

EL.— No la hay. Porque mister Zorro y mister Dean representan los intereses capitalistas. Pero sí la encuentras en el Trovador, en Aroma, en Preciosa, en los indios que año tras año esperan el cambio que les devuelva su condición de seres humanos.

YO.— Lo importante de *La paz en el sombrero* es su militancia antimperialista. En *El mago*, la visión política de la escritora en 1963. Me explico: los norteamericanos lanzan al mundo la OEA, ese engendro maquiavélico. Surge *El mago*. En esta obra, Gloria Parrado visualiza el futuro de la OEA, al condenarla a la desaparición. Expresa con ella que la OEA no es la solución de los países subdesarrollados que es una farsa condenada a muerte. La OEA desenmascarada ante los pueblos del mundo.

EL.— Sí. En este caso coincidimos plenamente.

YO.— *El mago* es una farsa satírica muy bien escrita. Aunque se nota en ella, lo mismo que en *La brújula* y en *La paz en el sombrero*, la influencia directa de Bertolt Brecht, esa influencia adquiere características propias, un vuelo decididamente personal, de verdadera creación artística, el reflejarnos al mundo americano con agudeza satírica, convenientemente dosificada. Las maquinaciones imperialistas quedan al descubierto. Comprendemos y nos identificamos con la miseria y ansias de libertad de los pueblos latinoamericanos.

EL.— En *La brújula* Gloria Parrado hace un buen uso de los contrastes y las contradicciones. También en *La paz...* Pero en *El mago* lo logra cabalmente: se entremezclan, se funden orgánicamente, convirtiéndose en una forma de expresión, en un estilo.

YO.— La burla es arma peligrosa y así lo comprendió la escritora. Se burla del imperialismo yanqui; de la metamorfosis impuesta al mago Aeo que, de payaso de circo se convierte en títere al servicio de los intereses capitalistas norteamericanos. La escena del banquete en que Aeo (OEA) se emborracha, una especie de «última cena», es antológica. El humor es satírico y recuerda a veces el de Aristófanes.

EL.— Con la desaparición de Aeo (OEA) al final de la obra, Gloria Parrado nos dice que mientras exista el imperialismo hay que estar en pie de lucha.

YO.— Y con *El mago*, finalizamos nosotros. Dejemos que los lectores se sumerjan en el mundo teatral de Gloria Parrado.

EL.— Así sea.

(Aplastan las colillas de los cigarrillos en el cenicero. Se ponen en pie y salen. El escenario se oscurece.)

Marzo de 1981

La brújula

Gloria Parrado

PERSONAJES

DUQUESA DE LA FE, mediana edad	BANQUERO
RAFAEL, muchacho del pueblo	GANADERO
MARIANITA, vieja del pueblo	MUJER 1
CARUCHITA, vieja del pueblo	MUJER 2
BENITO, delegado político	OBRERO 1
FEDERICO, El hotelero	OBRERO 2
EMPLEADO DEL HOTEL	HOMBRE
ALCALDE DEL PUEBLO	ANCIANO
INDUSTRIAL	CAMPESINO

Gente del pueblo, familiares de los ricos que se quedan en el hotel.

Acción en cualquier época. Se desarrolla en el poblado de Guáimaro, pero puede ocurrir en cualquier lugar.

CUADRO PRIMERO

(El primer cuadro se desarrolla en la calle frente al hotel. Aparece la Duquesa sola. Es mediodía, el sol está alto e intenso.)

DUQUESA.— *(Viste lujosamente, aunque anticuada, lleva un bolso de tela que cuelga del brazo.)* ¡Oh, señor! Cuánto vagar por estos senderos. ¿Dónde hallaré la meta de mi destino...? ¡Ah, cuán llagados están mis pies! Hasta mi cabello polvoriento rechaza la inclemencia de este sol. Me siento desfallecida, mi cuerpo se niega a acompañar a mi espíritu. No puedo saber hacia dónde me dirijo, he perdido mi brújula. *(Se sienta en el suelo. Mira el cielo.)* No puedo ver la estrella que conduce mis pasos con este sol tan brillante que me enceguece..., ni siquiera sé dónde estoy... Si al menos viniera alguien que pudiera indicarme... alguien ha de haber. *(Pausa.)* ¿Qué distancia puedo haber recorrido? ¿Cuántas noches pueden haber dormido sobre mi regazo? ¿Cuántas horas de viento han golpeado mi cuerpo? ¡Ay, si este inclemente sol descansara un rato! Si una hermosa nube blanca lo cubriera y apagara sus luces podría dormir un rato... *(Dormita. Se oye un galopar de caballo, la DUQUESA se despierta asustada.)* ¿Eh? ¿Qué es? ¿Qué lugar puede ser éste? La tierra está tan poblada... no existe un rincón donde haya un palmo de tierra libre para una caminante soñadora... ¿Qué puedo hacer sino soñar? He perdido mi brújula, he abandonado mi casa, no sé regresar... No podré volver a mi rincón... No veré más el brillante piso que sirve de almohada a mi existencia... todo se pierde a lo lejos... Desde hace varios días cierro los ojos y el polvo del camino lo cubre todo... *(RAFAEL se acerca sin ser visto. Observa a la DUQUESA. Recela. Después trata de escucharla.)* ¡Oh, noche!, cubre ese camino que se extiende zigzagueante hasta el infinito, déjame situar mi casa, mi rincón. No logro ver mi palacio... ¿Dónde se esconden mis recuerdos del castillo?

RAFAEL.— Señora, ¿en qué puedo servirla?

DUQUESA.— ¿Eh? ¿Quién? ¿Quién es? *(Ve a RAFAEL.)* ¿Quién es usted?

RAFAEL.— ¿Yo? Pues nadie; uno de aquí, del pueblo.

DUQUESA.— ¿Del pueblo? ¿Éste es un pueblo? *(Pausa.)* Sí, quizá usted pueda ayudarme. ¿Qué pueblo es éste?

RAFAEL.— Éste es Guáimaro; pero usted no es de aquí, es de algún lugar cercano, ¿no?

DUQUESA.— No sé...

RAFAEL.— ¡Caramba! ¿Y cómo ha llegado hasta aquí? ¿La trajo algún automóvil?

DUQUESA.— Qué difícil es contar mi historia, no sabría decirle de qué lugar soy; sólo conozco el rincón en el que he vivido durante años. No tengo la menor idea del pueblo donde pueda estar mi castillo.

RAFAEL.— ¿Castillo? Pues debe ser lejos, porque en este pueblo, y creo que en muchos a la redonda, no hay castillos, ni palacios, ni nada por el estilo.

DUQUESA.— Sí, comprendo...

RAFAEL.— *(Tratando de consolarla.)* Sin embargo, como yo conozco a todos los del pueblo, puedo hablarles; alguien habrá oído hablar de usted o de su familia. ¿Cuál es su nombre?

DUQUESA.— Me llaman Duquesa... Duquesa de la Fe; aunque yo prefiero que me llamen Margarita, es un nombre tan suave... Margarita...

RAFAEL.— *(Perplejo.)* Pero, ¿usted es duquesa...?, bueno yo... en fin, ¿qué puedo hacer para ayudarla?

DUQUESA.— No sé, es la primera vez que salgo de mi palacio, no tengo idea del lugar donde está. No podría volver a él.

RAFAEL.— Es raro... y, ¿no sabe el pueblo, el pueblo, el nombre del pueblo donde está el palacio?

DUQUESA.— No, no recuerdo nada. Solamente sé que estoy muy cansada, que he caminado sin cesar durante varios días y que ya no puedo más...

RAFAEL.— Yo la invitaría a mi casa, pero somos muy pobres, no tendría comodidades. ¿Por qué no se hospeda en el hotel? No tiene dinero, ¿verdad?

DUQUESA.— ¿Dinero? Supongo que mucho... sí, tengo muchísimo dinero. Mire en el bolso.

RAFAEL.— Mire usted ¿quiere?

DUQUESA.— *(Revisa el bolso.)* Pues no veo eso que usted dice, tampoco mi brújula pequeña, siempre me indica mi casa; ahora la he perdido y no podré volver...

RAFAEL.— Bueno, yo creo que lo del dinero no tendría tanta importancia; hablamos a Federico, el dueño del hotel, le explicamos su dificultad y es posible que él mismo nos ayude a encontrar su casa. Siendo usted tan rica le pagará ampliamente; ¿qué reparos puede poner él?

DUQUESA.— ¿Usted cree?

RAFAEL.— Naturalmente, no hay nadie hospedado; hace un año que no viene nadie a este pueblo. Creo que a él le interesa esto. Desde que tengo uso de razón no ha venido ninguna persona de la nobleza. Éste es un pueblo lleno de ricos... miserables ricos sin títulos, ganaderos, industriales, políticos, pero no hay condes ni duques. En realidad éste es un pueblo que se ha parado hace tiempo. Éste será el suceso más importante que tendremos en cien años. Vamos para el hotel, venga...

DUQUESA.— No, no, hable usted primero... me siento muy cansada... además, quizá encuentre mi palacio.

RAFAEL.— ¿Aquí sentada? Ya le he dicho que no está en este pueblo...

MARIANITA.— *(Viene con CARUCHITA.)* Buenas, Rafael, ¿cómo están por tu casa?

CARUCHITA.— Buenas, ¿ya tu mamá recibió su encargo?

RAFAEL.— No, aún no ha llegado...

MARIANITA.— Es raro, porque tiene los nueve meses; al menos eso me dijo ella la semana pasada.

CARUCHITA.— Sí, la encontramos en la iglesia; por cierto todo el mundo comentaba el tiempo que llevaba sin dejarse ver por allí.

RAFAEL.— Ella tiene mucho que hacer.

CARUCHITA.— Siempre hay lugar para Dios.

RAFAEL.— Marianita, usted ha ido hasta Camagüey algunas veces, ha pasado por muchos pueblos... y conoce a mucha gente...

MARIANITA.— Sin duda...

RAFAEL.— ¿Ha oído hablar de los Duques de la Fe?

MARIANITA.— ¿Duques de la Fe? En todo Camagüey no ha habido nunca duques. ¿Por qué?

RAFAEL.— Bueno es... vaya, curiosidad, pensé que quizá supiera... ¿y un castillo, algo escondido en medio del monte?

MARIANITA.— ¡Castillo!

CARUCHITA.— Eso no existe; como este pueblo lleno de caserones viejos, son todos, hasta el mismo Camagüey.

MARIANITA.— Pero, ¿a qué esas preguntas? Algo te interesa averiguar.

RAFAEL.— Es que la señora es la Duquesa de la Fe. Salió de su castillo y no sé cómo se ha extraviado.

MARIANITA.— ¿Y esas cosas pueden ocurrir?

RAFAEL.— Ha ocurrido, como pueden ver la señora es una gran dama, eso no hay que dudarlo. Lo que pasa es que no sabe dónde está su casa.

MARIANITA.— *(Llama RAFAEL a un lado.)* Rafael, ven acá. ¿No crees más bien que sea una loca? Mira que yo conozco a todos por aquí y nunca oí hablar de duques ni de melocotones.

CARUCHITA.— Quizá sea una timadora.

RAFAEL.— No, estoy seguro que no me engaña... Además, ella no me habló, fui yo quien le pregunté. ¿Ustedes podrían hacer algo por ella?

MARIANITA.— ¿Hacer qué?

RAFAEL.— Buscar a su familia, averiguar con todos; alguien debe conocerlos, son gentes muy importantes.

(La DUQUESA está completamente dormida.)

RAFAEL.— Señora, señora.

DUQUESA.— Dígame, estaba a punto de encontrar mi palacio.

MARIANITA.— ¿De veras? ¿Puede usted recordar dónde está?

DUQUESA.— Estoy tratando de llegar a él. Es cuanto deseo.

CARUCHITA.— Usted no es tan joven que digamos, ¿cómo es posible que no sepa dónde vive?

DUQUESA.— No sé, no lo comprendo, he vivido siempre allí.

MARIANITA.— ¿No había salido nunca de palacio?

DUQUESA.— No, creo que no.

CARUCHITA.— ¿Ni siquiera a los jardines?

MARIANITA.— ¿Nunca fue a la iglesia?

CARUCHITA.— ¿Ni a una tienda?

RAFAEL.— ¿Con qué personas vivía usted? ¿Qué familiares?

DUQUESA.— ¿Familiares? Ninguno.

RAFAEL.— Pero, ¿cómo salió usted del palacio?

DUQUESA.— No recuerdo, el sol lo ha borrado todo...

RAFAEL.— ¿Salió sola?

DUQUESA.— ¿Sola? *(Piensa.)* No, salí con alguien, no recuerdo quien; pero fue alguien que me acompañó un largo trecho.

MARIANITA.— ¿Y para qué salieron?

DUQUESA.— Para andar un rato.

CARUCHITA.— Para andar un rato, se alejaron bastante.

RAFAEL.— ¿Y en qué momento se separó de la persona que la acompañaba?

DUQUESA.— No sé, estoy muy cansada, no recuerdo nada. Sólo sé que he perdido mi brújula y que no podré volver a mi palacio, a mi salón espejo.

MARIANITA.— Viajar con una brújula, ¡qué absurdo!

RAFAEL.— No se atormente señora... insisto en que se hospede en el hotel, descanse un día o dos y después investigaremos todo...

MARIANITA.— Eso está bien, pero, ¿ella tiene dinero?

RAFAEL.— Sí, es riquísima...

CARUCHITA.— ¿Quién te lo ha dicho?

RAFAEL.— Ella.

CARUCHITA.— No te fíes Rafael, que pague al hospedarse o tendrás que hacer una colecta pública para no ir a la cárcel.

RAFAEL.— No lo creo. Voy a hablar con Federico... *(Entra en el hotel.)*

MARIANITA.— ¿Y cómo es posible que siendo usted tan rica ande sola y no haya nadie que se interese en buscarla al ver que falta usted por varios días?

CARUCHITA.— Quizá ella sea de esas ermitañas que se comen sola sus millones.

MARIANITA.— ¿Y usted tiene muchos criados?

DUQUESA.— ¿Criados?

MARIANITA.— Sí, quiero decir, gentes que la sirvan, que le hagan las cosas en el castillo.

DUQUESA.— Sí, creo que hay muchos.

MARIANITA.— ¿Cree? ¿Usted no es quien maneja su casa?

CARUCHITA.— Seguramente tiene hasta varios administradores. *(Pausa.)* ¿Y qué fortuna tiene usted?

DUQUESA.— ¿Fortuna?

MARIANITA.— Sí, quiere decir, cuánto dinero. Que de cuanto es el montón en pesos....

DUQUESA.— Supongo que mucho.

CARUCHITA.— *(A MARIANITA.)* ¿Es posible que alguien tenga tanto dinero que pierda la cuenta?

MARIANITA.— Hay casos, a mí me han contado que los Mederos quisieron comparar una vez la finca que ya era de ellos... hay un punto en que la cifra se va más allá del ojo.

CARUCHITA.— ¡Es fantástico! ¿Y no crees, Marianita, que quizá la señora sea de algún lugar cerca de aquí?

MARIANITA.— Lo dudo mucho, no hay palacios por aquí, aunque el informado seguramente es el cura.

CARUCHITA.— ¿Y le ves algún beneficio para nosotras averiguar algo.... no crees que más bien nos traiga problemas?

MARIANITA.— No sé, pensemos con calma... de todas maneras sería una obra de caridad...

CARUCHITA.— Sí, pero después de todo Dios dice: "Ayúdate que yo te ayudaré."

MARIANITA.— La ayudamos a encontrar su casa y a lo mejor hace algo por nuestra iglesia, bueno, no debemos ser interesadas... la pobre no tiene ni siquiera familia.

CARUCHITA.— Pero tiene dinero, que es lo que cuenta y ese dinero alguien lo tiene guardado, no lo trae encima.

MARIANITA.— Tienes razón, pero disimula, por ahí viene Benito es mejor no decirle nada o nos cogerá la delantera... necesitamos tiempo para hacer un plan.

BENITO.— Buenas, ¿cómo están las más ilustres señoritas del pueblo?

MARIANITA.— Bien, muy bien...

CARUCHITA.— Sí, estirando las piernas después de misa.

BENITO.— Ustedes siempre tan fieles... ¿y la señora?

MARIANITA.— Nada, descansando.

BENITO.— ¿Alguna parienta de otro pueblo?

CARUCHITA.— Sí, no; vieja amiga, prima de Marianita.

BENITO.— No sabía que ustedes tuvieran familiares en Martí. Caramba, que no me lo dijeran antes... ¿es liberal?

MARIANITA.— Sí, naturalmente.

BENITO.— Ah, pues me alegro mucho; precisamente es mi hermano el que está organizando el partido en Martí... Señora, encantado de conocerla... *(Pausa.)* ¿Y son muchos de familia?

CARUCHITA.— Así, así...

BENITO.— ¿Todos liberales?

MARIANITA.— No, ella es la única.

BENITO.— Así que rivalidades en la familia, no importa; mi hermano se ocupará de convencerlos. ¿En qué lugar vive?

MARIANITA.— Eso es...

BENITO.— ¿Algún problema?

CARUCHITA.— No, no...

BENITO.— *(Curioso.)* Vamos, vamos, confíen en mí, los amigos somos para servirnos, ¿no? Éste es un pequeño pueblo que ha constituido una comunidad bien llevada y que tiene un amigo servidor incondicional en su delegado del Partido Liberal. ¿Qué problemas tiene la señora?

MARIANITA.— La señora no es mi prima, es una duquesa millonaria, que según parece no había salido nunca del castillo. Alguien la engatuzó, la hizo salir y ahora resulta que no sabe volver y lo peor es que olvidó tomar dinero...

BENITO.— Eso le ocurre a todos los ricos, tienen tanto que no pueden llevarlo junto y entonces resulta que andan con los bolsillos pelados...

CARUCHITA.— Sí, y aquí está ella, varada...

BENITO.— Puede tomar habitación en el hotel, están todas vacías; total, en todo el año no ha venido ni un solo huésped...

MARIANITA.— Pero ella no tiene dinero encima.

BENITO.— Ése no es problema, los ricos no llevan dinero encima nunca... lo tienen en los bancos en cajas fuertes. Vamos para el hotel. Vamos, ¿qué esperamos?

MARIANITA.— Esperamos a Rafael, el de Tula; fue a hablar con Federico...

BENITO.— ¿No trajo equipaje?

CARUCHITA.— *(Mira si hay equipaje.)* No, sólo el bolso y la ropa que trae puesta...

BENITO.— Esos ricos se dan cada lujo.

CARUCHITA.— ¡Ahí viene Rafael!

RAFAEL.— Señora, señora... lo siento, tendrá que venir a mi casa, no logré convencerlo... sin dinero no quiere recibirla. *(Pausa.)* La pobre, está rendida...

BENITO.— No se preocupe, yo lo arreglaré. *(Va para el hotel.)*

RAFAEL.— Qué tacaño es este hombre, que más le da dejarla dormir hoy y hasta alimentarla. Por eso nadie viene a este pueblo... tanta gente agarrada...

MARIANITA.— Para qué quiere nadie venir a este pueblo, muchacho, si no hay nada que ver... gente de toda la vida, casas viejas y eternas.

MARIANITA.— Sí, es un lugar muy aburrido. Menos mal que tiene la fiesta de celebración de la primera constituyente una vez cada año y, además, la feria ganadera...

CARUCHITA.— Sí, ocho días al año y todos juntos; cuando se acaban, se acabó todo.

MARIANITA.— ¿Sabes qué pienso? Si pudiéramos ayudar a la duquesa a lo mejor ella se muda para acá y atrae a mucha gente nueva...

CARUCHITA.— No creo que a ella le interese vivir aquí.

MARIANITA.— No sabemos, quizá sí.

RAFAEL.— Voy a ver qué ocurre con Benito...

MARIANITA.— Sí, ve a ver, mientras yo voy despertándola... Señora duquesa...

DUQUESA.— ¿Qué? Estoy muy cansada... no podré caminar en días...

MARIANITA.— No hace falta que camine, va a quedarse en el hotel, podrá descansar hasta mañana.

DUQUESA.— Qué bondadosos son ustedes.

MARIANITA.— Nada de bondadosos, es que nos sobra el tiempo a todos...

BENITO.— *(Muy eufórico.)* Ya está todo arreglado, venga señora mía, venga... *(Ayuda a la DUQUESA a levantarse.)* No se apure, despacio...

MARIANITA.— Pobrecita, no puede caminar.

CARUCHITA.— Ha sido mucho para una persona como ella...

(Entran todos en el hotel.)

CUADRO SEGUNDO

(La DUQUESA llega al hotel con MARIANITA, CARUCHITA, RAFAEL y BENITO, quien la lleva y la acuesta en el sofá.)

FEDERICO.— *(Al EMPLEADO.)* Vamos, vamos, dese prisa, ¿no ve que la señora está cansada?

EMPLEADO. Voy enseguida, Total, la habitación está limpia de ayer.

FEDERICO.— Pues que esté limpia de hoy, ¿a quién cree que vamos a hospedar? ¿A una vaca? Limpie y arregle todo enseguida. ¿No oyó a nuestro delegado? La señora es un personaje que ha venido de incógnito.

EMPLEADO.— Buen trabajo voy a tener, hará falta más gente...

FEDERICO.— Ya se traerán. Ahora calle y corra a hacer lo que le digo; bastante ha descansado ya.

EMPLEADO.— Ya voy... *(Al salir mira a la DUQUESA con disgusto.)*

FEDERICO.— Recuerde, la habitación grande con balcón a la calle ponga ropa limpia en la cama...

BENITO.— Será preciso mandar flores, eso se usa entre la gente grande.

FEDERICO.— Yo me ocuparé de eso...

MARIANITA.— Yo voy a mandarle a una sobrina para que la ayude a cambiarse, los ricos no saben ponerse ni un par de medias...

MARIANITA.— Yo también mandaré a mi sobrina... Y va a necesitar ropas para dormir.

MARIANITA.— Es cierto...

BENITO.— De eso me encargo yo enseguida. Rafael, ven. *(Escribe en una tarjeta.)* Vete a lo de Moisés, que me envíe lo mejor que tenga para dormir y avisa al señor Alcalde. No hables con nadie de esto...

CARUCHITA.— Y algunas cosas de estar... las necesitará mañana, la pobre, tiene esas ropas tan sucias...

BENITO.— Recuerda, al señor Alcalde que venga enseguida... a lo mejor hay que preparar algunos actos.

FEDERICO.— ¿Actos?

BENITO.— Sí, pero no se queje, esto va a llenarle el hotel de huéspedes, sin cobrarle a ella va a hacer su zafra.

FEDERICO.— Usted me dijo que ella pagaría...

BENITO.— Naturalmente, y si no paga ella paga el Alcalde, una visitante así no viene todos los días...

MARIANITA.— Vamos a convertirnos en el lugar más importante de por aquí...

CARUCHITA.— Menos mal que este año ha ocurrido algo distinto.

FEDERICO.— *(Escribiendo en el libro.)* ¿Cómo dicen que se llama?

BENITO.— ¿Como es Marianita?

MARIANITA.— Bueno, duquesa, duquesa.

CARUCHITA.— Habrá que esperar a Rafael que sabe toda la historia; ya puede poner duquesa, creo que es bastante.

FEDERICO.— *(Escribiendo.)* Duquesa... ¿Será señorita o señora?

MARIANITA.— Eso es indiscreto, mejor déjelo en blanco, además, creo que todas las señoritas son señoras...

FEDERICO.— Señora duquesa, bueno, ya está...

BENITO.— Dese prisa que la señora está dormida otra vez...

FEDERICO.— Enseguida. Hace tanto que no viene nadie que uno pierde la práctica...

BENITO.— ¡Me parece que este suceso va a cambiar nuestras vidas!

MARIANITA.— Y ojalá que para mejorar.

CARUCHITA.— Que así sea. *(Se persigna.)*

ALCALDE.— *(Corriendo sofocado.)* Benito, ¿qué sucede?

BENITO.— Señor Alcade, ¡qué suceso! ¡Es extraordinario! Tenemos una visita de la nobleza.

ALCALDE.— Explícame el asunto en detalles.

BENITO.— Luego, luego; por ahora le diré que lo tengo en la muñeca; el asunto es nuestro.

ALCALDE.— ¿Cómo es la cosa?

BENITO.— Millonaria y duquesa, pero ha perdido su casa. La ayudamos a encontrarla y ella nos ayuda a nosotros... ya le explicaré después. Por ahora, no correr el asunto.

ALCALDE.— En ese caso, ¿por qué no la llevamos para mi casa?

BENITO.— No pensé que usted quisiera.

ALCALDE.— Hombre, ¡eso no hay que pensarlo! *(Al hotelero.)* Ella va para mi casa.

FEDERICO.— No señor Alcalde, de ningún modo, la señora es huésped de honor de mi hotel; imposible que se marche.

ALCALDE.— ¿Y si yo lo ordeno?

FEDERICO.— Naturalmente..., pero mire esa cara cansada, ese cuerpo deshecho, déjela usted quedarse hoy. Mañana puede llevársela, no tiene que ser ahora.

MARIANITA.— Pobrecita, no puede valerse, no la hagan caminar...

CARUCHITA.— Apenas podrá llegar al piso alto de aquí...

ALCALDE.— Bueno, si ustedes creen..., pero manaña irá para mi casa.

BENITO.— O para la alcaldía...

INDUSTRIAL.— *(Viene con el GANADERO y el BANQUERO.)* Señor Alcalde, ¿cómo le va?

BANQUERO.— Distinguido Alcalde...

GANADERO.— ¿Andaba usted por Camagüey?

ALCALDE.— Sí, estuve fuera unos días...

INDUSTRIAL.— Tanta falta que me hacía verlo a usted y, al fin, aquí está.

ALCALDE.— Si ustedes quisieran ir a verme a la alcaldía, ahora estoy en gestiones, digamos personales...

BANQUERO.— ¿Va hacia la alcaldía a tomar bajo su protección a la duquesa?

ALCALDE.— ¿Ya lo sabe todo el pueblo?

INDUSTRIAL.— No, solamente nosotros tres.

ALCALDE.— Entonces, hágame un favor, que nadie fuera de los presentes se entere de este suceso hasta tenerlo todo organizado. Benito, ocúpate de callar a todo el pueblo.

BENITO.— Sí, señor Alcalde, despreocúpese.

GANADERO.— ¿Y qué hay que preparar? Es una simple transeúnte...

MARIANITA.— Hasta cierto punto.

CARUCHITA.— Pudiera muy bien quedarse aquí, eso dependería del trato que reciba.

FEDERICO.— Por mi parte el hotel es suyo.

EMPLEADO.— *(Asomándose.)* La habitación está lista.

FEDERICO.— Vamos enseguida.

MARIANITA.— Un momento, los caballeros se quedan aquí. Caruchita y yo la ayudaremos. Señor, vamos...

DUQUESA.— ¿Qué? ¿Qué quiere?

CARUCHITA.— A dormir en su palacio.

DUQUESA.— Aún no lo encuentro.

MARIANITA.— Mañana aparecerá. *(Ayudan a la DUQUESA a levantarse.)*

FEDERICO.— Las ayudaré hasta la puerta... vengan... cuidado... cuidado...

MARIANITA.— Así, así...

(Se pierden.)

ALCALDE.— Este es un suceso que puede beneficiar grandemente nuestra localidad.

BANQUERO.— Sí, a lo mejor se creen que somos ricos y nos piden un empréstito.

BENITO.— No sea pesimista, el Alcalde dice bien, no solamente estamos cumpliendo con un deber de hospitalidad, sino que estamos trabajando por nuestros conciudadanos. El dinero puede rodar por nuestras calles en torrente.

INDUSTRIAL.— Con tal que no sea el de nuestros bolsillos...

ALCALDE.— ¿Qué puede usted temer?

INDUSTRIAL.— No sé. Al industrial siempre le toca pagar, no sé cómo nos arreglamos, pero nos toca... Todavía el ganadero puede defenderse... el banquero da lo ajeno..., pero el industrial no, todos creen que ganamos más que nadie y ahí está la cosa...

BENITO.— Vamos, señor mío. No estamos ahora para dar, sino para recibir. Tenemos un pájaro en la mano; más aún, acabamos de ponerlo en una jaula... tiene las alas de oro, el pico de oro, las patas de oro...

GANADERO.— Pues que ponga huevos de oro, no cagarrutas.

ALCALDE.— ¡Ah!, los hombres de empresa no conocen los juegos de bolsa, a pesar de vivir de ella.

INDUSTRIAL.— La gente vive de la nuestra, querrá decir usted. Usted mismo, señor Alcalde, acaba de hacerme un hueco con el asunto de la nueva fábrica.

ALCALDE.— No hablemos de eso ahora... hablemos mejor del futuro inmediato. De la duquesa, por ejemplo...

GANADERO.— No veo que haya que hablar nada. Yo no haré ningún aporte.

INDUSTRIAL.— Ni yo...

MARIANITA.— *(Entrando.)* Ya se acostó. No logra reaccionar, quiere encontrar su palacio aquí. Voy hasta mi casa; Caruchita la cuidará un rato; mandaré a mi sobrina que se ponga a su servicio. Hasta luego.

BENITO.— Su palacio, ¿aquí? Después de todo no estaría mal... en la forma en que están las cosas pudiera ser...

ALCALDE.— ¿Por qué no nos vamos ahora y nos reunimos mañana en la alcaldía?

FEDERICO.— *(Aparece.)* Señor Alcalde no tenga usted prisa en venir, yo me encargaré de que no le falte nada, diga por ahí que está en el hotel, solamente eso, ¿quiere?

ALCALDE.— Bien, pero nunca antes de mañana. Por ahora mantendremos el secreto, es asunto de Estado. Señores, ¿nos vamos?

BENITO.— Hay que planear el asunto.

BANQUERO.— No veo nada claro...

INDUSTRIAL.— Ni yo, aquí hay gato encerrado...

ALCALDE.— *(Muy contento va hasta la puerta del hotel y le indica a los demás, con mucha cortesía que salgan primero.)* ¿Vamos?

(Salen.)

CUADRO TERCERO

(En la calle están el INDUSTRIAL, el BANQUERO y el GANADERO.)

BANQUERO.— Amigos míos, la cosa es para pensarse.

INDUSTRIAL.— Creo que esto sólo va a costarnos dinero...

GANADERO.— Quizá no; oigamos la opinión de la banca.

INDUSTRIAL.— ¡La banca! ¡La banca! Él juega con mi dinero.

GANADERO.— También con el mío..., pero, ¿qué puede perjudicarnos oír su plan?

BANQUERO.— Bueno, si ustedes quieren lo dejamos así.

GANADERO.— A mí me interesa el asunto y quiero oír el plan. *(Al INDUSTRIAL.)* Será la primera vez que vayamos separados.

INDUSTRIAL.— ¿Quién dijo que no quiero participar?

BANQUERO.— ¡Magnífico! *(Se pasea.)* He estudiado cuidadosamente el asunto y nos encontramos ante un gran fenómeno. *(Pausa.)* O esa mujer es efectivamente una duquesa, marquesa o algo así, en cuyo caso es riquísima, o puede que el Alcalde trame algo muy gordo y quiera sacarnos unos miles...

INDUSTRIAL.— Creo lo último...

GANADERO.— Yo lo primero...

BANQUERO.— Yo dudo entre ambas cosas... El Alcalde y Benito son dos pillos que inventan cosas en el aire..., pero, ¿y si la historia que cuentan es cierta?

INDUSTRIAL.— No creo nada de eso. ¡Ese par de pillos! No sé por qué lo mantenemos de Alcalde. Ya es hora de ir pensando en poner otro.

GANADERO.— No me parece que sea malo, es obediente, discreto y bastante buen político.

INDUSTRIAL.— Pero es muy interesado; además, se roba el dinero de la alcaldía, que al fin es mi dinero. ¿De dónde salen esos grandes fondos con que cuenta el municipio, si no es de mis fábricas? Me quitan más de lo que gano; si siguen así tendré que cerrar los negocios...

BANQUERO.— Bueno, bueno, dejemos lo personal. Vamos al caso. Soy de la opinión de que debemos ir a la entrevista que propone el Alcalde, conocer los antecedentes del asunto y si hay algo para nosotros, ¿por qué dejar que ellos dos se aprovechen solos?

GANADERO.— Estoy de acuerdo con su plan, ¡usted, como siempre, tan brillante!

BANQUERO.— *(Al Industrial.)* Y, usted, ¿qué piensa?

INDUSTRIAL.— Me va a costar dinero..., pero si no queda más remedio... Ahora sí, le advierto que yo me meto si hay negocio y que si hay negocio, voy hasta lo último.

BANQUERO.— Así me gusta. Vamos hasta la alcaldía, no sea que el gato se coma la carne y nos deje solamente el hueso.

CUADRO CUARTO

(Obreros y mujeres del pueblo.)

MUJER 1.— Dicen que el Alcalde la tiene encerrada en el hotel...

MUJER 2.— Una mujer muy importante y riquísima.

OBRERO 1.— Entonces es asunto de ricos...

OBRERO 2.— ¿Qué les parece si vamos a verla?

MUJER 1.— ¡Qué buena idea!

OBRERO 1.— ¿Para qué?, ni siquiera nos recibirá.

MUJER 2.— ¿Y por qué?

OBRERO 1.— Lleva dos días en el hotel y ni siquiera se ha asomado al balcón. Hay quien dice que vino por error.

MUJER 1.— Sí, debe ser un error, los ricos viajan hacia el extranjero y solamente cuando se extravían llegan a un pueblo.

OBRERO 2.— Después de todo, ¿para qué van a venir a los pueblos? Allí está ella encerrada hace dos días y no tiene a dónde ir.

MUJER 1.— Me gustaría visitarla...

OBRERO 1.— A mí no, ¿para qué?

MUJER 1.— Qué se yo, vamos, la saludamos y...

OBRERO 1.— Y ella dirá que muchas gracias, nos acompañará hasta la puerta y adiós.

MUJER 1.— Bueno, pero la hemos conocido. Marianita y Caruchita están allí con su familia.

MUJER 2.— Primero llevaron a las sobrinas y después fueron todos...

OBRERO 2.— Rafael, el de Tula, dice que la duquesa tiene todo el piso para ella y su séquito...

OBRERO 1.— ¿No decían que había venido sola?

OBRERO 2.— Sí, pero la gente importante se le ha ido arrimando y se quedan en el hotel. Como el Alcalde no deja salir a los que entran... no quiere que el pueblo se entere del suceso.

OBRERO 1.— ¿Y cómo siendo asunto de ricos, dejan a Caruchita y a Marianita estar allí?

MUJER 1.— Ellas fueron las que encontraron a la duquesa. *(Pausa.)* A mí me han dicho que la duquesa las trata con mucho cariño y les prometió enviarles dinero.

OBRERO 1.— ¿A ésas? ¿Para que se lo den al cura?

OBRERO 2.— Bueno, ¿a nosotros qué? Después de todo, ¿qué haríamos nosotros con él?

MUJER 1.— ¿Nosotros?

OBRERO 1.— *(Pausa larga.)* Sí, en realidad, ¿qué haríamos si nos dieran dinero? ¡Sólo dinero!

MUJER 1.— ¡Necesitamos tantas cosas!

TODOS.— ¡Tantas cosas!

CUADRO QUINTO

(La alcaldía. Se encuentran en ella el ALCALDE, BENITO, el INDUSTRIAL, el BANQUERO y el GANADERO.)

INDUSTRIAL.— Ante todo debo decirles que no doy un centavo para nada.

ALCALDE.— No vamos a dar, vamos a recibir.

INDUSTRIAL.— Se lo prevengo para que no se sorprenda después. Si quiere dinero para politiquear, use el que me sacó con los impuestos de la nueva fábrica.

ALCALDE.— ¿Cuál nueva fábrica?

INDUSTRIAL.— La papelera...

ALCALDE.— Esa fábrica llevaba cinco años abierta sin pagar impuestos.

INDUSTRIAL.— Usted me aseguró que estaría diez. ¿Cómo quiere que me decida a abrir nuevas industrias, si usted se lleva las utilidades?

ALCALDE.— Las industrias tienen que pagar impuestos. ¿Cómo voy a justificar que usted esté diez años sin pagar impuestos?

INDUSTRIAL.— ¿Cómo voy a justificar lo que cuestan sus elecciones?

ALCALDE.— *(Pausa.)* Amigo mío... ¿qué le sucede hoy a usted? ¿Está disgustado? ¡Ah!, pero ya verá con este negocio de la duquesa, ja, ja, ja, usted dueño de todas las industrias de Camagüey hasta Santiago... *(Al GANADERO)* Usted dueño de todas las tierras... *(Al BANQUERO.)* Y usted, señor guardián del maravilloso reino de los cielos... usted, guardándolo todo, hasta el último centavo de la duquesa...

INDUSTRIAL.— ¿Y usted, señor Alcalde?

ALCALDE.— ¿Yo? Pues quizá... y, ¿por qué no? No seré siempre Alcalde de un mísero pueblucho, hay otras posiciones, digamos, más elevadas, pero que naturalmente cuestan más.

BANQUERO.— Concluyendo, ¿cuál es su plan?

ALCALDE.— He mandado a Benito a explorar el terreno y... cuéntale Benito...

BENITO.— La duquesa ha llorado cuando le hablé de nuestras miserias; le dije que nuestros hombres están sin trabajo casi todo el año, no obstante hace lo imposible nuestro industrial por darles trabajo en sus fábricas, pero que son muchos. Que no tenemos un hospital donde curar los enfermos. Que muchos niños morirían sin ver nunca un médico, etcétera, etcétera...

GANADERO.— ¿Y qué decía?

BANQUERO.— Lloraba y lloraba... Le dije que nuestro parque no tiene un monumento y que solamente se haría a quien ayudara a estas pobres gentes.

INDUSTRIAL.— ¿Y qué dijo?

BENITO.— Nada, seguía llorando. Entonces le dije que ella iba a lucir muy hermosa en medio de nuestro parque...

BANQUERO.— ¿Y...?

BENITO.— "Odio el sol," me dijo.

ALCALDE.— Luego, aceptó. Lo único que rechaza es el monumento al sol, que después de todo puede ponerse bajo techo.

BANQUERO.— *(Con intención.)* Y, ¿para cuándo piensa llevarnos a ver a la duquesa?

ALCALDE.— Esta misma tarde.

GANADERO.— ¿Y cómo le entrarán?

ALCALDE.— Estoy preparando un pliego. Primero le pediremos ayuda solamente hasta un millón; si cuaja, le llevamos el segundo pliego por el resto.

GANADERO.— ¿Un millón, así contante y sonante?

ALCALDE.— Sí, la sondeamos en esto también. Benito le dijo: "¿Cuánto daría usted por encontrar su casa? Ella respondío: "Cualquier suma" Benito le puso precio...

BENITO.— "¿Un millón de pesos?," y me contestó: "Sí."

INDUSTRIAL.— No debe haber trabajado mucho para ganar el dinero, si le hubier costado el sudor de su frente cómo a mí, lo cuidaría de otro modo.

BANQUERO.— Estoy pensando que si los vecinos se enteran de la suma que da por encontrar la casa, van a adelantarse.

ALCALDE.— Ya pensé en eso... Nadie que entre en el hotel puede volver a salir, excepto Benito y yo. Esa casa no podemos encontrarla más que nosotros.

GANADERO.— Por algo se es alcalde.

BANQUERO.— ¿Podemos ver el pliego?

ALCALDE.— ¡Sí, cómo no! Pasemos al otro salón y les leeré el documento.

(Salen.)

CUADRO SEXTO

(El hotel. La DUQUESA está en una bata de casa lujosísima, tiene el bolso en el brazo. Por todas partes pequeños grupos de gente que hablan en voz baja, sentados aquí y allá. Más bien parecen refugiados de guerra. Junto a la DUQUESA se encuentran Marianita, Caruchita, las sobrinas de éstas y otros familiares. Se oye un vocerío fuera del hotel y FEDERICO que forcejea con un grupo que al fin de lograr entrar.)

MUJER 1.— Queremos verla, queremos verla.

OBRERO 1.— No vamos a pedir nada, sólo queremos verla.

FEDERICO.— Lo siento, señora duquesa, no puedo detenerlos...

DUQUESA.— Pero, ¿qué ocurre?

MUJER 1.— Señora, solamente queríamos verla, no queremos que nos dé nada, nada pedimos.

DUQUESA.— Querer, pedir... no entiendo nada... vengan aquí... siéntense... ¿cuándo llegaron?

OBRERO 2.— Ahora...

MUJER 2.— No sabíamos qué hacer para venir, el Alcalde no deja que la vean. Además, al que logra entrar aquí no lo deja salir.

DUQUESA.— Es cierto, no dejan salir a nadie... *(Bajito.)* Pero pienso escaparme. ¿Cuál será la manera más fácil? Quizá por la ventana.

OBRERO 1.— No podrá hacerlo, el hotel está rodeado.

DUQUESA.— Sí, siempre la custodia, pero algún día escaparé y daré un gran paseo por entre los árboles, después volveré. *(Pausa.)* ¿No han visto mi brújula?

MUJER 1.— ¿Y eso qué es?

MARIANITA.— Una brújula que ella quiso; Rafael le trajo la única que había en el pueblo.

OBRERO 1.— ¿Y para qué la quiere?

MARIANITA.— No sabemos, ella no la suelta nunca.

OBRERO 2.— Es un amuleto. Mire, yo también tengo uno. *(Saca un ojo de buey.)*

DUQUESA.— ¡Oh!, pero si es bellísimo... ¡qué lindo!, ¿dónde lo encontraste?

OBRERO 2.— Una vez que iba para el central, caminaba y de pronto lo veo en el suelo. Me dijeron que lo usara en el cinto, pero me gusta más en el bolsillo.

DUQUESA.— Van a llevarme un día por ese lugar. Quiero uno igual.

OBRERO 2.— Si usted quiere, le doy éste.

DUQUESA.— ¿Éste? ¿Para mí?

OBRERO 2.— Sí, yo encontraré otro.

DUQUESA.— Gracias, muchas gracias, eres muy bueno... no puedo darte nada a ti. La brújula no, me perdería...

OBRERO 2.— No tiene que darme nada.

MUJER 1.— ¿Por qué usted no quiere recibir a la gente del pueblo?

DUQUESA.— Dime...

MUJER 1.— El alcalde ha dicho que no quiere recibir a la gente del pueblo... aquí no veo más que a los encopetados, ni siquiera a Rafael, el de Tula, lo dejan entrar...

DUQUESA.— No sé de qué hablas, ¿qué es "gente del pueblo"?

OBRERO 1.— ¿No sabe qué es gente del pueblo? Pues gente del pueblo somos... mire. *(Se muestra.)* Somos los desheredados, los que no tenemos nada, los que no tenemos escuelas para mandar a los muchachos... los que comemos arroz blanco sin grasa, solamente arroz blanco, eso se nota, ¿verdad?, los que vemos pasar un mes y otro sin que encontremos un trabajo donde ganar un peso para nuestra familia... los que pasamos largas horas en el parque mirando la calle desierta, tranquila, sin que se mueva una hoja; y mientras miramos con pánico cómo la vida se ha detenido y nos ha atrapado, a nosotros, la gente del pueblo, en medio de esa quietud, pasa a nuestro lado el señor industrial, dueño de todas las fuentes de trabajo, pero no nos usa, usa máquinas, porque cuestan menos y no crean problemas; o puede que pase el ganadero él no siembra nada en las tierras, solamente tiene ganado, así, no necesita obreros, es el dueño de todas las tierras a la redonda, las ha ido cogiendo poco a poco, hasta encerrarnos en este pueblo; o no, quizá el que pase sea el banquero, el gran guardián, que tiene en su banco trabajando a todos sus hijos... Como tiene dos casas... los hijos son dieciocho... Ah, pero puede que también sea el cura, sí, y puede que hasta nos reproche porque no vamos a la iglesia desde hace tiempo. No comprende que no tenemos fuerza para sentarnos ante esos santos de palo que nos insultan con sus adornos de brillantes... *(ríe.)* a lo mejor no podemos después levantarnos del suelo, qué desvergüenza, ¿eh! La gente del pueblo somos nosotros.

FEDERICO.— Basta, basta ya. El Alcalde terminará cerrándome el hotel por culpa de ustedes, ¡fuera de aquí! ¡Fuera! No molesten más a la señora duquesa.

ALCALDE.— *(Viene con el GANADERO, el INDUSTRIAL, el BANQUERO y BENITO.)* ¿Qué significa esto?

FEDERICO.— Traté de impedirlo. ¿Por qué no mandó a la Rural?

ALCALDE.— ¿Qué hacen ustedes aquí molestando a la señora duquesa? Lo echan a perder todo. La única oportunidad en nuestra historia de hacer algo por este pueblo y ustedes lo echan por tierra, ¿verdad?

OBRERO 1.— No hemos hecho nada, solamente hablábamos con la señora duquesa.

DUQUESA.— ¡Mire qué lindo! *(Muestra el ojo de buey.)*

ALCALDE.— ¿Y esto qué es?

OBRERO 2.— Yo se lo di.

INDUSTRIAL.— ¡Esta basura! *(Lo tira.)*

DUQUESA.— *(Gritando.)* ¡No, no! *(Se cubre la cara.)*

ALCALDE.— No, por favor, ¿qué es esto? Bueno, ¡búsquenlo, búsquenlo!

(Todos buscan.)

OBRERO 2.— Aquí está, miren.

DUQUESA.— ¡Gracias, es maravilloso!

ALCALDE.— Bien, ya está todo arreglado. *(Al BANQUERO.)* ¡Qué sensibilidad! *(Pausa.)* Señora duquesa, tengo el honor de presentarle a mis más distinguidos correligionarios: el ilustrísimo industrial, el connotado ganadero, y el más celoso guardián de nuestras riquezas, el banquero. Ya conoce a Benito, mi más fiel delegado y el señor... ¿y el cura? *(Al BANQUERO.)* Falta el cura, lo hemos olvidado. Benito, busca enseguida al cura, ella va a creer que no somos religiosos; pronto, búscalo.

BENITO.— Ya fui a la iglesia, el cura está enfermo.

INDUSTRIAL.— ¡Me extrañaba que se quedara fuera!

GANADERO.— ¡Bueno es el niño para perderse esto!

ALCALDE.— Bueno, señora duquesa, solamente falta la representación eclesiástica, pero ha enviado un mensaje de salutación para usted. *(Durante toda la presentación la DUQUESA no presta la menor atención al asunto y juega con el ojo de buey.)* Ahora, mi distinguida señora, deseo hablar a solas con usted.

INDUSTRIAL.— A solas no, con nosotros también.

ALCALDE.— A solas quiero decir con mi grupo. Federico, di a todos que se retiren un poco, hemos de celebrar una reunión importante *(Al público.)* Cosas de Estado, señores.

(Todos se alejan y forman pequeños grupos.)

ALCALDE.— Los ciudadanos más prominentes del pueblo, interpretando el deseo de usted, expresado en forma sutil, naturalmente, mediante dulces lágrimas por nuestras penas y dificultades... bien... como decía... interpretando su deseo... hemos confeccionado un pliego de pequeñas obras que pudiéramos realizar, claro, con ayuda... necesitamos, vaya...

BANQUERO.— Léale el pliego.

ALCALDE.— Sí, creo que es lo mejor... o, no sé, quizá resulte demasiado largo; en resumen, proyectamos construir un hospital, tres casas de socorro para la asistencia de casos externos, diez escuelas distribuidas alrededor del pueblo, necesitamos un cuartel de bomberos, una estación de policía, reparaciones a la alcaldía, a la iglesia y... otras pequeñas cosas. *(Pausa.)* Creo que ahora vamos a realizarlas, ¿verdad?

DUQUESA.— Bueno, creo que sí, ¿y por qué no las hacen?

BANQUERO.— Qué pregunta señora...

DUQUESA.— Sí, ¿por qué no lo hacen? Lo necesitan, ¿verdad?, pues háganlo.

ALCALDE.— Es que no tenemos dinero.

OBRERO 1.— *(Acercándose.)* En esa lista no pone nada para darnos trabajo, ni casas para vivir, ni comida, ¿eh?, eso no les hace falta a ustedes... ¿verdad?

DUQUESA.— ¿Qué quiere decir?

ALCALDE.— Nada importante.

OBRERO 1.— Efectivamente, ¡nada importante! ¿Qué importancia tiene estar sin trabajo?, hacen hospitales, pero los parásitos seguirán. ¿Escuelas?, los muchachos no irán, no tienen zapatos. Pero ellos lo harán.

INDUSTRIAL.— ¿Qué le pasa a éste? ¿Se siente enfermo? Benito, llévate a este imbécil.

DUQUESA.— No, déjelo hablar, por favor.

OBRERO 1.— ¿Para qué voy a hablar, si al fin ellos harán lo que les parezca? No importa que tomemos agua de pozo, que vivamos en pisos de tierra... lo que hagan será para ellos, como siempre...

DUQUESA.— ¿Y usted qué dice? *(Al ALCALDE. Algo jocosa, como un juego.)*

ALCALDE.— Que exagera. Lo que ocurre es que somos un lugar muy pobre y no tenemos dinero para resolver el problema de todos. Por eso quisiéramos, si usted fuera tan generosa, que nos diera algo para empezar... usted tiene tanto... dinero.

DUQUESA.— Sí, mucho, muchísimo dinero.

BANQUERO.— ¿Cuánto estaría dispuesta a dar?

DUQUESA.— ¿Cuánto quieren?

INDUSTRIAL.— ¡Ah, maravillosa mujer!

GANADERO.— ¡Ángel del cielo!

GANADERO.— ¡Al fin, gracias a Dios!

ALCALDE.— Digamos que dos milloncitos para empezar... ¿le parece bien?

DUQUESA.— Sí, ¿cómo no?

INDUSTRIAL.— ¿Dónde están?

DUQUESA.— *(Abre el bolso, revisa, no encuentra nada.)* Busque aquí.

ALCALDE.— No, señora, busque usted, de ningún modo.

DUQUESA.— *(Busca.)* Aquí no hay nada.

BANQUERO.— Lógicamente, eso estará en el banco. ¿Está en el banco?

DUQUESA.— Sí, seguramente, en el banco.

BANQUERO.— ¿En qué banco?

DUQUESA.— En muchos.

BANQUERO.— ¡Ya me lo imaginaba!

ALCALDE.— Entonces, ¿qué hacemos?

BANQUERO.— Sencillísimo; cheques de administración, ella los firma y van después a sus distintos bancos.

ALCALDE.— Ahora mismo. *(Saca del bolsillo un talonario de cheques, y*

empieza a llenar.) Páguese a la orden del portador, la suma de... ¿de cuánto el primero?
BANQUERO.— ¿Cuánto señora?
DUQUESA.— Usted pone.
ALCALDE.— Un millón...
DUQUESA.— ¡Un millón! ¡Un millón! *(Alegre.)*
BANQUERO.— Mejor hagamos varios cheques. Éste por doscientos mil... firme aquí.

(La DUQUESA firma.)

BANQUERO.— *(Va a llenar otros, pero desiste.)* No es necesario llenarlos todos ahora, ella podría firmarlos y después se van llenando, ¿le parece bien?
DUQUESA.— Sí. *(Firma todos.)*
ALCALDE.— ¡Magnífico! Todo arreglado...
OBRERO 1.— ¿Tendremos trabajo nosotros?
DUQUESA.— ¿En qué quieres trabajar?
OBRERO 1.— Podríamos hacer tejas y losas...
OBRERO 2.— Fabricar nuestras casas.
MUJER 1.— Fabricar nuestras ropas...
MUJER 2.— Trabajar en las fábricas del industrial...
OBRERO 2.— *(Al GANADERO.)* Que él reparta las tierras para que los campesinos siembren lo que comemos.
GANADERO.— ¿Y quién la paga?
OBRERO 2.— Ella, de ese dinero.
GANADERO.— Valen más que eso.
OBRERO 1.— Que él le ponga precio a las tierras.
OBRERO 2.— No, que se lo ponga ella.
DUQUESA.— *(Como en un juego.)* Bueno...
OBRERO 1.— ¿Qué cantidad de tierra tiene?
GANADERO.— Dos mil caballerías...
OBRERO 1.— ¿Cuántas vacas?
GANADERO.— Unas quinientas...
OBRERO 2.— ¿En toda esa tierra?
GANADERO.— Lo demás es tierra de reserva; ustedes no entienden de eso.
DUQUESA.— ¿Qué precio tiene?
OBRERO 2.— Que le den cincuenta mil pesos.
GANADERO.— ¿Estás loco? ¡Jamás, jamás!
DUQUESA.— ¿Por qué? ¿Cincuenta no es más que uno? ¡Cincuenta!
GANADERO.— Señora, señora, por favor.
ALCALDE.— Ceda, si ya le sacamos dos millones o más, los cheques están en el banco, ¿recuerda?
GANADERO.— Bueno, está bien; pero conste que es un regalo que hago por usted.

OBRERO 2.— Que venga el notario para que se firme enseguida...

DUQUESA.— ¡Que venga!

ALCALDE.— Benito, busca al notario.

(BENITO sale.)

HOMBRE.— Propongo que se arreglen todas las calles...

MUJER 1.— Y yo que se haga un anfiteatro, para que den retreta los jueves...

HOMBRE.— El novio es músico...

CAMPESINO.— *(Entra corriendo.)* Gracias, señora. Benito va gritando: "Que se devuelvan las tierras al campesino." ¡Hasta las que nos robaron!

HOMBRE.— Que se hagan sitios con las tierras que se van a dar y que se hagan caminos hasta los sitios...

OBRERO 1.— Que se entreguen las fábricas a los obreros y se hagan cooperativas con ellas para que todos trabajemos.

TODOS.— ¡Bravo, bravo!

OBRERO 1.— Que lo firmen ante notario...

ALCALDE.— Bueno, creo que debemos dejar descansar a la duquesa.

GANADERO.— *(Al ALCALDE.)* Yo no firmo nada.

INDUSTRIAL.— Ni yo.

ALCALDE.— Ustedes sí firman, hay que demostrarles que cumplimos. De lo contrario no recibirán nada de los cheques...

BANQUERO.— ¡Qué facil ha sido todo!

INDUSTRIAL.— Me parece que demasiado...

ALCALDE.— No sea pesimista, ella se las da de generosa y nosotros le damos la oportunidad de serlo.

CUADRO SÉPTIMO

(El hotel. La DUQUESA se ha hecho cargo, prácticamente, de las actividades. Se le ve muy activa revisando cosas que le traen, planos, etcétera. La gente entra y sale. Han pasado unos meses.)

DUQUESA.— *(A un HOMBRE.)* Haga como usted dice.

HOMBRE.— Éstos son para la industria del papel, ¿verdad?

DUQUESA.— Sí, es mejor. *(Al CAMPESINO que espera con unos planos.)* Ya estoy con usted.

CAMPESINO.— Traje un solo plano. Ésta es la cooperativa modelo, así que, casi todas quedarán igual.

DUQUESA.— Muy bien.

CAMPESINO.— Trabajamos sin parar, por eso no había venido, además, como usted dijo que todo se hiciera rápido. *(Pausa.)* Éstas son las zonas de cultivo, sembramos todo el día y por la noche preparamos las cosas para el día siguiente, además, ayudamos a construir. Aquí está la planta eléctrica. Funciona. ¡Tenemos luz! Sirve para todos los pueblos de los alrededores igual que el hospital. Mire, aquí está el hospital. Ésta es la tienda. Cada cooperativa tiene la suya.

DUQUESA.— ¿Cuántas familias hay en cada cooperativa?

CAMPESINO.— ¡Muchas! Ahora estamos juntos en el pueblo. Antes vivíamos regados por todas partes. *(Pausa.)* Éste es el parque y los jardines. ¡Cómo juegan los muchachos! Dice el doctor que todos tenían parásitos. *(Ríe.)* Al principio, se resbalan en los pisos con los zapatos nuevos.

DUQUESA.— ¿Cuántos hijos tienes?

CAMPESINO.— ¡Siete! Cinco machos para sembrar en las cooperativas.

DUQUESA.— ¿No dices que son siete?

CAMPESINO.— Dos hembras para maestras. Aunque, ¡qué caray!, los brazos van donde hagan falta.

OBRERO 2.— *(Llegando, al CAMPESINO.)* ¿Están recibiendo bien las mercancías?

CAMPESINO.— Sí, allá no falta nada. ¿Vio la tienda, señora?

DUQUESA.— Sí.

OBRERO 2.— ¿Ya terminaron las casas que faltaban?

CAMPESINO.— Sí. *(A la DUQUESA.)* ¡Y llegaron los muebles!

ALCALDE.— *(Entrando.)* Señora mía, ¿ya está lista para la fiesta?

DUQUESA.—*(Al campesino.)* Está todo correcto. *Al ALCALDE.)* ¿Qué fiesta?

ALCALDE.— ¿No recuerda? Hoy es la fiesta que ha preparado en su honor la gente del pueblo. Es que, francamente, le agradecen tanto lo que usted ha hecho por ellos.

DUQUESA.— ¿Qué hice por ellos?

ALCALDE.— ¡Siempre tan modesta! Tienen sus tierras, sus escuelas, son dueños de todas las fábricas... y todavía pregunta qué ha hecho por ellos. Cuando hace apenas unos meses usted llegó aquí, quién iba a pensar que cambiaría totalmente la vida de todos.

DUQUESA.— *(Al OBRERO 1 que entra con unos papeles.)* ¿De qué son?

OBRERO 1.— Llegaron los materiales que faltaban, con esto quedan instaladas las últimas industrias.

DUQUESA.— Pueden empezar a montarlas, digo, si el Alcalde lo cree bien.

ALCALDE.— Siempre pidiendo opinión para todo lo que hace; usted manda.

OBRERO 1.— Señorá, ¿puedo decirle una cosa?

DUQUESA.— Sí.

OBRERO 1.— Mi hermana va a casarse y quisiéramos que usted fuera la madrina...

DUQUESA.— No, no...

OBRERO 1.— Es que usted ha sido tan buena... sabemos que no ha ido a la iglesia... pero ahora irá, ¿verdad?

DUQUESA.— Creo que no...

OBRERO 1.— El señor cura ha reparado toda la iglesia, dice que para que usted la vea linda el día que vaya; aunque él dice que usted no necesita ir a la iglesia porque, con las obras que hace, Dios viene a verla al hotel.

ALCALDE.— ¡Muy simpático...! Bueno, señora, dentro de un rato la recogeré para la fiesta...

CUADRO OCTAVO

(El BANQUERO, el INDUSTRIAL y el GANADERO.)

BANQUERO.— Los he reunido para pedirles opinión. Creo que debemos empezar a negociar los cheques.

INDUSTRIAL.— Y, ¿cómo vamos a hacer?

BANQUERO.— ¡Muy simple! Hasta ahora el dinero que se ha invertido en las obras asciende a... déjenme ver. *(Saca unos papeles.)* Sí, quince millones de pesos. Ese dinero completo ha salido del banco por cheques de administración. Por otra parte, la duquesa tiene firmados un total de veinte cheques en blanco...

INDUSTRIAL.— ¡Quince millones! ¿Cuánto ha regresado al banco?

BANQUERO.— Casi todo, menos algunos pesos...

INDUSTRIAL.— ¡Mi dinero está asegurado!

GANADERO.— ¿Cuál es el próximo paso?

BANQUERO.— Llenar los cheques de la duquesa y presentarlos en los distintos bancos donde ella tiene las cuentas.

INDUSTRIAL.— ¿Cuánto nos va quedando?

BANQUERO.— El Alcalde dice que los cheques se llenen por veinte millones...

GANADERO.— Para eso sería mejor que ella se fuera.

INDUSTRIAL.— Sí, pudiera pedir cuentas de cuánto se ha gastado y siendo solamente quince millones...

BANQUERO.— Eso piensa el Alcalde, por eso está tratando de que ella se acabe de ir... pero yo tengo otra idea, llenamos parte de los cheques por los quince millones, ella se va y entonces llenamos el resto.

INDUSTRIAL.— ¡Magnífica idea! Aunque de todas maneras lo que me toca a mí, me lo dan de los primeros quince que se cobren...

GANADERO.— Lo mío también.

BANQUERO.— No está mal, si los primeros cheques no tienen problema, tampoco los otros... el banco no arriesga nada.

GANADERO.— Pero, ¿aún dudan de ella?

INDUSTRIAL.— En los negocios y el amor nunca hay nada seguro.

BANQUERO.— Y, ¿cuánto creen ustedes que le demos al Alcalde?

INDUSTRIAL.— El ha hecho bien poco.

GANADERO.— Yo cedí mis tierras por una minucia.

INDUSTRIAL.— Y yo di mis fábricas por unos centavos...

BANQUERO.— Y yo he dirigido operaciones de alta finanza que se han puesto en juego...

INDUSTRIAL.— Bien pudiera el Alcalde pedir unos pesos directamente a la duquesa.

BANQUERO.— Sí, es factible..., pero, ¿quién se lo dirá?

INDUSTRIAL.— Usted es el más indicado; o usted ganadero... yo siempre he tenido pugna con él, podría pensar que es mala fe..., o venganza por los impuestos...

BANQUERO.— No puede pensar en mala fe, nos hemos portado bien con él, después de todo la duquesa es su recomendada, no la nuestra. Además trabajamos para el cincuenta por ciento y ya ve con qué nos conformamos...

GANADERO.— ¿Por qué no vamos los tres y le hablamos?

BANQUERO.— Correcto. Mientras, mandaré los cheques con el muchacho, así adelantamos...

INDUSTRIAL.— Y, ¿cuándo veremos al Alcalde?

BANQUERO.— Ahora, mejor que después. Vamos.

CUADRO NOVENO

(La alcaldía. BENITO y ALCALDE.)

INDUSTRIAL.— Benito, hace falta que convenzas a la duquesa para que se vaya.

BENITO.— ¿Van a cambiar los cheques?

ALCALDE.— No sé, no estoy en ese asunto, el banquero es el que maneja todo... Yo en esto me he limitado a servir a los electores...

BENITO.— *(Con cierta alarma.)* Nadie esperaba otra cosa de usted... ¿Y los cheques? ¿Ya los cambiaron?

ALCALDE.— No. Hay que esperar a que ella se vaya, las cosas han resultado un poco caras y ella pudiera pensar que nosotros hemos hecho alteraciones en los costos.

BENITO.— Y... señor Alcalde, sin que esto pueda ofenderlo a usted, ¿cuánto me toca a mí?

ALCALDE.— ¿Qué puede tocarte a tí? *(Pausa.)* De ahora en adelante los electores darán la vida por nosotros, las próximas elecciones serán un éxito sin discusión, quién se atreverá a oponérsenos, ¿eh? ¡Vivirás como un príncipe, Benito!

BENITO.— Y, ¿cuánto le toca a usted?

ALCALDE.— ¿A mí? Pues, prácticamente, nada; unos centavos que apenas alcanzarán para las elecciones...

BENITO.— Creí que se habían aumentado los costos...

ALCALDE.— Sí, pero de ese pequeño aumento hay que repartir entre mucha gente...

BENITO.— ¿Quién va a hacer ese reparto?

ALCALDE.— El banquero, él se ha ocupado de todo, es hombre de altas finanzas...

BENITO.— Me parece que tratan de dejarme fuera, no olvide que fui yo quien trajo el negocio.

ALCALDE.— No olvides que fui yo quien lo respaldó, a ti ni siquiera te hubieran escuchado...

BENITO.— ¡Ahora veo clara la jugada! ¡Le diré a la duquesa lo que han hecho con su dinero!

ALCALDE.— La duquesa no te creerá, se ha hecho todo en regla...

BENITO.— Veremos si ella me cree, ninguno podrá cobrar más de lo que costó cada obra, ya verá. *(Va a salir.)*

ALCALDE.— Si lo haces te rompo las narices. *(Trata de detenerlo. Forcejean ligeramente.)*

BANQUERO.— *(Entra con el INDUSTRIAL y el GANADERO.)* ¿Qué pasa aquí? ¿Se nos disuelve el Partido Liberal?

ALCALDE.— ¡Qué éste me ha salido un cuervo! Aquí estaba sacándome los ojos por el dinero.

INDUSTRIAL.— ¿Qué dinero?

ALCALDE.— Quiere parte de lo mío en el negocio de la duquesa...

BANQUERO.— ¿De lo suyo? Si a usted no le toca nada...

ALCALDE.— *(Con entendimiento.)* ¿Ves Benito? No me toca nada, ¿cómo quieres que te dé si no me toca nada?

BENITO.— Canallas, ¡se arrepentirán! *(Sale.)*

ALCALDE.— De verdad que me ha resultado interesadito, bueno, ya pasará su disgusto.

INDUSTRIAL.— Sí, es bastante interesado...

ALCALDE.— Bueno, al grano, que tengo que recoger a la duquesa en el hotel. ¿Hay alguna novedad?

BANQUERO.— No.

ALCALDE.— Voy a tratar de convencerla que debe volver a su casa; hace falta que acabe de largarse...

BANQUERO.— A nosotros nos da lo mismo que se vaya, como que se quede...

ALCALDE.— ¿Por qué? ¿Ya cambiaron los cheques?

BANQUERO.— Precisamente mandé al muchacho a negociar los cheques...

ALCALDE.— ¿Por cuántos millones?

BANQUERO.— Quince...

ALCALDE.— ¿Quince nada más?

INDUSTRIAL.— Sí.

ALCALDE.— ¿Y nuestra parte?

GANADERO.— No hay parte.

ALCALDE.— ¿Se han vuelto locos?

BANQUERO.— Hemos pensado que no podemos hacerle una trampa así a una mujer que se ha portado como la duquesa...

ALCALDE.— ¿Trampa? Ustedes le llaman trampa a una pequeña utilidad en operaciones... ¡Y quieren que les crea! ¿Verdad? ¿Que les crea a ustedes? La gente que nunca hizo nada por este pueblo, va a trabajar sin intereses. Un industrial que se ha pasado renegando hasta del más pequeño impuesto, que siempre tuvo por lo menos una fábrica clandestina; o el ganadero, que se fue quedando con todas las tierras, controlaba la matanza de carne, desalojaba a los guajiros y les negaba el derecho a pasar por sus tierras. Ya no necesita la Rural para proteger sus intereses, ¿verdad ganadero? Se lo ha regalado todo generosamente a los pobres campesinos, por unos centavos, ¿eh? O usted, señor guardián, ¡tan honesto! Garrotero y especulador, que no se ríe si no le dan el diez por ciento de interés... ¿A mí? ¿Al Alcalde de este pueblo que los conoce, venirme con cuentos? Ahora seré yo quien impida la vileza que quieren hacerle a esta pobre señora, tan buena y desprendida; le diré la verdad. ¡Aquí terminan ustedes!

INDUSTRIAL.— ¡Usted no hará eso!

ALCALDE.— ¡Le diré que no pague un solo cheque!

GANADERO.— ¡No volverá a ser Alcalde en su vida...!

INDUSTRIAL.— Haciéndose la víctima, usted, que ha tenido a este pueblo muerto de hambre para poder comprar el voto por tres pesetas y después robarse los dineros del Municipio... si habla lo hundimos, ¡irá para la cárcel por ladrón!

BANQUERO.— ¡Señores, no hay que alterarse! ¿Cómo va la duquesa a creer a este politiquero malversador, si los cheques se mandaron por quince millones, que es el costo de las obras? Que pruebe el Alcalde que se cambiaron por más dinero... hará el ridículo... Después, la duquesa regresará a su casa... no lo olviden...

INDUSTRIAL.— Tiene razón nuestro guardián...

BANQUERO.— Marchémonos, esta discusión no vale la pena.

(Salen.)

ALCALDE.— Veremos quién ríe el último. ¡Tenía razón Benito!

CUADRO DÉCIMO

(La alcaldía. Están el ALCALDE y la DUQUESA. El ALCALDE le muestra sus oficinas.)

ALCALDE.— Señora duquesa, usted no había visto el municipio, ¿verdad?

DUQUESA.— No.

ALCALDE.— Es que ha estado muy encerrada. No ha podido apreciar la transformación sufrida en el pueblo desde que usted vino a la fecha... a pesar de ser usted la autora de este cambio.

DUQUESA.— No sé de qué me habla; casi nunca lo entiendo.

ALCALDE.— Dejemos la modestia a un lado. Estamos solos. Precisamente la he traído aquí para que podamos hablar.

DUQUESA.— Bueno, lo que usted quiera. *(Abre el bolso y saca la brújula.)*

ALCALDE.— Ante todo debo decirle que los más altos propósitos me animaron a recabar su ayuda... Ahora, lamentablemente, pretenden hacerla víctima de una estafa...

DUQUESA.— Y, ¿eso qué es?

ALCALDE.— El banquero con la complicidad del ganadero y el industrial van a extraer dinero de su cuenta bancaria, inclusive más del costo de las obras.

DUQUESA.— No entiendo lo que quiere decir.

ALCALDE.— ¡Sabía que iba a interesarle! ¿Recuerda los cheques que usted ha firmado en blanco?

DUQUESA.— No.

ALCALDE.— Usted ha firmado cheques en blanco. Mire, así. *(Saca los cheques y se los muestra.)* ¿Recuerda?

DUQUESA.— Sí.

ALCALDE.— Ésos son cheques...

DUQUESA.— ¿De veras?

ALCALDE.— Con esos cheques van a sacar dinero de las cuentas que usted tiene en los bancos.

DUQUESA.— ¿Qué bancos? ¿Qué dinero?

ALCALDE.— ¿Usted, no tiene dinero en el banco?

DUQUESA.— No sé...

ALCALDE.— ¿Cómo que no sabe? Si usted misma me dijo que tenía mucho dinero en el banco, ¿no recuerda?

DUQUESA.— No, señor, no recuerdo...

ALCALDE.— Pero si usted mandó hacer las obras del pueblo y dijo que usted las pagaría con el dinero que tenía en el banco...

DUQUESA.— Yo no mandé a hacer nada, no sé de qué obras me habla...

ALCALDE.— ¡No, Dios mío!, ¡esto no es posible!, pero es que usted no se puso de acuerdo con esos miserables. ¿O es que se burla de mí, de este infeliz pueblo?

DUQUESA.— No me burlo, no sé de qué habla, ni siquiera he salido de mi habitación.

ALCALDE.— Pero usted ha revisado los planos, ha dado ideas para cosas, me dijo que era muy bueno que se hiciera el pueblo de nuevo, que se dieran las tierras, las fábricas, todo...

DUQUESA.— Usted me dijo que quería hacer un pueblo nuevo y muchas cosas más. ¿Que si las hacían? Le contesté que sí. No mando aquí, usted es quien manda y se hace lo que usted quiera...

ALCALDE.— Entonces, ¿usted no tiene dinero en el banco? ¿En ningún banco?

DUQUESA.— No sé, nunca lo he visto...

ALCALDE.— ¡Quisiera que la tierra me tragara...!

DUQUESA.— ¿Qué hice mal? ¿No debí mirar los papeles? ¿O hablar con alguna persona?

(Quedan en silencio. Llega el BANQUERO, el GANADERO el INDUSTRIAL. Traen los cheques en la mano. Casi no pueden hablar.)

BANQUERO.— ¡Señor Alcalde, señor Alcalde! Papeles, simples papeles sin ningún valor, no existe esta firma en ningún banco, nadie la conoce... *(Va hasta la DUQUESA.)* ¡Embustera! ¡Loca! ¡Pero irá a la cárcel, a la cárcel!

(Salen.)

CUADRO ONCENO

(La misma calle del principio. El pueblo se encuentra frente al hotel. Llegan el ALCALDE, el INDUSTRIAL, el GANADERO, el BANQUERO y BENITO. Conversan amigablemente. Se sitúan a derecha de escena. Llega un Anciano y ocupa la puerta del hotel en su parte más alta.)

ANCIANO.— Pueblo de Guáimaro. He sido delegado como árbitro en esta extraordinaria contienda surgida entre dos partes. Creo que es la primera vez en la historia de estos pequeños pueblos en que las fuerzas humildes se apoderan de la economía, del mando y de todos los recursos antes en poder de la otra parte. Después de estudiar detenidamente todos los sucesos ocurridos, confieso que me siento perplejo... ¿Cómo pudo una mujer despojar de sus bienes a las clases pudientes? No lo entiendo muy bien, aunque sospecho que el desmedido afán de mayores riquezas ha llevado a estos pobres oligarcas hasta la ruina.

INDUSTRIAL.— Hemos sido robados por esta gente en complicidad con esa mujer.

GANADERO.— Me han quitado mis tierras...

ALCALDE.— Han destruido este infeliz pueblo. Bien dice el cura que esta mujer no llegará jamás al reino de los cielos.

ANCIANO.— Silencio, señores, yo soy el árbitro...

OBRERO 1.— No robamos nada, se nos hizo justicia...

OBRERO 2.— Se nos devolvió lo quitado... se nos dio lo que era nuestro; somos la mayoría, ¿por qué íbamos a morir de hambre para que cinco hombres se enriquecieran con nuestra miseria?

ANCIANO.— Si reinician la disputa me largaré, sencillamente, que no he venido desde tan lejos para escuchar discusiones.

BANQUERO.— ¡Que devuelvan lo robado!

BENITO, el ALCALDE, el INDUSTRIAL y el GANADERO.— *(A coro.)* ¡Que lo devuelvan!

PUEBLO.— ¡Ustedes no tienen nada! ¡Las riquezas son nuestras que somos la mayoría!

ANCIANO.— Yo me marcho.

BANQUERO.— No, tiene que decidir.

PUEBLO.— ¡Que decida!

(La DUQUESA sale vestida igual que al principio.)

PUEBLO.— Llegó nuestra salvadora. ¡Viva! ¡Viva!

ALCALDE.— ¡Que la arresten! ¡Cuidado, quiere seguir su camino!

RAFAEL.— *(Adelantándose.)* Señora, ¿a dónde va?

DUQUESA.— ¿Yo? Aún no sé. *(Pausa.)* Sólo sé que debo seguir.

RAFAEL.— ¿Y cómo piensa irse?

DUQUESA.— Tengo mi brújula... *(La saca del bolso.)* Aquí esta. Ella siempre indica mi rumbo... *(Sale.)*

PUEBLO.— No se vaya, ésta es su casa, su palacio. ¡Quédese!

INDUSTRIAL.— ¿Van a dejarla escapar?

ANCIANO.— Si no se callan tendrán que buscar otro árbitro. *(Silencio.)* Como iba explicando, éste es un caso sin precedentes, y por lo tanto considero que no debo emitir ningún fallo y más bien dejar que esto lo juzguen las generaciones venideras. *(Pausa.)* He dicho.

PUEBLO.— ¡Bravo, bravo!

(EL INDUSTRIAL, el GANADERO y el BANQUERO salen violentamente; el ALCALDE y BENITO lo hacen lentamente mientras el pueblo sale dando vivas.)

OBREROS 1 y 2.— ¡A buscar el palacio de la duquesa! ¡A buscarlo!

PUEBLO.— ¡A buscar el palacio de la duquesa! ¡Vamos! ¡Bravo!

(Salen.)

T E L Ó N

Títulos publicados:

JOSÉ LEZAMA LIMA
La Habana (ensayos)
GASTÓN BAQUERO
Poemas invisibles
PEDRO AULLÓN DE HARO
La obra poética de
Gil de Biedma (ensayos)
JOSÉ TRIANA
Medea en el espejo, La noche de los
asesinos y Palabras comunes (teatro)
JEAN PAUL RICHTER
Introducción a la Estética (ensayo)
EDUARDO MORA-ANDA
Palabras personales (poesía)
ELINA WECHSLER
Mitomanías amorosas (poesía)
FILOTEO SAMANIEGO
Sobre sismos y otros miedos (novela)
RENÁN FLORES JARAMILLO
El oscuro oleaje de los días (novela)
HUGO GUTIÉRREZ VEGA
Cantos del despotado de Morea (poesía)
JAIME MARCHÁN
La otra vestidura (poesía)
ORLANDO ROSSARDI
Los espacios llenos (poesía)
CONSUELO GARCÍA GALLARÍN
Vocabulario temático de
Pío Baroja (investigación)
JOSÉ ABREU FELIPPE
Cantos y elegías (poesía)
ELBA ANDRADE / HILDE CRAMSIE
Dramaturgas latinoamericanas
contemporáneas (antología crítica)